# 中国社会学溯源论

景天魁 著

中国社会科学出版社

# 图书在版编目（CIP）数据

中国社会学溯源论／景天魁著．—北京：中国社会科学出版社，2022.4
ISBN 978-7-5203-9964-7

Ⅰ.①中⋯ Ⅱ.①景⋯ Ⅲ.①社会学史—中国 Ⅳ.①C91-092

中国版本图书馆 CIP 数据核字（2022）第 055426 号

| | |
|---|---|
| 出 版 人 | 赵剑英 |
| 责任编辑 | 姜阿平 |
| 责任校对 | 李 惠 |
| 责任印制 | 张雪娇 |

| | |
|---|---|
| 出　　版 | 中国社会科学出版社 |
| 社　　址 | 北京鼓楼西大街甲 158 号 |
| 邮　　编 | 100720 |
| 网　　址 | http://www.csspw.cn |
| 发 行 部 | 010-84083685 |
| 门 市 部 | 010-84029450 |
| 经　　销 | 新华书店及其他书店 |
| 印刷装订 | 北京市十月印刷有限公司 |
| 版　　次 | 2022 年 4 月第 1 版 |
| 印　　次 | 2022 年 4 月第 1 次印刷 |
| 开　　本 | 710×1000　1/16 |
| 印　　张 | 21.75 |
| 插　　页 | 2 |
| 字　　数 | 355 千字 |
| 定　　价 | 128.00 元 |

凡购买中国社会科学出版社图书，如有质量问题请与本社营销中心联系调换
电话：010-84083683
版权所有　侵权必究

# 前　言

自2014年至今的8年间，笔者围绕中国社会学溯源问题写了一系列文章，先后在《社会学研究》《社会学评论》《人文杂志》《探索与争鸣》等刊物发表；此外还精选了几篇讲稿、发言和书信，也都是关于这一主题的，编为《中国社会学溯源论》。

1999年春节，费孝通先生将他的新作《从实求知录》题赠给我。在书中，费老多次讲到拉德克利夫·布朗（Radcliffe‐Brown）教授20世纪30年代到燕京大学讲学时的重要论断："中国在战国时代已由荀子开创了（社会学）这门学科。"费老指出，搞清楚这个问题，关系到"我们中国社会学的前途"。他表示，很想好好研究荀子，但"我已年老，这只能作为我的希望留给新的一代了"[1]。自此到2014年的15年间，笔者一直在苦苦思考这个问题。虽然康有为讲授过群学、严复肯定群学就是社会学、梁启超称赞荀子是"社会学之巨擘"、刘师培明确讲过在战国时期已经有"中国社会学"、蔡元培著有《群学说》，但他们鲜少作出具体论证。反而自1948年以来，"社会学只是舶来品"[2]、"中国本无社会学"[3]却成了普遍接受的"定论"，直到今天，这个说法仍然非常流行。怎样证明群学就是中国古典社会学？这实在是一项十分艰巨的任务。

《中国社会学溯源论》提出并证明了如下论点。1. 群学在战国末期诞生，具有深厚的社会基础和思想基础。群学是先秦中华文明高峰的结晶，是春秋战国500多年社会剧变的产物，是先秦崛起的士阶层的智慧集成，

---

[1] 费孝通：《从实求知录》，北京大学出版社1998年版，第244页。
[2] 杨堃：《中国社会学发展史大纲》，载李培林、渠敬东、杨雅彬主编《中国社会学经典导读》（下册），社会科学文献出版社2009年版，第797页。
[3] 孙本文：《当代中国社会学》，商务印书馆2011年版，第3页。

# 前　言

是世界历史上无与伦比的百家争鸣的硕果。稷下学宫是群学的孕育之地，荀子作为先秦思想的集大成者是群学当之无愧的创立者。2. 梳理并建构了群学概念体系和命题体系，以此证明群学不仅在研究对象上与西方社会学"正同"[1]、方法上"相近"、学科性质和地位也"暗合"[2]。3. 群学的精义是合群、能群、善群和乐群。4. 群学创立以来经历了从元典到制度化、民间化、心性化和转型的历史演进。5. 群学适用于表达中国式现代化，并如费孝通所言，能够对21世纪建设"人类道义新秩序"[3]作出可期的重要贡献，因而是中国社会学崛起的学科史基础。

近年来，已有越来越多的学者接受了这些观点。有的学者写了肯定性的评论文章。笔者主编的由28位学者合著的《中国社会学：起源与绵延》和由29位学者合著的《中国社会学史》（第一卷：群学的形成），先后于2017年和2020年被评为中国社会科学院重大成果。但是，"中国本无社会学"这一"定论"已经流行近百年，很难想象能够在短期内完全改变。鉴于中国社会学溯源关乎到建设什么样的中国社会学、如何建设中国社会学的问题，亦即费孝通先生讲的关系到"我们中国社会学的前途"，有必要将拙文结集出版，以期引起学术讨论，争取逐步达成共识，推动中国社会学实现崛起。正所谓"欲兴其学，先正其史"。

景天魁

2021年5月12日于北京昌运宫

---

[1] 梁启超：《中国法理学发达史论》，载《饮冰室合集》（文集第五册），中华书局2015年版，第1317页。

[2] ［英］赫伯特·斯宾塞：《社会学研究：英汉对照》，严复译，上海世界图书出版公司2012年版，第3页。

[3] 费孝通：《从实求知录》，北京大学出版社1998年版，第244页。

# 目 录

## I 中国本有社会学

**中国社会学不可回避的根本问题**
　　——从"社会学的春天"谈起 …………………………（3）
　　一　九年回顾与评估 ………………………………………（3）
　　二　必须触及社会学发展不可回避的根本问题 …………（5）
　　三　唯有自主创新才能迎来"社会学的春天" …………（12）
　　四　唯有回答实践提出的新问题才能有重大的自主创新 ………（16）
　　五　建议 ……………………………………………………（20）

**中国社会学源流辨** ……………………………………………（23）
　　一　关于"社会学"学科性质与现代性的关系 …………（23）
　　二　关于"中国历史上有没有社会学"的疑问 …………（26）
　　三　关于"中国社会学"之"源" ………………………（34）
　　四　关于"中国社会学"之"流" ………………………（38）
　　五　两条路径，两种结果 …………………………………（41）

**中国本来就有社会学**
　　——2015年11月15日在南京市社会科学院举办的
　　　　"生活方式讨论会"上的讲话 ……………………（45）
　　一　可喜的转变 ……………………………………………（45）
　　二　深刻的反思 ……………………………………………（46）
　　三　一个焦点 ………………………………………………（47）

# 目 录

　　四　一个假说 …………………………………………（48）
　　五　一个关键 …………………………………………（48）
关于中国社会学的起源问题
　　——2015年11月27日在山东大学的讲座录音整理加工稿
　　（摘要）……………………………………………（50）
　　一　山东文化的三大贡献 ……………………………（50）
　　二　转移文化场景　重新调整思路 …………………（51）
　　三　运用中国思维方式看待学科起源问题 …………（53）
　　四　思维方式问题背后是文化自觉问题 ……………（56）
　　五　文化自觉问题背后是国运问题 …………………（58）
中国社会思想史研究的主轴 ………………………………（62）
　　一　关于"中国社会思想史"学科含义的思考 ……（62）
　　二　中国社会思想史的主轴应是中国社会学起源和发展史 …（64）
　　三　"中国社会思想史"要重新定位 ………………（67）
文化自觉与中国社会学研究 ………………………………（70）
　　一　中国社会思想史的核心内容 ……………………（70）
　　二　从根本上解决中国社会思想史被边缘化的问题 …（75）
　　三　增强文化自觉是发展中国社会学的必要前提 …（77）

## Ⅱ　群学概念体系

群学精义和基础性概念 ……………………………………（85）
　　一　"群"的属性 ……………………………………（86）
　　二　"群"的辨正 ……………………………………（87）
　　三　"群学"的要旨 …………………………………（88）
　　四　荀子"群学"的命题 ……………………………（89）
中国社会学崛起的历史基础 ………………………………（90）
　　一　怎样认识中国社会学的学科史 …………………（91）
　　二　怎样对待中国社会学的学科史 …………………（95）
　　三　怎样探寻中国社会学崛起的历史基础 …………（101）

## 史海拾贝
　　——中国社会学概念体系的历史资源 ………………… (104)
　　一　中国社会学起源问题的根本性 …………………… (104)
　　二　以本土概念体系确证中国社会学 ………………… (105)
　　三　关于中国社会学的基础性概念 …………………… (109)
　　四　关于中国社会学的基本概念 ……………………… (115)
　　五　研究中国社会学概念体系对于实现中国社会学崛起的
　　　　重要意义 ……………………………………………… (133)
　　六　结语 ………………………………………………… (134)

## 《中国社会学：起源与绵延》后记 ……………………… (136)

## 华夏品位的社会学
　　——2017年5月18日在中国人民大学"郑杭生社会学
　　大讲堂"的演讲 ………………………………………… (138)
　　一　历史基础 …………………………………………… (138)
　　二　关于"群学" ……………………………………… (139)
　　三　史海拾贝 …………………………………………… (141)
　　四　概念体系 …………………………………………… (143)
　　五　结语 ………………………………………………… (146)

# Ⅲ　群学命题体系

## 论群学复兴
　　——从严复"心结"说起 ……………………………… (159)
　　一　群学正名 …………………………………………… (160)
　　二　群学要义 …………………………………………… (165)
　　三　群学特质 …………………………………………… (174)
　　四　群学新命 …………………………………………… (181)

## 论群学元典
　　——中国社会学话语体系的第一个版本 ……………… (193)
　　引　言 …………………………………………………… (193)

## 目 录

    第一节 "一线四层"：群学元典的基本格局 ………………（195）
    第二节 环环嵌套：群学命题体系的原本结构 ………………（202）
    第三节 整合—贯通：群学命题体系的演进逻辑 ……………（206）
    结 语 …………………………………………………………（211）

欲兴其学　先正其史
    ——略谈中国社会学史研究 ……………………………………（216）
    一 为什么要重新书写中国社会学史 …………………………（216）
    二 关于"群学"与"社会学" ………………………………（219）
    三 为什么要重视命题演进史 …………………………………（222）
    四 群学命题体系的学术价值 …………………………………（224）

关于群学创立的社会基础和思想基础 ……………………………（228）

三为祭酒
    ——稷下学宫与群学孕育 ………………………………………（236）
    一 关于稷下学宫 ………………………………………………（237）
    二 荀子与稷下学宫 ……………………………………………（240）

身劳而心安 …………………………………………………………（243）
    一 "身劳而心安"的提出 ……………………………………（243）
    二 提出"身劳而心安"的社会背景 …………………………（245）
    三 "身劳而心安"的含义 ……………………………………（246）
    四 "身劳而心安"的价值 ……………………………………（248）

## Ⅳ 中国社会学的学科自信

从社会学中国化到中国社会学普遍化 ……………………………（253）
    一 社会学中国化孕育中国社会学普遍化 ……………………（253）
    二 "中国社会学普遍化"的必要性 …………………………（255）
    三 "中国社会学普遍化"的可行性 …………………………（256）

致传统文化与两岸社会建设研讨会的贺信 ………………………（259）

在中国人民大学社会学系建系30周年学术研讨会开幕式上的
    致辞（2017年12月23日） ……………………………………（262）

# 目 录

在中国社会科学院社会政法学部、中国社会科学院国家治理研究
　　智库主办的"新时代国家治理高端论坛"上的发言
　　（2018年1月7日） ………………………………………（264）
开展一场关于"中国社会学源流问题"的大讨论
　　——在中央民族大学举办的京津冀社会学春节团拜会上的发言
　　（2018年1月20日） ……………………………………（268）
传统孝文化的古今贯通 …………………………………………（270）
　　一　以史为师 ………………………………………………（270）
　　二　传统孝文化的历史演进 ………………………………（271）
　　三　传统孝文化的现代接口 ………………………………（277）
　　四　结语：传统孝文化的古今贯通机制 …………………（282）
"社会学中国化"是中国社会学的灵魂
　　——在"新时代创新社会发展之路——改革开放40年
　　中国乡村振兴与城乡一体化暨费孝通乡村发展思想
　　研讨会"上的发言（2018年12月16日） …………………（285）
上要对得起祖宗　下要对得起子孙
　　——2019年1月26日在《中国社会学史》第二、第三、
　　第四、第五卷提纲讨论会上的讲话摘要 ………………（288）
中国社会学话语体系建设的历史路径 …………………………（296）
　　一　一个学科的话语体系是历史积累的结果 ……………（296）
　　二　历史积累的时间越长，话语体系越丰富、越成熟 …（300）
　　三　经过长期历史过程磨砺和选择的概念和命题，
　　　　其生命力一定是更强的 ………………………………（302）
　　四　结语 ……………………………………………………（304）
关于中国社会学学科体系建设的建议
　　——2019年10月27日在"社会学话语体系、学术体系、
　　学科体系建设会议"上的发言 …………………………（307）
中国社会学的学科自信
　　——概念的提出、含义与实质 ……………………………（309）
　　一　"学科自信"概念的提出 ………………………………（309）

## 目 录

  二 学科自信的五方面含义 ………………………………………（311）
  三 学科自信的实质 …………………………………………………（315）

**增强学科自信 承担历史重任**
  ——2020年7月10日致《中国社会学史》课题组年轻同道的信
  （摘要）………………………………………………………………（323）
  一 做好充分准备，迎接关于群学的讨论和辩论 …………………（323）
  二 做好规划，展开延伸与拓展性研究 ……………………………（325）
  三 对中国社会学的崛起要有高度自觉 ……………………………（325）

**开创中国社会学百花齐放新局面**
  （2020年9月13日）…………………………………………………（327）

**积极参与21世纪百家争鸣**
  ——2021年1月9日在《当代中国社会学》写作组视频
  会议上的讲话摘要 …………………………………………………（329）

**后 记** ……………………………………………………………………（332）

# Ⅰ 中国本有社会学

# 中国社会学不可回避的根本问题[*]

## ——从"社会学的春天"谈起

2005年2月21日,时任中共中央总书记胡锦涛在中共中央政治局集体学习"建设社会主义和谐社会"时指出,"社会学的春天"来到了。我的理解是:中央提出要建设和谐社会,加强社会建设和社会管理,必然要求社会学来回答一些重要的理论和实践问题,这对该学科的发展会是一个难得的历史机遇。在这个过程中,社会学将会受到前所未有的重视,学科队伍将会有很大的扩充,研究成果将会百花争艳,学科地位将会有很大提升。在这个意义上,可以说"社会学的春天"来到了。

这是对于"社会学春天"的第一层理解:它是指学科发展的难得机遇。估计大家对此不会有什么异议。

## 一 九年回顾与评估

时间荏苒,很快九年过去了。回过头看,社会学是否呈现了繁花似锦的新局面?按理说,既然"春天"来到了,应该是"季节"的更替,也就是进入一个新阶段,出现崭新的气象,达到全新的高度。所谓"新阶段",应该具有结束以引进吸收为主导、以西方概念和理论为圭臬、自主创新中国社会学的含义。那么,我们是否有这样的感觉呢?不可否认,九年来,

---

[*] 2014年3月15日在南开大学、3月22日在华中科技大学召开的两次社会学研讨会上,笔者先后作了"我对'社会学春天'的理解"和"中国社会学不可回避的根本问题"的发言,5月7日在中国社会科学院社会学研究所又就此问题作了演讲。本文是在此基础上整理修改而成的,原载《学术界》2014年第9期。感谢参加上述会议的多位同仁的评论。

# Ⅰ 中国本有社会学

社会学的学科队伍有了较大的扩展，科研成果也比较可观，学科影响有所扩大，学科地位显著提高。党和政府对社会学的重视程度是前所未有的，广大社会学工作者是勤奋努力的，成绩是突出的。然而，尽管如此，好像并没有很明显的"季节性"变化，进入"新阶段"那样一种带有"跃升性"的感觉并不明显。

"社会学的春天"意味着什么？一是社会学要形成回答和谐社会建设，乃至中国整个社会建设、社会治理等问题的一系列重大学术成果，这些成果能够在实践中发挥无可替代的、社会公认的重要作用；二是提出一系列称得上具有中国特色、中国风格、中国气派的基本概念、基本命题和基本理论，它们与其他学科比，能够奠定独立而具有优势的学科地位，与国外社会学比，能够有自己的话语权；三是社会学应该建立起远比现在庞大的学术研究和教学队伍，人才辈出，创造力更强，并且形成优秀的学术风气、学科风气和学科体制，使整个学科成为造就大批杰出人才的大熔炉，形成平等、友善、团结、活力四射的共同体。

这是对于"社会学春天"的第二层理解：它是指学科发展进入"新阶段"。出现这种局面，正是学界共同期盼的，所以，尽管对于"新阶段"的提法也许有不同意见，但争议不会很大。

当然，一个学科的发展，从常态来说，本来就是缓慢的、逐步积累的过程，这是一个基本的方面。但是，许多学科在发展过程中也都可能遇到特殊的机遇，出现转折性、跃升性的变化。"春天来到了"，是对社会学即将得到这样的带有转折性而非常态性的机遇，即将发生这样的跃升性而非缓慢积累性变化的一种判断。我们都不仅希望出现这样的机遇和变化，还相信这样的情况应该发生。那么，眼看将近十年就要过去了，我们是否应该反思一下，为什么这样的感觉不太明显呢？

是否可以说，对于"春天"是什么，意味着什么，如何去迎接或"创造"这样的"春天"，应该为此做出什么样的努力，在学科目标、学术发展上应该做怎样的改变，我们自觉的程度、转变的力度是不够的。如果确实是这样的话，那么，九年下来的结果，没有发生"季节性"变化，没有那样一种进入"新阶段""新时期"的感觉，也就是难免的了。

这样，我们就进入对于"社会学春天"的第三层理解：它是一个需要破解的命题。对此，大家就难免见解不同，甚至充满争议了。

## 二 必须触及社会学发展不可回避的根本问题

我们在充分肯定成绩的同时，是否可以作这样的反思：我们在应该发生转折、开创新局面的关头，是不是没有非常自觉地、非常主动地去触及社会学发展必须触及的、不可回避的根本性问题；或者虽然触及了，但认识上的高度不够，行动上的力度不足。如果可以作这样的设问的话，那么我们就首先需要讨论社会学发展必须触及的、不可回避的根本性问题是什么。为了回答这个问题，我们首先需要回溯历史，请教先贤。

中国社会学在近现代的发展，曾经有两个重要篇章：一是清末，二是民国时期。清末发生的一个重大事件，是引进了西方社会学。值得注意的是，引进从一开始就不是照搬，而是努力寻找其与中国传统社会思想的结合点，一方面是为了便于西方社会学在中国生根，另一方面也为了促进中国传统社会思想主要是儒学的革新。康有为、谭嗣同和孙中山等都是儒学革新的代表，他们既具有国际眼光，又有革新的胆识，因而成为儒学改革的先驱思想家。就以谭嗣同而论，他兼学中西，对西方政治、科学、历史、宗教均有研究；对于儒、佛与庄、墨之学，亦有独到见解，故能融会中西，创立新的"仁学"，为源于孔子的仁学赋予现代文明的新意涵。他运用西方平等自由的理念，重新解释"仁"的含义。"仁"在孔子那里，解释很多，但以"仁者爱人"为首要含义。谭嗣同却主张"仁以通为第一义"。什么是"通"？"通之象为平等"，具体表现在四个方面：一曰"中外通"，"破闭关绝市"，通学、通政、通教、通商；二曰"上下通"；三曰"男女通"，用意是破除"三纲五伦之惨祸烈毒"；四曰"人我通"，破己与他的畛域。他认为破闭塞，通商惠工，富国富民乃"相仁之道"①。这样，谭嗣同就把孔子主要从伦理（学）角度定义"仁"，转变成主要从社会（学）角度解释"仁"。他既吸取了西方先进思想的精华，又保留和重新发掘了儒家仁学的核心价值；既区别于国粹派的保守主义，又拒绝了西方派的民族虚无主义。谭嗣同为我们作出了伟大榜样：对西方社会学不是

---

① 牟钟鉴：《儒学在近现代面临的挑战与复兴之路》，《探索与争鸣》2011年第3期。

## I 中国本有社会学

照搬,而是融通;对中国传统社会思想,不是抛弃,而是提升。谭嗣同是如此,康有为的大同思想、孙中山的三民主义,也都是既继承了中国延绵两千多年的包括大同思想在内的政治社会理想,又吸收了西方的自由、平等、博爱等先进理念,就连我们今天正在进行的社会保障、医疗卫生、公共交通等民生建设,他们也早已经有了概略的预想和设计。此外,严复把社会学翻译为"群学",实际上也明显包含着"接地气"的意思,即使今天看来,这个译法也是很恰当的。仅举以上几位对中国社会学有开山之功的先贤的垂范,让我们必须谨记的第一个"祖训",就是"融通"。

第二个"祖训"是"担当"。社会学的传入,是与中国冲破旧制度、迈向现代社会的变革紧密联系的。简单地说,形成鲜明对照的是,它在欧洲的诞生是在大变革之后应了重建"秩序"之"运";而在中国的传入,宿命却变了,它要充当为了推动变革而呼风唤雨、甚至冲锋陷阵的角色。当时社会学背后的理论基础是进化论,这在西方本来是一种重视缓慢变化的主张,到了清末的中国,面对死抱着祖宗之法"不可移"的腐朽王朝,"进化"就成了炸雷。主张进化不仅没有"保守"色彩,反倒成了十恶不赦的"革命党"。慈禧太后以那么残忍的手段杀害包括谭嗣同在内的"六君子",也反证了那些引入和传播社会学的先贤,初衷也确实在于推动社会变革。谭嗣同作为中国社会变革的先驱者之一,他的慷慨赴死,不光有义士激情,有政治担当,也有学术秉持。这位主张"强国须从兴学术做起"的学者,写下了"我自横刀向天笑,去留肝胆两昆仑"的绝命诗,他是为信念而死的。其实,不光是谭嗣同,第一代在中国传播社会学的先贤,不论其政治作为如何,都不约而同地给中国社会学植入了另一个基因,就是担当。如果对比后来从西方传来的所谓"科学主义"的社会学,一种冷观社会、保持中立,将社会视为草木虫鸟一样的外在对象,乃至于只是凭着兴趣,做做好玩的所谓"纯学术",那确实大相异趣了。

由此可以说,清末开创的融通与担当的两大传统,铸就了中国社会学的性格、特质或者说基因。

再看民国时期。一批在西方接受了正规社会学教育的才俊回国了。这批人的知识构成有两个特点:一是出国前受过良好的国学教育,打下了深厚的中国传统文化的根基;二是他们那时学得的社会学,是伴随着工业社会的上升期而形成的,充满进取的锐气,宏大的抱负,理性的精神。他们学成归国，犹如临风仗剑，意气扬扬。一些人看到中国"百事不如人"（"人"指西方——引者注）①，开出了"全盘西化"的猛药。这些人视中国传统文化如污泥浊水，恨不得以摧枯拉朽之势扫荡一空。所幸的是，"全盘西化"论者，并不是社会学的主将，当时担任中央大学社会学系主任的孙本文、担任燕京大学社会学系主任的吴文藻等一批中坚人物，不但西方社会学功底扎实，又深谙中国国情，他们创造性地提出"社会学中国化"的主张，开辟了中国社会学的正确道路，实为一项彪炳史册的杰出贡献。限于当时的历史条件，对"中国化"的理解各有表述，侧重不同，深浅有别。总的来看，"中国化"不是"地域化"，不是"国别化"，而是指一种文化基因、民族特性，一种历史逻辑，也就是通常说的"中国特色""中国风格""中国气派"。

民国时期"社会学中国化"的践行，对清末阶段的融通、担当两大传统均有所继承和深化，并且推进到新的阶段。在融通方面，例如，坚持"唯物史观社会学"的学者，质疑了当时共产国际有人把马克思的"亚细亚生产方式"概念作教条化理解，由此对中国农村社会性质作出的错误判断。他们从实际出发，坚持中国农村不是资本主义的，而是以自然经济为基础的封建性质的，并以农村实际调查为根据，论证了实行土地革命的必要性；在乡村建设理论和实践方面，基于中国实际，试图在西方工业化道路之外，探索乡村发展道路，创造性地从乡村建设入手，展开文化再造，并把文化再造与社会改造结合起来。社会学"中国学派"提出了中国特色的"社区"概念，开辟了"社区研究"新路；"文化综合学派"从荀子"群"的概念出发，主张社会学研究必须综合构成人群基本要素的自然因素、文化因素和社会因素，研究诸因素的综合效应。由于当时学派林立，学派内部又有"分派"，"分派"之中又有各种主张、倾向和领域，可谓气象不凡，难以枚举。

民国时期的融通工夫突出地体现到了概念的传承和创新上。我们都很熟悉的，例如潘光旦的"位育"概念，把西方的"适应"概念与反映儒家文化精髓的"中和位育"相融合，认为"位"即秩序，"育"即进步。位

---

① 参见李培林、渠敬东、杨雅彬主编《中国社会学经典导读》（上册），社会科学文献出版社2009年版，第355页。

者，安其所也；育者，遂其生也。① 经此一融合，"位育"概念有了远比西方的"秩序"概念更为丰富的内涵。这一时期，费孝通提出的"差序格局"也许是中外学界知悉度最高的中国本土概念。其实他提出的"身份社会""教化权利"等概念，即使拿到今天也有很强的解释力。

仅举以上范例就可以看到，观念上的融通也好，概念上的融通也罢，既避免了洋教条，又克服了老八股；既吸取了西方学术精华，又继承了中国学术传统；有嫁接也有变异，有延续也有革新。这种融通，既不是用西学诠释中学，也不是用中学诠释西学，而是交融、通达，有所创造、有所发明。

在担当方面，这一时期的社会学家，尽管立场不同、"主义"各异，但都或者在社会革命，或者在救亡图存，或者在社会改造和建设等方面，敢于担当，主动作为，涌现出一批叱咤风云的人物。众所周知的中共创始人之一李大钊，也是唯物史观社会学的主要传播者；瞿秋白担任过上海大学社会学系主任，也是中共主要领导人；邓中夏是著名工运领袖，也是社会学教授。梁漱溟倡导乡村建设、晏阳初开拓平民教育、陈翰笙组织农村经济社会调查，以及陶孟和的北平生活费调查、李景汉的定县调查、史国衡的企业调查、赵承信的社区调查等，不仅在社会学发展史上立了标杆，而且对当时的社会实践也产生了积极影响；许多社会学家发起和参与了关于中国社会性质、关于农村社会经济性质、关于中国文化道路以及关于中国历史分期、中国教育等关系到国家民族命运的大论战、大讨论，在贫弱、动荡、战乱的中国大地上，导演了一本又一本迸射着思想火花、深刻影响了社会历史进程的大戏。他们以无愧于时代的业绩诠释和彰显了社会学的担当精神。

本文的任务并不是全面评述以上两个阶段社会学的发展，而只是集中阐述融通和担当两大传统。显然，从这两大传统看，对以上两个历史阶段不论如何评说，有一个结论是无可争议的：中国社会学有一个与生俱来的问题，这个问题是不可回避的根本性问题，就是中西古今问题。

时来运转，从1979年开始，中国社会学乘改革开放的春风，迎来了从恢复重建到发展壮大的历史机遇。这里无意全面评论这一至今已有35

---

① 费孝通：《"三级两跳"中的文化思考》，《读书》2001年第4期。

年的并不算短的发展历程，只想冒昧提出一个问题：多年来，中西古今问题是不是被淡漠了，事实上几乎不被当作一个话题？如果真的被淡漠了，那就越发表明这个问题的严重性。我看到文军和王琰有个评论，是谈社会学中国化的："遗憾的是，1952 年后经过 20 多年学科发展的中断，我们在恢复重建社会学后，似乎愈来愈忘记了中国早期社会学家所建立起来的这种优良传统。因此，重新学习孙本文的社会学思想，充分挖掘中国社会学的早期资源和思想传统，对于今天的中国社会学建设具有十分重要的意义。"① 我想这个"遗憾"，并不是否认学界对于孙本文以及其他社会学前辈、对于中国社会思想史、对于社会学中国化问题，都有一些很好的研究，也有一些较有功力的著作问世。其"遗憾"的是对于这个问题总体上的漠视。以至于今天，对于中西古今问题到底应该怎么看，它对中国社会学是否具有根本性的意义，还是有提出来讨论的必要的。

首先，对中国传统社会思想应该怎么看，迄今还是一个问题。例如，认为中国传统文化只是农耕文化，只是农业文明，不是工业文明，由此就得出"中国传统文化不包含现代化的因素"这样的结论，这是过于简单化甚至是褊狭了。第一，尽管中国传统文化是在工业社会以前的时代形成的，但是不能由此就否认中国传统文化中包含一些"现代化的因素"。且不说中国资本主义因素的出现并不比西方晚，更重要的是中国传统文化中早就有相当成熟的平等、仁爱、贵民、中和等思想，它们与所谓现代思想是相通的。第二，不能把文化与它的时代性简单地等同起来。文化还有继承性、可积累性、可更新性等属性。文化中有一些内容与时代性联系较为紧密，具有我们平常所说的"时代局限性"，许多内容与时代没有那么紧密的联系，或者没有什么联系，它是历史积淀的结果。我们今天运用的许多文化，例如文字、姓氏、称谓、概念和观念等，都是中国进入现代社会以前形成的，如果一概拒斥，恐怕现代人都无法生活了。就是西方文化中那些"现代化的因素"，也是与前现代化的因素不可分割地交融在一起的，西方人自己声称西方现代文明是对古希腊罗马文明的"复兴"，我们有办法去割裂开吗？第三，不能把文化的学习和传承等同于简单照搬。学习更主要的是消化、吸收、转化、升华。退一步说，不论传统文化中有没有

---

① 文军、王琰：《论孙本文与社会学的中国化》，社会学视野网，2013 年 2 月 5 日。

## I 中国本有社会学

"现代化的因素",它都是形成现代思想的重要资源。我们吃的食物,要经过消化系统复杂地加工,才能被人体所吸收。并不是我们吃了蔬菜到人体里还是蔬菜,吃了羊肉到人体里还是羊肉,那就麻烦了。同理,要搞现代化,不能只"吃"进"现代化的因素"。"现代化的因素"是在传统因素的基础上转化和更新而成的。

至于讲中华传统文化"无法与现代社会相沟通",这是它"在现代社会的宿命",则完全是错误的。中华传统文化在现代化过程中的作用,过去争论多次,现在应该得到结论了。多年来,有些人一直无端贬低家庭的作用,现在要解决养老问题、解决就业问题、解决子女教育问题等等,又反过来强调家庭的作用。家族更被当作与现代化格格不入的旧东西。但是,中国香港、台湾地区的现代大企业,基本上是家族企业;中国大陆的绝大多数私营企业也是家族企业,它们都在工业化、现代化过程中发挥了重要作用。它们也都在企业体制和管理中引入了许多现代因素。事实证明,家族企业和现代企业制度不是水火不容的,传统因素与现代因素不仅可以"相沟通",还可以相融合,甚至可以得到升华,创造出新的企业文化来。浙江宁波市的方太油烟机公司,既是一家家族企业,又在制度、管理和观念方面很是现代化,它致力于打造中西合璧的企业文化,探索并提出现代儒家管理模式,概括为"中学明道,西学优术,中西合璧,以道御术"。在这里,传统文化和现代文化高度融合了,这种融合可以说是一种文化创新。它是传统的、现代的、还是后现代的?恐怕是融为一体了。这种例子在中国不胜枚举,表现为现代化过程中的常态化现象,这就不轻易被否定了。

当年五四运动砸烂"孔家店",过去把它尊为"中国现代史的开端",前几年又有人说还是改良好,激烈的革命不如改良,大有否定五四运动之意。现在回顾1919年的情形,觉得当时激烈一些也情有可原。否则,难以冲破旧制度的压制,冲决旧文化的罗网。可是现在,将近100年过去了,"三纲五常"早被冲破了,哪里还有什么封建"罗网"!有些家庭已经父不父、子不子了,"有了孙子自己就成了孙子了",大多数丈夫都是"气管炎"("妻管严")了。现在即使不提重建"伦理社会",也要重建社会伦理吧,一个缺乏基本的道德底线的社会能够成为现代社会吗?孔德不是讲秩序吗?潘光旦不是讲位育吗?"位育"是一个中西融合的典范,启发我们怎么建设中国社会学。

其次，学习西方应该怎么学，也需要反思。学习西方当然是有必要的，特别是中国社会学中断了27年（1952—1979），"补课"是完全应该的，今后，也要长期地学习和借鉴。但是，学习西方，有躺着学与站着学之分：站着学就是脚下有根；躺着学就是脚下无根，像浮萍一样，只能漂在水上。这个根是什么，就是中国文化，就是中国学术传统，就是我们可以据以自称"中国""中国人""中国学术"的东西。对今日社会学来说，就是中国社会思想史和古已有之的中国社会学。

学习西方不能搞成简单地照搬和套用——西方概念+中国案例、西方理论+中国数据。更有甚者，一些研究热衷于搞与所研究的中国问题不沾边的西方理论"综述"，生硬地拉来西方一个大理论、大概念往自己头上套。其实质，是把艰巨的"融通"任务回避掉了。植物尚且有"南橘北枳"之说，"叶徒相似，其实味不同"（《晏子春秋·内篇杂下》），水土相异，风俗不等，而生变异，何况复杂的社会呢！

归根结底，中西古今问题为什么不可回避？回避就是对西方中心主义的遵从，就是对民族虚无主义的默认；就是用生搬硬套代替消化、批判和融合，用照抄照搬代替自主创新。

为什么是根本问题？如果回避了中西古今问题，那么所谓中国社会学就建立不起来，或者建立起来的也不可能是具有中国特色、中国风格、中国气派能够回答中国问题的社会学。

一个大国的一门学科，就算曾经落后了，可在改革开放以后，已经拿出三四十年的时间，差不多两代人，努力学习西方社会学这样一个不过只有一百几十年历史的学科，而如果从康有为、谭嗣同、章太炎、严复等引入这个学科的历史来看，比其本身的历史不过晚了50多年，中国人虚心的程度、诚心的态度，可以感动天地了。时至今日，就连西方社会学家已经不对"经典大家"顶礼膜拜了，而我们还是唯恐失敬，不敢越雷池半步，我们的"虚心"是否有点过头了！再者，西方学者抬举"经典大家"，那是人家的祖宗，不管是不是"欧洲中心主义"吧，反正暗合了人家民族自尊的心理，我们倒是所为何来？中国这么悠久的文明、这么庞大复杂的社会，我们的先贤又那么重视人文和群己家国关系，积累了那么丰富的学术资源，如果我们不予重视，那怎么可能不犯历史虚无主义的错误呢？

费孝通先生在晚年写了一些回顾与反思的文章，其中有两篇特别值得重视，一篇是《试谈扩展社会学的传统界限》，另一篇是《"三级两跳"中的文化思考》。他写这些文章时，已届九十高龄了，虽然思路依然清晰，但写作已经很困难，是他口述，由助手整理录音，他再修改而成的。这个时候不得不写的文章，一定是要表达有责任提醒的方向、有责任弥补的缺憾，为社会学的发展留下"锦囊"。以笔者的浅见，他想要提醒、弥补和强调的，主要就是作为中国社会学根本问题的这个中西古今问题，起码这是他萦绕心头的最重要问题之一。

## 三　唯有自主创新才能迎来"社会学的春天"

只有重视并解决中西古今问题，中国社会学才能顺利地自主发展、自主创新。如今，我们已经进入了强调自主创新、非自主创新不可的时期。不光是社会学的前辈们给我们做出了榜样，其他学科也马蹄声急。现在，科学技术界非常强调自主创新；企业界已经从市场竞争中得到深刻教训——是否掌握核心技术决定企业乃至整个行业的兴亡。对于社会学而言，相当于"核心技术"的是什么？就是独立自主提出的关键概念和理论。最近，我读经济学家林毅夫的书，感触很深。林毅夫在回顾几十年来他的研究历程时写道："作为一名来自发展中国家的知识分子，就像中国古典小说《西游记》中去西天取经的唐僧那样，我过去总相信西方发达国家拥有一部真经，只需学会，带回国来应用，就可以帮助祖国实现现代化，走向繁荣昌盛，使中国重新屹立于世界发达国家之林。……但牛刀初试以后，却让我对在国外学到的那一套逻辑严谨、看似完美的现代经济学理论体系在中国的运用产生了疑惑。……是因为中国政府面临的约束不同于当时科教书和前沿理论中所假设的条件。……经验让我体悟到，要分析中国改革开放中出现的问题，提出解决的办法，不能简单照搬教科书和学刊中的现成理论……现有的理论和诸多大师级的宏观经济学家既未能预见这场危机（2008年爆发的国际金融危机——引者注）的到来，危机到来以后也未能对危机的程度和持久度做出准确的判断，提出解决问题帮助世界摆脱危机的可行办法。""18世纪的工业革命以后，少数西方发达国家雄踞全球的霸主地位，经济上、政治上和理论思维上殖民于全世界，为了追求国家的现代化，许多发展中国家的知识分子到发达国家学习先进的理论，但是根据西方主流理论制定发展或转型政策的国家无一成功，发展或转型成功的国家的政策以当时的主流理论来看却经常是离经叛道的……发展中国家的学者应该解放思想，包括自己传统的和西方的思想，实事求是地根据自己国家的现实，分析问题，了解背后的因果关系，自己独立构建理论。"[①]

笔者比较完整地引述林教授的文字，是因为这确实发人深省。在西方，经济学要比社会学强大得多，西方经济学理论尚且如此，西方社会学理论又能多么灵光！说到这里，不禁让人想起美籍华人社会学家林南教授，他在《中国研究如何为社会学理论做贡献》一文中指出："（1）由于历史经验，在社会科学，尤其是社会学领域里，公认理论绝大部分源自西方；（2）由于科学实践的规范性和制度化的酬赏体系，使得巩固、维护公认理论形成一种很强的趋势……由于历史和制度的限制，东方和其他地区的社会学研究在本质上趋向标准化：即证明及应用公认理论。我们该如何实现理论'突破'？或者，用一个熟知的中国故事打个比方：聪明能干的美猴王（孙悟空）总在唐僧（唐三藏）的咒语和控制下。只要唐僧认为孙悟空的行为越轨了，他就念咒勒紧永远套在孙悟空头上的金箍，使孙悟空疼痛难忍，并迫使他立刻循规蹈矩。只有这样，孙悟空才能得到嘉许。我们是否都要屈从美猴王式的命运？……我的这种回应也表达了一种忧虑：许多社会科学研究反映出一种偏重北美或西欧传统的种族中心主义。西方传统被看成参照物而其他传统被视为需要加以特殊说明和修正的'偏差'。因此，西方这种对待不同社会、文化的'不公正'而'褊狭'的态度，让我们深恶痛绝。这类问题有意无意地反映了西方对东方和世界上的其他地区一直存在的征服欲和文化殖民。"[②] 林南教授担任过美国社会学会会长，体验是最深刻的。像他这样温文尔雅的学者，都使用了"征服欲和文化殖民"这样严厉的词语。有趣的是，林南和林毅夫不约而同地都拿孙悟空作

---

① 林毅夫：《从西潮到东风》，中信出版社2012年版，第22页。
② 林南：《中国研究如何为社会学理论做贡献》，社会学视野网，2007年5月20日。

## I 中国本有社会学

比喻，也都指出了"文化殖民""理论思维上的殖民"，是因为只有这种词语对于刻画西方学术的本性才是恰如其分的，而不是尖刻的。需要说明的是，这里所说的"学术本性"是指它的学术习气、学术霸权，也包括某些学术制度，例如评价制度，不是指它的全部内容，它的内容包含科学的、理性的部分，那是应该肯定和学习的。

"紧箍咒"是什么？就是林南教授所说的"标准化"，也就是我们现在正努力要"接"的某些所谓的"轨"。在西方人，强调"标准化"，目的很明确，正如林南指出的是为了巩固和维护西方"公认理论的优势地位"。那么，我们去努力地与人家"接轨"，又是为了什么？如果是为了发展中国社会学，认为"接轨"是有必要的，那么首先，"接轨"必须是双向的。双向接轨，不是一方单向地去遵从另一方，不是消灭多元，追求单一化，而是相互包容、取长补短、和而不同。这就是 S. N. 艾森斯塔德讲的"多元现代性"[①]，也是费孝通讲的文明的"多元一体"，"美人之美，美美与共"。这样，文明才能保留丰富性，接轨才有意义。

其次，"接轨"往什么时候的"轨"上"接"？例如，美国社会学是在宏观理论已经有了，中观理论也有了，需要再往微观上深入了，人家这时候才批判"大理论"。我们呢，中国社会学的宏观大理论还没有真正确立起来，就紧跟着人家去找细微的所谓有味道的问题，不是说这些问题不需要研究，也不是说"小题大做"有什么不好，而是说，要"接轨"，先要考量一下时间、地点、学术阶段的需要。不然的话，没有自己的概念和理论，就只能落得用中国的微观材料去验证西方的"公认理论"，怎么可能摆脱附庸地位！

再次，"接轨"要以创新为基础和前提。阎锡山统治山西省时，为了保护地方利益，把娘子关以内山西境内的铁路都搞成窄轨的，外面的火车开不进去。现在我们讲西方社会学和中国社会学要接轨，怎么接法？或者把中国的铁路都拆掉，这个办法太笨了，成本也太大；或者把西方的火车全改装，那成本也太高。拆铁路和砸火车都是破坏性的，不具有建设性。要建设，就不能采取这么简单的办法，就要想法搞创新，例如搞个转换装

---

① ［以］S. N. 艾森斯塔德：《反思现代性》，旷新年、王爱松译，生活·读书·新知三联书店2006年版，第7页。

置。什么叫学术创新，在这个问题上，创新就是发明一种"转换装置"。可见，接轨，不是照搬，而是创新；不是单一化，而是丰富化；不是砸烂，而是建设。

最后，更有甚者，一些不明就里者径直把"标准化""接轨"当作就是学术性、就是学术水平、就是学术精神本身，这就谬以千里了。学术本质上是一种智力的自由创造，如果能够标准化生产，那就不是学术，顶多是制造铆钉。就连高级的制鞋匠都讲究要适合脚型，因人而异，更何况学术创造！学术需要探索、需要想象、需要破除有形无形的框框，想人所未想，见人所未见，"标准化"闹不好就可能扼杀创造力。而学术水平，归根结底要看有没有真知灼见，而不是看形式，看套路。至于学术精神，就更与"标准化""接轨"这类东西南辕北辙了。陈寅恪的学术精神是特立独行，蔡元培倡导兼容并包，我们今天讲实事求是，没听说中国学术中哪一个是"标准化"化出来的。就是在西方，如果法国人去与美国的"标准"接轨，能冒出皮埃尔·布迪厄吗！德国能有乌尔里希·贝克、英国能有安东尼·吉登斯吗！我们中国也有优秀的学术传统，为什么不可以推陈出新，花朵绽放，在世界学术园地里争奇斗艳呢！

诚然，中西之别，看从什么角度说，国学大师王国维就说过"学问之事，本无中西"[①]的话，但他说的"本无中西"，是本"应"无中西，本"该"无中西，因为既有西学东渐，也有中学西渐。而事实上分中西，这是我们必须直面的现实。我们承认有"分别"，但绝不是主张故步自封，而是主张开放包容、互学互鉴。同样，任何一个学科都有"规范"，我们显然也不是否认任何"规范性"。问题在于所谓向"标准化""接轨"，是用单一化取代多样化，根本谈不上平等包容，只能失去自我。中西之间不是相互借鉴、相互推动，其实既不利于中国学术的自主创新，也无助于西方学术的发展。有鉴于此，我们需要自问：对西方理论的依赖是否已经成了习惯。其实人家西方学术界自己一直在不断超越自己，他们形成了良好的理论更新、理论批判、学术评价机制以及风气和习惯。这倒是我们应该认真学习的。他们"主义"迭出、学派林立，你论我辩而不人身攻击，各持己见而又相互启发，正所谓"你方唱罢我登场"，对事不对人，只讲学

---

[①] 张一兵主编：《总序》，《当代学术棱镜译丛》，南京大学出版社2000年版，第1页。

术不论交情。这样，相互启发、相互促进的结果，成就了西方社会学历久弥新的局面。相比之下，西方人对自己的"经典大家"似乎未必像我们那么尊崇，对他们批评驳难，习以为常。中国读者比较熟悉的乔纳森·特纳等几位学者直接批评了"对社会学开创者的'英雄崇拜'"，指出"社会学似乎相当依赖其开创性的一代"。他们问道："物理学的教科书中是否也有一章专门介绍伊萨克·牛顿或爱因斯坦的生平与时代？回答是'否'。"在生物学教科书中也没有关于查尔斯·达尔文的生平事迹或人生态度的章节。如果有，那"是历史学而不是社会学"①。这些话，虽然发自带有科学主义的背景和倾向，但这不是我们这里要讨论的，这里讨论的是学术精神。缺失了独立自主，难言真正的学术精神；而解决不好中西古今问题，又哪里能有独立自主！

## 四 唯有回答实践提出的新问题才能有重大的自主创新

　　对于中国社会学而言，中西古今问题到了今天，面对着改革开放，面对着中国的学术复兴，是越发地深刻和尖锐了。不解决好中西古今问题，对现实重大实践问题的研究也会遇到难以化解的困难。

　　费孝通晚年在总结自己的学术经历时，提出了"三级两跳"说。"我这一生经历了二十世纪我国社会发生深刻变化的各个时期。这段历史里，先后出现了三种社会形态，就是农业社会、工业社会及信息社会。这里边包含着两个大的跳跃，就是从农业社会跳跃到工业社会，再从工业社会跳跃到信息社会。我概括为三个阶段和两大变化，并把它比作'三级两跳'。……我国社会的这种深刻而复杂的变化，我在自己的一生里边都亲身碰到了，这使我很觉得庆幸。……我所有的学术研究工作的成就和失误都是和中国社会变化'三级两跳'的背景联系在一起的。"② 陆学艺在他的文集"自序"中也说："我们这一代知识分子，正遇上我们伟大祖国经

---

① [美]乔纳森·特纳、勒奥纳德·毕福勒、查尔斯·鲍尔斯：《序言》，《社会学理论的兴起》，侯钧生等译，天津人民出版社2006年版，第3页。
② 费孝通：《"三级两跳"中的文化思考》，《读书》2001年第4期。

济社会发生历史性变迁的时期……这些转变发生在拥有10多亿人口的大国之中，其规模之宏大，形式之多样，波澜壮阔，错综复杂，这是难逢的历史机遇。不仅我国的前代学人没有遇到过，就是欧美工业化国家的学者也没有遇到过，他们只经历了工业化过程中的某个阶段，而我们这一代人却经历了我们国家工业化的前期、初期，直到现在中期阶段的整个社会变迁的历史过程。"[①] 费孝通和陆学艺的杰出学术贡献表明：中国如此丰富宝贵的经验事实，并不是只配充当检验西方概念、西方命题的案例和素材。中国学者如此宝贵的亲身体验、得天独厚的观察角度，是西方学者难以获得的。不是说"近水楼台先得月"吗！从"中国土壤"中，必定能够生长出不亚于西方的、能够回答中国问题的中国社会学，能够崛起对世界面临的共同问题作出中国式回答的中国学术，甚至能够形成在某些方面回答已有的西方理论回答不了的问题的中国理论。

西方社会现代化比我们中国早了二百多年，西方社会学家特别是几位奠基人，有惊人的创造力。我们确实落后了，应该向人家学习，这是毫无异议的，我们几代人也确实是这么做的。但是，也要看到问题的另一个方面，我们中国社会至少与社会学形成时候的西方社会相比，要复杂得多；我们的现代化过程不论从规模还是速度方面看，都与西方不是一个数量级的。西方现代化，像费老讲的那个"三级跳"，是一级一级跳过来的，我们有时候是"三步当作两步走，两步当作一步行"，有时候同时跳了两级——工业化还没有完成，信息化就必须争先，有时候跳了一级，又退回半级甚至一级，艰难曲折程度难以比拟。那么，我们为什么不努力从我们自己的丰富无比的实践中，概括出自己的概念和理论，非要拿从相对单纯的社会中形成的概念往复杂社会上套，拿反映相对缓慢过程的理论往相对剧烈、急速变化的过程上套？这就好比我们手中拿着一块稀世的美玉，为什么自己不珍视、不欣赏，非要拿去给人家当磨刀石、铺路石？

不是说西方的概念和理论一定不好，而是说我们这样生搬硬套不好。借用林南的比喻，那个"箍"本来就小，我们脑袋大，硬要套，还加上"念咒"，就必定成了"紧箍咒"。所以，这个"紧箍咒"有时是我们自找的。或者说，这与西方的概念和理论到底怎么样、好不好基本无关。

---

① 陆学艺：《自序》，《陆学艺文集》，上海辞书出版社2005年版，第9页。

# I 中国本有社会学

事实表明，对于中国发展中遇到的真问题、难问题，西方理论家也是一头雾水，远来的和尚未必会念经。2001年，中国正式加入世界贸易组织，彼时我们的国内生产总值规模总量仅占全球的7.4%，而到2011年，中国国内生产总值的规模已经接近全球的15%。在这10年间，中国常常每过一年，顶多二年，就超过一个发达国家。据国际货币基金组织（IMF）发布的各国GDP数字，2013年，中国GDP增量略小于印度尼西亚经济总量，但大于土耳其经济总量。如果中国2014年经济增量与2013年相当，那么中国这两年的经济增量之和将大致等同于澳大利亚的经济总量。2010年中国经济总量超过日本成为世界第二大经济体，2013年就基本相当于两个日本了，也就是说，3年就增长出一个日本来。2013年，中国经济增长对世界的贡献率占30%，增长速度是美国的4倍。如果保持目前的速度，超过美国应该指日可待。对于理解这样的变化，我们固然是身处"庐山"之中，要识得真面目不容易，那些离"庐山"远隔着千山万水的人，就能识得真面目？美国经济学家大卫·科茨（David M. Kotz）教授在北京大学发表题为"中国崛起可以持续吗？"的演讲中提到，"在1978年，中国改革开放的早期，有一些西方学者来到中国，建议中国政府的高级官员采取迅速自由化和私有化的措施，比如说著名的美国经济学家弗里德曼就来到了北京，给出了自由化的建议；世界银行的代表也来到了北京，给出了同样的建议。邓小平和他的同事们感谢了这些西方建议者'明智的'建议，然后把它们完全忽略掉了"[①]。我们没有邓小平那样的智慧，也不一定非要采取"完全忽略掉"的态度，但是，难题毕竟还是得靠我们自己来解。因为，中国的难题是西方学者未曾遇到过的，问题的解法也是他们未曾提出过的。费老说的"三级两跳"，中国虽然还没有完全实现工业化，但要用后工业主义、生态主义指导工业化，不然，无法解决棘手的大难题，诸如消除雾霾、避免资源枯竭等，也就无法最后实现工业化。说穿了，西方当年并没有创造出消灭雾霾的好办法，只不过想出了转移污染的办法——把污染企业转移了，自己那里空气清新了。我们不能再那么做了。所以，要想实现工业化，观念和举措上必须超越工业化；同理，要想实现现代化，

---

① [美]大卫·科茨："中国崛起可以持续吗？"，参见凤凰网·大学问，2013年12月11日。

理论和政策上必须超越现代化。这里的难题求解，需要的是创新、是实验、是独立思考。

中国的崛起，这是难得的实现学术创新的机遇。中华民族的伟大复兴必定包括学术复兴。谭嗣同曾断言中华复兴自学术始，梁漱溟亦断言从文化始，从哪里开始不必再争论了，反正伴随着中华复兴的，肯定有学术复兴。对中国社会学来说，这是一举摆脱落后地位的天赐良机，对个人来说，也是成就学术志愿的一大幸运。但是，中国的变化太大了、太快了，大到常常超过个人的观察范围；快到目不暇接、难以跟踪。1997年亚洲金融危机，中国成功地躲过了，刚要仔细研究其中的经验，一晃儿，进入21世纪了，稍不留神，2008年由美国次贷危机引发的国际金融危机又来了；刚刚把这场危机对付了，又遇到全球性的经济低迷，紧接着又要从应对经济过热转向应对经济下滑。就以社会保障为例，11年前刚建立新型农村合作医疗制度时，筹资标准才每人30元，其中，中央财政、地方财政各出10元，可当时农民感激不尽，很满意。此后每年增长，到现在财政补贴标准超过每人三四百元，甚至更高了，有些地方的调查满意度反而不高了。这就令我们搞不清楚了。满意度的波动是由费老所说的"一级跳"上的原因造成的，还是二级跳或者三级跳上的原因造成的？因为客观上，传统的、现代的、后现代的不同性质、不同时代的诸种因素都压缩并混杂在一起，都在发生作用，不同的时候，在不同的问题上，在不同的地方，面对不同的对象，它们发生作用的程度和方式都不一样。变化大、速度快、影响因素复杂，可能是使得在相对稳定、变化相对缓慢、人群规模和地域范围相对有限的条件下形成的西方社会学，搬到中国来往往失灵的重要原因。但这恰恰给了我们机会，我们只要下定决心，立足于中国实际，紧扣住中国问题，踏踏实实地探索，总能有所体悟、有所创获。我们自己创造的概念和理论，丑也好，俊也好，总是"从中国土壤中生长出来的"（费孝通语），"接地气"，便于使用，也便于检验；从西方搬来的概念和理论，也许很完美，就怕水土不服，而且中看不中用。如果我们真能解决了中国问题，那就必定能够做出不亚于西方学术的东西，甚至能够解决西方学术不能解决的问题。那样的话，中国社会学才能真正摆脱依附地位，后来居上，中国社会学的春天真的就来到了，旭日高照的天象就出现了。

## 五　建议

综上所述，由中西古今问题牵连出中国社会学与西方社会学不对等、理论研究与经验研究不协调、科学性与人文性不兼容、学术性与应用性（技术性）不相通这样四个对学科发展具有重大影响的问题，足见中西古今问题确实具有不可回避的根本性。解决中西古今问题，要做的事情很多。针对目前科研和教学中存在的某些现象，在此冒昧提出以下两点建议。

第一，在我看来，20世纪30年代前后那批社会学家，之所以成就斐然，群星灿烂，一个重要原因是他们的知识结构包括知识形成的顺序是自然合理的——先中学后西学，然后兼通中西。这样，自然就容易理顺中西古今的关系，学习知识的顺序与历史过程和理论逻辑三者是融通的，不是几张皮硬贴上去的。正如人的胚胎发育，十月怀胎走过了人类多少万年的发育过程，这是最顺畅合理的。学习和知识传授过程也要效法自然，与历史顺序相一致。这样不容易出怪胎，成活率最高，不会走偏或迷失方向。因此，建议在教学和研究中，提高中国社会思想史的比重和地位。[①] 将其置于与西方社会学理论和历史同等重要的地位（这是从道理和观念上讲的，不是从谁占多少课时之类的细节上讲的，而且也不意味着千篇一律，应提倡各有特色）。可以考虑先讲中国的，再讲西方的，脚下先有个根，然后再往上长。这样，从中国社会思想脉络起步，从理解中国的需要出发，讲授西方理论。不再以西方理论为主干，不把中国的东西当作陪衬和反衬，甚至贬低的对象。而是基于中国的，理解和鉴别西方的，西方的东西不是横插一杠子，而是自然导入（历史上不能完全做到避免中西知识体系的冲突，现在应该做得到）。吸收西方的，改造和升华中国的，中国传统也不是简单的延续，而是在革新中发展。

---

[①] 据沈原评估，"相对于社会学的其他分支学科而言，中国社会学史这个分支，可以说是在所有的分支学科中最弱的，专职研究和教学人员不多，出版的相关著述也不算多。这种状况与蓬勃发展的中国社会学是很不相称的"（参见应星、吴飞、赵晓力、沈原《重新认识中国社会学的思想传统》，《社会学研究》2006年第4期）。

第二，社会政策和社会工作是实践性很强的学科，在教学和研究中，更可以考虑尝试从中国现实问题出发，而不是从追求西方社会政策、社会工作的完整知识体系出发。先确立问题意识，带着问题学习，就可以在学习过程中有鉴别、有选择、有自己的独立理解。紧紧结合现实问题讲授社会政策和社会工作，紧紧结合社会政策和社会工作的需要讲授社会理论，特别是西方理论。在这个意义上，适当提高社会政策和社会工作的比重和地位。这当然不是忽视社会理论和社会统计等方法，而是不把它们当作互不相干的两条线索。真正从问题出发、从培养解决问题的能力出发，而不是从无的放矢地传授知识尤其是无用的知识出发。这样，有助于增强社会学特别是社会政策、社会工作专业学生认识和解决问题的能力，增强他们的就业竞争力。

以上两条建议，不论在细节上恰当与否，用意都在于将中西问题这个横向关系，理顺到古今问题这个纵向脉络中，将中西古今聚焦到现代化的实践中，继承和发扬中国社会学融通和担当这两大传统。相信这样能够真正做到立足于中国实际，紧扣中国问题，发展中国理论，实现社会学中国化。中国化了，也就世界化了，中国社会学就能够影响世界了。

提这样两条建议，目的是更加充分地发挥现有的学科优势，形成更加鲜明的办学和科研特色，形成更加强大的学术活力和学科竞争力。祝愿中国社会学开新风气，创新局面，春意盎然，迎来繁花盛开的社会学春天。

**参考文献**

［以］S. N. 艾森斯塔德：《反思现代性》，旷新年、王爱松译，生活·读书·新知三联书店2006年版。

费孝通：《试谈扩展社会学的传统界限》，中国社会学网，2008年7月25日。

费孝通：《"三级两跳"中的文化思考》，《读书》2001年第4期。

葛荃、逯鹰：《论传统儒学的现代宿命——兼及新保守主义批判》，《清华大学学报》（哲学社会科学版）2006年第4期。

景天魁：《"植根于中国土壤之中"的学术路线——怀念和学习陆学艺先生》，《社会学研究》2014年第3期。

李培林、渠敬东、杨雅彬：《中国社会学经典导读》，社会科学文献出版社 2009 年版。

林南:《中国研究如何为社会学理论做贡献》,社会学视野网,2007年 5 月 20 日。

林毅夫:《从西潮到东风》,中信出版社 2012 年版。

牟钟鉴:《儒学在近现代面临的挑战与复兴之路》,《探索与争鸣》2011 年第 3 期。

孙本文:《当代中国社会学》,商务印书馆 2011 年版。

吴文藻:《论社会学中国化》,商务印书馆 2010 年版。

中国社会科学院社会学研究所编:《中国社会学年鉴(1999—2002)》,社会科学文献出版社 2004 年版。

# 中国社会学源流辨*

中国社会学欲要崛起，必须重新思考和对待其与西方社会学的关系。否则，按照现在广为接受的、未予辨明的流行观念走下去，恐怕难以找到顺利崛起的路径。我们常说社会学是"舶来品"，那这意思是不是说中国原本没有社会学，所谓"中国社会学"完全是西方社会学在中国的"移植"？如果是这样，那么，"中国社会学"不过是西方社会学的仿制品，是西方社会学在中国的扩展和应用。抑或它应该是从中国自己的土壤中生长出来的，体现中华民族文化基因而又会通中西的学问？如果是前者，那其实叫不叫"中国社会学"都没有多大意思了，它充其量不过是冠以地域之名，没有什么实质性的含义；如果是后者，那么所谓"移植"，其实是"嫁接"，是"会通"，如果中国原本没有社会学，那么"嫁接"是往什么上面"接"，"会通"又是与什么"通"？归根结底，我们必须辨识什么是中国社会学之源，对它的源流关系应该有正确理解。认定这些问题关乎中国社会学的学科定位和发展前途，这样说并不过分。① 如不能辨析清楚，中国社会学的"话语权"则无从谈起。因此，很有必要就几个基本概念和流行说法加以讨论。

## 一 关于"社会学"学科性质与现代性的关系

西方一些社会学家异口同声地宣称，"社会学"只是产生于欧洲，发

---

\* 原文发表于《中国社会科学评价》2015年第2期，发表时有删节。
① 费孝通先生就曾说，这个问题关系到"我们中国社会学的前途"。见费孝通《从实求知录》，北京大学出版社1998年版，第244页。

## I 中国本有社会学

端于19世纪中后期,而且就其学科性质而言,仅仅是对于现代社会或者现代化问题的思考。法国社会学家雷蒙·阿隆断言:"社会学可以解释为社会现代化的一种意识。"① 英国社会学家安东尼·吉登斯声称,社会学"只关注'发达的'或现代的社会"②,它的"主要研究领域是现代性出现以来所产生的社会世界"③。英国学者B.斯马特也说:"社会学研究领域的界定、学科主题的建构和适当方法论的发展,都是为了系统说明现代社会的现象……"④诸如此类的说法甚至使有的西方学者作出这样的概括:社会学就是社会"现代性的方案"。⑤

对于这一套说法,中国学者原本并不较真。既然承认社会学是舶来品,那关于它的研究对象、学科性质之类,就任由人家原产地的学者去说吧,我们好像没有什么权力去与人家理论。可是,稍微细究一下,就不难发现很多疑点。如果说社会学"只关注'发达的'或现代的社会",那么,社会学经典作家的著作里关注了非发达的、前现代的社会怎么办?如果他们在一本书里既关注了发达的或现代的社会,又关注了非发达的、前现代的社会,那它算是社会学,还是算别的什么"学"?再则,包括经典作家在内的许多西方社会学家,研究的是社会何以可能的问题、社会形式的问题,以及社会交换、社会交往、社会系统等在任何社会类型和社会阶段都存在的问题,分不清楚到底研究的是发达的或现代的社会,还是非发达的、前现代的社会,可他们冠以"普通社会学""社会学原理""社会学研究"等名称,那能把它们统统剔除出去,都不算社会学了?为了解决这个难题,一些人煞费苦心又勉为其难地区分"社会学"与"社会理论",说那些只能算是"社会理论",那到底能用什么办法可以从社会学里剔除理论,又从"社会理论"中剔除社会学?即使真的剔除了,那对社会

---

① [法]雷蒙·阿隆:《社会学主要思潮》,葛智强、胡秉成、王沪宁译,上海译文出版社1988年版,第10页。
② [英]安东尼·吉登斯:《社会的构成:结构化理论大纲》,李康、李猛译,生活·读书·新知三联书店1998年版,第35页。
③ [英]安东尼·吉登斯:《前言》,《社会理论与现代社会学》,文军、赵勇译,社会科学文献出版社2003年版,第2页。
④ [英]B.斯马特:《后现代性与社会学》,《国外社会学》1997年第3期。
⑤ 转引自金耀基《现代性论辩与中国社会学的定位》,《北京大学学报》(哲学社会科学版)1998年第6期。

学和社会理论又能有什么益处?

更有甚者,如果"社会学"只研究"'发达的'或现代的社会",那就等于说只有欧美等少数发达国家有社会学,其他所有国家,有"社会",但没有也不能有"社会学";或者即便有关于社会的学说也不能称为"社会学"。由此,依据那些西方社会学家的主张,必须被剔除的其实是非发达的、前现代社会的社会研究。那是不够格称为社会学的,不论那些社会多么复杂,不论那些社会研究成果多么丰富,充其量只能称为"社会思想"。诚然,研究社会的欧美学者,可以只以欧美的社会经验作为基础,甚至也可以只研究欧美的"现代社会",但不能要求别的"社会"的学者不能研究他们自己的"社会",或者不能整体地对"社会"进行理论和经验研究,或者即便进行了此类研究,也不能称为"社会学"。话说至此,那些西方社会学家为什么把社会学作为一门学科的性质与现代性之间本不应完全等同的关系,却煞费苦心地绝对等同起来,其要达到的目的就清楚了——无可争议地握有"社会学"的发明权、解释权、学术霸权。也许他们或他们中有的人无此主观自觉,但恰恰是在无意中,却暴露了潜意识中根深蒂固的欧美中心主义。他们到底有无自觉意识,我们不去推断。对于我们来说确定无疑的是,如果接受了这一套,事实上就等于放弃了对社会学的独立发言权,也就没有办法不承认欧美中心主义了。

所幸的是,自从西方社会学介绍到中国之日起,在对社会学性质的认知上,中国学者一直秉持了独立精神,保持了文化自信,并没有接受欧洲一些学者给社会学性质的狭隘圈定。最先直接从英文译介社会学的严复,特意把社会学译为中国古已有之的称谓——"群学",认为群学是"知治乱兴衰之故,而能有修齐治平之功"的一门学问,[①] 他认为这门学问是研究"治乱兴衰之故"的,不仅仅是研究"发达社会"的。中国社会学重建以后出版的由费孝通主持编写的第一本《社会学概论》认为:"社会学是从变动着的社会系统的整体出发,通过人们的社会关系和社会行为来研究社会的结构、功能、发生、发展规律的一门综合性的社会科学。"[②] 之后出版的作为马克思主义理论研究和建设工程重点教材的《社会学概论》,给

---

[①] 严复:《原强(修订稿)》,《严复集》第一册,中华书局1986年版,第18页。
[②] 《社会学概论》编写组:《社会学概论(试讲本)》,天津人民出版社1984年版,第5页。

I 中国本有社会学

社会学下的定义是:"从综合性、整体性视角,系统研究社会结构和社会过程,深入揭示社会运行和发展规律的社会科学。"[1] 其他我所知道的中国学者给社会学下的定义,无一例外地拒绝了"把社会学界定为对一种特定社会类型(即现代社会)特征及其对世界影响的研究"[2] 这种武断的观点,而对社会学的研究对象采取了开放的态度,它可以研究欧洲及欧洲以外的任何发达或不发达的社会。过去对有关社会学性质的这类定义觉得司空见惯,并没有体会到它们的特殊意涵和潜在价值。现在思考中国社会学崛起问题,才意识到这些中国社会学家的未曾预想的深意——在欧洲以外的地球上,为非西方的社会学争取了生存的空间。这样,我们就有机会发问:既然社会学的研究对象并不限于"发达社会",不限于一种特定社会类型(即现代社会),那么,为什么社会学就只能发源在欧洲,只能产生于19世纪中后期呢?

现在,我们要实现中国社会学的崛起,那就不能不追寻中国社会学的学术之源,确定可以立足的属于自己的学术传统。如果中国历史上根本没有中国式的社会学,那么,如要崛起,就不仅不能祖述尧舜、祖述孔墨,只好祖述孔德,以西方社会学为"源"了。至于先秦诸子,以及其后2200多年间的硕儒群星,充其量不过有一点"社会思想",不仅不能为"源",恐怕连作为"流"的资格都没有。可这样一来,所谓中国社会学的崛起,其实是西方社会学在中国的独霸,并不是从中国土壤中生长出来的中国式社会学的崛起。

看来,我们有必要认真对待"中国历史上有没有社会学"这个曾经被一些人视为不屑一提、无须置辩的问题了。

## 二 关于"中国历史上有没有社会学"的疑问

长期以来,我们不假思索地相信社会学只在西方有,中国传统学术中

---

[1] 《社会学概论》编写组:《社会学概论》,人民出版社、高等教育出版社2011年版,第3页。
[2] [英]安东尼·吉登斯:《前言》,《社会理论与现代社会学》,文军、赵勇译,社会科学文献出版社2003年版,第2页。

没有①。可能有的东西也只能叫"社会思想"。果真如此的话，为什么在中国社会学的重建过程中，费孝通先生一再提到并那么重视20世纪30年代在燕京大学讲授社会学的拉德克利夫·布朗（Radcliffe-Brown）的论断——中国早在战国时代已由荀子开创了中国社会学，比西方的孔德和斯宾塞要早2100多年？②而且，费老晚年曾经多次表示，如果精力允许的话，很有兴趣研究荀子社会学。那么精通中西古今、深知社会学为何物的费老，难道就不知道现世像口头禅一样流行的一些说法吗？那不可能。

与费孝通年龄相仿的丁克全先生早在1940年在日本帝国大学学习社会学时，就思考社会学作为一门学科为什么是西方首先创立的，难道作为世界文明古国之一的中国就没有"社会学"吗？汉语中的"社会学"一词以及在日语中的含义是什么？他查阅大量资料，构思了《汉字"社会学"名单字和"社会"复合词的本义及其引申义》一文，并在帝国大学社会学部作了一次报告，引证大量古代文献，证明中国是最早使用"社会"一词的国家，在古汉语中"社会"就是群居会合之意。③

青年丁克全敢于独立思考，他所提出的问题，在当时是很少有人想到的，就是在今天，这样一个重要问题也并没有引起学术界的足够重视。费孝通在领导中国社会学恢复重建的过程中一再重提这个问题，可谓振聋发聩，但却了无回响。说明在这个问题上要取得共识看来是很困难的，是何原因，值得深究。是林南教授所说的"文化殖民"导致了独立思考精神的缺失，还是在基本概念的理解上确有需要辨识的地方？那我们就从后者着手，讨论与社会学之名有关的问题。

第一，关于学科名称。所谓中国没有"社会学"，其实首先是一个用词问题。我们都承认严复将"sociology"译作"群学"，译得好，好在哪

---

① 《中国大百科全书·社会学》称，严复译书《群学肄言》"这标志着中国社会学的开端"。这在社会学界是一个普遍流行的说法。见该书第1页，中国大百科全书出版社1991年版。

② 费孝通：《从实求知录》，北京大学出版社1998年版，第232页。原文为比西方的孔德和斯宾塞"要早2500多年"。考虑到荀子生卒年份不详，众说纷纭，目前笔者所知的6种说法，均估计生于公元前336年和公元前313年之间。其实荀子比孔德和斯宾塞早多少年未必需要多么准确，所以，这里只说"要早2100多年"。——笔者注

③ 丁克全（1914—1989），1937—1942年留学日本，1943年任北平师范大学哲学和社会学教授，1948年任东北师范大学教授，1979年以后积极参与中国社会学恢复重建，担任吉林省社会学会会长。引文参见回清廉《回族社会学家——丁克全传略》，《回族研究》1992年第1期。

## Ⅰ 中国本有社会学

里？好在接上了中国的"地气"。如果承认"群"就是中国传统学术中相当于"社会"的概念，那么，早在战国时期的荀子创立的"群学"，既然大家都承认那是地道的"社会思想"，那么，将"群"换成"社会"，尽管二者细究起来有些区别，但作为一门学问，"群学"不就是"社会学"吗？如果说，只有出现了"社会学"一词，才算有了这门学科，那么，中国古代，一般是单独使用"社"和"会"，将二者组合起来的"社会"一词，在南北朝时期或者到宋代才出现，① 如果按照有"名"才有"实"的逻辑，那在此之前，中国就连社会也没有了？同样，中国古代只有"劳""作"这种单字，"劳动"一词，是20世纪初才从日本传来的新词，中国古代虽有"劳动"一词，但其意思是"劳驾"，与现在的"劳动"一词的含义不同，如按照有"名"才有"实"的逻辑，那岂不是20世纪之前中国人都无劳动，都不食人间烟火？如果可以这样以西方之"名"，鉴中国之"学"，那么在19世纪末20世纪初，包括社会学在内的西方社会科学（也包括许多自然科学）大举传入中国之前，中国学术岂不是基本上一片空白，那所谓五千年中华文明还存在吗？

第二，关于"学"的时间界限。说"由荀子开创了中国社会学，比西方的孔德和斯宾塞要早2100多年"，似乎令人难以置信。如果此言不是出自费孝通这样的权威人士之口，恐怕难免被斥为不经之谈。但是，这里提出的是一个编年史与学术史的关系问题。编年史是按照自然时间撰写的，例如，公元前发生的事情在先，公元（后）发生的事情在后，由此，也就按照自然时间顺序，界定"古与今"，甚至连带着定义"旧与新"，再推演为"古代与现代"，乃至在进化论意义上推演出"落后与先进"。如果我们不拘泥于自然时间顺序，而是按照社会时间、"学术时间"——对社会事物有简单粗浅理解的为"先"、为"古"、为"落后"，有全面深刻理解的为"后"、为"今"、为"先进"。这样，我们是否就可以理解费老的意思：荀子虽然在自然时间上比孔德早了2100多年，但荀子（其实不仅仅是荀子）的社会思想也可以称为"学"，是"中国社会学"的早期（"早熟"）形态②。

---

① 陈宝良：《中国的社与会》，浙江人民出版社1996年版，第19页。
② 关于中国社会学"早熟形态"的问题，牵涉甚广，争论尤大，难以一时说清，容后另文再谈。

"学"并非始于文艺复兴以后。"学"也未必只能从西方学科分化算起。说一门科学、一门学术,只从学科分化始,是不恰当的。科学、学术有分门别类的形态,也有浑然一体的综合形态。有长于分析的,有长于综合的,绝不能说长于分析的是科学、是学术,长于综合的就不是科学和学术。笼统地说,西方学术长于分析,中国学术长于综合。只要翻一翻经史子集,就不难看到大部分都是极为丰富的社会科学、人文学科成果,只不过采取了古代的形态而已。早在清末,西方社会学传入之初,刘师培在《周末学术史序》中,就首先用西学分科法,将诸子之学分为16个学科,其中就有社会学①。这说明即使采用西学分科法,中国古代之学也是已有许多学科的。我们不能像许多西方学者不承认中医是医学那样,对中国古代学术采取虚无主义的态度。

第三,关于"学"的地域起源。这是中西之间最重要的问题。所谓现代学科只发源于西方,是"欧洲中心论"的偏见。为什么与西方的学科形态不同就不能称为"学"?中国之"学"历来与西方之"学"有所不同。为什么有中国社会,有那么丰富的"社会思想",有那么多的思想和学说的派别,却不能称为"学"?

在学科起源问题上,"欧洲中心论"者的地域性偏见是完全站不住脚的。现代考古发现已经证明,世界几大文明各有独立的起源,包括学术,在后来有条件实现交流与会通之前,很多学科都是各自形成了,并且形态各异。更重要的是,与"欧洲中心论"者所宣扬的相反,在从野蛮到文明的变革中,中国的道路和形态不仅与西方不同,而且更早、更为主流。哈佛大学著名考古学家张光直教授指出:"中国文明起源形态很可能是全世界向文明转进的一个主要形态,而西方的形态实在是个例外。因此社会科学里面的自西方经验而来的一般法则不能有普遍的应用性。""中国的例子反而具有更大的普遍性。"②中华文明的起源和变革,遥遥领先于欧洲,早已形成了规模巨大、结构复杂的文明社会,我们的先人又特别重视社会关系和人际交往,形成中国社会学的早期("早熟")形态,可以说是顺理

---

① 转引自姚纯安《社会学在近代中国的进程(1895—1919)》,生活·读书·新知三联书店2006年版,第197页。

② 转引自李学勤《代前言:追寻中华文明的起源》,《中国古代文明研究》,华东师范大学出版社2009年版,第18—19页。

# I 中国本有社会学

成章的。

第四，关于"学"的用法问题。中国古代对"学"的用法，与近现代西方确有不同。中国古代所谓"学"，多指"学说""学派"，如"儒学"（儒家之学说）、"老学"（道家、老子之学说）、墨学（墨家之学说），以及经学、玄学、理学、实学等等，但也有地道学科意义上的"学"，如农学、医学、兵学（军事学）、"算学"（数学）。从严格学科分化的意义上看，所谓"群学"并没有与政治、历史、文化诸学科明显区分开，这是事实。比较而言，西方社会学确实是学科分化意义上的一个学科。然而，一门学问实质性的内容是其理论和方法，当然它也有表现形式问题。在19世纪的欧洲，出现了学科分化的高潮。但是，能够说在大学里有了讲授一门学问的职业之前，有了一门课程之前，这门学问就不能算"有"？或者不以一种职业、一种课程出现，一门学问就不能以别的形式出现？中国古代往往是学派之中分学科，西方是学科之中分学派。比较而言，中国古代确实学科分化不足，但是学派之中分学科，与学科之中分学派，不过是学科呈现的形态不同，难道呈现形态不同就一定不是学科？

第五，关于"学科化"。社会学如果作为专业、作为职业，那确实在中国出现较晚。在学科化的社会学传入中国之前，中国社会学并没有完全学科化，但这主要指的是形式的方面，不等于"中国社会思想"中就没有社会学的内容。而社会学的形式又是什么？是指的实证性吗？那么，形式其实未必具有决定的意义。公认为创造了"社会学"一词的孔德，他的著作叫《实证哲学教程》，是"哲学"，不是"社会学"；他自己写的《实证政治体系》，却没有多少他自己倡导的什么"实证精神"，倒是充满了宣扬人类情感之爱的"人道宗教"精神。就连严复翻译的斯宾塞的《社会学研究》，又有多少现在认可的"社会学学科化形式"？马克思被承认是社会学经典大师之一，但马克思根本反对"社会学"这个名称，他的一些作品也只有社会学的内容，也不符合所谓的"社会学学科化形式"。如果说社会学是实证的，那么，被称为社会学学科化奠基者的涂尔干之后，又有多个社会学学派，许多社会学家根本反对实证化，更不用说拒绝实证主义，那为什么不把他们逐出社会学之门？

对于一门学问来说，专业化是重要的，但同时，综合化、非专业化也是重要的。专业化有利于一门学科的发展，非专业化其实也有利于一门学科的发展，因为任何一个学科都需要从别的学科补充知识、获得启发、开阔眼界。如果一个人，单纯到只有社会学的专业知识，而没有其他学科，例如历史学、人类学、法学、哲学、地理学和许多自然科学的知识，那他对社会学的专业知识其实是理解不好甚至掌握不了的。各门知识归根结底是相通的。在学校里，知识需要一门一门学，但出了校门，面对复杂的社会现象，任何一门专业知识都是不够用的，综合知识和综合运用知识的能力可能更重要。常常见到在学校里专业学得好的人，工作以后成就不一定大，也许可以由此得到一定程度的解释。其实，对待专业化和综合化的态度历来可以因人而异。在对待学科界限的态度上，费孝通自称是"一匹野马"。他说："我是一匹野马到处去撞。那就是做学问要能够跨学科地去思考，不能仅仅限制在老师所讲的内容上，思想上不能有任何的疆界。"①

第六，关于学科性质与学科起源的关联性。再退一步，就说"社会学"是孔德于1838年在《实证哲学教程》中正式提出的，那么，中国的谭嗣同，在1896年出版的《仁学》一书中，就正式使用了"社会学"一词；严复也于1897年翻译斯宾塞的《社会学研究》。时间是晚了几十年，但孔德1838年只是创造了"社会学"这个词，实质性的学科内容远没有形成。即便如此，承认我们在现代社会学的研究上是落后了，这是事实。但只能说严复译书《群学肄言》是中国介绍西方社会学的"开端"，不好说是整个"中国社会学的开端"②。因为中国社会学实质性的内容早就存在了，不然，严复也不会刻意把它译为"群学"。

以上几条，可能给人以称谓之争、用词之争的印象，其实不然。这是对社会学这个学科性质的理解问题。在孔德等学者那里，是在实证主义的意义上理解"社会学"的，到如今，西方社会学界经过一百几十年的探索，已经证明社会学讲实证是可以的，但实证主义是行不通的。而且，社会学虽然是一门经验学科，但不能没有理论，就是讲实证，也不是唯一的，甚至在许多流派那里不一定是主要的，也不是可否称为社会学的必要条件。

西方一些社会学以及社会科学家，因他们在工业化浪潮中拔得头筹而

---

① 费孝通：《从实求知录》，北京大学出版社1998年版，第256页。
② 见《中国大百科全书·社会学》，中国大百科全书出版社1991年版，第1页。

Ⅰ 中国本有社会学

内心甚为自傲，说来也容易理解。因为在黑暗而漫长的中世纪他们实在没有多少好炫耀的。但是，他们以为在工业上先进了，在科技上先进了，就什么都先进了，于是处处声称自己拥有定义权、划界权、占有权——也就是"源"。别人说的都不算，别人已经有的可以无视，对"社会学"，他们也理所当然地自封握有创始权。

第七，几个佐证。其实，何止对社会学，何止对社会科学，对包括自然科学在内的众多学科，西方许多学者都习惯于这么做。西方人曾经说中国古代没有数学。获得首届国家最高自然科学技术奖的中国科学院吴文俊院士曾经证明了"从记数，以至解联立线性方程与二次方程，实质上都是中国古代数学家的发明创造，早就见之于中国的九章算术甚至是周髀算经等书"①。《九章算术》完成于公元50—100年，《周髀算经》更是成书于公元前100年前后。而很多成果西欧迟至14世纪才出现。尽管比中国少说晚了1400年，但却硬说中国古代没有数学。

德国哲学家黑格尔甚至敢说中国没有历史、没有哲学。难道西方人说没有，我们就真的连历史也没有了，连哲学也没有了？老子的《道德经》还有《墨子》等经典，直到现在他们捧在手上，还不是抓耳挠腮，不解其意？

偏见是与无知相伴的。欧洲人就不说了，回头反省自己。吴文俊院士写道："西方的大多数数学史家，除了言必称希腊以外，对于东方的数学，则歪曲历史，制造了不少巴比伦神话与印度神话，把中国数学的辉煌成就尽量贬低，甚至视而不见，一笔抹杀。在半封建半殖民地社会中生活过来的一些旧知识分子，接触的数学都是'西方'的，看到的数学史都是'西方史家'的，对于祖国古代数学十分无知，因而对于西方数学史家的一些捏造与歪曲无从辨别，不是跟着言必称希腊，就只好不吭声。"② 对于社会学，对于今天的我们，是否需要对号入座？

总之，说社会学产生于19世纪中后期的欧洲，那是说的西方社会学。换言之，对于西方社会学来说，那是一个公认的事实。说西方社会学是研

---

① 吴文俊：《中国古代数学对世界文化的伟大贡献》，《吴文俊文集》，山东教育出版社1986年版，第3页。
② 吴文俊：《中国古代数学对世界文化的伟大贡献》，《吴文俊文集》，山东教育出版社1986年版，第2—3页。

究现代社会的，它的主题是关于现代性的，甚至说它的出现是对现代性的回应，它本身就是"现代性的方案"，西方社会学家都这么说，也有合理性，或者说，他们都这么说，也就是西方流行的或西方公认的。说西方社会学是19世纪末才传入中国的，这也是一个历史事实。但这些都是说的西方社会学，不是说的中国社会学。不能把西方社会学的传入与中国社会学的产生简单地画上等号。中国学术自古以来就不是踩着西方学术的"点"（节奏）走的。不同文明自有其起源，其中的不同学术，有不同的概念、不同的形式、不同的传统，自然是很正常的，不是什么奇谈怪论。

第八，关于学科形成的条件。从各个学科的情况来看，有一些学科的出现，是依赖特定技术、特殊事件的，例如，量子力学、微电子学之类，我们不具备那种技术前提，当然这种学科就不可能在本土产生。对于这类学科来说，它从异域的传入，也就是它在本土的开端，这是一致的。但是，像哲学、数学、法学，也包括社会学这样的学科，它们的起源不依赖特定技术和特殊事件，实践发展到一定程度，经验积累到一定程度，单单是生计、沟通和交流的需要，就能够促使知识积累到比较丰富的程度，就可能刺激一门学科的产生。这样，我们才能承认和理解世界文明的多元性、多向性、多样性。

历史事实证明，我国在春秋战国时期是基本具备了产生社会学这种学科的条件的。孔子在教学中已经划分了"专业"，他的弟子三千，"身通六艺者七十有二人"，"六艺"相当于六个"专业"。墨子办学，"从属弥众，弟子弥丰，充满天下"。他划分了谈辩、说书、从事三科，每科又有许多专科。其中，"说书"一科，培养各类学者、教师；"从事"一科，培养农、工、商、兵各种实用人才。① 到了荀子的年代，最具代表性的当属齐国的稷下学宫，创办于公元前4世纪中期（也有说是更早的历史传承下来的），止于秦灭齐即公元前221年。它是战国时期最著名的正规高等学府，大师云集，有孟子等杰出人物，荀子三次出任"祭酒"；教师有"职称"，给予相当于"上卿""客卿""上大夫""大夫"等不同名分的待遇；学生数千，有学制、有学规、有学生守则（《弟子职》）；设立了世界上最早的"博士"，其与"祭酒"一样作为学者的名位等分，秦汉之后才变为掌管

---

① 参见孙中原《墨子及其后学》，中国国际广播出版社2011年版，第9—11页。

典籍的朝廷官职。所以，稷下学宫的"博士"与现代意义的博士虽有区别，但在学术内涵上应有一定的相通之处。学宫培养出了不少名震天下的学生，如李斯、韩非等。其论辩之自由、思想之碰撞、学派之林立、影响之深远，引得梁启超盛赞道："如春雷一声，万绿齐茁于广野；如火山乍裂，热石竞飞于天外。壮哉盛哉！非特中华学界之大观，抑亦世界学史之伟迹也。"[1] 稷下学宫当之无愧是当时世界上规模最大、最正规的学术殿堂。作为战国七雄之一的齐国，一个稷下学宫就能够鼎盛到如此程度，学术发达的盛况在当时的世界上应是无与伦比的。可以确信，当时具备了世界上最好的产生社会学这种学科的条件——有专门的机构、有高等学府、有优秀的教师、有众多的学生、有专业分科、有专门的教材、有学术论坛、有学术奖励制度。其百余年间热烈展开的大辩论，诸如义利之辨、名实之辨、天人之辨、王霸之辨等等，即使不单单属于社会学的议题，也明显具有社会学的面向，事实上产生了许多社会学概念和命题。总之，就以西方后来所谓学科形成条件来衡量，春秋战国之际至迟到荀子生活的战国后期也基本具备了。

尽管如此，如果不考虑中国社会学的崛起问题，那么中国历史上到底有没有社会学，对被称为"社会思想"的内容到底应该怎样看待，好像不是一个多么紧迫的问题，我也不想来捅这个"马蜂窝"。现在要考虑中国社会学的崛起问题，那么中国社会学之源在哪里，难道只能到西方社会学去认祖归宗？

## 三 关于"中国社会学"之"源"

提出"中国社会学"之"源"问题，意不在争"名"，也不是争"气"——维护民族尊严，而在于争取中国社会学的崛起。

康有为、谭嗣同、梁启超以及梁漱溟等先辈，都曾经预言中国学术、中国文化的复兴，其中，必然包括中国社会学的崛起。这是清末引入西方

---

[1] 梁启超：《世纪文库·论中国学术思想变迁之大势》，世纪出版集团、上海古籍出版社2006年版，第13页。

社会学的先贤抱持的期许。他们引入西方社会学不是为了用来替代和终结中国学术，而恰恰是为了复兴中国学术，由学术复兴，而带动文化复兴，而促进社会复兴，而实现中华复兴，对这一思路不论今天作何评价，争取中国社会学的崛起总是题中应有之义。

同样，费孝通先生援引布朗的论断，也是为了中国社会学的崛起。他指出，我们"主要不是继承，而是开创，要开创中国式的社会学"①。怎么开创？这就要找到根基、确定源泉，要有正确的出发点。

笔者认为，中国社会学之"源"，是以荀子"群学"为代表的本土社会学传统资源。它是以墨子"劳动"（"强力""从事"）概念为逻辑起点，以荀子"群"概念为核心，以儒家"民本"概念为要旨，以礼义制度、规范和秩序为骨架，以"修齐治平"为功用，兼纳儒墨道法等各家之社会范畴，所构成的中国社会学早期（"早熟"）形态。它是战国时期之前中华民族已有3000多年②的文明发源和早期发展的第一批学术结晶之一，是中国学术第一个百花齐放的发展高峰的优秀代表。它作为现今中国社会学崛起的源头，是理所当然的。其理由至少有以下几点。

第一，一门学科之"源"，不仅仅指学术本身，根本之"源"当然是社会实践、社会历史和文化传统。中国社会学之崛起，根本原因是中国的崛起，中华民族的复兴，如果没有这个巨大的实践动能的推动，恐怕所谓中国社会学之"崛起"很可能可望而不可即。这一点，已被世界学术中心的出现和转移历史所证明。但是，文明也好，学术也好，也好像风水轮流转。中华文明、中国学术曾长期雄踞世界领先地位，而且它的一个独具特点是超强的历史绵延机能。然而，也许正因为它有超强的绵延能力，自我更新的动力就渐显不足。一种文明，一种学问，只有遭遇危机和挑战，才能充分暴露自己的缺陷，才能激发重新奋起的动力。欧洲自文艺复兴以来

---

① 费孝通：《从实求知录》，北京大学出版社1998年版，第506页。
② 据李学勤教授讲："根据'夏商周断代工程'的年表，夏代的开始是在公元前21世纪的中间……但夏代不是中华文明的起源。中华文明在这以前还有一段相当长的历史，所以我们想把考查的年代再往前推1000年，就是推到公元前3000年。"（李学勤：《中国古代文明研究》代前言，华东师范大学出版社2009年版，第14—15页）而作为"文明社会"标准之一的城市的出现，在中国已有距今6000年的历史（河南郑州西山古城，见李学勤《中国古代文明研究》，第16页）而21世纪初发掘的浙江萧山跨湖桥遗址，发现栽种水稻、独木舟、熬制中草药，是距今8000年前的中华农业文明。这里采取较保守的说法，故此使用了战国之前"3000多年"之说。

# Ⅰ 中国本有社会学

创造的灿烂的西方文明、西方学术,既陷中华文化于危难,又令其幡然自省。今天,中华民族经过自鸦片战争以来170多年的绝地奋斗,中国学术经过自明末以来数百年的中西会通①,比历史上任何时候都更接近实现伟大复兴。当此之际,中国社会学的崛起,实在是顺天应时而已。

既然中国社会学的实践之源,毫无疑问是中国社会的本土过程,是中国社会发展史,是中国自己的社会"土壤",那么,怎样能够说中国社会学的学术之源必须到西方去认祖归宗呢?中国如果没有自己的学术传统,也就罢了,我们有以群学为代表的本土社会学传统资源,不管它有什么不足,"早熟"也罢,专业化程度不高也罢,那里总是有我们中国学术最基本的文化基因,那就是中国社会学的根。习近平总书记指出:"无论哪一个国家、哪一个民族,如果不珍惜自己的思想文化,丢掉了思想文化这个灵魂,这个国家、这个民族是立不起来的。"② 中国社会学也是如此。

第二,中国的本土文化、本土学术、本土概念,在表达和理解中国实践方面具有得天独厚的优势。费孝通说:"中国人研究中国(本社会、本文化)必须注意中国特色,即中国社会和文化的个性。"③ 而本土概念本身就是从中国人自己的实践中提炼出来的,它能够更为贴切地彰显本土实践的特色。习近平总书记曾以小康概念为例说明这个道理。他说:"'小康'这个概念,就出自《礼记·礼运》,是中华民族自古以来追求的理想社会状态。使用'小康'这个概念来确立中国的发展目标,既符合中国发展实际,也容易得到最广大人民理解和支持。"④ 像小康这样的概念,其实正是以群学为代表的本土社会学传统的基本概念之一。由此可以推知法国人、德国人在振兴他们本国的文化时,为什么强调推行"法语纯洁运动"、德语也有"语言纯洁主义运动",抵制英语的"语言侵略",反对用英语或夹杂英语写作学术论著。不管对这类"运动"作何评价,总是表明即使在西方文化和学术内部,都视本土传统为自己的灵魂。语言尚且如此,何况

---

① 史家一般认为,就接受和译介西方科学技术而言,明末徐光启(1562—1633)是"中西会通第一人"。
② 习近平:《在纪念孔子诞辰2565周年国际学术研讨会暨国际儒学联合会第五届会员大会开幕会上的讲话》,《人民日报》2014年9月24日第2版。
③ 费孝通:《从实求知录》,北京大学出版社1998年版,第15页。
④ 习近平:《在纪念孔子诞辰2565周年国际学术研讨会暨国际儒学联合会第五届会员大会开幕会上的讲话》,《人民日报》2014年9月24日第2版。

学术？西方国家之间尚且如此，何况在中西之间？中国社会学的崛起，即使从概念语言上讲，也应该发挥以群学为代表的本土社会学传统的优势。当然，我们反对全盘搬用西方概念，并不是反对借鉴和吸收西方概念，不是主张也要搞什么"纯洁运动"，这是不应联想和误解的。

第三，最重要的是，我们断言以群学为代表的本土社会学传统资源为今日中国社会学崛起之源，不是因为它们古老，不是刻意要把"源"追溯得越早越好，而是因为它对于回答世界发展遇到的新问题、新挑战具有特殊的意义。

费孝通曾经深情地指出："布朗曾说，社会学的老祖应当是中国的荀子，我一直想好好读一遍《荀子》来体会布朗这句话，但至今还没有做到，自觉很惭愧。布朗提醒我们，在我国的传统文化里有着重视人文世界的根子。西方文化从重视自然世界的这一方向发生了技术革命称霸了二百多年。……自然世界要通过人文世界才能服务于人类，只看见自然世界而看不到人文世界是有危险的。这一点在人类进入 21 世纪时一定会得到教训而醒悟过来，到了那时，埋在东方土地里的那个重视人文世界的根子也许会起到拯救人类的作用了。"① 他还强调说，不光是荀子："实际我们中国历代思想家思考的中心一直没有离开过人群中的道义关系。如果目前的世界新秩序正好缺乏这个要件，我们中国世代累积的经验宝库里是否正保留着一些对症的药方呢？""找到这问题的答案也许正是我们中国社会学者值得认真思考并去追求的目标。我已年老，这只能作为我的希望留给新的一代了。"② 费老认为："不管我们是否同意他（指拉德克利夫·布朗——引者注）的看法，我们不容否认，对人际关系的重视，一直是中国文化的特点。在这样长的历史里，这样多的人口，对人和人相处这方面所积累的经验，应当受到我们的重视，而且在当今人类进入天下一家的新时期的关键时刻，也许更具有特殊的意义。"③

笔者认为，费孝通的上述论述，正是点出了以群学为代表的本土社会学传统资源之所以可以作为今日中国社会学崛起之源的几个最关键的理由。其一，世界大势使然。片面重视自然世界、技术工具的西方文化必会

---

① 费孝通：《从实求知录》，北京大学出版社 1998 年版，第 347—348 页。
② 费孝通：《从实求知录》，北京大学出版社 1998 年版，第 244 页。
③ 费孝通：《从实求知录》，北京大学出版社 1998 年版，第 232 页。

给人类带来危机，西方文化也因此要渐失独霸优势。其二，中国文化重视人际关系、重视人文世界，必将在21世纪发挥匡正扶危的独特作用。其三，毫无疑问，这一大势关乎"我们中国社会学的前途"。

我们认定中国社会学之"源"是以群学为代表的本土社会学传统资源。但在我们面前，既有中国社会学丰富的历史之源，又有传入我国的西方社会学，而且西方社会学不仅创造了辉煌的历史，至今仍主宰着社会学的话语权，那么，在中国社会学的崛起过程中，应该如何处理二者的关系？

## 四 关于"中国社会学"之"流"

以群学为代表的本土社会学传统资源是正在崛起的中国社会学之"源"，西方社会学不论多么辉煌、多么重要，只是我们需要会通的"流"。是不是可以不区分"源"与"流"，承认中国社会学有双重起源——既起源于西方学术思想传统，又起源于中国学术思想传统？这样看起来很全面，但是，如果不区分"源"与"流"，推理下去，会导致不区分"中国社会学"与"西方社会学"，那么，所谓中国社会学有双重起源的论断，也就因陷入自相矛盾（源流不分、假流为源）而自我否定了。

学术之"源"指的是一个学科的文化基因、文化之魂。它是本色，是基质，是历史确定并延绵下来的，是不可移易的。尽管它也需要"苟日新，日日新"，那指的是它的生机，不是指它的本质，其本质基本上是不可改变的。学术之"流"，不论多么强大，都不具有基因的意义，它是可以移易的。"流"不具有规定一物之为何物的意义，它只具有影响一物的存在和发展状态的意义，尽管这种意义也很重大，但仍不足以颠倒"源"与"流"的地位。

中国社会学之源与西方社会学之源未能会通，它们都保持了自己的独立地位，那是历史事实。此二"源"是通过各自的"流"，在19世纪末20世纪以来交汇了。交汇以后，就只有主流与非主流之别、早入流与晚入流之分，而没有宗主与派生的关系。一方断无必要去将对方之"流"，视为自己之"源"。这种改换门庭的事,即使发生过,那也是文化殖民的劣迹,不是什么可以称道的事情。

由此看来,西方社会学的引入,只是一个"流",我们自己原来的"流"不畅了,西学之"流"冲击了一下,但不能取代原来的"源"。正如我们不能因为汉江的加入,就把汉江的发源地(汉中的玉带河)说成是长江的源头一样。西方社会学没有取代和改变中国社会学之"源",只改变了它的"流"。

对于一门学问来说,"学科化"的发生一般都不在源头,只在"流"上。往往是一门学问已经产生了,"流"到一定阶段,才被"学科化"。大的学科、基础性学科一般都是这样,只有一些分支学科、新兴学科才可能一出现就是专科化的。但那也一般是以大的学科、基础性学科为"源"的。所以,社会学作为一个大的基础性学科,中国社会学的学科化是在西方社会学传入之后,但中国社会学的源头老早就有了。割断了"源"与"流"的关系,将无法理解中国社会学。

由此看来,康有为、严复、谭嗣同、梁启超等,做的不是"源"(创造源泉)的工作,而做的是"流"与"流"会通的工作。这样评价他们的历史功绩,并不会贬低他们的贡献,而是把他们的工作放在更广阔的历史脉络上给予更高的定位——他们拉开了中国社会学实现现代转型的序幕,在中西会通中奠定了中国社会学未来发展的基础。他们开的是此一会通的"端",而非中国社会学之"源"意义上的"开端"。

流与流相遇,有一个会通的问题。怎么会通?首先,会通不是搬用、套用,不是以西方社会学取代中国社会学。可是,从西方社会学以往在世界的传播史来看,主要表现为强势扩张霸权的过程——它是唯一的"公认理论""经典理论",占据制高点,其他国家只能传播、接受、模仿、应用。为此,西方社会学极力将自己一个学科的发展,比附为世界现代化过程。你想实现现代化吗?那好,西方社会学就是研究现代化的,就是现代化的方案,就是现代化的摹本,就是你必须尊崇的普遍适用的"公认理论"。于是,以西代中,大行其道。长期以来以西代中,成为积习、成为定见、成为常态——只知道有西方社会学,不知道有中国社会学,倒成了正常的不易之论;说中国古代就有社会学,倒成了奇谈怪论。社会学只能

## I 中国本有社会学

是"舶来品",中国社会学史只能等于西方社会学在中国的传播史[①],在西方社会学传入之前,中国历史上一片空白——此种历史虚无主义谬论,堂而皇之,横行无阻。我们泱泱大国,有几千年的文明,那么复杂的社会是怎么形成的、怎么治理的?人和人是怎么相处的?说中国自古只有"社会思想",没有"学",可我们有复杂的制度,有丰富的治理经验、治理技术,有从"礼"到习俗等有效的社会规范,这些不只是"思想",难道都不是"学"吗?对这一切视而不见,不予承认,一无所知,不以为怪,反以为荣。照此下去,哪里谈得上中国社会学的崛起?

如果说"以西代中"是结果,那么,"以西释中""以西鉴中"则是手段。中国事物、中国历史、中国实践,必须经过西方社会学概念的解释,变成洋词、洋话、洋理,才能登上社会学的大雅之堂。只有"以西释中",才算学术研究,才是有学问。至于西方概念、西方道理,出了校门用不用得上、适用不适用,全然不顾。更有甚者,是以西鉴中。中国事物、中国历史、中国实践,只有符合西方概念、符合西方逻辑,才算正理;如不符合,则判为歪理,判为不正常、不够格、不算数。中国人重视家庭,那是落后观念;西方人搞家族政治,那可是现代民主;中国人搞家族企业,就断不能是现代企业制度;如此等等。这哪里是什么会通?

真正的会通,是平等对话、互学互鉴的过程,是取长补短、相互借鉴,是融合创新。如果用西方人的标准,白人是优等民族,有色人种都是落后的;如果用黄种人的标准,白人是进化程度最低的。各持偏见,何谈会通?可见,不能只是各美其美,还要美人之美。只有平等对话、平等协商,才能有效沟通,找到一个大家都认可的衡量标准,才能达成共识,达到美美与共。

学术本质上不承认霸权,学科也不承认什么独占权。学术在本质上是开放的,是要交流、对话、讨论、沟通的。否则学术就没有生命力,或者被异化为一种文化侵略的工具,也就是林南教授所称的"文化殖民"。可是,我们如果自己手里什么都没有,就只好去把别人的传统认作自己的传

---

① 参见韩明谟《中国社会学应用的历史传统》,《北京大学学报》(哲学社会科学版)1986年第3期;陈树德《中国社会学的历史反思》,《社会学研究》1989年第4期;韩明谟《中国社会学史不等于西方社会学在中国的传播和发展史——三与陈树德同志商榷》,《社会学研究》1994年第4期。

统，把别人的理论尊为"公认理论""普遍真理",自己只有匍匐在地,连头都抬不起来,哪还有什么"对话""交流"?迄今为止,全国高校至少半数社会学系根本不开中国社会思想史课程,教师中能够讲授中国社会思想史的更是一"将"难求。作为替代课程的所谓"中国社会学史",也都是以严复译介西方社会学为"开端",在此之前中国社会学是没有"史"的。这就致使许多学生根本不知道中国社会学的学术传统为何物,自然就只能拉来西方社会学理论或概念生搬硬套,这是误导的结果,是怪不得学生们的。

没有自己的学术之源,就没有自己的传统,也就不可能有真正的会通。我们要认真总结在会通史上的经验教训,这关系到中国社会学能不能真正崛起,以及可能崛起的是什么样的中国社会学。

## 五　两条路径,两种结果

尽管如前所述,中国社会学的崛起是顺天应时的,但每一门中国学术的崛起还要看能否选对路径。

要实现崛起,必须具备三个条件:其一,树立起中国社会学自己的问题意识。如果没有自己的问题意识,所围绕的问题还是人家西方社会学提出来的,甚至在很大程度上是人家已经回答了的,那中国社会学实现崛起的必要性就不充分。其二,积累起自己的优势资源。即使有了自己独立的问题意识,能不能回答问题,仍取决于有没有优势的学术资源。学术资源是需要长期积累的,平地一跳,就想触及天际,不过是想象而已。学术资源的积累程度决定着实现崛起的可能性。其三,建立起自己的概念体系。没有自己的见识和判断,那么,就只能说是西方社会学在中国的"崛起"和扩展,而不是中国社会学的崛起。

要满足和创造上述三个条件,有两条路径,也就有两种结果,根本的区别,端在于选取何者为源。一种是以西方社会学为源,把它在中国的传入作为中国社会学的开端;另一种是以群学为代表的本土社会学传统资源为源,依托着中华民族在世界学术史上长期占据优先地位的极为丰厚的学术积累。源既不同,流就不同,途径自然不同。

I 中国本有社会学

前一路径的优势，在于它倚重西方社会学已经占有的话语权，而且至少最近几十年来，以西代中、以西释中、以西鉴中，已经形成习惯。在国内和者甚众，在国际容易沟通，容易得到认可。这条路径走起来比较省劲。所忧的是，这样取得的结果，到底不过是西方社会学在中国的运用、扩张，还是确实能够崛起真正具有中国特色的"中国社会学"，至少大有怀疑的必要。

再者，西方社会学因其只是"关注'发达的'或现代的社会"，故而对于全世界大多数发展中国家如何处理传统与现代的关系，特别是像中国这样的有着悠久历史传统的国家如何对待自己的历史资源，往往关注不够，或者只能给出过于简单的答案，不太贴近实际，解释力也就大打折扣。这也许是在新兴经济体和大量的发展中国家成为社会发展的主要潮流的当代，西方社会学却显得活力不足的一个可能的原因。就连吉登斯等也意识到了西方社会学的局限性，或者至少看到了这种局限性所产生的效果："今天，世界各地要求学习社会学的学生日趋减少，社会研究项目受到足够资助的数量也比以前在减少。社会学可能已经在一些主要的知识发展和成就方面丧失了中心地位。"[①] 对这种局限性本身，他们也在反思，也在一定程度上触及了过分炫耀欧美的优越感、过分渲染欧美式现代性的欧美中心主义。因为，当今世界经济和社会发展的最新、最大的变化发生在欧美以外的广大"非发达"的社会。西方社会学用吉登斯的话来说，"真的有点每况愈下了"[②]。那么，这样一个在全世界都"丧失了中心地位"的西方社会学，能在中国崛起吗？或者说，即使我们努力推动它在中国发展了，它是我们希望实现崛起的"中国社会学"吗？

后一路径的优势，首先是它符合世界学术发展的未来大趋势。未来社会学发展的多元性，必然彰显多源性，这是文明发展的必然趋势。大家都承认社会学是多重范式的，那么它是否也可能有多种起源？世界文明都有多种起源，为什么一个学科就只能定于一尊，不容有多种起源？

其次，我们说中国社会学的崛起，并非取决于主观选择，而是取决于

---

① [英] 安东尼·吉登斯：《前言》，《社会理论与现代社会学》，文军、赵勇译，社会科学文献出版社2003年版，第1页。

② [英] 安东尼·吉登斯：《社会理论与现代社会学》，文军、赵勇译，社会科学文献出版社2003年版，第24页。

"天时""国运"("地利")。在中华民族陷入亡国灭种之灾的危难之际，我们的学术前辈尚且寄望于中国社会学的振兴，当今之世，我们对中华民族伟大复兴的前景期待得越宏伟，就越倾向于选择后一路径。西方社会学已经写过了辉煌的一页，新的一页应该由今天和今后引领世界经济社会发展的新兴经济体和广大发展中国家的新人来书写了——他们在实践上正在书写着历史的新篇章，在学术上也应该当仁不让地书写学科发展的新篇章。

后一路径的劣势也有两个。第一个是我们的自信心不强，缺乏理论自觉。不说别人，就以自己为例吧。笔者在20世纪90年代给研究生讲授"发展社会学"，从帕森斯等西方学者的现代化理论，讲到主要由拉美学者创立的依附理论，再讲到主要由沃勒斯坦等创立的世界体系理论，一步一步下来，感觉很顺。可是，在世界体系理论之后呢？茫然没了头绪。为此，笔者利用参加联合国教科文组织会议的机会，当面请教沃勒斯坦，利用到美国的大学访问的机会，请教有关的教授，都没有得到答案。苦恼了好几年，才慢慢有点醒悟——全世界都在说21世纪是亚洲世纪，这是什么意思？包括我国在内的亚洲国家，当然也包括其他一些大洲的发展中国家，已经充当了世界经济发展的引擎了，难道像发展社会学这样的学科，还要继续指望着西方社会学家来替我们书写吗！

第二个劣势，是这条路径太过艰难，需要从一个一个概念开始，长期地探索和创新。而且与西方社会学的沟通、会通需要一个漫长的过程。从学者个人来说，见效慢，成绩难以预期。

如果说自清末以来，主要是西方社会学在中国的传播和应用，那么，今后则是中国式社会学的崛起。中国社会学走了这么漫长而坎坷的路，也该到时来运转的时候了。乘中华民族复兴的东风，实现中国社会学的崛起，势所必然。当此之际，重新思考一下西方社会学与中国社会学的关系，明确中国社会学的源与流，奠基于几千年的优秀学术传统，立足于21世纪中国崛起的宏伟实践，吸收西方社会学已有的丰富成果，回答新时代社会发展的重大问题，中国社会学的崛起就可以顺利实现。

**参考文献**

[以] S.N. 艾森斯塔德：《反思现代性》，旷新年、王爱松译，生活·

读书·新知三联书店 2006 年版。

费孝通:《学术自述与反思》,生活·读书·新知三联书店 1996 年版。

费孝通:《从实求知录》,北京大学出版社 1998 年版。

韩明谟:《中国社会学史不等于西方社会学在中国的传播和发展史——三与陈树德同志商榷》,《社会学研究》1994 年第 4 期。

[英]安东尼·吉登斯:《社会的构成》,李康、李猛译,生活·读书·新知三联书店 1998 年版。

[英]吉拉德·德朗蒂编:《当代欧洲社会理论指南》,李康译,上海世纪出版集团、上海人民出版社 2009 年版。

景天魁主编:《社会学原著导读》,高等教育出版社 2007 年版。

林毅夫:《从西潮到东风》,中信出版社 2012 年版。

乔清举:《中国哲学研究反思:超越"以西释中"》,《中国社会科学》2014 年第 11 期。

汤志杰:《本土社会学传统的建构与重构——理念、传承与实践》,谢国雄主编《群学争鸣:《台湾社会学发展史 1945—2005》,台北:群学出版有限公司 2008 年版。

吴文俊:《中国古代数学对世界文化的伟大贡献》,《吴文俊文集》,山东教育出版社 1986 年版。

杨堃:《中国社会学发展史大纲》,李培林、渠敬东、杨雅彬主编《中国社会学经典导读》(下册),第 797—803 页。

叶启政:《社会理论的本土化建构》,北京大学出版社 2006 年版。

《中国大百科全书·社会学》,中国大百科全书出版社 1991 年版。

# 中国本来就有社会学

——2015年11月15日在南京市社会科学院举办的"生活方式讨论会"上的讲话

非常高兴能够参加这样一个讨论会。我记得多年前参加过生活方式讨论会,也是在南京。今天,我想乘此机会,与大家探讨几个有关中国社会学的基本问题。

## 一  可喜的转变

我认为,中国社会学研究正在发生可喜的转变。主要表现为:(1)对西方社会学从盲从到有所质疑;(2)从躺着思考到站着思考;(3)开始承认社会学不仅有科学性,还有人文性;(4)开始找寻和提出适合解释中国事情的本土概念。

王雅林教授是生活方式研究领域的开拓者,他不但很早就开展这项研究,而且三十多年来一直坚持在这个领域不断开拓,这种执着精神是一个学者优秀的品质。在生活方式研究的前期和中期,他还在黑龙江省的肇东市做了很多经验研究。最近这几年,他又上升到理论的高度,要建立一个生活范畴,从生活范畴的提升来构建一种基本理论。

从王雅林教授的这项研究以及我最近从多个方面得到的一些感觉,我觉得咱们社会学学界正在发生一个可喜的转变。这个转变可能包括很多方面,比较突出的就是:从对西方社会学的盲从转变到对它有所质疑,从对社会学的躺着思考转变到站着思考。我们过去基本上是躺在西方社会学的概念和框架里面思考;现在站起来了,站在中国的土地上思考。

I 中国本有社会学

这里面就有一个问题还是需要明确一下的：就是大家承认社会学这个学科不仅有科学性还有人文性。因为如果社会学这个学科只有科学性，并且秉持"科学一元论"（即承认所有科学都具有统一的共同属性）的观点，那么世界上就应该只有一种共同的社会学，那就谈不到有什么中国特色了，充其量在语言表达和写作风格等方面会有点区别而已。但是由于社会学又有人文性，所以我们看到的美国社会学、法国社会学、德国社会学都是各有特色的。欧美国家属于同一种文明，同一个学术脉络，尚且如此，中华文明具有独立的起源，独立的演进脉络，有与西方学术不同的分科方法，在研究视角、研究范式和关注点等方面与西方学术不一样，是很正常的。所以在这种反思下面，包括生活方式的研究在内，都在找寻适合解释中国事情的概念。我觉得这种努力，是最近这几年的一个可喜转变。

## 二 深刻的反思

这个转变的背景，就是中国社会学不仅反思这三十几年恢复重建的过程，再说远一点是反思自从引入西方社会学以来一百多年的历程。不是否定成绩，甚至也不是评论成就大小。那在什么意义上称作"深刻的反思"呢？是在中西社会学的关系问题上。美国杜克大学的林南教授有段表述我觉得很好：西方社会学与中国社会学、与中国学术研究的关系，就是紧箍咒与孙悟空的关系。西方社会学是"公认的理论"。林南教授讲，中国人拿这个理论来研究中国的事情，不符合西方的口味，不符合西方的概念，那个"公认的理论"就念起紧箍咒来啦，迫使你必须就范。林南教授在美国生活了一辈子，担任过美国社会学会的会长，他的这种体会无疑是极其深刻的。[1]

台湾的叶启政教授和高承恕教授相比我们大陆的学者有个不同的地方，就是我们的社会学中断了 27 年，台湾没有这个中断的问题，所以他们一直在思考社会学怎么中国化。这两位先生以及他们的弟子们对于社会学怎么在中国落地，怎么搞出中国的特色，或者说社会学怎么中国化，做

---

[1] 林南：《中国研究如何为社会学理论做贡献》，引自中国社会学网，2007 年 9 月 5 日。

了很多的研究。叶启政教授做的理论研究比较多，高承恕教授及其弟子们也在中国南方的企业做过很多研究。

还有一个应该引起大家高度重视的反思，是费孝通先生晚年写过一篇大家可能看过的文章——《试谈扩展社会学的传统界限》。我的理解，费先生说的其实不仅仅是一个学科界限问题，而是中国社会学的发展道路问题。他把中国社会学过去的那些更广泛的属于本源性的东西梳理了一遍，实质上拓展了中国社会学史的范围。

## 三 一个焦点

从这些反思来看，我们可以把这些思考聚焦到一个点上，就是聚焦到我们这些年来学习社会学、做社会学研究的，大家都毫不怀疑的一些所谓的定论。

1838年，孔德提出社会学之名，这本来是个历史事实。1897年严复译介斯宾塞的书《群学肄言》，这也是学术史上的一个事实。这些事实本身没有任何问题，但是在我们中国的场景中，这样的事实却变成了一个观念，这个观念就是：中国社会学史成了西方社会学在中国的传播史。而这个观念的前提就是中国本来没有社会学，因为只有假设中国本来没有，才有西方社会学的传入是中国社会学的产生这样一个结论。可是，大家一百多年来都不怀疑的所谓"中国本无社会学"，却不是一个事实！

中国古代有没有社会学？或者说中国古代丰富的社会思想中是否有相当于社会学的学问呢？它就成了一个我们今天考虑这个问题的关键。承认没有，那以往我们所有的那些关于中国社会学是西方社会学在中国的传播史之类的旧说是可以成立的；如果说有，它们就是不能成立的。所以，这就成为一个关键了。

我今年（2015）在中国社会科学院一个新刊物《中国社会科学评价》上发表了一篇文章，题目是《中国社会学源流辨》，就是中国社会学的"源"和"流"到底是什么？其实我们不难看出，严复当初翻译斯宾塞的书时把"社会学"翻译成"群学"，他显然是认为中国荀子的群学和西方的社会学是"暗合"的，否则他不会翻译成"群学"。这不用多论证了，

## I 中国本有社会学

西方社会学讲的好多东西我们古人都是讲过的。例如"士农工商",这是不是类似于社会学讲的"分层"啊?我们中国的好多制度,比如科举制度,还有先秦时期就有的贤能举荐选拔制度,是不是一种向上的人才流动啊?诸如此类,其实是中国丰富的社会思想中、荀子群学中都存在的。

## 四 一个假说

因此,我就在那篇文章里提出一个假说,当然是需要进一步研究和论证的。我认为,中国社会学之"源"是以荀子"群学"为代表的本土社会学传统资源,它是以墨子"劳动"("强力""从事")概念为逻辑起点,以荀子"群"概念为核心,以儒家"民本"思想为要旨,以礼义制度、规范和秩序为骨架,以"修齐治平"为功用,兼纳儒墨道法等各家之社会范畴,所构成的中国社会学早期("早熟")形态。

## 五 一个关键

这里面关键问题就是:只要承认了中国古代有社会学,那么中西社会学的关系就可能理顺了。中西社会学之间就不是一个代替另外一个、一个尊崇另外一个的关系,就有了会通、平等对话的可能,否则的话就没有这种可能。只要是承认了中国古代有社会学,就可能做到像费老讲的那样:从中国的土壤中生长出中国社会学!否则的话,就谈不到建设中国特色、中国风格、中国气派的社会学。

那么,这是否是一种奇谈怪论呢?不能这么看。不要以为一说中国古代有社会学,与一百多年来流行的说法不一样,就一定是奇谈怪论。荀子和亚里士多德是同一时代的,亚里士多德可以创立政治学、伦理学、逻辑学,荀子为什么就一定不能创立个社会学呢?群学为什么就一定不能相当于社会学呢?这个道理正如我们承认中医也是医学一样,不能因为西方人不承认中医,我们的中医就不是医学啦!西方有些人还说中国没有数学,那我们的《九章算术》《周髀算经》早在公元前几百年就发明了许多数学定理,① 难道也不是数学啦？

中国几千年来其实是有文化自信的，中国丧失文化自信不过一百几十年。遗憾的是，西方社会学的引入恰恰是发生在中国最缺乏文化自信的时候。我相信，随着中国的崛起，反映中国社会丰富性、体现中国精神的中国社会学一定会振兴！而且我感觉，生活方式的研究，应该并可能成为建设中国特色社会学的一个重要途径。我期待中国社会学会生活方式研究专业委员会在这方面的研究，能够为中国社会学的发展和崛起作出贡献！

---

① 吴文俊：《中国古代数学对世界文化的伟大贡献》，《吴文俊文集》，山东教育出版社1986年版，第3页。

# 关于中国社会学的起源问题[*]

## ——2015 年 11 月 27 日在山东大学的讲座录音整理加工稿（摘要）

## 一 山东文化的三大贡献

很高兴能和年轻学子们交流关于社会学的一些看法。我先请问大家一个问题：在山东大学学习，你们认为山东省在文化方面的哪些成就，曾经在中国的历史上发生过全国性的乃至具有世界性的影响？（学生：儒家文化。）这个肯定是，孔子、孟子都是山东人。还有什么？在古代还有没有？昆仑山的全真道教在元明时期曾发生过全国性的影响，某种程度上也有一定的世界影响。这两项贡献，是与我同为山东烟台人的中国哲学史大家牟钟鉴先生曾经讲过的。山东在文化方面，古代最起码有这两大文化贡献，都影响到全国的。我们作为山东人，对此感到很骄傲。

同学们是学习社会学的，我再补充一个山东在历史上的巨大贡献，是与社会学有关的，大家可能不知道。山东大学校园里有一块巨石，上刻"稷下学宫"四个大字，是纪念碑性质的，这其中的含义是什么？"稷下"本来是战国时齐国首都临淄城西门外，"稷下学宫"是当时的"最高学府"，被认为是世界上最早的"大学"。它既广招学子，又专做学术研究，很像当今的"中国社会科学院"。稷下学宫大师云集，诸子百家，贤达毕至，蔚为大观。导师一类的人物称为"稷下先生"，其中，仅淳于髡一人就有"弟子三千人"，孟子"从者数百人"，田骈"徒百人"；荀子三为祭酒，学生总数也应该以千计。按这个数量计算，稷下学宫规模之盛大，也

---

[*] 笔者在整理讲座录音文字稿时，重新调整了小标题，摘要部分的文字也有修改。

许上万人。放在当时齐国乃至全中国的人口总量里，占比很是惊人！规模盛大还在其次，首要的是实行"不治而议"的制度，不仅可以自由辩论学术，还可以针砭时弊，批评君王，气氛极为活跃。而荀子三次居齐，担任学术领袖达几十年。在与诸子的辩论中融会百家之长，荀子群学就是在如此得天独厚的优越条件下孕育而成的。我贸然推测，《荀子》一书的多数篇章应该是在稷下学宫写就的，也有人说是晚年担任兰陵令后废居兰陵时所著，难以确考。不管怎么说，荀子虽为赵国人，但一生大部分时间尤其是其主要学术生涯是在山东度过的。山东可以说是群学的诞生地。就此而言，山东对中国社会学起源的贡献至为巨大，应该说是具有全国性乃至世界性的意义。这就说到今天讲座的主题上了。

## 二　转移文化场景　重新调整思路

请问大家，社会学这个学科是谁创立的？（学生：孔德）孔德什么时候创立的？现在一般的说法是1838年，孔德在《实证哲学教程》里提出了"社会学"这个名称。那么，中国的社会学是什么时候有的？（学生：20世纪初。）一般认为严复将斯宾塞《社会学研究》一书译为《群学肄言》，该书于1903年正式出版，以此作为中国社会学的"开端"[1]。比孔德提出社会学名称大概晚了五十来年。我问这个问题的意思，就是咱们今天要讨论的问题，我希望大家首先要转换一下自己的文化场景，别老想着社会学是1838年孔德提出的，1903年严复译介以后中国才有这门学问。要是总想着这个线索，对此深信不疑，恐怕就很难理解或赞成我后面的说法。当然不赞成也可以，学术嘛，完全可以有不同的意见。要思考、讨论这个问题，最好是把我们思考的背景、文化的场景挪动一下，挪到我们中国山东历史的场景上，来考虑我今天要讨论的这个问题，这样思路上可能就比较顺，比较容易理解。因为我们社会学学界一百多年来，大家太习惯这种说法，例如说社会学是"舶来品"。"舶来品"的意思就是完全是从

---

[1] 也有认为稍早一点的，见韩明谟《中国社会学一百年》，《社会科学战线》1996年第1期。

I 中国本有社会学

西方引入的，再进一步的意思就是中国没有的。过去，包括我本人，对这些说法都是接受的，甚至可以说是毫不怀疑的。

那么，到底应该怎么来看这个事情？假设我们换一种文化的场景，比如说回到我们山东这种文化场景，从我们山东对文化的那三大贡献这样一种氛围下面来考虑社会学的起源问题，质而言之，是从中国文化本位出发，山东大学在这方面是有独特优势的。我优先选择到山东大学来讨论这个问题，主要是觉得山东这里文化自主性、文化自信更强一些，比较容易撇开西方思维模式的束缚。山东，包括山东大学，这些年对儒学的研究，对齐鲁文化的研究，都是很有成绩的。这些研究与我们社会学不是没有关系的。以往我们在研究方面、教学方面，我觉得还是有一定的偏颇，就是把社会学完全看作一种舶来品。所以，要讨论中国社会学的源流问题，首先就有一个不可不辨明的问题，就是中国社会学与西方社会学到底是什么关系？中国社会学是否完全是西方社会学传入中国后才有的？我们是否只能完全接受西方的概念，完全用这套东西来解决中国的问题？这就涉及中国社会学的学科地位、学术脉络，甚至它的发展前途了。

我们长期以来已经形成了这样一种定见，或者叫成见，或者说是一种思维习惯，就是毫不怀疑社会学只有西方有，中国学术传统中没有。如果有，也只能叫"社会思想"，不能叫社会学。大概一百多年来都是这么认为的。但是在20世纪30年代，英国的拉德克利夫·布朗教授在燕京大学讲社会学的时候，就曾经讲中国早在战国时期就已由荀子开创了社会学这门学科。20世纪40年代，丁克全（后来是东北师范大学教授、吉林省社会学会首任会长）在日本帝国大学学社会学的时候，也提出过这个问题：为什么社会学只有西方有，中国这么一个文明古国为什么没有社会学。丁克全先生当时在日本帝国大学社会学部作了一次报告，引证了大量古代文献，证明中国古代是有"社会学"的。20世纪八九十年代，费孝通先生多次提到布朗教授当年在燕京大学曾经讲中国古代有社会学的这个话，八九十岁高龄的费老还几次讲自己年龄大了，很想好好读一读《荀子》，来体会布朗教授为什么说社会学在中国老早就有。

今天我提出中国古代有没有社会学这个问题，回顾这个过程，不是我灵机一动贸然提出的，我在思想上也有个酝酿的过程，而且是一个比较长的酝酿过程。很显然，对这个问题做肯定还是否定的回答，会对我们认识中国社会学与西方社会学的关系，会对我们认识中国社会学学科的定位和今后怎么发展，具有决定性的影响。也就是说，如果认为中国古代没有社会学，那我们当然就要完全接受西方社会学这一套，顺着人家的思路，顺着人家那套概念，往下走；如果说我们自己有，哪怕是一种在形态上与西方社会学不大一样的东西，那么我们就需要考虑了，我们是否有必要来重新思考中国社会学与西方社会学到底是什么关系？严格地说，如果说我们中国完全没有社会学的话，那其实是谈不到中国社会学与西方社会学的平等对话的，因为你自己什么都没有，你怎么去和人家平等对话呢？也是谈不到我们所说的"会通"的，自己没有东西拿什么与人家会通？所以，我把这个问题称作根本性的问题，对于中国社会学来说不是一个可以模糊、可以避讳开的问题。

## 三　运用中国思维方式看待学科起源问题

那么，说荀子开创了中国社会学，而且费老说比西方孔德和斯宾塞要早两千几百年。这样一种说法，乍听起来好像非常难以置信、难以理解。中国人在两千多年以前就能创立社会学吗？一百多年来，我们听惯了社会学是由孔德创立的，在这种已成习惯的情况下确实很难接受，觉得是不是奇谈怪论呀，好像没有根据。之所以觉得很难接受，是因为我们过去一般都认为学科的分化是从西方文艺复兴以后，特别是欧洲的18世纪各门社会科学才先后分化出来。但是，在此之前西方就没有社会科学？也不能这么讲，古希腊时期亚里士多德就创立了政治学、逻辑学等。这说明在西方学科分化也是很长的历史过程，不能绝对地说只是哪一段时间的事情，当然有一段时间可能是比较集中一些。另外，我们讨论学科分化，事实上学科发展不是单一分化的过程，它是边分化边综合的过程，是分化和综合并存的，也许一段时间内分化的趋势特别明显，越分越细，现在社会学的分支学科大概有几十个。但它也有个综合的问题，比如现在物理学、化学就与许多工程学综合起来，不同学科的综合过程在历史上也是一直发生的。

我们中国人的思维习惯、思维方式乃至于学术形态，与西方自古以来就有区别。西方从古希腊开始就比较重视也擅长分析，而我们自古以来就

## I 中国本有社会学

比较强调综合。春秋战国时期,各家各派都是为申明自己的主张提出治国方略,而要说服和打动执政者不可能是单一学科的,需要拿出综合解决办法。我们中国的学问从一开始就是经世致用的,是带有很强的综合性特点的。但是,这种综合性的特点只可能影响到学科的形态,它不是决定这个学科有没有的根据,不能拿一个学科形态的不同特点来等同于这个学科是有还是没有,这在逻辑上是不成立的。

在学科起源问题上,欧洲中心论是一个很强势的理论,他们就认为学科的分化、学术的发展,都是发源于欧洲。事实上世界文明有很多起源,为什么学术、学科只能起源于欧洲呢?欧洲的学术也与其他学术有交流、有会通,为什么要以欧洲学术为独尊呢?既然是各种文明都有自己独立的起源,中国学术也有自己的起源和独立的发展道路,而且与西方不同,有的学科出现得比西方早一点,有的学科出现得比西方晚一点,这不都很正常吗?为什么我们有一个学科出现得比西方早就觉得奇怪呢?我们的学科就只能出现得比西方晚才是正常的?恐怕很难这么讲吧?哈佛大学著名的考古学家张光直教授就尖锐批评过这种文明起源的"欧洲中心论"。他认为,全世界向文明转进的一个主要形态就是中国的形态,而西方的形态是一个例外。因此,社会科学里面来自西方的所谓"一般法则",并不具有普遍性意义。他认为中国的这种文明起源和演变形态,才更加具有普遍性。这是张光直教授立足于确凿的考古发现,得出的一个结论。学术上的结论嘛,大家可以质疑,可以有不同的看法。但是,我们中国早就形成了规模宏大、结构复杂的文明社会,这是毫无疑问的。中国古代社会的庞大、复杂的程度,自古以来可以说是无与伦比的。那么我们为什么偏偏就产生不了社会学呢?或者,如果有人能够找到理由,证明中国虽然有庞大、复杂的社会,却就是不可能产生社会学,那也可以。问题是直到现在,未见到一个证据能够证明,为什么偏偏这么复杂而庞大的社会,如此智慧高超的诸子百家之学愣是出不了个社会学?既然没有人能够做出这个证明,可是大家却是未加置疑、未予研究就承认社会学就是人家西方的,我们中国就没有,这才是令人奇怪的。没有人做过这个研究,但是大家却是顺着西方中心主义的思路,承认社会学的发明权就是人家西方人的。

18世纪到19世纪欧洲出现了各种学科,大学里有讲授一门学科的职业。有人对什么叫出现了一个学科提出了种种标准,比如大学里设立了这门课程，有人从事专门讲授这门课程的职业，等等。但是，却没有人能够证明，是不是在有一个这种职业或者这门课程之前，一门学问就不可能存在？是先有一门学科，然后才有人来教授，然后才有这个职业，还是先有人教授这个学科才能出现？从形式和内容的角度来说，社会学如果作为一个专业、一个职业，确实在中国出现比较晚，在大学里专门设立社会学系，这是比较晚的，有一些东西确实是在西方社会学传入中国以后才出现的。比如，社会学教授这种称谓、这种职位，我国古代没有。但是，能不能因此就说我们古代没有社会学的内容？例如，我们看《颜氏家训》的内容，那是非常地道的家庭社会学专著，比西方很晚才出现的家庭社会学著作毫不逊色。可是作者颜之推（531—约597）生活于南北朝时期的北齐至隋朝，距今已是一千四百多年了，难道我们可以仅仅根据他没有"社会学教授"的头衔，就否认该书的社会学内容？像这样的瑰宝，我们中国古代不胜枚举，我们作为后代学者不去整理和研究，不知自责就已经说不过去了，难道还有资格和理由不承认它们，摆不出任何理由却敢于否定它们的社会学价值吗？

这里还有一个问题就是所谓专业化的问题。对于一个学科来讲，专业化在学科发展史上是一个很重要的问题，我们不否认专业化的重要性。但同时我们也要看到，专业的知识往往是与别的知识综合、结合在一起的，是相互补充的。比如我们学社会学，如果一点历史学、人类学、法学、哲学、地理学乃至自然科学的知识都没有，社会学也就学不好，没法理解，它总是有各种各样的知识相互渗透、相互融合的。这样才必须有诸如法律社会学、社会人类学、哲学社会学、人文地理学之类的分支学科、交叉学科、综合学科，说明学科虽有边界，但不是泾渭分明的。所以，不能简单地说分得特别清楚的东西就是一个学科，和别的学科结合在一起、渗透在一起的东西就一定不是一个学科，这也不成立。

综合性，在我们中国古代的学术传统里是一个很强大的特色，我们比较强调综合运用知识。即使在现在学科高度分化的情况下，我们也应该强调学科的综合化，不要片面地强调学科的专业化。费孝通先生说他在学科问题上"是一匹野马"，在几个学科随意驰骋，不大在意称他是社会学家、人类学家还是别的什么"家"。也就是说，做学问要能够跨学科地思考，不能仅仅限制在某个框子里，思想上不能有任何的疆界。西方人学素描，是按照尺寸规格，一点不能出格的；中国画大写意，连个"画骨"（框架）也不需要。社会学是一个广纳百川的学科，很多研究都是要综合利用各种知识的。

## 四 思维方式问题背后是文化自觉问题

　　学科不同，其产生的条件也是不同的。就社会学而言，只要人们的社会交往达到了一定的程度，人们相互之间必然会形成一定的相处的规则，这些规则性的东西慢慢地具有了共同性，大家就认可了。像我们古代所讲的礼仪，大家都那样做就形成了规范和制度，把它总结出来，它就可能形成一个学科。这样我们就能够理解，世界文明为什么是多元的，不是单一的，文明为什么不只是产生在一个地方，很多地方的文明都有自己的起源。学科也是这样。

　　从荀子所处的时代来说，前面我们讲的稷下学宫存在了一百几十年，是战国时期百家争鸣的主要舞台，学派林立、思想交锋，是学术创新的高地，梁启超曾经盛赞稷下学宫"非特中华学界之大观，亦世界学史之伟绩也"。在当时世界学术史上，那是无与伦比的。在同一时期的古希腊，虽然柏拉图也有学园，亚里士多德时期也有学园，但是其规模和发展的程度与稷下学宫的规模和所起的作用是不可同日而语的。稷下学宫在一百几十年间进行了无数次重大辩论，这些辩论，不论是"义利之辨"还是"名实之辨"，不论是"天人之辨"还是"王霸之辨"，关注的都是社会学研究的最基本的人与人的社会关系、政治与社会的关系、政府与社会的关系、经济与社会的关系，怎么能说这里面就一定没有社会学呢？

　　我们承认孔德1838年在《实证哲学教程》里提出了"社会学"这个名称，承认严复的译作《群学肄言》是在中国介绍西方社会学的开端。但是，介绍西方社会学的开端，不等于就是中国社会学的开端，这两件事情不是等同的。这里面不是一个称谓之争，不是什么叫社会学，或者群学是不是社会学的问题，实质上是对自己本土的学问敢不敢承认的问题，是文化自觉问题。

　　我们中国文化、中华文明，自古以来就与西方文明的起源不同。中国的学术、中国学术的形态,也与西方学术的形态不同。不同是多样,不同就不是只能有一个。不同就不是只能欧洲有,别人都不能有。不同是不一样,而不一样并不是有没有的问题。换言之,承认"不同",就是承认至少有两个以上,只有一个就谈不上"不同"。我们现在社会学面临的就是这个逻辑问题。例如,对社会学来说最重要的概念"社会",其含义和起源在中西文化中就有所不同。这个概念在我们中国就出现得比较晚,我们古代或者叫"社"或者叫"会",据有人考证到宋代才出现"社"和"会"连起来用的"社会"一词,在此之前很少有"社"和"会"连在一起的。你能说我们没有西方"社会"这个词,我们中国就没有社会啦?那么我们的古人都活在哪儿?活在"群"里,"合群性"是人的本质特性。所以说,在古汉语中,含义相当于"社会"的是"群",不是"社"和"会"。就是从词源上说,说"群学"就是"社会学"、群学就是中国古典社会学,也是说得通的。再如,我们中国的古代文献里面,包括《论语》和墨子、孟子的书,里面还没有像"劳动"这种词,"劳动"这个词也是清末民初从日本翻译过来的,把"劳"和"动"连起来了。我们古代人或者用"劳"或者用"动","劳心者治人"孟子说的,他说"劳",他不说"劳动",能用一个字就不用两个。我们没有"劳动"这个词,你能说我们古代人都不劳动?那古人都喝西北风?从这些最基本的概念就不难看到,中国社会学之源的问题,要从我们中华文明、中国学术的语境出发,回到我们的话语体系中来,就好理解了。就会承认我们中国也有最起码是类似于西方社会学这样的学科,虽然形态有所不同。

所以,我们中国社会学,不是可以随便到什么地方去找它的源泉。因为学科的源泉是一种文明的结果,是学术积累的结果。就好像我们追寻长江的源头,不能因为后来汉水加入长江,使长江变得更宽大,就说汉水是长江的源头!那是不行的,还是得到青海去找到三江的源头,那才是长江的源头。学术也是一样的。我们肯定从严复译书引入西方社会学以来,给中国社会学的研究开辟了更广大的领域,有了重大的转型,这样说是可以的。但不能因此就说中国社会学的源头在欧洲。这一点我特别要强调,我们中国人要有这种意识,我们在这方面的意识不能太弱了。法国人、德国人,不要说是学术,就是他们的语言,为了振兴他们本国的文化,就曾经搞过所谓法语纯洁运动,德国也搞过所谓的德语纯洁主义运动,抵制英语的侵略。在语言上尚且如此，大家知道语言是公用的工具，不大具有别的性质，那么在学术上就更加是这样。所以法国人高举孔德的招牌，占据社会学的发明权，他们并不在乎孔德其实是在一本哲学教程中提出"社会学"之名的，那不是一本社会学著作。当然我们不否认孔德发明了"社会学"这个词，这是他的贡献。法国人甚至还希望能够把法国发明社会学的源头再往前推，推到孟德斯鸠。再往前，如果不是因为有很长的"黑暗的中世纪"，古希腊文明早已经中断了，否则，保不准他们真会追溯得越古越好。

总而言之，各种文明对自己学术的源泉都是高度重视的，不可以不加辨别就以别人的学术作为自己的源头，这好像和认祖归宗是一样的。

## 五 文化自觉问题背后是国运问题

文运与国运总是高度一致的。未见哪个国家国力强盛却文运不昌的，亦未见哪个国家文运昌盛却国力不强的。

清末民初，西方社会学强势传入中国之时，正值中国甲午战败，民族危难，国运衰颓。传统文化被看作落后挨打的根源，包括群学在内，是被讨伐、被革除的对象。而那时的日本，蕞尔小国把偌大的中华帝国打得一败涂地。在东亚，日本是最早实现现代化的，是最先进的。包括章太炎、孙中山、鲁迅、郭沫若等一大批先进分子，都到日本去取经。在这种情势下，从日本传来的包括哲学、社会学等学科名称迅速占领了中国的学术舞台，"社会学"一词很快取代"群学"，是连讨论都不必要，连理由也不需要的，太轻而易举不过了。

"社会学"取代群学倒是容易，可这给中国社会学造成的后果可就是根本性的了。本来，西方社会学有它的源流，中国社会学有中国的源流，这两个"流"在清末民初相遇了，这就发生了严复等引介西方社会学的学术事件。因此，中国社会学和西方社会学的相遇是"流"与"流"之间的相遇，不是"流"对"源"的代替。就是说，我们用不着把西方社会学这个流当作我们自己的源。康有为、严复、谭嗣同、梁启超等做的不是"源"的工作，而是"流"与"流"会通的工作。他们真诚地引入西方社会学，本来的目的是"复兴群学"，由群学而凝聚"群力"，由"群力"而达到"群治"，挽救中国于水火，以求国富民强。不料西方社会学在诞生半个多世纪以后"流"到中国，竟取代群学，它却成了"源"，"源""流"易主了。这一易主，整个概念体系、话语体系、学科体系都改变了，好比河流改道了，改向了。于是，承认社会学只是西方有，只是舶来品，我们越是归顺西方思维，就越觉得学得好，就越觉得是真正掌握了社会学的真谛。这样，越走就离中国本土越远，越不相干，就越失去了中国的本土性。所以长期以来，我们就把中国社会学史等同于西方社会学在中国的传播史，习惯于"以西代中"（以西方社会学替代中国社会学）。实际上就是承认在西方社会学传入之前，中国历史上是一片空白，什么都没有。即使有，也只能叫"社会思想"，不能叫社会学。这样就把社会学的起源完全归结为西方一个源泉，用西方社会学来解析中国的实践，解析中国的历史，解析中国的事物。而且，以西方的概念为标准，来鉴定这种解析是否正确，只要是不符合西方概念就是不对的，不问中国事物、中国历史、中国实践本身的逻辑是什么，只认西方概念、西方逻辑是正理，中国的东西都是不正常，不够格，不算数的。例如，我们中国人重视家庭，多少年来就一个劲儿批判家庭观念，重视家庭就是落后，是封建意识、小农意识。至于这一套逻辑是否符合中国实际，对中国是否有说服力，更不用说是否有正面效果，那都不是"标准"、不是"规范"，不管不顾了。

现在的中国时来运转了。大约20年前，我们还是追捧洋品牌，买电器就要买日本东芝的、松下的；现在，海尔电器、华为手机等本土产品日益受到大家的喜爱。相信中国人再奋斗20年、30年、40年，真正国强民富了，康有为、严复、谭嗣同、梁启超等120年前发出的"群学复兴"呼喊，必定会在中华大地上再次响起，中西社会学的源流关系也必定会纠正过来。而这就是中国社会学崛起的题中应有之义，就是中国特色、中国风格、中国气派的中国社会学的振兴！

今天我讲的，就是提出这么个问题，我觉得这个问题很重要，但不等于说我对这个问题的认识就一定很正确，我只是愿意把这个问题提出来请大家思考。我觉得这个问题我们不能绕过去，不能躲避开，是需要我们这代人以及你们更年轻的学者来回答的根本性问题。不同意我的意见我很欢迎，我希望有更正确、更好的见解出现，我只是抛砖引玉吧。你们年轻，

I 中国本有社会学

来日方长。再过 30 年、40 年、50 年，你们再来看，我说的这些话是出于文化自信呢，还是自傲？世界是你们的，你们有这个裁判权。

提问（选）：我有一个问题，可能是方法论方面的问题。我本科是学社会学的，研究生是宗教专业，可能更关心宗教这方面的。您刚才说到源流问题的时候，可能我们之前的中国社会学，或者说我们在学习当中更多地看到的是西方的东西，而看不到自己的源，也看不到自己的流，只看到西方的流，各种西方社会学的理论，这样就造成我们很难去追溯自己的源。但是，我们说到东西方学科对话，就必须有一个语境。而这样一个语境，一般来说应该是某一方的。既然我们现在讨论的是中国社会学和西方社会学的沟通，那么我想我们更多地会考虑在中国这样一个语境之下。那么，在中国这样一个语境之下，我们如何去做到与西方的会通？您刚讲的这个概念体系的构建，您觉得我们自己在构建本身概念体系的过程中，我们能从西方已有的流和它的源学到一些什么？谢谢！

景：谢谢你这个问题。你是学宗教的，我很想乘此机会也来讲两句我对宗教问题的看法，可能与你这个问题本身不那么完全吻合。我先讲一讲这个问题，也是有感而发吧。

西方人讲中国没有宗教。这个话是什么意思呢？大家要理解，西方人说中国人没有宗教信仰，意思是中国人是野蛮人。因为在西方人看来，没有宗教信仰的人不是文明人。咱们一定要理解他们的意思，与咱们讲的是否信教不是一个意思。大概是去年（2014）吧，美国国务卿希拉里在美国某大学演讲时就说，你们不用怕，中国崛起不了，因为中国人没有宗教信仰，他们都是野蛮人。所以这个问题我们做学问的一定要好好研究研究。我们对宗教、宗教信仰到底应该怎么看？大家知道，宗教学界曾经争论过儒学是不是宗教。过去任继愈老先生就认为儒学也是一种宗教。任继愈也是咱们山东人，当年是中国社会科学院世界宗教研究所的所长。这个问题看起来是个纯学术的问题，但它和我刚才讲的社会学的问题是一样的，你要是完全接受了西方那个什么叫社会学，按照那个定义你很可能就认为我们中国真的没有社会学。你要是完全接受了西方所说的什么才是宗教，宗教必须有什么仪式，有什么经典，等等，那我们如果没有宗教，就得承认我们不是文明人，我们就是野蛮人啦？这个问题不是个小问题。

我是赞成任继愈老先生的观点的。儒学是具有宗教的社会功能的。我们要承认，它规范人们的行为，引导人们向上、向善，来提升自己。儒学是有这种宗教功能的，我们中国不光有道教。道教无可否认那是我们的本土宗教。儒学的形态可能与西方的宗教不同，《论语》和《圣经》不一样，《论语》讲的都是人间的事情，人与人之间的关系。但是如果从社会性质、社会功能这个角度来讲，我觉得它也是规劝人们向善、引导人们提升自己，格物致知、诚意、正心、修身、齐家、治国、平天下嘛，这是提升人的一种学问。所以中国人，人和神不是对立的，但不等于说我们心里没有崇高的东西，我们没有敬畏感。

所以，我们研究社会学也好，研究宗教学也好，我们都面临一些很根本的问题，还需要好好研究。至于说你提的这个构建概念体系问题，我觉得这个问题对我自己来说也是一个还没有考虑得很清楚、很成熟的问题。坦率地讲，这个问题在我脑子里可不是存在十年八年了，但是我过去总觉得这个问题很大，我不愿意捅这个马蜂窝。我这个人是个不大爱惹事的人，不大爱和人争论，现在觉得老了，该说还是要说呀，提出来让年轻人去解决吧。我现在很能体会费老的那种心态，费老晚年提出建设什么样的中国社会学的问题，就是这个问题对于中国的学术来讲，不光是社会学，太重要了。对你提出的这个问题，具体应该怎么概括，比方说中国社会学的古典形态到底怎么概括，我觉得我们应该敞开讨论，我刚才那个表述只是我初步的认识，不一定很准确，也不一定很正确。我很欢迎能够有更好的表述出现，只要是能够把我们中国的社会学发展起来！你提的概念体系建构问题，是个很大的问题，几句话说不清楚。我现在正在带领一个28人的团队写作《中国社会学：起源与绵延》，目的就是建构群学概念体系，等出版了，请你批评。

# 中国社会思想史研究的主轴[*]

## 一 关于"中国社会思想史"学科含义的思考

多年来，笔者对所谓"中国社会思想史""中国社会学史"的确切含义，一向采取从众的态度。因为在笔者进入社会学界之前，这些"学科"的含义已经约定俗成了，笔者也就未加审思地接受了。

1999年2月，笔者在第一次"中国社会思想史研究和教学学术研讨会"上的发言，就是在"中国社会思想史"的既有框架内，试图说清楚它与"中国思想史"的区别，亦即明确"中国社会思想史"的特点。笔者当时认为，"中国社会思想史"不是"中国思想史"的社会部分，而是从社会学视角对人类关于社会的思想的发展历程的考察。因此，它不可能是人类关于社会的思想的全部，而是以群己、家国、治乱为主题内容的思想。笔者当时提出了"三条主线、六个侧重"的思路。"三条主线"是：群己、家国、治乱；"六个侧重"——在国家生活与社会生活中，我们侧重对社会生活的考察；在经济关系与社会关系中，我们侧重对社会关系的考察；在上层社会生活与下层社会生活中，我们侧重对下层社会生活的考察；在个人生活与社会生活中我们侧重对社会生活的考察；在伦理关系与交往关系中，我们侧重对交往关系的考察；在概念研究和经验性、史实性研究中，我们侧重对社会史实的经验研究。[①]

---

[*] 2015年11月28日，笔者在山东大学承办的中国社会思想史专业委员会第十三届年会上做了题目为《中国社会思想史的学科定位》的发言，本文是在此基础上整理而成的，后收录在由社会科学文献出版社2017年出版的《中国社会学：起源与绵延》一书中，作为该书的第一章第二节。

[①] 参见陆学艺、王处辉主编《中国社会思想史资料选辑·先秦卷》，广西人民出版社2005年版，"总序"第9页。

做这一区分的用意，在于将"中国社会思想史"从广义的"中国思想史"中独立出来，当时的考虑主要还是怎么把中国社会思想史和经济思想史、政治思想史等横向地区分开。因为过去搞史学的，像侯外庐先生他们，都是统称"中国思想史"，其中主要是政治思想史、文化思想史，当然也包括社会思想史。那么怎么从中将社会思想史区别出来，这就要明确中国社会思想史的特点。立足点还是希望能够找到中国社会思想史的横向比较的一些特点。笔者当时以为这样就可以确立起"中国社会思想史"的学科地位了。

18年过去了，"中国社会思想史"的学科地位非但没有如初所愿地确立起来，反而越来越边缘化了。王处辉教授曾以"治中国社会思想史之艰难"对此作出解释，认为研究"中国社会思想史""必须以小学、经学、史学、子学乃至理学作为基础"。[①] 这固然是有道理的，但也有点疑惑，那么治西方社会学史就容易吗？为什么人们不惜拿出不知加起来有多少年时间，从小学中学，一直到研究生，刻苦学习英文，如果肯于拿出同样的时间学习古汉语，也不至于掌握不了上述治"中国社会思想史"的语言技能和知识基础吧？可见，首先是从根源上"中国社会思想史"的学科含义出现偏差，导致了它的边缘化，然后才发生人们不愿下功夫去掌握治"中国社会思想史"的语言技能和知识基础的问题。

2002年11月16日，在南开大学召开"第二届中国社会思想史学术研讨会"，笔者在发言中进一步提出："中国社会思想史是中国社会学的基础，而不应只是一个分支学科。"[②] 这表明，笔者由思考"中国社会思想史"与"中国思想史"的关系，进入思考"中国社会思想史"与"中国社会学"的关系了。怎么能够建立起中国社会思想史与社会学的一种恰当的关系，确实是对学科定位问题的思考又进了一步。

但是，虽然肯定了中国社会思想史是中国社会学的基础，仍不足以完全明确二者的关系。因为作为基础的，仍然可以不是社会学，而只是"社会思想"。

虽然笔者对中国社会思想史的学科定义和定位问题，一直没有停止思

---

[①] 王处辉：《中国社会思想史》（下册），南开大学出版社2000年版，第448页。
[②] 陆学艺、王处辉主编：《追寻中国社会的自性：中国社会思想史论集》，广西人民出版社2004年版，第18页。

考和探索，但在很长的时间里把主要精力放在了社会保障和社会福利问题的研究上，在学术层次上，那属于"社会政策"。2010年，我们出版了《福利社会学》一书，试图跳出社会政策研究的框框，将社会保障和社会福利的制度和政策研究拉到社会学的体系里，但那也只能是社会学的一个分支学科。关于社会学的理论思考和中国社会思想史的专门研究则多年荒疏了，这对个人来说，实属身不由己，但中国社会思想史的定义和定位问题仍然一直萦绕在心。

必须肯定的是，中国社会思想史学科本身是取得了很大成绩的。在中国社会学会中国社会思想史专业委员会首任理事长陆学艺先生的带领下，出版了一套中国社会思想史的资料集和几本论文集；现任理事长王处辉教授和很多学者长期奋斗在科研和教学前沿，出版了许多很有分量的专著，成绩斐然。应该说，与其他分支学科比，并不逊色。但是，中国社会思想史还是处于被边缘化的地位，甚至某种程度上有被另类化的倾向。在一些年轻学生那里，认为中国社会思想史可学可不学；在有一些学者那里，认为中国社会思想史可有可无。去年笔者就这个问题请教过王处辉教授，他说，现在全国高校有一半社会学系根本不开中国社会思想史的课程，教师中能够讲授中国社会思想史的也很难找，一"将"难求。一些高校作为替代课程的中国社会学史，都是以严复译介西方社会学为开端。这就很值得我们思考，在这样的一种状况下，中国社会思想史不可能成为社会学的基础学科。这到底是因为什么？为什么我们做了这么多的努力，在社会学这个框架里面中国社会思想史的位置却仍然在逐渐地走向边缘？这就需要准确地找到原因。笔者感觉到，过去关于中国社会思想史已讲过的那些认识，不足以回答这个问题，需要寻找新的解释。

## 二 中国社会思想史的主轴应是中国社会学起源和发展史

2014年3月，笔者连续参加了南开大学和华中科技大学举办的回顾和总结中国社会学重建以来的发展历程的会议，这激发了笔者接续理论思考的余绪，在是年整理发表的《中国社会学不可回避的根本问题——从"社会学的春天"谈起》一文中,笔者提出为了实现中国社会学的崛起,必须正视和解决中西古今这个根本问题。2014年经新创刊的《中国社会科学评价》杂志约稿,笔者终于下决心写了《中国社会学源流辨》一文(发表在该刊2015年第2期)。我们社会学界,一提社会学,都是讲它是1838年孔德在《实证哲学教程》里面创立的,社会学是1897年严复译介斯宾塞才引入我们中国的。这两个都是事实,孔德提出社会学这个名称是事实,严复翻译介绍西方社会学也是板上钉钉的事实。对此,不应该有任何疑义,这也是大家都承认的。问题是从以上两个事实,有人直接得出中国社会学史等于西方社会学在中国的传播史这样一个推论,认为在西方社会学传入中国之前中国什么都没有,西方社会学传入中国以后中国的社会学才开始。这样一个推论,在推理上隐藏着一个前提,即社会学只在西方有,中国没有。因为只有从这样一个前提,才能从孔德和严复那两个事实推出中国社会学史是西方社会学在中国的传播史这样一个结论。

但是,这个推理的前提被隐去了以后,就发生了一个双重的逻辑错误。第一,偷换或者掩盖了推理的前提。这个推理,只有在具备中国古代没有社会学这个前提的时候才能成立,而这一点被简单地抹去了、掩盖了,实际上暗含着一个肯定中国古代没有社会学的预设,但是没有明说。第二,即使在严复之后,这个推理如果要成立,只有中国完全照搬西方社会学、完全没有自己的创新,才能得出这么个等式。这一点也不符合事实,如果是那样的话,自严复以来的一百多年我们的本土研究就什么都没做?这显然是不符合历史事实的。所以,那样一个推论——从孔德提出社会学之名和严复译介西方社会学就得出中国本来没有社会学,中国社会学史等于西方社会学在中国的传播史,有这样双重的逻辑错误。

这个逻辑错误之所以发生,根源却不在逻辑本身。为什么我们中国一百多年来,这么一个明显存在着逻辑错误的推论却被普遍地接受了呢?笔者认为这是我们的一个历史的悲哀。西方社会学传入中国的时候,恰恰是中国人最缺乏文化自信的时候。自1840年鸦片战争尤其是1894年甲午战争以后,中国陷入了亡国灭种的恐惧之中,这在中国五千年的历史上从来没有发生过。中国人失去了文化自信、民族自尊,陷入了历史虚无主义。在严复译介西方社会学、西方学术进入中国之时,中国思想界是一种什么状况呢?所有肯定传统的人都被认为是顽固不化的。在那之后不久,"全

## I 中国本有社会学

盘西化"成为时髦、成为新潮，谁说中国古代有点什么好东西是会被嗤之以鼻的。这是西方社会学传入中国之时的社会思潮背景。在这种背景下，严复所做的将西方社会学与中国群学相会通的努力就被压下去了，本来，严复将斯宾塞的《社会学研究》翻译成《群学肄言》，他是明显地肯定了社会学在中国是可以有相衔接的东西的，这就是荀子的"群学"！他在《群学肄言》译序里明确认为斯宾塞社会学与荀子群学是正相合的。但是这种会通的自觉意识被当时文化自卑的浪潮卷走了，所以大家都不大相信中国古代还能有社会学，还能有类似西方社会学的学问，以群学会通西方社会学的努力一下子就被历史抹掉了，不再成为学术上的一个话题了。但是进入20世纪30年代之后，来燕京大学讲学的英国功能主义大师拉德克利夫·布朗却讲中国古代就有社会学，认为中国社会学的老祖是战国末期的荀子。费孝通先生晚年多次强调这一事实，提醒我们要重视布朗的论断。20世纪40年代，丁克全先生（后来是东北师范大学教授、吉林省社会学会会长）在日本帝国大学学社会学的时候，就提出过这个疑问：为什么中国这么古老的文明竟然没有社会学？他为此做了很多历史考据，在日本帝国大学还作过一次演讲。所以，笔者觉得这个问题是我们不能回避的根本性问题，特别是费老八九十岁高龄还一再表示虽然自己年龄大了，但还很想好好读一读《荀子》，来体会布朗为什么说社会学在中国老早就有。继承费老的遗志是我们做中国社会思想史研究的人义不容辞的责任。

基于这样一种思考，笔者算是提出一个假说，认为中国社会学之"源"，是以荀子"群学"为代表的本土社会学传统资源。它是以墨子"劳动"（"强力""从事"）概念为逻辑起点，以荀子"群"概念为核心，以儒家"民本"概念为要旨，以礼义制度、规范和秩序为骨架，以"修齐治平"为功用，兼纳儒墨道法等各家之社会范畴，所构成的中国社会学"早期"（早熟）形态。作了这么一个表述，正确与否，有待学界同仁的批评。

即使这一表述不准确，也应该肯定这样一种形态的学问在中国当然是存在的，它可以看作中国社会学的早期形态。那么，这就成了一个关键，就是说，如果我们承认中国古代有社会学，中国社会学与西方社会学的关系就可以理顺了，也就是我们所说的中西会通就可以开展了；如果中国没有社会学，那就谈不上与西方社会学会通。两个学问之间才能会通嘛！所以，不论认为中国古代的社会学是什么形态的，不论成熟还是不成熟，只要是有，我们就可以与西方社会学展开平等对话，这个平等对话就是会通。也可以像费老所说的那样，从中国的土壤里生长出中国的社会学，否则连社会学的基因都没有也谈不到实现费老的期望。由此笔者认为，如果这些说法成立的话，那么中国社会思想史就有了一个主轴，这个主轴就是中国社会学的起源和发展史。这样，我们就可以回答丁克全先生七八十年前提出的问题，就可以肯定布朗先生提出的中国早在战国末期就有社会学的论断。

这个论断，绝不是奇谈怪论。我们一百多年来太习惯于说1838年孔德创立了社会学，太习惯于说自1897年严复译介斯宾塞中国才有社会学，把这些话毫不怀疑地接受下来了，以至于不再思考由事实到推论之间的逻辑问题。如果看到那个推论中包含着双重的逻辑错误的话，就很容易理解"中国古代有社会学"不是奇谈怪论。荀子是与亚里士多德同时代的人，亚里士多德能够创立政治学、伦理学、逻辑学，荀子创立社会学有什么奇怪的？至于学科形态与西方后来出现的社会学有所不同不是也很正常吗？同样的道理，我们中国有中医，西方不是也不承认我们古代有医学吗？西方不是也不承认我们古代有数学吗？在那些只承认科学（包括社会科学）只能诞生在欧洲的人看来，什么学科诞生在欧洲都是正常的，全世界其他地方只能是一片"沙漠"，长出一棵草都是难以置信的。可是，我们作为中国人，难道能够承认我们古代没有医学？那么《黄帝内经》是什么！能够承认中国古代没有数学？那么《周髀算经》是什么！我们中华民族几千年都是有文化自信的，丧失文化自信只是短短百年的时间。随着中国的崛起，体现中国社会丰富性、具有中国文化基因的社会学一定会崛起。

## 三 "中国社会思想史"要重新定位

关于"中国古代有社会学"，只是提出一个表述，做出初步论证是不够的，我们还要做出文字资料的证明、史实与学理的证明。这是非常艰巨的任务。但是，只要承认这一论断，就意味着质疑了"中国社会思想史"在学科内容的空间上被排斥在"社会学"之外、在学科发生的时间上被置于"中国社会学开端"之前、在学科性质上不够作为"学"的资格，这样

## I 中国本有社会学

一些流行百年的说法。这样一来,"中国社会思想史"与"中国社会学史"的关系就可以理顺了,都可以进入"中国社会学"的总体框架之中了。我们自设的所谓"学科"界限就被拆除了。我们的历代先贤都不受学科限制,照样创造了傲视世界的灿烂文化、学用兼备的先进学术;到了现代,费孝通等老前辈面对西方学科壁垒,号召我们要"扩展社会学的传统界限","思想上不能有任何的疆界",要勇做在学科间自由驰骋的"野马"[①]。我们今天,面对实现中国社会学崛起的历史机遇,何苦非要作茧自缚,不敢越雷池(西方划定的学科界限——引者注)一步呢?

那么,怎样看待中国社会思想史与中国社会学史的统一和区别呢?中国社会思想史与中国社会学史是内在统一的。前者对于后者不是可有可无的,它就是中国社会学的起源和发展史。从内容上看,中国社会学史不是西方社会学在中国的传播史,而是有自己独立的基本概念和命题的;从时间上看,不是从严复译介斯宾塞的《社会学研究》开始的,也不是从孔德创造出"社会学"这个名称开始的,中国社会学的起源应该追溯到战国末期荀子创立的"群学",至今已有长达 2300 年(荀子学术活动时间约在公元前 298—前 238)的历史。

中国社会思想史与中国社会学史虽然是内在统一的,但二者仍然有区别。从内容上看,"社会思想"不仅包括社会学这一层次的思想,在上一层次,还包括社会哲学思想、非学科性质的民间社会思想,以及宗教思想和神话传说等;在下一层次,包括社会政策、社会治理技术、社会生活规范和处世处事之道等。从时间上看,在以荀子群学为代表的中国社会学起源之前,中国已经有孔孟等儒家、墨家、道家等诸子百家极为丰富的社会思想,再往前追溯,夏商周三代,特别是周代的社会思想已经郁郁乎盛哉。换言之,荀子的群学也是社会思想长期积淀的结果。

顺着历史长河往下看,中国社会学史只是一个学科形成和发展的历史,它不可能穷尽所有的"社会思想"。就是在今天,许多社会思潮、社会心态、社会舆论、社会评价、社会理想,远不能被社会学这一个学科所囊括和穷尽。因此,中国社会思想史比中国社会学史时间更长,涵盖更广。中国社会学史只是中国社会思想史的主轴,而不是其全部。中国社会

---

[①] 费孝通:《从实求知录》,北京大学出版社 1998 年版,第 256 页。

学史并不取代中国社会思想史。总之,"学科史"不等于"思想史",正如西方社会学史并不等于西方社会思想史一样。

这样,笔者就将自己关于"中国社会思想史""中国社会学史"的认知,调整到与费孝通先生的论断(以及他转述拉德克利夫·布朗的论断——中国早在战国时代已由荀子开创了中国社会学,比西方的孔德和斯宾塞要早2500多年[①])完全符合了。这一番"调整"有什么意义呢?这样我们就可以正过来,顺着历史脉络讲中国社会学史,从荀子群学讲起,直到清末民初,引进西方社会学了,才开始讲西方社会学及其历史,然后才能讲中西社会学的会通,接着才能讲它们在中国社会发展、社会转型、社会现代化过程中的应用和发展。2014年,笔者在南开大学曾讲中国社会学的讲授次序应该是:"先讲中国的,再讲西方的,脚下先有个根,然后再往上长。这样,从中国社会思想脉络起步,从理解中国的需要出发,讲授西方理论。不再以西方理论为主干,不把中国的东西当作陪衬和反衬,甚至贬低的对象。而是基于中国的,理解和鉴别西方的,西方的东西不是横插一杠子,而是自然导入(历史上不能完全做到避免中西知识体系的冲突,现在应该做到)。吸收西方的,改造和升华中国的,中国传统也不是简单的延续,而是在革新中发展。"[②]

要顺着讲史,不要倒着讲史。顺着讲,是立足于中国本来的社会学;倒着讲,是用传入的西方社会学为标准去处理中国"史料",那就把中国本来的社会学阉割掉了,使其变成了西方社会学的附庸。此话是不是"言重"了?但愿不是"言中"了。

**参考文献**

费孝通:《从实求知录》,北京大学出版社1998年版。

费孝通:《费孝通论社会学学科建设》,北京大学出版社2015年版。

陆学艺、王处辉主编:《追寻中国社会的自性:中国社会思想史论集》,广西人民出版社2004年版。

王处辉:《中国社会思想史》(下册),南开大学出版社2000年版。

---

① 费孝通:《从实求知录》,北京大学出版社1998年版,第232页。
② 景天魁:《中国社会学不可回避的根本问题——从"社会学的春天"讲起》,《学术界》2014年第9期。

# 文化自觉与中国社会学研究*

笔者在《中国社会科学评价》2015年第2期发表了《中国社会学源流辨》一文，提出中国社会学并不是从清末民初引入西方社会学才开始的，而是有自己的起源，这个"源"就是"以荀子群学为代表的中国社会学传统资源"。这一论断关涉到中国社会思想史与中国社会学的关系，以及中国社会学与西方社会学的关系。本文拟从文化自觉的角度再做一些说明。

## 一 中国社会思想史的核心内容

2014年3月，南开大学和华中科技大学先后召开讨论会，这两次会议不约而同地集中在一个主题上：回顾和总结中国社会学重建以来的发展历程。笔者在会上作了主旨演讲，重新思考了中国社会学的发展问题。笔者在这两次会上连续地讲了对中国社会学发展过程的一些看法，后来整理成一篇文章——《中国社会学不可回避的根本问题——从"社会学的春天"谈起》[①]，该文发表以后，引起了一些反响。首先就是触及了中国社会思想史到底应该研究什么、怎么定义、怎么定位这一系列问题。中国社会学不可回避的根本问题中，一个就是古今关系问题。能不能说中国社会学只是

---

\* 本文原为一篇专访，发表在《江南大学学报》（人文社会科学版）2016年第1期。后在收录到《中国社会学：起源与绵延》一书时，根据该书的体例要求，删去了部分对话内容，改变了"专访"形式。

① 景天魁：《中国社会学不可回避的根本问题——从"社会学的春天"谈起》，《学术界》2014年第9期。

从严复译介《群学肄言》一书才开始？再一个就是中西关系问题。能不能说中国社会学史只是西方社会学在中国的传播史？中国社会学与西方社会学到底是什么关系？中国社会学只是西方社会学在中国的传播、推广和应用吗？

现在回顾一下，笔者对这个问题的思考过程可以分为三个阶段——先是思考中国社会思想史和中国思想史的关系，进一步思考中国社会思想史和社会学的关系，再进一步思考的就是中国社会学与西方社会学的关系。做了这些思考，最后归结到中国社会思想史这个学科的定义和核心内容到底是什么的问题。因为这些年的经验证明，如果不搞清楚这个关系，即使我们研究的是中国的群己、家国、治乱问题，但若还是套用西方社会学的概念框架，来研究中国社会思想的文献资料，这样搞来搞去，还是不可能适切地研究中国社会，还是不能从中国自己的学术脉络中建立起自己的概念体系。我们过去，研究中国社会思想史一个基本的方法论，就是拿出中国的一些思想资料，然后用西方的一些概念去套，看看哪些资料用西方的概念套得上，哪些套不上，就是用西方社会学的概念来解释中国社会思想史。那么这样下去，中国社会思想史的地位会越来越低，也会越来越被边缘化。

我们一定要自觉地从这种状态中跳出来，说起来这是一个方法论的问题，但实际上不只是一个方法的问题，根本问题还是中国社会思想史到底是什么，中国社会思想史的主轴或核心内容到底是什么。这个问题其实没有解决，就是没有搞清楚中国社会思想史有没有一个主轴，有没有一个核心内容。中国社会思想史就是从诸子百家以来，谁说过什么。这是什么？是史料。再用西方的概念，比如社会化、社会分层、社会互动等来套，看看这里面什么可以套得上。中国社会思想史本身好像什么都不是。

笔者思考了十几年，中国社会思想史到底是什么呢？应该是中国社会学的起源和发展史，就是在中国社会史的大背景下，在中国文化、中国精神的滋养下，中国社会学是怎么从中国社会思想中起源和发展的。这就需要最起码明确以下三个问题。

第一，中国古代有没有社会学。如果仍然像过去那样认为中国古代没有社会学，中国社会学是从严复以后才有的，那么就只能把从荀子直到严

## I 中国本有社会学

复这两千多年的社会思想全都排斥在中国社会学史之外,不能纳入学科史。

继严复之后,梁启超、费孝通、拉德克利夫·布朗,他们都说过社会学的真正鼻祖是中国的荀子。① 荀子很注重"群",笔者确信群学确实就是社会学。我们要下功夫,把这个问题好好讨论清楚。我们古代仅仅就是有个社会思想,还是已经有了社会学?难道不论社会思想多么丰富,就是都称不上社会学?中国社会那么复杂,中国学术那么源远流长,却就是产生不了社会学?这还是把孔德提出的社会学当作唯一标准,它拥有独占权。在此之前,不论你是什么都不得称为"学"?所以,搞清楚中国古代到底有没有社会学,特别关键。

第二,要在理论上明确学科的界限到底应该怎么划分。一种常见的观点,就是认为不光社会学,全部社会科学,都是西方文艺复兴之后,直到18世纪才有了各种各样的学科。这个说法,首先在西方就不是太合适的,不能讲18世纪之前西方都没有学科,其实老早就出现学科了,不过学科的形态、成熟程度不同而已。亚里士多德时期就有了政治学,只能说那时候的政治学与我们现在所讲的政治学不一样,不能说没有。亚里士多德还创立了(西方)逻辑学、(西方)伦理学等,所以他被称为"百科全书"式的人物。"百科"这不就是承认早就有学科了吗?西方社会科学发展也是一个历史过程,并不是说在18世纪之前就没有什么学科。确实,在18—19世纪出现了很多学科,但不等于说学科就只能在那个时候出现,也不能说,社会学只有1838年才能出现在欧洲,其他任何文明、任何学术脉络中,都不可能出现社会学,哪怕是不同形态的、"早熟"的社会学都不可能出现,这不就是露骨的西方中心主义吗?

这里还涉及关于"学"的用法问题。对中国来说,这个问题就更加复杂。中国古代的所谓"学",用法不同。中国自古以来讲的"学",与西方讲的含义是有区别的。我们古代对学科有自己的理解,最明显的特点,就是中国古代不是没有"学",而是将其放在学派里面,西方是将学派放在学科里面。这当然只是一个笼统的说法,未必尽然。西方经济学这个学科里面分了很多学派,社会学里面也分了很多学派。在西方,学科是个大

---

① 费孝通:《从实求知录》,北京大学出版社1998年版,第232页。

概念，学派是个小概念；而中国古代，学派是个大概念，学科是个小概念。比如儒家学派，这里面就包含了很多学科，像孔子讲的"六艺"，那不就相当于六个"专业"吗！墨家也是如此，学派里面分的学科就更多了。墨子甚至提出了我们现在所说的工程技术学科，而且墨学中的工程技术是很专业的。可见，我们是学派里面分学科，西方是学科里面分学派。难道能说只许西方学科里面分学派，就不许中国学派里面分学科？或者说我们中国学派里分的学科就不是学科？这个就太有点以西方为圭臬了。应该承认，西方在学科里面分学派，中国在学派里面分学科，只是分法不同而已。

另外，我们划分学科的目的和效果也与西方不一样。比方说，荀子的群学，他不把群学单独拉出来，与其他的学科都割裂开，而是把多个学科综合在一起，他的社会学与他的法学、政治学等都融合在一起。融合在一起就体现了一种对社会的整体性把握，那么为什么要这样呢？这和我们中国学术自古以来就坚持经世致用原则有很大的关系。孔子周游列国，给别人讲学的时候，不能说我现在开始讲教育学，不爱听的可以走；另一次说我又开始讲法学了……他不会是这样的，他必须把各种学科综合起来讲，提出一个治国方略、处事方略。然后针对当时的复杂问题、难办的问题，指出这个怎么解决，那个怎么解决。这样才有听众，治国理政者才觉得有用。我们中国社会的特点就是一个高度综合的社会，家国同构、政社不分，慢说是我们的社会科学与西方的特点不一样，就是我们的数学、自然科学也不是像西方那样分为代数、几何、三角等，我们一部《周髀算经》里边什么都有了，一部《齐民要术》包括了许多门技术。一个"鸡兔同笼问题"被整体地提出来，求解一个问题要运用各种各样的知识。这是中国学术的特定形态，是中国学术研究和解决问题的一种路径。怎么能说我们中国这一套就不是科学，不先进、不正宗？我国在战国时代就修筑了都江堰、郑国渠这样的特大型水利工程，当时运用的科学技术，不知比西方的什么水利学、水文学、测绘学、土木工程学早了多少年！

中国自古就不是为学术而学术，而是为了解决问题。因此，不喜欢把学科划分得那么清楚。因为问题总是综合的，所以我们中国的学问几千年来都是以综合为主导发展下来的。从中国学术的这一特点看，就不能说荀子那里就一定没有社会学，或者他的群学就算不上社会学，这样讲是没有

# I 中国本有社会学

道理的。只能说荀子的群学不像西方的学科那样边界清晰（其实西方社会学的学科边界也未见得有多么清晰），但是群学在内容上的丰富性是不可否认的。所以，学科这个界限问题，我们不应该就只认可西方的标准，不顾中国几千年来的学术特点，完全拿西方的标志来衡量中国，从而得出中国没有社会学的结论，这个就太武断了。

第三，时间界限问题。多少年来流行的说法，都只是认定中国社会学史从严复译书（《群学肄言》）开始算起，认为那是中国社会学的开端，至今也就一百多年吧。那么一百多年来，学术界都是说1838年孔德创立了社会学，这个在我们脑子里印象太深刻了，其实他只是提出了"社会学"这个名称。可是，现在说中国战国时期的荀子创立了社会学，却就成了天方夜谭，大家都会诧异：中国怎么可能早人家两千多年就创立这个学科，中国人有那么神奇吗？中外很多人不愿意接受这个说法。费老晚年深刻思考过这个问题，他说西方的学问自古以来就是重视自然，重视人与自然的关系；而我们中国的老祖宗，自古以来就是重视人和人之间的关系。既然这样的话，可以说关于人和人之间的关系一直都构成了我们中国学术极为丰富的内容。《论语》也好，《孟子》《荀子》也好，大量讲的就是社会、人和社会、社会治理等。如果说古希腊在宇宙观、自然观方面做出的贡献比较大，那么我们中国的春秋战国时期，在人文社会科学方面创立某些学科，也不足为奇。

我们回过头看，荀子在战国末期创立群学，就当时来说，也是有社会实践基础的，那时的社会关系已经非常复杂，人们在这方面做了大量的探讨，积累了丰富的社会思想资料，在此基础上创立群学，是一个水到渠成的结果。这样来看，虽然荀子创立的社会学或者说群学，与后来从西方传入的社会学在形态上有所区别，但是，我们应该承认荀子群学里面很多概念、很多思想，与我们现在所熟悉的西方社会学是很契合的。有些概念可能西方提得比较明确，而我们则在内容方面更加丰富和深刻。群己、公私就是很典型的例子。中国人讲的"己"，和西方人讲的个人、自我，就有明显的区别，而且我们这个"己"的概念内容显然更加丰富。我们讲的这个"己"，既可以指自己也可以是家庭，当你走出国门，这个己方就是中国，它不像西方的个人概念那么固定。我们社会结构的"圈"，像费老讲的，是不断往外推的差序格局。所以我们这个群己关系要复杂得多。很多概念的含义在我们这里要丰满得多。不能说我们这个就不是社会学,只有西方那个是社会学,这显然没有道理。

## 二 从根本上解决中国社会思想史被边缘化的问题

如果我们把以上三个问题搞清楚了,就可以明确什么叫中国社会思想史。它的主轴是研究中国社会学的起源和发展。这样,中国社会思想史就和中国社会学史一致了,当然也有区别。但首先要看到,把中国社会思想史和中国社会学史一致起来,中国社会思想史就不可能被边缘化了。因为中国社会思想史和中国社会学史一致了以后,我们就顺理成章地否定了原来习以为常的一些不正确的观点——中国社会学史只是从西方社会学传播到中国以后才开始的。如果把中国社会思想史和中国社会学史一致起来,那么中国社会学史老早就开始了。不是从严复译书才开始的,也不是从孔德发明"社会学"的名称才开始的。这样一来,比如说我们要讲清楚现实社会中人和人之间的关系,那么我们就可以追溯它的历史演变,因为现代的中国是历史的中国的延续。这样,人们就会认识到,假如不学中国社会学史和中国社会思想史,我们就搞不清楚现实社会中的问题,那中国社会思想史就不可能被边缘化了。如果像过去那样,中国社会学史只是西方社会学在中国的传播史,那么中国社会思想史的被边缘化问题当然就解决不了。所以,这个中西社会学的关系,也就是笔者说的那个"源流问题",是个很关键的问题。一旦把这个关系搞明白了,中国社会思想史就不会被边缘化了。否则的话,社会学就是人家西方社会学,那中国社会思想史再说重要都没用。它就难免是可有可无、可学可不学的。但是,如果中国社会学不是西方社会学的翻版,而是有我们自己的起源和发展的历史过程,要理解社会学这些概念,就必须追溯我们有史以来的家国关系等是怎么演变的、我们的群己关系(个人与社会关系)是怎么演变的,这样才能获得真正理解的话,那中国社会思想史就没法被边缘化了。

但是说中国社会思想史和中国社会学史"一致",并不是说二者完全等同。为什么呢?这就是"社会思想"和"社会学"这两个概念的区别。

## I 中国本有社会学

首先，从层次上来说，社会思想包含的层次很多。社会思想包括的第一层是社会哲学思想，第二层是社会学思想，第三层是社会管理、治理等技术和实用方面的思想，这些都是社会思想。而社会学史，只是这个学科的历史，是社会学这一层的发展历史。它既不包括社会哲学，也不包括工程技术性质的社会管理。

社会学的上面有社会哲学，那应该属于哲学范畴，而不属于社会学，但社会哲学思想也是社会思想；社会管理技术思想也是社会思想，但那也不是社会学。所以，中国社会思想史包含的层次应该比中国社会学史包含的层次要多，这是它们的一个区别。

其次，从时间跨度方面来说，中国社会思想与中国社会学又有区别，如果说中国社会学史在中国可以追溯到战国时期的荀子，那么在荀子之前，中国还有好长时间的社会思想史，夏商周三代，孔子、老子、墨子都比荀子要早很多年。荀子群学也是之前好长时间历史积淀的结果。所以，从时间上来说，中国社会思想史涵盖的历史跨度应该比中国社会学史还要久远。总而言之，中国社会思想史和中国社会学史一致起来了，是一致在哪里呢？中国社会思想史应该以中国社会学的起源和发展为主轴，但不限于中国社会学史。这就回到笔者2002年的那个观点，就是中国社会思想史是中国社会学的基础学科，它的涵盖更广泛，时间跨度更长。这是中国社会思想史和中国社会学史的一致和区别。把这两个关系搞清楚了，我们才能够讨论中国社会学的未来。如果这些问题都搞不清楚的话，我们中国社会学将来能发展成什么样子，发展的结果是不是费老所讲的从中国土壤里面生长出来的学科，这都成了问题。

我们还要以经济社会发展实践为基础，着眼于中国社会学的发展，加强学科建设，回答中华民族伟大复兴实践中提出的问题，从这样一个脉络下来，不论是从内容的丰富性来看，还是从学科地位、从学科作用来看，才能真正实现中国社会学的崛起，我们中国社会思想史、中国社会学的学科定位就解决了。中国社会学作为一个能够回答中国崛起中的社会问题的学科，当然就是中国学术昌盛的一个当之无愧的组成部分，这样，它在世界社会学中的地位也就确立起来了。不然的话，西方人会说："你这个学科都是学我们的，你那个概念都是我们几十年甚至上百年前说的，你那套东西无非都是对我们的牙牙学语罢了。"如果是这样，那不可能有什么话语权。

我们可以设想一下,在国际会议上,当西方学者听到中国学者运用几个舶来的概念,来解释中国的现实问题,人家会怎么想?就如同我们听外国人来讲《周易》、讲"道"这样的概念,难免觉得不解就里。同样,我们搬用西方的理论,搬用得对不对就难说了,很难想象英法德美这些国家的学者会承认我们对西方理论能比他们理解得更好。所以,我们什么时候都是小学生,因为我们没有自己民族、自己国家的东西,没有自己的学科历史和学术传统。

当然我们不是牵强地非要把中国社会学的历史追溯得很远,我们还是应该有根据,应该是客观的,实事求是的。但是,确实有一个问题,就是一个学科如果没有自己的历史,没有自己的传统,这个学科的地位是很难讲的。中国社会学只要没有自己的核心概念和基本命题,用的概念都是人家西方的,就很难自称是"中国社会学"。当然,不是说人家西方的东西都不好,我们都不能用,不是这个意思。但是,如果我们一点自己的东西都没有,都用人家的东西,这个学科可以说就永远没有前途。

所以,需要我们搞清楚中国社会思想史的定义和定位,搞清楚中国社会思想史和中国社会学是什么关系,搞清楚中国社会学与西方社会学是什么关系。我们费劲来论证中国古代是有社会学的,那么现代的社会学和古代的社会学有什么关系,这个问题,归根到底,决定中国社会学的命运和前途。

## 三 增强文化自觉是发展中国社会学的必要前提

费孝通先生有一次就讲,20世纪30年代的时候,有一些人批评他,意思是说,他们那个社区学派,搞实地调查,不过是讲了些具体的事情,在学院派的人看来,那不是纯学术。对此,费先生当时就非常明确地反驳了,意思是说,所谓纯学术,为学术而学术是不足取的。费老自年轻的时候就坚持,中国的学术就是要经世致用,就是要解决中国的富强问题的,而不是在那儿无病呻吟,不是躲在象牙塔里自己玩玩概念,对社会没有用处,那是没有意义的。费老终其一生,都是一以贯之,直到晚年他领导恢

Ⅰ 中国本有社会学

复重建社会学,还是志在富民,他认为中国社会学是要为解决中国的现代化问题服务的,是要为实现中华民族的伟大复兴服务的,这对他来说,完全是一个非常明确的问题。费老所认定的真学问,就是能够解决中国问题的学问。他反复讲过这个意思。否则的话,你说了半天,什么用都没有,什么问题都回答不了,那能叫学问吗?

那么,怎么来做真学问?那就要本着高度的使命感。给笔者印象非常深刻的就是,费老有非常强的使命感,无论顺境也好逆境也好,他都是肩负着知识分子对国家和人民群众的责任的。他有挨整的时候,也有风光的时候,他的这个责任意识始终很强,支持着他的行动,因此他不可能把学术只是当成个人的利益、当作饭碗来看待。这个坚持,也不只是费老有,而是代代相传的中国学术传统。

我们中国的历史传统,最宝贵的就是"经世致用",顾炎武讲"天下兴亡,匹夫有责",不论我们是做什么的,都应该有此情怀。我们研究社会学的,更是要牢记这一点,一定要搞清楚我们中国的学问、中国的学术,就是讲经世致用的,学术研究一定要和解决中国的问题结合起来,不要去追求那种什么用处都没有的学问。特别是我们现在做学问的物质条件,都比过去好多了,吃不愁穿不愁吧,在这种情况下,作为一个有良知的知识分子,不要太受那些世俗的物质利益之类的诱惑。我们要做社会中敢于担当的人,做肯为国家为民族负责任的人,这样的话,知识分子在社会上才会受到尊重。

结合本文讲的这个主题,就是要把这种精神,渗透到中国社会思想史的研究和教学的内容里面。学习中国社会思想史,不是要背下来《论语》《道德经》里怎么说的,当然这个也需要了解,但最重要的是要学到中国学术的这个根本、这个灵魂。中国社会思想史把这个事情做好了,它的学科地位自然也就提高了。我们相信现在和今后一代一代的年轻人,他们是会认同这种精神的,也会继承这种精神的。

尤其是社会学,我们中国的社会,在全世界来说,不仅是最庞大的,也是最复杂、历史最悠久的。我们的社会学有这么得天独厚的资源,一定要以我们中国这个宝贵的历史资源为基础,这样,我们这个学科在世界上就会受尊重了。

中国社会思想史这个学科,所能够发挥的作用应该是很广阔的。我们从事中国社会思想史的教学和研究，不要以为我们就是传播点历史知识，传播知识只是一个途径、一个手段，真正重要的是要让学生通过学习中国社会思想史，学到中华民族的精神和传统，接受这种熏陶，确立起一种好的人生理想和处事的态度行为等，如此这个学科所发挥的作用就大了。中国社会思想史从内容到形式等各个方面，都不能越走越窄，那样就会被边缘化，所以我们有责任将它做好。

我们要把中国社会思想史这个学科做好，把它真正作为中国社会学的一个基础，确实放到这个位置上去，让学生通过学习中国社会思想史，了解中国社会学源远流长的历史过程，了解它是内容非常丰富广阔的一个学科，中国社会思想史的学科地位自然也就确立起来了。

我们也不要刻意去追问"国学热"对不对。什么东西都可能是有所偏差的，问题是我们自己怎么在这个过程中，把中国社会思想史和中国社会学建设好。如果能够把中国社会思想史，真正看作并且建设成为中国社会学的起源和发展史，以此为主轴，把它的内容丰富起来、系统起来、凝练起来，再加上刚才讲的这些中国精神、中国学术基因，就完全可以吸引很多学生来选修这门学科。有很多学生来选修这门课，这门课的地位自然就提高了。所以，2014年笔者在南开大学演讲的时候，还提出了两条建议。其中之一，就是我们社会学教学，不要一开始就讲《社会学概论》，应该从中国社会思想的历史脉络讲起。先讲中国的社会学，沿着战国时期以来两千多年的丰富脉络，以中国社会学的起源和发展为主轴，结合中国社会的演变，然后讲到清末民初，再讲西方社会学的引入，中西社会学的会通，以及后来的发展。这样，在学生的观念中，就有了中国社会学的主体地位，他们很自然地就会考虑，西方社会学哪一条是适合中国实际的，哪一条是普遍有效的，哪一条只适合西方的情境，因而是特殊的。现在一上来就先讲《社会学概论》，讲的其实都是西方社会学的东西，先入为主地确定了它的"公认的"、"正统的"、近乎真理或者是基本原理的地位，这就等于告诉学生，社会学就是这个，不是别的，只有这个才叫社会学（其实是西方社会学），其他的都不是社会学。然后再去讲中国社会思想史，那学生就觉得，这个不符合"社会学"的标准，即与西方的"标准"说法不一样，所以就会认为这称不上是社会学。

笔者在南开大学和华中科技大学举办的会议上都讲过，我们这一代社

## I 中国本有社会学

会学者和老一辈社会学者的区别在哪呢？区别就在于我们对中国的学术传统或者说对国学没有根底。没有根底，见了西方社会学就没有比较，没有比较也就谈不到鉴别力。吴文藻、潘光旦、费孝通以及他们那一代社会学家，从小就学国学，对中国学术有修养、有根基，所以就有比较、有鉴别，知道中西社会学的区别是什么，所以他们能有文化自觉，觉悟到社会学要"中国化"，能够理性自觉地看待中国社会，认为应该从中国土壤中生长出中国社会学。而我们一开始学的就是西方社会学，基本上不知道中国社会学的源流是什么，要建立起文化自觉，从何谈起？

为什么主张要从中国社会思想史讲起，就是这个原因。吴文藻、潘光旦、费孝通等前辈，就是先学习中国的东西，然后再出国留学，学了西方社会学，所以他们能够真正融会贯通。换言之，先建立起对中国学问的认同，就不会轻易相信"凡是不符合西方那一套的，都不是社会学"这样的霸道逻辑。

费老为什么强调文化自觉，为什么讲要扩展社会学的传统界限？他用词是非常谨慎的，他说是"扩展社会学的传统界限"[①]，实质上他思考的问题是，到底什么才称得上中国社会学。不然的话，他讲"扩展社会学的传统界限"，怎么讲了好多自先秦诸子以来，宋代理学、陆王心学等传统上认为是哲学史、社会思想史和政治思想史的内容？这些怎么能进入社会学的学科范畴呢？费老实际上是告诫我们，不要再去拿西方社会学的界限来框中国社会学，先秦诸子那里有社会学、宋明理学里面有社会学、中国社会思想里面有社会学，那是世界上无与伦比的宝贵学术资源，我们要扩展眼界，不要自我束缚。所以，费老讲的不仅仅是个学科界限问题，而且是中国社会学的最根本问题。这也是笔者的那篇论文，以及此前的两次演讲，题目叫作"中国社会学不可回避的根本问题"的缘由。

仔细琢磨，费老讲的其实不仅仅是学科界限或怎么扩大学科界限，他实际上讲的是中国社会学的根本、根源、基因，是被流行的《社会学概论》忽略了的人文性的内容——天人之际、群己之别、将心比心……这是在回答中国社会学到底是什么的问题。费老晚年思考的问题是非常深刻

---

[①] 费孝通：《试谈扩展社会学的传统界限》，《费孝通文集》第十六卷，群言出版社2004年版，第147—174页。

的。其对中国社会学来说是个根本问题。

**参考文献**

侯外庐:《中国古代思想学说史》,岳麓书社 2010 年版。

梁启超:《世纪文库·论中国学术思想变迁之大势》,世纪出版集团、上海古籍出版社 2006 年版。

钱穆:《中国历史精神》,九州出版社 2012 年版。

吴文藻:《论社会学中国化》,商务印书馆 2010 年版。

张荫麟:《中国史纲》,中华书局 2009 年版。

## II　群学概念体系

# 群学精义和基础性概念[*]

关于《中国社会学：起源与绵延》书稿的基础性概念，我先提一个讨论的方案。

首先是第二章目录的标题。第一个标题改成"群：概念界定与群学奠基"，下面第一小节标题改为"群学：荀子的开创"。一开始就要把荀子的群学思想及其影响明确地提出来。第二小节改为"群道：严复的弘扬"。讲一讲严复在这个事情上的重要贡献。第三小节改为"群理：梁启超的阐发"。

关于"群"这个基础性概念的重要性，我们要论证群学就是中国社会学，那么"群"这个概念的丰富内涵一定要充分地展示出来。如《荀子》怎么讲"群"的，怎么讲"分"的，怎么讲"义"的；怎么讲人能群，为什么能群；怎么讲人能分，为什么能分；怎么讲人要有义。把这些讲透彻，讲具体。这些原本相当丰富的内容，我感觉现有稿子没有充分发挥出来。这里面也存在一些问题，就是写的时候层次也没有搞得很清楚。我们一般说，要区分什么叫概念界定，界定就是定义。什么叫命题？命题不是个概念界定的问题了，命题是阐发，是你来论述，展开表述这个命题。因为命题一般都是个判断了，所以命题就不宜采取这个概念和那个概念对比的写法。因为这个概念和那个概念对比是说界限，是说定义。你要界定永安宾馆，你拿农业部和它比，这就不行了，因为农业部和永安宾馆不是一

---

[*] 2017年2月23日在北京召开的《中国社会学：起源与绵延》一书写作组会议，重点讨论了第二章写作问题。景天魁在会上专门为《中国社会学：起源与绵延》第二章第一节"群：概念界定与群学奠基"的写作列出了详细提纲和主要观点。特别是明确阐述了关于"群"的属性、"群"的辨正、"群学"的要旨、荀子"群学"的命题等重要论点。由徐珺玉录音整理，此文是发言摘要。

个类型的概念，不是同等层次的概念，它们之间没有一个相互能够界定的问题，它们之间不需要划界，农业部是个领导机关，它与宾馆之间不是一个相互界定的关系，概念上不是一个同层级的概念。在讲群学命题的时候，和概念的界定没有区别清楚，应该是说界定就是界定，说命题就是命题，把层次搞得清楚一点。

我给这一部分重新列了一个提纲，按照这个提纲大家重新再讨论。我们最起码要把《荀子》这本书里面讲到有关"群"的概念、"分"、"义"这些内容充分展示出来。第一部分可分以下四个部分。

# 一 "群"的属性

1. 人的社会性。荀子讲"群"，很不简单啊！两千多年前他就能够从人的社会性来定义人，这很高明啦！人是什么？好像人人都知道，但其实人是非常难以定义的。我过去研究哲学的时候，曾经读过苏联一个哲学家写的书，他统计过世界上给"人"这个概念下的定义有70多个。亚里士多德定义人是政治动物，我觉得亚里士多德这个定义并没有荀子的好。荀子讲人是社会性存在，应该说在两千多年以前这是一个很先进的思想。"群"就是"社会"，"群性""合群"就是"社会性"。那么，我们首先就要引荀子的原话，讲为什么人能够胜过牛马，因为人能群。"群"，显然就是社会性的意思。这是第一点，"群"的第一个属性。

2. 人的组织性。群，也不是乌合之众，不是芸芸众生，它的内部肯定是有组织的。咱们老祖辈是很讲组织的，荀子讲了多少组织啊。人要实现一定的目的就需要组织起来，"组织"千差万别，就连君臣之别、父子之别全与组织差别有关。荀子讲"明分使群"嘛，"分"就有了区别，有了分工，有了合作，有了职位，有了顺序，这就有了组织。有了"分"，才有"合"。"分"与"合"，看似相反，其实相成，多么深刻啊！要把《荀子》书里面关于人是怎么组织起来的这些内容，写到这一小节里面来。

3. 人的共生性。人这个动物，如果孤立存在，你是很难比得了老虎，比得了大象的。人是共生的动物，抱成群，相互依存、相互支持，所以才成为"万物之灵"。荀子讲"人生不能无群"就是这个含义吧？所以群有共生性，这是人的重要的优势。

从这三点上来，讲清楚"群"到底有什么属性，从《荀子》书里把它归纳出来。

## 二 "群"的辨正

概念辨正，就是界定、辨析它和别的概念的边界和区别。

1. "群"与西方社会学的"群体"有同也有区别。从社会学来讲，第一个特别需要辨析的就是，我们说的这个"群"与西方社会学里面讲的"群体"是什么关系。这一定要讲清楚。不讲清楚的话，人们就会理解为荀子讲的"群"就完全等同于西方社会学讲的"群体"。显然，荀子"群"的概念与西方社会学讲的"群体"概念有一致性但也是有区别的。西方社会学讲的"群体"是"实体"，初级群体当然指的家庭以及其他一些什么单元。荀子这个"群"的含义显然是范围更广、内涵更多的一个概念。它不但是指"实体"，也包括"非实体"的观念、原则，明"分"之群、有"礼"之群，讲"义"之群。"分""义""礼"都是荀子之"群"的属性，但却是西方社会学的"群体"概念所不包含的。所以，在西方社会学，"群体"只是"社会"的一个下属概念；而在荀子群学，"群"就是"社会"。这就需要了解这些概念在中国学术史上的含义。

2. "群"与中国历史上的"社"和"会"的区别。第二个要辨析荀子的"群"和中国历史上讲的"社"和"会"是什么关系。因为中国历史上很少把"社"和"会"两个字连接起来用，偶尔联系起来其实也不大常用，常用的还是单说"社"、单说"会"。那单说"社"、单说"会"，大家一说就明白了。"社"，合作社的"社"，我们现在常说专业合作社、协会之类，它这种是一个小团体嘛，那显然与西方社会学讲的和自然界相匹配的这个"社会"不是一个意思。所以我体会，严复翻译时为什么不用"社会"而用"群"这个词儿，尽管那时候章太炎已经从日本传过来"社会"这个词儿了，但是严复不选用这个词儿，他大概是觉得中国人古代讲的"社"和"会"还不如荀子讲的"群"更类似西方讲的"社会"。据我琢磨，他实际上是这么个意思，我们老祖辈讲的那个"群"可能更像西方

Ⅱ 群学概念体系

人讲的那个"社会"。原来那个"社"和"会"就是什么"土地之神"、祭祀的那个集会。所以这些概念和社会学教科书特别容易搞混的东西,我们要主动地去把它讲清楚,讲"群"和"群体"的区别,讲"群"和"社""会"的区别。这是第二部分概念的辨析。

## 三 "群学"的要旨

"群"的最主要的含义是什么?因为我们全书是按照"修、齐、治、平"四个层次来铺展的,那么,在"修、齐、治、平"四个层面上依次展开的是"合群、能群、善群、乐群"。"合群、能群、善群、乐群"就是群学的要旨。群学是要把人们组织起来,团结起来,形成强大的力量,就是实现"合群、能群、善群、乐群"。全书后面各章,先要讲什么叫合群,荀子怎么讲合群的;什么叫能群,荀子怎么讲能群的;什么叫善群,荀子怎么讲善群的,《荀子》一书许多篇章专门讲怎么治国,那就是善群啦;乐群,那我们讲天下一家、天下大同,那不就是乐群吗!

这是"群学"的要旨:合群、能群、善群、乐群。"要旨"亦即"精义"。"精义"不等于"定义"。"精义"是指群学的核心内涵和精神实质,是对群学内容的精练概括。至于群学定义则与社会学"正同",就是严复所下的"定义":"群学何?用科学之律令,察民群之变端,以明既往、测方来也。"[①] 这与社会学的定义本质上是一致的。我们既然确定"群学"就是中国古典社会学,那就没有必要另外给群学造个什么定义。那不仅多此一举,还会带来混乱。社会学的定义就是群学的定义,不过群学有些中国特色而已。

讲清楚这一点很重要。如果不区分"精义"与"定义",有人就会质疑:"合群、能群、善群、乐群",这是"行动纲领",不是"社会静力学",没有回答社会是什么的问题。这就要搞清楚中国学术与西方学术的区别。既然能做到"合群、能群、善群、乐群",前提当然是知道"群"即社会是什么。如果不清楚社会是什么,怎么可能正确行动,达到预期效

---

① 王栻主编:《严复集》(第1册),中华书局1986年版,第123页。

果呢？中国学问是"动""静"合一、知行合一的。所以我们讲"合群、能群、善群、乐群"是群学之"精义",不是西方所谓的"定义",如果说"定义",群学与西方社会学没有什么不同,所以没有必要花费心思去另外给群学下个什么定义。

## 四　荀子"群学"的命题

　　群学的命题,岂能像原来写的只有"人生不能无群"这一个！梁启超就讲了荀子群学三个基本命题,不光是"人生不能无群"啊。当然梁启超也是根据荀子原来讲过的话。梁启超讲,"人生不能无群",这是第一个命题；第二个命题是"明分使群"；第三个命题,大意是"义"是社会规范之本。不是讲为什么能分吗？因为有"义"。那么"义"是什么？"义"是最基本的社会规范。

　　这样,梁启超讲到的荀子"群学"的命题就至少有三个：1. 人生不能无群；2. 明分使群；3. "义"是社会规范之本。群学的命题丰富得很。我们下一本书①再写命题体系,这本书只写概念体系。

　　这样的话,用这四个部分"属性、辨正、要旨、命题",把荀子的"群"的概念是否就能够讲清楚了？而且这里面要尽可能地讲荀子的原话。这样看来,梁启超讲荀子是社会学之巨擘,名副其实、确实如此。让大家看到荀子群学的概念、群学的内容就是可以和西方社会学有一比！这我们就成功了！所以,我们大家要把这个概念好好讨论讨论,咱们集思广益。

　　（以下讨论略）

（录音整理：徐珺玉）

---

① 指《中国社会学史》六卷本。

# 中国社会学崛起的历史基础*

所有的中国社会学人都期盼中国社会学的崛起,这是毫无疑问的;大多数中国社会学人都相信中国社会学在21世纪能够实现崛起,虽然笔者对此并没有做过调查统计,但基本上也是用不着怀疑的。因为,以中国历史之辉煌,中国文化之璀璨,"崛起"本在情理之中。虽然近代以来遭遇数千年未有之大变局,然而奋发图强的力量积蓄几百年了,已到全面爆发之期,当此之时的中国学术,正所谓"给点阳光就灿烂"。而在中国的崛起中,必有中国社会学的崛起。中国社会学者的使命,就是努力推动和实现中国社会学的崛起。如果说到"理论自觉",这就是最义不容辞的理论创新的自觉行动。2014年3月,笔者先后在南开大学和华中科技大学的两次演讲中,提出中国社会学不可回避的根本问题是中西古今问题[①]。中西会通,这是空间性的一维;传承和弘扬中国社会学的优秀传统,这是时间性的一维。二者结合起来就是实现中国社会学崛起的两翼。促使二者结合的现实基础,是实现中华民族伟大复兴的当代实践,以及这一伟大实践给社会学提出的时代性课题。尽管时间性和空间性都有很广泛的含义,但在这里实现了时空的高度统一。在此统一过程中,延续和弘扬中国社会学自己的传统,与实现中西社会学在更高水平上的会通,成为合二为一的任务。

中国社会学的崛起,有现实基础,也有历史基础。本书探讨的重点是其历史基础。那么,实现中国社会学的崛起,为什么必须探寻它的历史基

---

\* 本文是为《中国社会学:起源与绵延》一书写的前言,全文较长,这里做了删节。该书是集体劳作的成果,2017年由社会科学文献出版社出版。

① 景天魁:《中国社会学不可回避的根本问题——从"社会学的春天"谈起》,《学术界》2014年第9期。

础，这是首先需要回答的问题。而历史基础也包括政治的、经济的、文化的、社会的诸多方面，所谓探寻其历史基础，这里当然是指中国社会学的本土起源和历史。可是，如果中国社会学果真如百年来已成习惯的说法那样，完全是西方社会学在中国的传播和应用，那就无须探寻它的本土起源。这样，探寻中国社会学崛起的历史基础问题，就聚焦到了它的学科史基础问题上，所要回答的问题也就转换为：应该怎样认识、怎样对待、怎样探寻中国社会学的学科史。

## 一　怎样认识中国社会学的学科史

一说到中国社会学的"学科史"，立即就会碰触到一个不可回避的问题：多少年来都是说中国社会学是"舶来品"，那就是说只是从西方社会学传入之时才开启了中国社会学的学科史。在此之前，如果说中国本土没有社会学，何来"学科史"？照此说来，中国社会学只能以西方社会学在中国的传播史为自己的历史，此外并无本土的学科史。此一说法风行百年，俨然成了铁案。

然而，这种说法符合历史实际吗？果真具有站得住脚的理由吗？为了讨论清楚这个问题，我们需要首先对所谓"中国社会学"作出区分，将其区分为"中国（本土）社会学"和"中国（现代）社会学"。"中国（本土）社会学"研究，是要回答中国历史上是否存在可以被称为"社会学"的学问，如果存在，它的内容和特点有哪些，以及它的发展脉络和实际作用、它的现代转型和创新等问题；"中国（现代）社会学"，内容就更为复杂，可以区分为三个部分：西方社会学在中国的传播和扩张，中西社会学的会通，"中国（本土）社会学"自身的转型和更新。所谓"中国社会学的现代转型"，其实包含了这三条路径。这三条路径或三个方面，在不同时期有所侧重，在不同学者那里也有所侧重或偏好。就研究者个人而言，可以选择其中的一条路径或一个方面，也可以不局限于此；就整体而言，不论单用哪一条路径或方面来概括"中国社会学的现代转型"和"中国现代社会学"，就都是不全面的。

本文所称的"中国社会学"，是指"中国（本土）社会学"。本文仅

## Ⅱ 群学概念体系

限于研究它的起源和绵延，回答中国历史上是否存在可以被称为"社会学"的学问这个问题，以及研究它的内容和特点。

做这样一项研究的前提，是突破并否定自清末民初以来一百多年间流行的几个"定论"：中国社会学的开端是西方社会学的传入；中国社会学史等同于西方社会学在中国的传播史；中国古代只有"社会思想"，没有社会学。要突破并否定这些"定论"，绝非易事。首先遇到的，就是确认或否认"群学的历史存在"这个基本的历史事实的问题。

### （一）关于群学的历史存在

确认荀子"群学"就是社会学的第一人，当推严复。他在译介斯宾塞的《社会学研究》一书时，特意将"sociology"译为群学。严复此举的高明之处，不只在于翻译，更在于确定西方社会学这门学问其实中国古已有之，正所谓"古人之说与西学合"①。此后，梁启超则盛赞荀子是"社会学之巨擘"，并且指出群学的内容"与欧西学者之分类正同"②。不光是中国学者，在西方学者中，首先明确肯定中国早在战国时代已由荀子开创了中国社会学的，当推英国功能主义大师拉德克利夫·布朗，费孝通先生晚年曾经多次提到并肯定他的此一论断，并且表示很想好好研究研究荀子③。另一位早在1940年就独立地肯定中国古代就有社会学的，是后来被聘东北师范大学教授并于1979年后担任吉林省社会学会会长的丁克全。④

以上诸位先贤所肯定的荀子群学即为中国社会学，凿凿有据。这证据就是群学的内容与西方社会学相"合"。而关于群学的基本内容，严复和梁启超都从核心概念（"群""分""义"）和基本命题（"人生不能无群""明分使群""义为能群之本原"⑤）等方面，对荀子"最为精审"的群学做过概括；我在表述"中国社会学之源"时，也曾冒昧地做过一个扩展，认为以荀子"群学"为代表的本土社会学传统资源，是以墨子"劳动"（"强力""从事"）概念为逻辑起点，以荀子"群"概念为核心，以儒家

---

① ［英］赫伯特·斯宾塞：《社会学研究：英汉对照》，严复译，上海世界图书出版公司2012年版，第3页。
② 梁启超：《中国法理学发达史论》，《饮冰室合集》文集第五册，第1317页。
③ 费孝通：《从实求知录》，北京大学出版社1998年版，第232页。
④ 参见回清廉《回族社会学家——丁克全传略》，《回族研究》1992年第1期。
⑤ 梁启超：《中国法理学发达史论》，《饮冰室合集》文集第五册，第1317页。

"民本"概念为要旨,以礼义制度、规范和秩序为骨架,以"修齐治平"为功用,兼纳儒墨道法等各家之社会范畴,所构成的中国社会学"早期"(早熟)形态。[①] 尽管这些表述精确与否当然可以讨论,但其中所指的每一项事实在历史上是确实存在的,这应该不成问题。

但是,群学不成问题的历史存在性,却因何故在今人所谓的"中国社会学"学科史上不被承认,从而成了问题呢?换言之,既然从来未见有人出来否认群学的历史存在性,却为何所谓"中国古代没有社会学"竟能无须论证而被想当然地默认为不易之论呢?可见,问题主要不在于群学是否是真实的历史存在,而在于对这个历史存在如何评价。这里有一道认知上和心理上难以迈过去的"坎"——西方人异口同声地说社会学是1838年由法国人奥古斯特·孔德创立的,现在说中国荀子早就创立了中国社会学(群学),比西方早了2000多年,这靠谱吗?

在此,我们暂且搁置背后的文化自信问题,暂不批评背后的西方中心主义,先讨论一个更具学术性的问题——学科标准。显然,这里要靠的"谱",不再是指事实性的存在,而是一种价值性的评价,即所谓"学科标准"——群学符合西方的"学科标准"吗。这样一来,所谓"中国古代是否存在社会学(群学)"的问题,也就转换为所谓"学科标准"问题了。

### (二) 关于"学科标准"及其前提性假设

所谓"学科标准",并未有公认的严格规定。有过一些说法,也并不具备绝对的意义。例如,说是作为一个学科,在学校里要开设专门的课程,要设立相应的专业,要办专科的杂志之类。其实,很多学科,尤其是在其初始阶段,未必齐全具备这些形式性的条件。更何况在历史上,受教育制度、出版设备和职业分工等条件的限制,那些所谓"标准",达到了当然好,达不到也无伤大雅。西方人承认古希腊的亚里士多德(前384—前322)创立了政治学、逻辑学、伦理学等,他那时候办有这种杂志吗?设有相应的专业和系科吗?为什么无人深究即予承认?而对于生卒年代比亚里士多德还要晚一点的荀子(生卒不详,其学术活动约在前298—前

---

[①] 景天魁:《中国社会学源流辨》,《中国社会科学评价》2015年第2期。

## Ⅱ 群学概念体系

238①）却无端苛求呢？要知道，荀子曾三次出任当时的最高学府稷下学宫的"祭酒"（首席教授），是有正规专业"职称"的。

事实上，在那些所谓的形式性条件背后，真正起作用的是未予明言、未加讨论的"前提性假设"，对"中国古代是否存在社会学（群学）"不论是肯定还是否定，背后所依据的都是各自的"前提性假设"。

1. 持否定意见的前提性假设是：（1）西方的学科标准具有唯一性，是不容置疑的；（2）社会学只能有一种起源；（3）社会学只能有一种形态。

2. 持肯定意见的前提性假设是：（1）学科标准是相对的，可以讨论的；（2）社会学可以有多种起源；（3）社会学可以有多种形态。

这里，有认知层面的问题，更主要的是价值层面的问题，如果非要认为西方的学科标准具有唯一性，只有孔德才创立了社会学，社会学只能有西方社会学一种形态，尽管其实孔德只是在《实证哲学教程》中创造了"社会学"这个词，而那本书明显是哲学，算不上社会学，但非要一口咬定这里有什么"唯一性"，除此之外，不能再由别人创立这个学科。既然非要以西方的标准为金科玉律，那还有什么道理可讲呢？而严（复）梁（启超）费（孝通）丁（克全）以及布朗先生之所论，除了认知层面之外，确实也有价值层面的"前提性假设"，那就是认为学科有标准，但不绝对。所谓不绝对，一是可以有差异，二是可以不固定，三是不唯形式。如果坚持学科标准可以有差异，可以具有多元性，那么，承认荀子群学就是中国社会学，岂不是顺理成章吗？更何况他们还指出了荀子群学与西方社会学在内容上相"合"、"正同"，具有实质上的一致性，并不是完全相异的东西，那被称为"社会学"不是天经地义的吗？然而，就是这样一个易于理解的道理却不被理解，就是这样一个易于接受的结论却不被接受，就是这样一个易于承认的事实却不被承认，除了前面被搁置的"文化自信"和"西方中心主义"之外，又能到哪里去寻找背后的原因呢！

的确，属于价值选择层面的问题，是不容易做理性地讨论的，在这个层面可以讨论的主要是怎样对待学术传统的问题。

---

① 参见孔繁《荀子评传》，南京大学出版社2011年版，第1页。

## 二　怎样对待中国社会学的学科史

"对待",是一种态度。讨论这样的问题,难免对往事品头评足。但本文对这一问题的讨论,完全是出于推动和实现中国社会学崛起的需要,无意于评价既往和现在的社会学研究。在不得不作某种"评论"的时候,也绝对不是针对某人某事,而是总结经验和教训,不论是经验还是教训,都是宝贵的。这里想要谈的,只是一个观点:对于中国社会学来说,立足于自己的历史基础,有助于实现崛起,也只有如此,才能够实现崛起。对此,以下略微展开谈谈。

**(一) 立足于自己的历史基础,才能遵照学术积累规律,使中国社会学具备实现中西会通的必要条件**[①]

我们强调中国社会学需要珍视自己的历史基础,绝不是出于好古,也不是守旧,首先是基于对既往经验教训的反思。中国社会学自1979年开始恢复重建,在至今(2017)将近40年的时间里,却主要是延续了西方社会学的传统,中国社会学自己的传统没有受到应有的重视,基本上没有建立起来。这样一个估计是否恰当?我觉得基本上符合事实。我们要敢于承认和面对这个事实。目的倒不是论什么功过,而是为了探讨中国社会学当前以及今后的发展问题。

漠视和贬低中国本土社会学,非自1979年社会学恢复重建始。民国时期,在"全盘西化"的思潮下,作为"舶来品"的西方社会学已经一家独尊,中国不仅被认为没有社会学,就是所谓"社会思想"也被贬为农耕文明的遗存,是必须抛弃的落后的"包袱"。在所谓"体用之争"中,不论是主张"西体中用",还是主张"中体西用",反正实际结果是中国社会学之"体"被取代了,"西用"变成了"西体"——中国之学以西方之

---

① 为纪念著名社会学家丁克全教授诞辰100周年,东北师范大学丛晓波教授于2014年10月11日专程到京采访我,谈话的部分内容后来在同年11月8日于华中农业大学召开的讨论会、11月15—16日中国社会科学院社会学所课题讨论会、11月22—23日于中山大学召开的中国社会思想史年会等会议上,在我的发言中都被重复讲过。本节文字节选自上述发言的记录稿。——笔者

## Ⅱ 群学概念体系

学为"体","中体"既不存,就连"中用"也就谈不上了。于是,中国社会学也就只好认西方社会学为自己的传统了。

现在回过头看,早在明代,徐光启(1562—1633)就提出了"欲求超胜,必须会通"的主张,指明了会通与超胜的关系。可就社会学来说,尽管有潘光旦等老前辈认真研究过儒家社会思想,但对于荀子群学的研究,与历史学界、法学界、政治学界相比,实在是冷落得很。为什么百年来虽也偶尔有人提倡中西会通,却总是难以实现得了?这就可以明白了,因为我们没有传承自己的传统,没有自己的概念、自己的理论。我们把西方社会学的传统认作自己的传统,满嘴讲的是西方的概念、西方的理论,这就不可能形成中西之间的平等对话,也就不可能有真正意义上的中西会通。显然,确立和弘扬中国社会学自己的传统是开展中西会通的必要前提。

那么,中国社会学到底有没有自己的传统?必须肯定,中国社会学一向具有自己的优秀传统。这个传统是什么?这是一个需要认真研究、科学总结、准确表述的问题。我在前面提到的那两次演讲中,不揣冒昧,把这个传统的主要特征概括为融通和担当。这很可能是不全面的,实为一孔之见。

融通,是说群学自创立之始,就具有与其他学科互补共生的特质;而自清末引入西方社会学之时,先贤就不是打算用西学来替代中国学术,恰恰相反,他们的目的很明确,是希望由此能够引致中国学术的复兴。康有为、谭嗣同、严复都有中国的复兴"自中国学术始"的期许。他们引入西方社会学不是为了把中国学术思想虚无化,终结中国学术,而是为了振兴中国学术。而振兴的道路,就是会通中西,贯通古今,是为融通。

担当,是说群学在战国末年诞生时,就有重建社会秩序、建纲立制之志。严复译介西方社会学更是为了寻求富强,对于之所以选择社会学作为重点推介的一个学科,他有过明确的说明:"今夫中国,非无兵也,患在无将帅。中国将帅,皆奴才也,患在不学而无术。"[1] 振兴学术可以救亡图存。而在诸种学问中,"以群学为要归。唯群学明而后知治乱兴衰之故,而能有修齐治平之功"[2]。我们循着"由中国社会学的崛起,进而实现中国

---

[1] 严复:《救亡决论》,黄克武编:《严复卷》,中国人民大学出版社 2014 年版,第 29 页。
[2] 严复:《原强(修订稿)》,黄克武编:《严复卷》,中国人民大学出版社 2014 年版,第 29 页。

整体学术的复兴，从而实现中国的富强和复兴"这样的思路，可以清楚地理解"担当"这一中国社会学的传统。

中国社会学的优秀传统当然不止融通和担当这两个方面，但这二者相当突出，并且对当前以及今后的中国社会学发展具有重大意义。我认为严梁费丁还有潘光旦等诸位先贤以他们的卓越学识，为中国社会学事业做出的宝贵贡献，就是为中国社会学优秀传统增色添彩，在融通和担当这两个方面都为我们树立了杰出榜样。

中国知识分子骨子里有一种潜意识："为天地立心，为生民立命，为往圣继绝学，为万世开太平。"自宋代张载（1020—1077）作了这一概括之后，一直成为此后历代士大夫追求的"圣贤气象"。"为往圣继绝学"是作为中华文化之子的每一位知识分子的责任担当，我理解费孝通先生晚年疾呼"文化自觉"，"自"什么"觉"？其中就包括这个意思。如果我们数典忘祖，只知传播、继承西方的东西，对自己祖宗的东西没有兴趣，那中华文化传统真有到我们这一代不得不断了香火的危险。中华文明是世界上唯一延续下来的古代文明，现在却在向现代社会的转型中遇到了历史上从未遇到的危机。主要是中华文明所赖以生存的社会基础正在转型或者瓦解。随着农民进城，农村城镇化，原来在农村地区保留较为浓厚的孝道等传统文化几近消失，东部地区的农村本来是传统文化的发源地或核心区域，现在保留下来的优秀传统竟然不如西部一些民族地区。同样，像社会学这样的本来很"接地气"的学科，中国社会思想史学科的地位在业内却很低，"为往圣继绝学"的自觉意识很淡薄，好像那些"老古董"断绝与否，有什么关系？与我何干？如果不知道韦伯、涂尔干，很多社会学专业的人会深以为耻，但如果不知道荀子，觉得无所谓。我们的数典忘祖，达到了史无前例的程度。与清末比，那个时候译介西方社会学，还是努力与中国本土的社会思想"接地气"的。与民国时期比，即使那时主张"西化"的人，其行为却可能是地道中国传统的，例如胡适就是如此。而那时一些学得了西方社会学的学者却鲜明地提出"社会学中国化"的主张。而近40年来，连这个口号也不够响亮，倡者不众，信者不笃。学界好像已经习惯于漠视中国社会学自己的历史基础，甚至认为社会学只有西方一个传统，西方社会学传统的独尊地位好像是理所当然的，现在提出社会学的中国历史基础倒是很突兀的、很奇怪的，甚至可能是感觉很别扭的，不大愿意接受的。

慢说是对待古人，对待今人又何尝不是如此？就说中国社会学恢复重建以来，也将近 40 年了。如果在西方国家，这么长的时间应该积累为学科发展的一个阶段了，可是我们积累了什么传统？试问，在西方社会学家那里，有哪个理论比费孝通的小城镇理论对中国城镇化的现实更有解释力？有哪个理论比 2013 年 5 月 13 日逝世的陆学艺的"三农理论"对中国的城乡关系和发展更有解释力？2014 年 11 月 9 日逝世的郑杭生教授，学术上贡献良多，仅以他的"社会互构论"来说就很有创新性；现在还活跃在社会学前沿的，例如宋林飞教授在社会学理论和社会政策领域多有建树，仅就他的"率先现代化或区域现代化"理论来说，回答了在一个统一的制度体系下，一个区域如何率先实现现代化的问题，无疑是丰富了世界的现代化理论。当代中国社会学家独创的成果还有很多，这里只是列举。问题在于：这些成果都是从中国的实践中概括出来的，中国的实践有丰富的成功经验，作为中国经验结晶的学术成果为什么不可以进课堂、进教科书？在西方，早就这样做了。我们中国人自己创造的理论，以及大批中国学者立足于中国实际所做的研究，即使理论概括不够成熟、不够全面，只要是正确地提出了问题，做了踏踏实实的调查和思考，也是应该充分肯定、认真对待的。学术发展要遵循积累规律，一个人的智慧，相对于一个学科来说，总是微小的；一代人的智慧，相对于一个学科来说，也是有限的。要克服这个有限性与无限性的矛盾，靠的是学术积累。好在学术本身具有可积累性，问题在于是否具有积累的自觉意识。没有积累，那还谈什么中西会通，更谈不上中国社会学走向世界，争取什么学术话语权了。

可见，如果不建立和弘扬中国社会学自己的传统，那就谈不到中西会通，就只好以西方社会学传统为自己的传统，那就不可能建立起真正具有中国特色的社会学。如果不实现中西会通，那就或者自珍自爱地讲述"中国社会思想史"，或者简单地照搬西方社会学传统，中国社会学的崛起就难以实现，就难以崛起一个能够回答中国和世界的时代性问题的中国社会学。

**（二）立足于自己的历史基础，才能明确中国社会学的基因和特色**

延续自己的学术传统是开展中国社会学学术创新的基础。自己没有传统,以别国的传统为遵循,自己脚下就没有根。近日读到北京大学乐黛云教授的文章,是回忆原北京大学副校长、著名哲学家、佛学家汤用彤先生的。汤先生说,作为一个中国学者,做什么学问都要有中国文化的根基。①这个话,中国社会学者应该引为教训。传承和创新的关系,对任何学科都是一个根本问题,具有普遍意义。对中国社会学这样一个长期被称为"舶来品"的学科来说就更是如此。

其实,中国人历来是重视传承的,只是到了近现代以后,由于文化自信的丧失,对传统的态度才发生了巨变,从而,对于中国社会思想的学术传统也就有了很大的争论。是延续传统,还是抛弃传统?在此,我们不是要做一般化的争论,也不是一般地讨论如何有利于中国社会学的发展和创新,而是要明确中国社会学的基因和特色。

继承和积累传统,不是因循,而是奠立创新的基础。看看外国人是怎样搞学科建设的,就可以清楚积累传统和学术创新是统一的。法国人高度重视学术传统,坚称孔德是"社会学之父",其实他不过是起了一个"社会学"之名。这还不算,法国人生怕德国人抢去社会学的创始权,还想把自己的社会学传统追溯到孟德斯鸠(1689—1755)的《法的精神》,甚至更早。英国人也想把它的社会学传统追溯到霍布斯(1588—1679)的《利维坦》,也是越早越好。他们在建立自己的传统时,完全不在意《实证哲学教程》、《法的精神》和《利维坦》是否称得上是符合"学科标准"的社会学著作。我们为什么就那么甘心情愿地承认我们没有社会学,社会学只是"舶来品"呢?诚然,我们古代没有西方那种形态的社会学,但是我们泱泱大国,有几千年的文明,那么复杂的社会是怎么形成的、怎么治理的、人和人怎么相处的?说中国自古只有"社会思想",没有"学"。可是我们有复杂的制度,有丰富的治理经验、治理技术,有从"礼"到习俗等有效的社会制度和规范,这些显然不只是"思想",难道都不是"学"?

可是,西方人正是在积累传统的同时,成就了学术创新和学科建设——实证研究形成了,功能主义、结构主义创立了,经典大师涌现了、代表性著作传世了。后来被认为是"学科标志"的什么教职、专业、杂志之类形式性的东西也就不在话下了。于是,社会学的定义、研究范式、学

---

① 乐黛云:《我心目中的汤用彤先生》,凤凰网国学·国学大讲堂,2017年3月2日。

## Ⅱ 群学概念体系

科地位就确定了,历史就这样被写出来了。

在中国,群学在创立以后,其实也一直在传承、绵延和发展。只不过采取的形式与西方社会学不尽相同而已。群学的要义,在于合群、能群、善群、乐群。这就是中国社会学的基因。梁启超曾经指出:"苟属有体积有觉运之物,其所以生而不灭存而不毁者,则咸恃合群为第一义。"[①] 我们形成了如此伟大的中华民族,如此繁盛的社群,这不就是"合群"吗?我们建立了长城内外、大河东西、长江南北如此伟大的国家,这还不是"能群"吗?我们铸就了各美其美、美人之美、美美与共的融合56个民族的大家庭,这能不是"善群"吗?我们"四海之内若一家"[②],天涯海角如比邻,倡导"人类命运共同体",这还称不上"乐群"吗?荀子曰:"道者,何也?曰:君之所道也。君者,何也?曰:能群也。能群也者,何也?曰:善生养人者也,善班治人者也,善显设人者也,善藩饰人者也。善生养人者,人亲之;善班治人者,人安之;善显设人者,人乐之;善藩饰人者,人荣之。四统者俱而天下归之,夫是之谓能群。"[③] 这里说的是君者之道,善于解决人民的生产生活问题,善于治理(班治)、善于任用(显设)、善于给人们有差等的待遇(藩饰),人民则亲之、安之、乐之、荣之。于是天下归心,这叫"能群"。其实,合群、善群、乐群,与能群具体要求、做法不同,道理确是相通的。为君之道如此,为臣之道、为民之道,亦道理相通。由此生发开来,"群道"之基因,贯通于修身、齐家、治国、平天下各个层次,规制于君臣、父子、长幼、夫妻、亲朋、邻里、族群等各种关系,体现于礼、法、家训、乡规、民约等各种制度和规范,融会于家国、朝野、士农工商,发挥于族群间、民族间、国家间、天下世间,"群道"之理至大至微,群学之功至高至伟!舍此,难以解释中国社会之形成,难以揭示中国发展之奥秘,难以说明中国社会学是什么、为什么、能干什么。这是中国社会之根,没有这个根,我们靠什么立足于昆仑山下、大洋西岸这块广袤的黄土地、红土地、黑土地之上?这是中国社会学之根,凭仗这个根,我们就可以傲立于社会学的世界殿堂!

---

[①] 梁启超:《说群一:群理一》,《饮冰室合集》,中华书局2015年版。
[②] 方勇、李波译注:《荀子》,中华书局2011年版,第124页。
[③] 方勇、李波译注:《荀子》,中华书局2011年版,第197页。

## 三 怎样探寻中国社会学崛起的历史基础

以上在认知层面、价值层面所做的讨论，为在事实的层面讨论中国社会学崛起的历史基础准备了必要条件。历史经验表明，如果缺乏这种必要条件，即使事实确凿，也未必得到承认。因为历史事实与现实事物不同，现实事物可以呈现在眼前，可以用经验去感知它，用科学方法去鉴定它，共同的经验可以成为得到共识的基础，科学方法的可靠性，可以作为研究结论可信性的根据。历史事实就不同了，它的呈现本身就需要发掘、整理、加工和解释。特别是对于群学这样的非实物的存在，对于概念这样的思维产物，就只能依靠解释和理解了。因此，在这里，认知方法和价值选择，对于确认这种非实物的存在性，就具有近乎前提性的意义。

探寻中国社会学崛起的历史基础，具体地说，从何处着手？从梳理概念着手。这是因为如下四点。第一，概念特别是基础性概念，是一个学科存在的最根本的标志。我们知道，学科内容是由一组命题构成的。一个重要命题，可能构成一个理论。但一般情况下，一个学科是通过一组或一束命题构成的。命题是由什么构成的？针对某一问题做出论断，形成命题，都需要界定概念，并通过概念及其关系来表达命题。例如，我们见到平行线概念，就知道那是欧几里得几何学；见到讲虚实症，就知道这是中医学。可见，梳理出概念和概念体系，应该是一个学科存在性的确凿证据。

第二，群学是以概念的形式得以在长期的历史过程中持续绵延的。关于中国社会学的绵延，因为中国学科分法不同，群学不是以单科形式流传的，它以单科形式只是到了清末民初才复出。在此之前的学术历史长河中，群学是以概念形式深入生活、潜入民间、形塑社会、规范人生，对中国社会制度体制的生成、稳定和演变，生活样态的形成和延续，起到了重要作用，从中展开了中国社会学的绵延过程。

第三，我们在前面讲到学术积累，主要就是积累概念，学术传承，也就是传承概念；中国学术的基因和特色主要也是经由概念表现出来的；学术优势也是依靠概念的表达力彰显出来的。可见，梳理出概念和概念体系，立足于历史基础也就可以落实了。如果没有自己的概念（话语）体

## Ⅱ 群学概念体系

系，中国社会学也就立不起来。

第四，概念的使用，特别是被普遍接受和承认，也就是学术话语权的确立。如果光讲争取学术话语权，却不致力于提炼自己的概念，那是空谈。概念和概念体系的形成，需要一个长期积累的过程。提炼概念，亦非一日之功。台湾地区学者汤志杰提出要"从一砖一瓦炼起"。他指出："当今通行的学术分析概念……几乎皆源起于西方，因此当我们使用这些概念或语汇时，常暗地为西方的观念和认知方式所笼罩而不自知。""如果我们的目标与理想在盖一栋本土理论的大厦，那恐怕就得从头好好烧炼自己的一砖一瓦开始，而不能贪图方便地全盘接受既有的社会学概念。"因此，要"从最基础的概念工作做起"。[①] 台湾地区学者陈其南也指出："在基本的术语和概念尚未能给予正确的界定和了解之前，即引进西方社会学的研究技巧，并无法妥当地掌握到中国社会的本质。"必须"以中国社会现象的本身为起点，重新界定和分析中国传统制度的特质，进一步厘清一些基本用语和概念"。[②]

总之，梳理中国社会学的概念体系，既是对中国自古就有社会学的证明，也是对群学绵延问题的回答。同时，这也是传承中国学术、确立中国社会学话语权的基础性工作。

在中国社会学悠悠两千年的源流中，我们以"淘宝"的方式，精选出34个概念。将其中4个（群、伦、仁、中庸）确定为基础性概念，其余30个为基本概念。能够贯通基本概念各个层次的为基础性概念。受严复启发（群学"有修齐治平之功"[③]），我们将30个基本概念区分为修身、齐家、治国、平天下四个层次。修身层次的基本概念是：身、己、性、气、心态、"社"与"会"、天、自然；齐家层次的基本概念是：家、宗族、孝、礼、义、信、利；治国层次的基本概念是：国与民、国土、士、王道

---

① 汤志杰：《本土观念史研究刍议：从历史语意与社会结构摸索、建构本土理论的提议》，邹川雄、苏峰山编：《社会科学本土化之反思与前瞻：庆祝叶启政教授荣退论文集》，台湾南华大学教育社会学研究所2009年版，第337页。

② 陈其南：《台湾的传统中国社会》，1994年订正版，台北：允晨文化出版社出版。此处转引自汤志杰《本土观念史研究刍议：从历史语意与社会结构摸索、建构本土理论的提议》一文，见前注。

③ 严复：《原强（修订稿）》，黄克武编：《严复卷》，中国人民大学出版社2014年版，第38页。

与霸道、贤与能、科举、公与私、秩序、位育；平天下层次的基本概念是：天下、势、变、和合、多元一体、大同。

我们探讨中国社会学崛起的历史基础，既不是好古，也不是泥古，更不是要复古。具体点说，不是对目前盛行的"国学热"的跟风。而是从实现中国社会学崛起的客观需要出发的。从宏观背景说，实现中国的崛起，迫切需要汲取中国的历史智慧。从学科发展看，不重视中国本土的学术资源，怎么可能解决中国的学术话语权问题？从中国社会学的历史基础，可以找到中国特色、中国风格、中国气派的基因和源头；可以找到厘清当代发展来龙去脉的头绪，找到建构新的发展逻辑的深厚根基；可以找到与西方社会学对话并能弥补其不足的中国话语基础。

**参考文献**

方勇、李波译注：《荀子》，中华书局 2011 年版。

费孝通：《中国文化的重建》，华东师范大学出版社 2014 年版。

黄克武编：《严复卷》，中国人民大学出版社 2014 年版。

孔繁：《荀子评传》，南京大学出版社 2011 年版。

梁启超：《世纪文库·论中国学术思想变迁之大势》，世纪出版集团、上海古籍出版社 2006 年版。

［美］牟复礼（Frederich W. Mote）：《中国思想之渊源》，王重阳译，北京大学出版社 2009 年版。

潘光旦：《儒家的社会思想》，北京大学出版社 2010 年版。

［美］本杰明·史华兹：《古代中国的思想世界》，程钢译，江苏人民出版社 2008 年版。

# 史海拾贝[*]

## ——中国社会学概念体系的历史资源

## 一 中国社会学起源问题的根本性

自 2014 年 3 月我在南开大学、华中科技大学连续两次论述作为中国社会学根本问题的古今中西问题以后,2015 年又在《中国社会科学评价》杂志发表《中国社会学源流辨》一文,在南京社会科学院和中国人民大学的讨论会上论证"中国本来就有社会学",同年底在山东大学召开的第十四届中国社会思想史年会上,提出中国社会思想史的主轴应该是中国社会学的起源和发展史的观点,这一观点在《江南大学学报》(人文社会科学版)以《文化自觉与中国社会学研究——中国社会科学院学部委员景天魁访谈》的专访形式发表。以上种种努力,无非是想探索中国社会学的本土起源。

但是,中国古代是否就有社会学,亦即中国社会学的起源问题,是一个不可不辨、也是难以辨明的问题。因为这个百年来压在中国社会学头上的问题,确实具有根本性。

一方面,如果否认中国社会学有自己本土的起源,继续承认社会学对中国来说完全是"舶来品",默认中国几千年来只有"社会思想",根本没有称得上"社会学"的东西,那就无法面对中国确有一个叫作"群学"的学问,无法解释"群学"与"社会学"确有相似内容的事实。实际上,

---

[*] 2016 年 10 月 29—30 日,《中国社会学:起源与绵延》写作组在厦门召开了第 3 次初稿修订讨论会,笔者在会上多次发言和插话。本文是在此基础上补充加工而成的,原发表于《社会学评论》2017 年第 5 期。

即使在西方社会学传入中国并且一路高歌猛进以来,"群学"虽然被冷落,却并没有完全被取代,更没有绝迹。"群学"顽强地扎根于中国土壤中,稍有机会,就偶露峥嵘。近来,中国社会科学院社会学研究所科研处的一个内部通讯,特意冠以"群学"之名;早前,台湾地区的一本社会学文集,就名为《群学争鸣:台湾社会学发展史》,明白地认同群学就是社会学。这一类做法在中华学术圈内并不罕见。这实际上是承认中国社会学有自己的本土起源,群学就是中国形式、中国风格、中国气派的"社会学"。

另一方面,承认群学就是"社会学",似乎不难,但其连带的效应却非同小可。群学是战国末期的荀子创立的,比孔德创立社会学要早两千多年,对于中国社会学竟然会比西方社会学早出现这么多年这一点,人们感到诧异,特别是在几百年来西方中心主义强力影响下,早已习惯于承认中国学术落后,难以理直气壮地接受和承认中国社会学早有本土的起源这样的事实。

那么,如何才能消除以上两个方面的疑虑呢?的确,"群学"在其历史形态上,确有不同于或者不如19世纪诞生的西方社会学的地方,与现在人们了解的现代西方社会学更有明显的区别。如果按照西方的"学科"标准,群学在"学科性"上容易遭到质疑。那么,如何证明群学就是中国古已有之的社会学呢?

## 二 以本土概念体系确证中国社会学

### (一)"群学"是否可以称为"社会学",不在名称,而在内容

任何一个学科,其存在与否的主要根据,是看它是否形成一套有解释力的概念。我们常常提到"学科视角",何以成为"学科视角"?一个基本或核心概念,或一个概念组合,就可以形成一种特定的学科视角。

我们又说,作为一个学科,必须确定"学科对象",那么它是如何被确定的?每一个概念都有其外延,一个概念体系所圈定的外延之和,就确定了这个学科的对象,而未被纳入概念和概念体系所圈定的外延之内的事物,其实是处于该学科对象之外的"它在",并不属于该学科的对象。所以,我们可以说,一个学科是用它的基本概念和概念体系去确证它的存在

## II 群学概念体系

性的，而且，随着一个学科的发展，即其概念体系的丰富和完善，其学科对象也是会趋于明确或有所变动的。

我们也说，一个学科必须有特定的"学科方法"，那么，方法是怎样被运用的？它是因概念或概念体系而被运用的。一个方法，例如统计分析，当其被社会分层、社会流动之类的概念和概念体系所运用，它就是社会学方法；当其被全要素生产率、投资的边际效益之类的概念和概念体系所运用，它就是经济学方法；当其被选举（投票参与率）、政绩（满意度）之类的概念和概念体系所运用，它就是政治学方法。特别是在当今各门科学交叉融合的趋势下，很难把某种方法看作"独门绝技"。与概念尤其是基本概念或核心概念相比，方法具有更大的共通性，当然，概念也是可以相互借鉴的，但核心概念对一门科学来说往往是专有的。

这样看来，无论是"学科视角""学科对象"还是"学科方法"，这些对于一个学科存在与否具有标志性意义的东西，无不被概念和概念体系所规定，也就是说，它们的学科性，是由特定的概念和概念体系所赋予的。换言之，概念和概念体系是一个学科之为学科的最终根据。如果说科学的最宝贵的结晶就是概念，那么荀子早就对此有了明确的认识。正如牟复礼（Frederick W. More）所指出的，"荀子认为名（概念——引者注）和术语是人类最伟大最核心的创造之一"[①]。我们照此也可以说，构成一个学科的最根本的要素就是基本概念和概念体系。

### （二）形式固然重要，但形式不具有根本性

除了一个学科的基本概念和概念体系之外，诸如在学校里是否开设某一学科的课程，是否设立某一专业，是否创办某种杂志，等等，固然对一个学科的存在和发展都很重要，但这些都是外在表现和形式，不具有实质性的意义。

群学与西方社会学确实形式不同。但那是因为中西之间分科方法不同。不同的分科方法，决定相应学科的不同特征，但不决定某一学科是否存在。而且，不同的分科方法，各有所长，也必各有所短。西方的分科，便于定义、便于推理、便于归类；中国的分科，便于综合，便于贯通，便

---

① ［美］牟复礼：《中国思想之渊源》，王重阳译，北京大学出版社2009年版，第185页。

于应用。怎么能说只有西方的分科方法具有合理性？更有何理由能够断言西方分科方法具有唯一性？

对于"学",中西用法不同；对于"学科",中西分法不同。中国学术的分科,有着多种层次和角度。最高的层次是经史子集。虽然这是书的分类,但是也体现了中国传统上对于学术、对于知识的一个分法。[①]"经"有各类,"子"有多家。各"经"皆为"学",算学称为"算经"（如《周髀算经》）,医学称为"医经"（如《黄帝内经》）。"派"中有"子","子"中又有"学",如"孔学""老学""墨学","学"中又有"学",如,儒学中有"孟学""荀学"等。"学"中再分科,如"墨学"中,分为谈辩、说书、从事三科,每科又有许多专科。其中,"说书"一科,培养各类学者、教师；"从事"一科,培养农、工、商、兵各种实用人才[②]。

而近代西方的所谓"学科",带有西方教育的知识分类的特点。西方"学科"强调"分",中国学术重于"合"。分,便于分门别类地研究；合,便于实际应用,因为事物或实践本身都是综合的。这种区别原本是各有所长,不是这种知识本身存在或不存在的问题。比如,人是有性别的,但人也是蓄发的,我们可以依据头发的长短,把人群分为长发的或短发的,一般而言,男人大多留短发,女人大多留长发,但是,留长发的男人还是男人,留短发的女人还是女人,并不因为形式不同,性别就改变或者没有了。知识也是这样,知识的形式是个区别问题,不是知识的有无问题。不然的话,如果我们非要硬套西方近代才风行的分科形式,那我们中国几千年的学术就只能是一片空白,这显然是不正确的。

由上可见,如果我们能够列出群学的基本概念和概念体系,则"中国自古就有社会学"即为可证。但是,即便证明了"中国自古就有社会学",也只是证明了它的历史存在性,即其在历史上曾经存在过。然而,群学是由荀子创立的,而荀学在历史上很长一段时期被冷落了,那么,群学在这段时间是否还存在？如果存在,它是怎样发挥一个"学"（学科）的作用的？这个问题就是所谓中国社会学（群学）的绵延性问题。如果对其绵延性不能做出证明,那么,也就可以说,在西方社会学传入近代中国之际,

---

[①] 李存山：《传统学术引入近代学科是有问题的 中国更倾向于综合》,凤凰网"国学频道",2016年7月15日。

[②] 参见孙中原《墨子及其后学》,中国国际广播出版社2011年版,第9—11页。

## Ⅱ 群学概念体系

群学基本不存在或不发挥作用,以此为理由,断言中国社会学只是从西方社会学传入为"开端",也好像是可以说得过去的。由此看来,继证明中国社会学的存在性之后,证明其绵延性也是至关重要的。那么,群学在历史上是如何绵延的?

### (三) 群学是以概念为载体得以绵延的

概念存在和绵延的形式就是群学存在和绵延的形式。群学并非完全随荀学的沉浮而匿迹。如按梁启超的说法,中国学术史可以划分为7个时代的话①,那么,我们可以说,经过春秋战国的"全盛时代",群学诞生了;到两汉的"儒学统一时代",群学开始了"制度化"的历程;此后的很长历史阶段,群学即潜入民间,深入社会生活,以《孝经》、家训、乡约、族规等形式存在。这是群学的主要存在和绵延形式。一方面,群学的概念"上浮"到吏治和士大夫的行事制度中,另一主要方面是"下潜"到民间和日常生活的规范中,群学也就由此得到了绵延。

康有为在19世纪末即指出,荀学乃是人学②。而据笔者理解,"人学"乃是为人、立人之学,人是生活于社会之中的,因而"人学"教人怎样为人,也就是怎样处理个人与社会的关系,这正是社会学关注的基本问题。康氏批评宋儒片面曲解荀子的"性恶"之说,"昔宋人不达伪字之诂,遂群起而攻荀子"。并认为:"宋儒言变化气质之性,即荀子之说,何得暗用之,显辟之?"③ 对于这种言辞上批判,行动上遵循("暗用之,显辟之")的实质,梁启超说得更加清楚,其实早在汉代,荀学已经深度参与了中国政治和社会制度的形塑,"汉代经师不问为今文家古文家,皆出荀卿。(汪中说)二千年间,宗派屡变,壹皆盘旋荀学肘下"④,到了宋代,基本制度已经高度定型化了,宋儒不论如何攻击"性恶论",也必须肯定和服从这套基本制度,这就是所谓"暗合"。而"暗合"的,主要就是群学所参与塑造的社会制度和规范。所以,尽管宋明理学崇孟子而绌荀子,在朱

---

① 梁启超:《世纪文库·论中国学术思想变迁之大势》,世纪出版集团、上海古籍出版社2006年版,第3页。
② 《康有为全集》第2集,上海古籍出版社1990年版,第387页。
③ 《康有为全集》第2集,上海古籍出版社1990年版,第54页。
④ 梁启超:《跟大师学国学:清代学术概论》,中华书局2010年版,第126页。

熹所建构的道统中，没有荀子的位置。但我们看群学的绵延，应该看其在社会历史上是否实际地发挥作用，而不是看某些学派、某些学者对它的态度。

对于"显辟""暗用"可作佐证的，是汉代以降，自南北朝时北齐颜之推的传世之作《颜氏家训》，到清代的《曾国藩家书》；从唐代韩愈的《师说》到清代张之洞的《劝学》，都与荀子的《修身》《劝学》《礼论》诸篇一脉相承。

由上可见，群学的基本概念，不要说在秦汉以降的很长历史时期，即使在重孟轻荀的宋明理学，以及绌荀申孟的康（有为）、谭（嗣同）、梁（启超）等那里，都是得到沿用的。而在社会基层和日常生活中，更是深深地扎下了根。

综上所述，列出本土的基本概念和概念体系，既可证明中国社会学在历史上的存在性，也是证明其绵延性的重要根据。

## 三　关于中国社会学的基础性概念

中国社会学（群学）的概念体系，具有复杂的层次结构。这个层次结构，建立在四个基础性概念之上，它们是群、伦、仁、中庸。相应，中国社会学也就具有四个基本特质：人本性、整合性、贯通性、致用性。这四个基本特质再综合起来，则构成了中国社会学（群学）作为一个学科的基础性。而这些特质，都是通过基础性概念体现出来的。

### （一）群及其体现的人本性

荀子群学的高明之处，一是表现在人与物的关系上，二是表现在人与天的关系上。在这两个重要方面，荀子不仅与孔孟相比，而且与古希腊的柏拉图和亚里士多德相比，都更加张扬了人的本体性、主体性，凸显了人的地位。

在人与物的关系上，荀子首先强调关于对人的社会性的认识，人不仅有气、有生、有知，而且合群、明分、有义，"故最为天下贵"[1]。这是就

---

[1] 方勇、李波译注：《荀子》，中华书局2011年版，第127页。

## Ⅱ 群学概念体系

人之为人的基本属性而言的。人有社会性，但与动物的"群性"不同，人之合群，是因为"明分"，而"明分"不是发自本能，而是以礼义为本源。孔繁评论道："荀子提出明分使群，义分则和，群居合一的群学思想在先秦诸子社会政治学说中是较为突出的，它的理论水平达到其他诸子未能达到的高度。"[1] 我们也可以推知，与古希腊的先贤（这里主要指柏拉图和亚里士多德，古希腊思想家之间也有很大区别）相比，荀子坚持不把人当作"物"看待；与孔德和涂尔干相较，荀子不把人当作"物"研究，不认为"社会事实是与物质之物具有同等地位但表现形式不同的物"[2]，而坚持认为人就是有气、有生、有知、义的，人是有自觉意识的，人的行为是有感性、有理性、有灵性、讲礼义的，不能把人及其行为当作"与物质之物具有同等地位"的"物"。

在人与天的关系上，荀子认为，天有四时变化，地有丰富资源，人有治理之方，人能与天地相匹配。（"天有其时，地有其财，人有其治，夫是之谓能参。"[3]）人是能与天地互动的一方。人之所以能与天地互动，是因为"人们的心灵具有能够深思熟虑、计算和以目标为导向而作计划的能力，具有制造和塑造成形（为）的能力，这恰好是人之所以为人的光荣"[4]。

荀子与先前的"天道观""天命观"迥然不同，他在天人关系上极大地提升了人的地位，认为人不必一味地尊崇天、顺从天，而是可以主动而为，利用天、控制天，从而提出了"制天命而用之"这样的振聋发聩之论："尊崇上天而仰慕它，哪比得上把它作为物蓄养起来而控制它？顺从上天而歌颂它，哪比得上掌握自然规律而利用它？盼望天时而等待它，哪比得上顺应天时而使它为人类所用？随顺万物的自然生长而使它增多，哪比得上施展才能而改造它？私募万物而想占为己有，哪比得上促进万物的成长而不失去它？希望了解万物产生的过程，哪比得上促进万物的成长？所以舍弃人的努力而指望上天，那就违反了万物的本性。"（"大天而思之，

---

[1] 孔繁：《荀子评传》，南京大学出版社2011年版，第39页。
[2] [法]迪尔凯姆：《社会学方法的准则》，狄玉明译，商务印书馆1995年版，第7页。
[3] 方勇、李波译注：《荀子》，中华书局2011年版，第266页。
[4] [美]本杰明·史华兹：《古代中国的思想世界》，程钢译，江苏人民出版社2008年版，第419页。

孰与物畜而制之？从天而颂之，孰与制天命而用之？望时而待之，孰与应时而使之？因物而多之，孰与骋能而化之？思物而物之，孰与理物而勿失之也？愿于物之所以生，孰与有物之所以成？故错人而思天，则失万物之情。"①）

综观荀子在物人关系、天人关系上的论述，我们可以看到，尽管他那个时代不时兴讲"主义"，但我们可以肯定他既不是"自然主义"，也不是"实证主义"。那么，怎样不是用否定式而是用肯定式来概括荀子的立场呢？哈佛大学汉学家本杰明·史华兹（Benjamin I. Schwartz）有个说法："荀子的确比我们到目前为止所遇见的其他人物都更接近于科学的人文主义（scientific humanism）。"② 这个提法很值得重视。人文主义是否可以是"科学的"，如何才能是"科学的"？是否可以把"科学的人文主义"看作"群学"的准则或方法论？这是一个很大的话题，本文不便展开讨论，容当后议。虽然这里不谈"主义"，但总是可以肯定荀子群学是坚持和凸显了人本性的。

### （二）伦及其体现的整合性

荀子讲，人何以能群？因为明分。怎么明分？首先就要分类别，有差异。怎么分类别？据潘光旦的说法，"伦"具有类别和关系两个含义，而且关系是从类别产生或引申出来的。"没有了类别，关系便无从发生。"③ 在所谓"五伦"之中，父子之亲，长幼之序，是基于血缘，是最为天然、符合天理的；君臣之义，朋友之信，属于"人伦"，近乎"天理"；夫妻之别，基于人类天然的分工，在"天伦"与"人伦"之间发挥纽带的作用。由"符合天理的""血缘"关系，进到近乎"天理"的"人伦"关系，再到"基于人类天然的分工"而起到纽带作用夫妻关系，形成一个整合性的"差序结构"，此五伦"与天地同理"，可视为"大本"④。所谓"大本"，就是人们先要建立这五种关系，然后才建立其他社会关系，"五

---

① 方勇、李波译注：《荀子》，中华书局2011年版，第274页。
② ［美］本杰明·史华兹：《古代中国的思想世界》，程钢译，江苏人民出版社2008年版，第420页。
③ 潘光旦：《"伦"有二义——说"伦"之二》，《潘光旦文集》第10卷，北京大学出版社2000年版，第146页。
④ 方勇、李波译注：《荀子》，中华书局2011年版，第126页。

伦"具有本源性社会关系的地位，它是社会结构之本。费孝通说："其实在我们传统的社会结构里，最基本的概念，这个人和人往来所构成的网络中的纲纪，就是一个差序，也就是伦。"① 血缘关系、地缘关系、业缘关系、文缘关系一层一层地把人群整合起来，"伦"是最基本的。所谓"最基本"，也就是"基础"的意思，我们把"伦"作为"基础性概念"，是合适的。

人而合群，不是一盘散沙，怎样"合"的？"最基本的"就是按照五伦组成了社会的整体结构。这是社会之所以具有整合性的"大本"。所以潘光旦强调"所谓社会之学的最开宗明义的一部分任务在这里，就在明伦，所谓社会学的人化，就得从明伦做起"②。"明伦"是明"合群"之理，是明社会之所以形成整体结构之理。没有社会之外的孤立的个人，也没有人群之外的独立的社会。个人是社会的个人，社会是个人的社会，二者不是二元的，而是一体的、整合的；不是对立的，而是统一的；不是描述性的，而是描述性和规范性相统一的。所以，"伦"是社会整合性的"大本"和"天理"。

### （三）仁及其体现的贯通性

"群"，借助于"伦"的整合性，将人的社会关系一层一层、一圈一圈地整合成完整的差序结构，这个结构在横向和纵向上又都是贯通的。靠什么实现贯通？靠"仁"。"仁"既贯通于各个层次的人的关系，又贯通于各个方面的人的行为。总之，"仁"贯通于社会生活的各个领域。

孔子曰：仁者，"爱人"。③ "仁"是指人与人的一种亲善关系。这是个体由单独的自我向群体性的组织和社会演进的前提。"爱人"不仅包含了父母兄弟之间由血缘关系所铸就的亲情之爱，它还延伸到师徒之爱、君臣之爱以及君民之爱等一切社会交往过程。在所有社会关系和行动中，要追求"道"，立于"德"，依靠在"仁"（"志于道，据于德，依于仁，游

---

① 费孝通：《乡土中国　生育制度》，北京大学出版社1998年版，第28页。
② 潘光旦："'伦'有二义——说'伦'之二"，载《儒家的社会思想》，北京大学出版社2010年版，第264页。
③ 杨伯峻编著：《论语译注》，中华书局1963年版，第138页。

于艺"①)"仁"是人类社会互动的起点与前提,并进而构筑起集群体、家庭、宗族以及其他社会组织等在内的群体性概念,在各种社会关系中扩展引申出"义""礼""智""信",它们之作用的发挥要以"仁"为基础,"仁"处于引领性的地位。孔子曰"能行五者于天下为仁",此"五者"是:庄矜,宽厚,诚实,勤敏,慈惠("恭,宽,信,敏,惠"②)。孔子将它们统统置于"仁"的概念体系中,使之成为"仁"的一部分,由此构建起以"仁"为核心的儒家思想体系。

"仁"是一种具有差序等级的"爱",由此形成社会分层结构。

康有为在《春秋董氏学》中,基于"大仁"和"小仁"的区分,刻画了"仁"的等级差序之别,体现"仁"的实现需要经历一个由己及人、由内而外、由表及里的扩展过程。他写道:"天下何者为大仁,何者为小仁?鸟兽昆虫无不爱,上上也;凡吾同类大小远近若一,上中也;爱及四夷,上下也;爱诸夏,中上也;爱其国,中中也;爱其乡,中下也;爱旁侧,下上也;爱独身,下中也;爱身之一体,下下也。"③"仁"的大小之别,有上中下三级,每级又有三等,由是包含了从爱个体到爱家国,再到爱天地万物为一体的总和之"仁"。"仁"指引着个体认知、个人道德标准,乃至社会结构以及政治统治秩序的形成,是单一个体从自我意识开始,逐步形成群体、组织乃至社会的发展过程,这个过程是"依于仁"得以贯通的。

### (四) 中庸及其体现的致用性

如果说"群"与"伦"是结构,那么"仁"与"中庸"则是功能(潘光旦细致地区分了作为"类别"之"伦"与作为"关系"之"伦",认为后者也具有功能)。中国传统上不这样区分"结构"和"功能",而是区分为"体"与"用"。用之正道,即是"庸"。按照冯友兰对中庸的讲法,孔子所谓的中,即是一种保持统一体平衡的状态④。而不论对于人、

---

① 杨伯峻编著:《论语译注》,中华书局1963年版,第72页。
② 杨伯峻编著:《论语译注》,中华书局1963年版,第190页。
③ 康有为:《春秋董氏学》,中华书局1990年版,第155页。
④ 冯友兰先生侧重于从社会的变化来阐释中庸。参见梁涛《郭店竹简与思孟学派》,中国人民大学出版社2008年版,第271页。

## Ⅱ 群学概念体系

"群"还是社会,保持平衡、协调和稳定,是得以存在的根本,是正常运行的"正道"。而"庸"字可作"常""用"解。"正道"之理,能够得到日常通用,人伦常用成为大道,"天道"也就被化为"人道"。在这里,"中庸"既是维系天命的根本法则,也是群或社会得以存在和绵延的根本遵循,更是每一个人真正成为人、保持行"正道"的行动准则。因此,"中庸"具有化"天道"为"人道"的基础性的方法论作用,将其作为群学的基础性概念之一,可以体现群学的实用性特征。所谓"极高明而道中庸",就"极高明"在化"天道"为"人道"的方法论上。中国学问从来不是坐而论道,而是讲究实用、理论性和实践性相统一的。

在中国社会学研究中,韩明谟首先指出了中庸概念所蕴含的社会学方法论意义。他认为,中庸在思维方法上是整体性的;在认识方法上是全面性的;中庸具有社会协调功能,"把握矛盾变化中的协调、和谐,则是中庸思想的核心"。更为可贵的是,他用现代统计学知识,如分析社会现象的集中趋势和离散趋势的中数原理、方差分析等,去反证中庸思想的一些观点,如执两用中、过犹不及等等,认为中庸在方法论上与现代统计学原理是相符合的。[①] 韩明谟的这些卓越见解,值得我们认真领会和发挥。

综上所述,"群"是基础性构成,"伦"是基础性结构,"仁"是基础性规范,"中庸"是方法论基础。这四者形成了中国社会学(群学)的基础性地位。这四个基础性概念所体现的人本性、整合性、贯通性和致用性,正是中国社会学固有的特质。换言之,中国社会学确实是具有自己的特质的,其特质不是无着落、无根基的,而是真真切切地通过基础性概念体现出来的。如果与西方社会学相比,说中国社会学具有自己的优秀特质,绝非虚言。因为正是依靠这些基础性概念,中国社会学可以自然而然地坚持以人为本,而不是把人当作"物"来研究;无须把社会一味地细分,而是可以始终保持社会的完整性;不必在学科间垒起森严的高墙,而是可以顺畅地实现古今贯通和中西会通;不至于割裂理论与实践的联系,而是方便于做到知行合一。这些都值得展开地加以论述,但这里只是介绍基础性概念,因而只能是点到为止。

---

[①] 韩明谟:《中庸新识——对中庸与社会协调的新理解》,《天津社会科学》1990 年第 6 期。

## 四　关于中国社会学的基本概念

中国社会学的概念体系，在上述四个基础性概念之上，还有许多基本概念，这些基本概念是分为多个层次的。

我们不采用西方社会学的概念框架梳理中国社会学概念体系，例如，把中国的某些概念归于"社会结构"概念，把中国的另一些概念归于"社会控制"概念，如此等等。那样做，难免有牛头不对马嘴之嫌。桃子是结在树上的，西瓜是长在蔓上的，如果生硬地将桃子拴到西瓜蔓上，那就不伦不类了。当然，也许可以运用生物技术，搞基因重组之类，但是，要想把中国概念这个桃子"重组"到西方概念的"蔓"上，恐怕靠"生物技术"是不行的，那得靠社会技术和思维技术——会通，可这项技术还有待探索，目前可做的，还是让"桃子"长在它本来的"树上"为好。那么，中国概念这棵"桃树"本来是长成什么样子呢？

### （一）划分概念层次的中国传统方法

严复在1895年发表的《原强》一文中指出，斯宾塞的《社会学研究》这本书"约其所论，其节目支条，与吾《大学》所谓诚正修齐治平之事有不期而合者，第《大学》引而未发，语焉不详。至锡彭塞（斯宾塞——笔者注）之书，则精深微妙，繁富奥衍"[1]。在这里，严复明确认为，斯宾塞社会学与"诚正修齐治平"的"节目支条"，是"不期而合"的。他甚至径直指出，斯宾塞就是用"近今格致之理术"，以"发挥修齐治平之事"。[2] 严复此言，并非仅仅看到二者有相合之处，更看到二者的相异之点。他说："东学以一民而对于社会者称个人，社会有社会之天职，个人有个人之天职。或谓个人名义不经见，可知中国言治之偏于国家，而不恤人人之私利。此其言似矣。然仆观太史公言《小雅》讥小己之得失，其流及上。所

---

[1] 黄克武编：《中国近代思想家文库·严复卷》，中国人民大学出版社2014年版，第8页。
[2] 严复：《原强（修订稿）》，黄克武编：《中国近代思想家文库·严复卷》，中国人民大学出版社2014年版，第37页。

## Ⅱ 群学概念体系

谓小己,即个人也……是故群学谨于其分,所谓名之必可言也。"① 严复从中国之"己"与西方之"个人"、中国之"群"与西方之"社会",在概念含义上的区别,说明了尽管他早已知道日本有"社会"和"社会学"的译法,但不予采用,而刻意译为"群"和"群学"的理由。因此,我们在梳理群学的"节目支条"(相当于概念体系)时,照搬西方社会学的框架是不适当的,应当采用"诚正修齐治平"的层次框架。

"诚正修齐治平"(诚意、正心、修身、齐家、治国、平天下)出于《礼记·大学》。

> 古之欲明明德于天下者,先治其国;欲治其国者,先齐其家;欲齐其家者,先修其身;欲修其身者,先正其心;欲正其心者,先诚其意;欲诚其意者,先致其知;致知在格物。物格而后知至;知至而后意诚;意诚而后心正;心正而后身修;身修而后家齐;家齐而后国治;国治而后天下平。自天子以至于庶人,壹是皆以修身为本。②

"格物""致知""诚意""正心",是"修身""齐家""治国""平天下"的基础和前提,修身、齐家、治国、平天下的关系是层层递进的,但是以修身为本。"为本"者,"齐家、治国、平天下"的本源也,亦是"格物""致知""诚意""正心"的归结也。"格致诚正"都是作为社会性的人的必修课,可以视为社会学之前的其他学科的任务,并且都凝结到"修身"之中。因此,作为社会学的概念层次,可以从"修身"开始。至于"齐家、治国、平天下"则是不可分割的,"家齐而后国治;国治而后天下平"。一方面,"治国、平天下"不可能脱离开"修身、齐家",另一方面,社会学(群学)也不仅限于"修身、齐家","政治社会学"不可能不谈治国之道,"全球社会学"也不可能不讲"天下"之理。因此,作为社会学(群学)的概念框架,包含"修身、齐家、治国、平天下"这四个层次是恰当的。

---

① 严复:《〈群学肄言〉译余赘语》,黄克武编:《中国近代思想家文库·严复卷》,中国人民大学出版社2014年版,第374页。

② 汪受宽、金良年:《大学译注》,《孝经·大学·中庸》,上海古籍出版社2012年版,第95页。

有一种意见，认为"修齐治平"之道"本属于道德之范围"，但其有属于道德的一面，并不能否定其也有属于社会学的一面，而且其属于社会学的内容甚为丰富和突出，没有理由引申出其不可以作为社会学概念框架的断言。因为中国学术从根底里就沁润着人文情怀，科学与人文相交融。如果凡有道德性的都必须从"科学"中剔除出去，那就只能陷入中国几千年都无"科学"、甚至无"哲学"的西方中心主义的窠臼。

另有一说是强调《大学》只是儒家的"圣经"，"修身齐家治国平天下"只是在儒家思想体系中占有核心地位，但能否因此就否定以其作为中国社会学概念框架的适当性？不能。因为汉代虽然独尊儒术，但此后就开启了儒道互补、儒道释三教合流的长期历史过程，而且融合程度日甚一日。即便说到儒道释的各自特点，确有道家更重自然，释家更重心性，儒家更重社会人际关系之别。既然儒学教人如何"成人"，如何形成人的社会性；教人如何"处世"，如何治理社会，"大学之道"强调通过提升人的品位，达到提升社会质量，"修齐治平"即便出于儒家经典，用作"群学"的概念框架也是具有合理性的。

当然，这里讨论的只是"划分群学概念层次的中国传统方法"，并不是设想未来中国社会学的概念框架，至于现代中国社会学，应该在经过"中西会通"以后，创造出更合适的概念框架，这自不待言。因为这里只是处理中国社会学概念的历史资源，故而选择"修齐治平"这一"传统方法"，即便如此，我们也不认为其有什么绝对性。这里想强调的，正如哈佛大学汉学家本杰明·史华兹所察觉到的，严复"没有过多地采用日本人在先前几十年里创造的新词（这里指'社会学'——笔者注）。这位高傲的中国人，完全相信他对于本国语言渊源的理解远远超过'东方岛夷'的那些自命不凡的家伙，这里掺和着他对近代民族主义者的不满"①。

**（二）各个层次上的基本概念**

我们将中国社会学的基本概念体系划分为两个范畴，一个是合群和能群，其中包含修身和齐家两个层次；另一个是善群和乐群，其中包含治国

---

① ［美］本杰明·史华兹：《古代中国的思想世界》，程钢译，江苏人民出版社2008年版，第302页。

## Ⅱ 群学概念体系

和平天下两个层次。合群、能群、善群和乐群是依次递进的，很多时候是相互重叠的，前两者与后两者之间并没有明确的界限，因此，将基本概念划分为两个范畴只是相对的。有的概念其实未必单一地属于某个层次，而在同一个层次中，概念的排序也不是唯一的。尽管我们力图按照概念之间的逻辑关系排序，但这种排序并不具有绝对的意义，有时甚至只是为了表达层次的清晰性。

1. 关于"修身"层次的基本概念

在个人、家庭、群体和组织的层次，人的存在和行为主要是合群和能群的问题。这一层次的基本概念主要是：身、己、性、气、心态、"社"与"会"、天、自然。这里简单谈谈选择这些概念作为基本概念的理由。

"身"与"心"是合一的。钱穆认为："孔子之学，实在是六通四辟，广大无际，但发端则只在一'心'。"[①] "心"是思想，是表示理智，是指人的情感、意志；也是能力、心力。但心与"身"是一体的，中国古人不讲心身二元论，历来坚持心身合一。因为事实上，肉体之身与精神之心总是一体的。身、心有主次，其中，心居于主导地位，身（肉体）处于从属地位。因此，所谓"修身"即是诚意、正心，为了正心，就要格物致知（欲正其心者，先诚其意；欲诚其意者，先致其知；致知在格物）。这都是修身必做的工夫。

"己"也不同于西方社会学中与"社会"二元对立的"个人"。"己"是一种在主动性和被动性中求得平衡的"自我"概念，自我能够形成与社会规范之间的互动，通过互动，个体主动习得、内化社会规范，社会规范也为个体的自主、自决留下了空间。在这种互动中，个人与社会就能够实现统一。

荀子进一步指出，作为个体的人，总是归属于"类"的，任何一个个体作为类的一分子是受到类的限制的。个人要想成为"类"的成员，就必须顺从"类"，真诚地对待同类。"真诚，是君子所坚守的，也是政事的根本。只有坚守真诚同类才会聚拢来，保持真诚就会得到同类，舍掉真诚就会失去同类。"（"夫诚者，君子之所守也，而政事之本也。唯所居以其类

---

[①] 钱穆：《讲堂遗录：中国思想史六讲 中国学术思想十八讲》，九州出版社2010年版，第24页。

至，操之则得之，舍之则失之。"①）据唐君毅研究，荀子的"类"概念不仅有认知意义，"类"也是社会范畴，"同一族类的个体同时是个体，也是类。人的自我是一个有机体，与他的环境和其他个体之间有社会性的互动。依此定义，自我同时也可以说是由所有个体所构成的大的有机体的一个部分"②。由此更可以看到，"己"（自我）是通过"类"，实现与"社会"的统一的。

"性"之原意，应指人生而即有之欲望、能力等而言，《荀子》开篇就是《劝学》，显然认为只有努力学习，善于学习，才可能修身养性。这指明"性"是需要加强自我修养和社会教化的。"本性，不是人为造成的，然而可以转化它。"（"性也者，吾所不能为也，然而可化也。"③）修身的根本在于正心。经过长期修养，人的天性就会愈益体现出德性的光辉。养性就是依一定的伦理规范将人的天性培养成德性，德性又回归天性的过程。荀子认为即便是圣人也是长期修身的结果。"尧、禹这样的人，并不是生下来就具备圣人品德的，而是从经历各种患难开始，成功于长期的身心修养，等把旧质去掉之后才具备圣人品德的。"（"尧、禹者，非生而具者也，夫起于变故，成乎修修之为，待尽而后备者也。"④）

"气"是天地万物普遍联系的中介，也是决定天地万物之运动及其规律和秩序的主要因素。老子说："道生一，一生二，二生三，三生万物。万物负阴而抱阳，冲气以为和。"⑤ 庄子说："人之生，气之聚也。聚则为生，散则为死。……故万物一也……通天下一气。"⑥ 这里所说的"冲气""聚气""通气"，说明气构成了人的生命的基础。

就形神关系而言，人的形神都是源于气。荀子说的人之"有义""能群"，其生理和心理基础就是人的"形具而神生"，有人的情感、知觉、思虑并由此而产生道德意识、礼义规范等等。天之阳气产生人之精神，地之

---

① 方勇、李波译注：《荀子》，中华书局2011年版，第32页。
② 参见陈昭瑛《人作为"类的存有"：荀子人文精神重探》，儒家网，2016年1月13日发布。
③ 方勇、李波译注：《荀子》，中华书局2011年版，第109—110页。
④ 方勇、李波译注：《荀子》，中华书局2011年版，第46页。
⑤ 《老子》第四十二章，王弼著、楼宇烈校释：《王弼集校释》（上册），中华书局1980年版，第117页。
⑥ 郭庆藩辑：《庄子集释》（第三册），中华书局1961年版，第733页。

## Ⅱ 群学概念体系

阴气产生人之形体,即是"形具而神生"。儒家一贯重视"修身",而身与心并不是两个实体,而是由一气之阴阳所贯通的统一的关系,气聚而成形,形具而神生。因此,"修身"并不是只修养"身体",而是一方面重视"践形"的道德实践,另一方面更重视"诚意、正心"的内在精神修养。

就群己关系而言,每个人作为社会的一个成员,他首先是家庭的一个成员。在中国文化中特别强调的是,每个人一生下来不是"孤零零"的一个单独"自己",而是首先生活在家庭之中,由家庭而进入社会。不仅家庭成员之间有"同气"的相互感通,而且因为有"通天下一气"的中介感通,世界万物就被视为一个有机的普遍联系的整体,而人类社会的个体与群体就不是对立隔绝的,而是形成群己贯通的统一关系。

就天人关系而言,荀子说其"大参天地,德厚尧禹,精微乎毫毛,而充盈乎大宇"①,就是将天与人相贯通了。他提出"治气养心之术",认为"大凡理气养心的方法,没有比遵守礼义更直接的了,没有比得到贤师更重要的了,没有比专心致志更神妙的了"("凡治气养心之术,莫径由礼,莫要得师,莫神一好")②。"心"的精神修养与"治气"相联系,就是把生理、心理和伦理相贯通。到宋明理学讲"变化气质"就成为重要的修养方法。

在修身层次的基本概念中,身、己、性,属于主体的范畴,经由"气"这一能够贯通形神、群己、天人的概念,也就可以过渡到客体的范畴,修身由此进入"社会心态""人与社会""人与天""人与自然"这些关系的层面。这样,"气"——治气养心、养浩然之气,就成为贯通修身层次的枢纽。

"心态"是一种群体现象,是一个社群的群体心理,它并非参与其中之个人的心理总和,而是社会中多数成员表现出的普遍的、一致的心理特点和行为模式,并成为影响每个个体成员行为的模板。③养成和塑造良好的心态,既是个人修身也是社会治理的重要内容。

---

① 《荀子·赋》,北京大学《荀子》注释组:《荀子新注》,中华书局1979年版,第18页。
② 《荀子·修身》,北京大学《荀子》注释组:《荀子新注》,中华书局1979年版,第18页。
③ 王俊秀:《社会心态理论:一种宏观社会心理学范式》,社会科学文献出版社2014年版,第25页。

中国历来重视关于"人心"的研究，把"人心"看作关系国家、社会运行的核心因素。正如王阳明所言："大道在人心，万古未尝改。"① 孙中山把社会心理（心态）作为建国基础："国家政治者，一人群心理之现象也。是以建国之基，当发端于心理。"② 他将"心理建设"置于建国方略的首要地位。

以"正心"为核心的心态塑造是社会治理的题中应有之义。儒家思想作为统治者的正统思想通过树立"圣人""君子"这些理想人格典型来形塑人们的思想，规训人们的行为，这些理想的人格标准中包含了他们提倡的基本伦理价值。这些基本伦理价值的推广，逐渐践行，并使之日常化，就形塑为包含上层、中层和下层社会的心态。这个过程，也就是个人修身与社会治理相统一的过程。由此，修身也就更多地展现为一个社会的过程。

"社"与"会"，在中国传统上的含义，与现代社会学意义上的"社会"有很大的区别。"社会"这个词在中国早已存在但并不常用。其最初本源为祭祀"土地之神""迎神赛会"之意，逐步演变为从事某类民间社会生活或者活动所依赖的组织。社会组织是社会群体的一种存在形式。社会是具有一切共同的行为规则及制度的一群人，所以社会是指人的本身而言的。

"社"和"会"的发展演变既是我国民间社会组织形式的发展，亦为我国基层社会管理方式的演变，甚至是社会发展过程中的重要组织形式和主体。"社"和"会"不仅在历史不同阶段、通过不同形式，发挥了不同的作用，而且表现出了与官府和国家、民间社会的各种联系。

直到今天，我们仍然是说"诗社""画社""专业合作社""学会""理事会""讨论会"，都是指具体的团体、具象的组织、明确的活动，而不是如西方社会学所讲的"社会"，那是与"自然界"相对待的抽象的存在。从这里，也可以想见严复为什么经过旬月踟蹰，最后选择用"群"代替"社会"，用"群学"翻译"sociology"。

由于中国的"社"和"会"，不同于西方那种与"自然界"相对待的

---

① 《王阳明诗集·赠伯阳》，《王阳明全集》卷十九，上海古籍出版社1992年版，第673页。
② 孙中山：《孙中山全集·第六卷（1921.12—1922.12）》，中华书局1986年版，第214页。

## Ⅱ 群学概念体系

抽象存在的"社会",表现在修身的层面,则不存在个人与社会的二元对立。个人既是"社"和"会"的成员,是其责任和活动的承担者(在这个意义上可以说个人是其"主体"),也是"社"和"会"规制的遵从者及接受者。但"社"和"会"对个人而言,并不是"他者",个人对"社"和"会"而言也不是所谓的"客体"。所以,在中国典籍中,一般并不脱离开"群"和"类",孤立地谈论"个人",也不抽象地使用"社会"概念。在修身层面,则是强调个人如何通过修身养性治气,更好地合群、能群。

"天"人关系是中国古代思想史的重要主题。但在习惯上,人们认为这是个哲学问题,不是社会学问题。其实,自古以来天神、天命、天道、天理、天心、天性等信仰在中国社会生活中扮演重要角色。在中国以"天人合一"为主导特色的文化中,处理好与"天"的关系,是修身的重要内容。对个人而言,"敬天"有以德配天、以诚配天、慎独的修身意涵[①]。冯友兰对"天"的概念归纳出"天有五义":一是物质之天,与地相对;二是主宰之天,皇天上帝,人格化的上帝;三是运命之天,人生中之无可奈何者;四是自然之天,自然运行之天;五是义理之天,指的是宇宙之最高原理。[②] 并认为中国古代以主宰之"天"居多。而"主宰之天""运命之天"都属于社会生活的范畴,其他意义之"天"也都与人密切相关,包含着社会内容。

对于"修身"而言,"以德配天"是讲德行是顺从天意的最重要的方式,如果没有德行,就不可能得到天助。孟子认为,人有"天爵",有"人爵"。"仁义忠信,乐善不倦"是"天爵","公卿大夫"是"人爵"(社会职位),只有"修其天爵",才能得到"人爵"。[③] 对于掌权者来说,孟子强调民心就是天意。《孟子·万章章句上》引《尚书·太誓》曰:"天视自我民视,天听自我民听。"("百姓的眼睛就是天的眼睛,百姓的耳朵就是天的耳朵。")[④] 只要得到民心,就是顺从了天的意志;只有行仁德,才能得到民心。

---

① 汤一介、[法]汪德迈:《天》,岳瑞译,北京大学出版社2011年版,第34—35页。
② 冯友兰:《中国哲学史》(上),重庆出版社2009年版,第34—35页。
③ 杨伯峻译注:《孟子译注》,中华书局2008年版,第209页。
④ 杨伯峻译注:《孟子译注》,中华书局2008年版,第169页。

"以诚配天"是说"诚"乃天之大德,"仁义"是建立在"天德"的基础上的,也需要获得"天德"的支持。《中庸》强调:诚是上天的准则,做到诚是为人的准则。("诚者,天之道;诚之者,人之道。"①)

讲究慎独,是修身的重要工夫。慎独是道德的根本。所谓"人在做,天在看"。独处的时候,也要慎重,自尊自觉。慎独的"独"不仅指空间上的独处,更是指心理上的"未发",指遵从内心的意志。

"自然",在修身层次上是终极、至高的意思。老子《道德经》讲人法地,地法天,天法道,道法自然。自然,是修身的最高境界,顺应自然规律、尊重自然生命、适应自然节律和践行天人合一,是中国传统上人与自然的相处之道。人与自然和谐共生,就是通过德性修养实现人的内在德性。

在中国悠久历史上,历代先辈合理地利用土地资源和自然条件,保持了人与自然的和谐关系,践行了"万物并育而不相害,道并行而不相悖"②之道。为处理人与自然的关系积累了丰富经验,达到了极高的境界。通过修身,正确对待心身关系、性命关系、人我关系、群己关系、社会关系、天人关系,达到人与自然的和谐统一。

荀子群学极为重视修身。在回答"怎样治理国家"这个问题时,荀子竟说:"只听说过怎样修养身心,从没有听说过怎样去治理国家。"("请问为国?曰:闻修身,未尝闻为国也。"③)儒家和荀子本人,还有其他各家各派都非常重视治国问题,为什么这里却讲"未尝闻为国"呢?其实际意思是强调修身的极端重要性,无非是说,如果不能修身,没有听说过还有能治理好国家的。

2. 关于"齐家"层次的基本概念

在"齐家"层次,人不仅要合群,还要能群。"齐家"是发挥"修身"功效的首要环节,人从个体存在变为"群"的成员,进入因血缘纽带联系起来的"家",首先是要"合群",但要作为家庭和家族的一员,就要遵循规范和制度,就要接受共同的理念,就要处理群内外的各种关系,这就是要"能群"。所谓"齐",就是治理、整理之意,"齐家"就是管理

---

① 汪受宽、金良年撰:《孝经·大学·中庸》,上海古籍出版社2012年版,第119—120页。
② 子思原著,丹明子编著:《中庸的谋略》,华中师范大学出版社2011年版,第207页。
③ 方勇、李波译注:《荀子》,中华书局2011年版,第194页。

## Ⅱ 群学概念体系

好一个家庭和家族,使其成员齐心协力和睦相处。群学极为重视"齐家"这一层面,积累了许多基本概念,主要有:义、利、信、孝、礼、家、宗族。

"义"对个人行为、家庭伦理、社会秩序、国家治理都具有重要意义。孟子强调过,如果"生"和"义"不可得兼的话,宁可舍生而取义。"义"的概念起源于"应该"和"应当"的观念,它是维系中国传统社会稳定与发展的核心价值观念之一。其重要性之所以持续获得社会认可,是因为人们认识到如果没有"义",社会就将失序,自身利益也就难以在失序的社会中得到保障。可见,"义"在社会生活中具有基础性的地位和作用。

"义"在中国社会学概念中具有重要地位,它是维系社会稳定的一个基本结构,是重要的行动准则,是组成社会关系、凝结社会规范的机制。因而,在"齐家"这一概念层次上,"义"应该居于首位,它有助于形成家庭的制度基础,延伸家庭网络,维系家庭认同;"义"也是构成差序格局社会的纽带。

"利"是与"义"相对待的概念。所谓"天下熙熙皆为利来,天下攘攘皆为利往","利"对人们的社会行动和社会流动实际地起到了指向作用。所谓"义利之辨"常常把"义"与"利"对立起来,其实在一般意义上,"利"是一种价值追求,人的行动正当与否,不在于是否追求利益,而在于是追求合义之利还是非义之利,追求的方式是否合情合理合法。荀子认为趋利避害是人的天性("夫好利而欲得者,此人之情性也")。[①] 通过物质生产、社会劳动形成各种社会产品来满足人们的基本利益,这是人类社会的基本功能。"利"与"义"是统一的,我国传统上甚至有"以义为利"之说。[②] "利"作为一个具有丰富内涵和社会价值含义的社会学概念,具有明显的价值指向性,对于解释社会需要、社会行动、社会流动,加强社会治理,具有重要意义。

"信"是处理好义利关系的关键所在。人无信不立,社会无信则不存。"信"是个人修身立德、待人接物、人际交往的基本规范,它作为一个概

---

① 方勇、李波译注:《荀子》,中华书局2011年版,第379页。
② 中国中央电视台"中文国际"频道:《"记住乡愁"第3季(6)——南浔:以义为利》2017年1月9日。

念已经超越了伦理范畴，而成为社会生活的基本事实和社会交往的基本前提。

"孝"是"义""利""信"在家庭层面的集中表现。早在周代，就有"孝以对祖""德以对天"的观念。仁义诚信等观念和行为，对天则为"德"，对祖则为"孝"。可见，对家庭和家族而言，"孝"是至大之德。

两千多年以来，"孝"对中国人的人格特质和行为模式具有重要影响。"孝"的含义是"善事父母"，是子女对父母的一种善行和美德。从字面来看，"孝"只是规范子女，但因人人皆为子女，人人皆有父母，所以"孝"是普遍适用的规范，在融合亲子关系、维护社会秩序、促进社会团结、施行政治教化、代替宗教信仰等方面，发挥了无可替代的作用。

"孝"经提升和扩展，成为"以孝治天下"的治国方略，外化为"举孝廉"等社会制度。"孝道"就是"治道"，甚至被抬到与"天道"融合的高度。

"礼"是"义""利""信""孝"在制度层面的表现。荀子说："辨莫大于分，分莫大于礼。"[1]"礼"是中国传统社会的制度和规范体系，是中国社会学的重要概念。"礼"具有外在的社会规范性，呈现为一定的程序、次序、秩序，具有社会规制的功能。

"家"是凝聚"义""利""信""孝""礼"于一身的载体。在中国，"家"的概念很不简单。它作为生产、生活的共同体，也是社会关系网络的结点，是基本的消费单位、教育单位和社会行动主体。在中国，"家"的结构和功能经历了悠久的历史演变过程，在个人、群体与社会的关系方面，形成了许多特点。因而，"家"不仅是中西社会学共有的基本概念，也是中国社会学特色的突出体现。

"宗族"是从个体到家庭，再到家族，所形成的以亲缘关系为基础的社会结构。这个社会结构是中国传统社会的基础，正如有的学者所说，家族制度是"保护中国民族性的惟一障壁"，其"支持力之强固，恐怕万里长城也比不上"。[2] 由此看来，"家"和"宗族"作为中国社会的基础构成和传统社会治理的重心，就是毫无疑问的了。

---

[1] 方勇、李波译注：《荀子》，中华书局2011年版，第60页。
[2] 转引自梁漱溟《中国文化要义》，上海世纪出版集团、上海人民出版社2011年版，第39页。

## Ⅱ 群学概念体系

综观以上七个概念，义是社会的基本规范，利是社会行动的动力，信是社会交往的原则。在社会成员间的交往中，"信"的建立是需要成本的。而在家庭成员之间和家族内部，由于交往频繁，又要求高度信任，因而一般地建立信任所要求的成本极大。为了降低交往成本，就需要在家庭成员之间和家族内部将"信"转化为"孝"。"孝"既是一种伦理规范，也是一种交往规则。它的功能是使家庭成员之间和家族内部的信任最大化，而成本最小化。将由此建立起来的内在秩序外在化，推及社会，推及国家，以"孝"治天下，就成为"礼"的重要内容。

"家"作为一个经验存在，应出现在"义""利""信""孝""礼"等概念之前，但作为一个概念，"家"的含义十分丰富，它是上述概念的意义凝结和首要载体。所以，在中国社会学中，"家"和"家族"不仅是西方社会学上的"初级群体"，还是社会规范（义）、社会行动（利）、社会交往（信）、社会整合（孝）、社会制度（礼）的综合体，其内涵之丰富，足以使其成为标示中国社会学特色和优长的重要载体。

### 3. 关于"治国"层次的基本概念

在"治国"的层次，不仅要合群和能群，还要善群。"治国"是群学的重要内容，也是其致用的主要目的所在。《荀子》一书大量篇幅是讲治国，专门辟有"王制""富国""王霸""君道""臣道""强国"等篇。因为群学诞生于战国时代，各国争雄图强，合纵连横，国家兴灭继绝问题不光摆在各国统治者面前，也是各家各派不能回避的。故而学派林立、争论迭起，相应的概念也就必然甚为丰富。这里，我们从国家构成、国家治理方式、治理制度和手段、治理目标等方面选择几个基本概念。

在国家构成方面，主要是"国与民"、"国土"和"士"。

"国与民"的关系在中国传统社会是很有特点的，国家治理的主体是以天子（君王）为首的王权，国家的治理对象统称为民，君民关系是传统中国社会中国家治理的核心问题。传统治国的基本原则是民体君用：作为治理主体的君王是政治中的虚位，作为治理对象的民众才是政治中的实体，即"天之生民，非为君也，天之立君，以为民也"[①]。民体君用关系格

---

[①] 荀况撰，廖名春、邹新明校点：《荀子》，辽宁教育出版社1997年版，第131页。

局的核心是民贵君轻。正如孟子所言,"民为贵,社稷次之,君为轻"①,这个"民本位",而非"官本位"的民本思想,渊源于《尚书》中的"民惟邦本,本固邦宁"②,贯穿于传统社会国家治理的价值理念,虽然"官本位"实际上根深蒂固,但"以民为本"还是成为中国治国理论最宝贵的精髓。

"国土"是指国家的空间建构和治理,重点是土地分配和赋税制度。在中国这样一个人口大国、农业文明是中华文明的基础,土地分配制度对于维持国家繁荣稳定的作用不言而喻;土地赋税制度则是传统国家机器运作的经济基石。因此,我国历史上从早期的井田制、名(占)田制、屯田制到均田制,从租庸调法、两税法、一条鞭法到摊丁入亩法,其宗旨都是适时调节人地关系,让"地尽其力",让农民安心务农,才能保证国家安全稳定。可见,土地制度不仅是一种经济制度,也是决定和调整人们基本关系的社会制度。

"士"在中国传统社会的国家治理体系中扮演着重要的角色。"士"阶层的提早出现及其在国家、社会和文化生活中的独特作用,是中国传统社会的一大特点。"士"最终形成知识分子阶层,与春秋战国时期的社会政治背景密切相关。先秦时期出现的是游士阶层,秦汉之后演变为士大夫阶层。士阶层是中国传统社会中的精英阶层,也是影响国家治理的重要力量。与西方知识分子不同,中国的"士"致力于修身、齐家、治国、平天下。所谓由内圣开外王,士阶层具有较强的经世致用取向,他们既追求解释世界,也追求改变世界。"明道定心以为体,经世宰物以为用"③成为士阶层的群体自觉。

"王道与霸道"是中国传统的两种国家治理方式。自孟子提出"王道"与"霸道"之分以来,所谓"王霸之争"经久不绝。孟子主张"尊王贱霸"和"崇王抑霸"。④ 荀子主张"王霸共举",尊王而不黜霸。此后,"王道"思想成为贯穿中国传统治国方式的"主文化"。而在历代王朝的治国实践中,"王霸并举、德主刑辅"成为常态的理性选择。荀子把治国

---

① 杨伯峻译注:《孟子译注》,中华书局2015年版,第364页。
② 李民、王健撰:《尚书译注》,上海古籍出版社2012年版,第72页。
③ (清)李颙:《李二曲先生全集·二》,华文书局股份有限公司1970年版,第503页。
④ 王心竹:《以尊王贱霸倡王道思想——孟子王霸论探析》,《河北学刊》2012年第1期。

## Ⅱ 群学概念体系

大道分为"王道"、"霸道"和"亡道"三种形式,指出关键在于要讲"信",行"义",实行了礼义就能称王,建立了信用就能称霸,搞权术阴谋就要灭亡。("故用国者,义立而王,信立而霸,权谋立而亡。三者,明主之所谨择也,仁人之所务白也。"[①])至于作为治理方式的王霸之道,历史上大多数统治者是主张兼而用之,不论是唐太宗李世民提出的以武功定天下,以文德绥海内,"文武之道,各随其时"[②],还是宋太宗赵光义提出的"宽猛相济",都代表了治国之道的传统智慧,也反映了中国传统治理方式与西方国家治理学说的不同特色。

在国家治理制度和手段方面,主要概念是"贤与能""科举""公与私"。贤与能,既是人的素质的内涵概括,又是治国人才的选拔标准。传统社会选拔治国理政的人才时,一直坚持贤与能两个标准。在不同的历史时期,贤与能又有鲜明的时代性。传统社会中,贤与能的突出标志是忠君爱国和济世之才;中华人民共和国成立以来,贤与能集中表现为德才兼备。贤与能既有社会属性也有政治属性,贤与能并举,是中国传统的人才制度的基本原则,其影响至为深远。

"科举"是传统社会选拔贤能人才的基本制度,是下层人士得以向上流动的主要途径。早在南北朝已出现了科举取士萌芽,隋朝开国之初确立了科举制度。唐宋以降,科举制度不断得到发展完善,树立起公开、平等、竞争、择优的原则。在欧洲实行贵族统治的时代,中国就通过科举取士,让出身社会下层的农工商子弟,得以通过读书、考试,流动到社会上层的士大夫群体中,为国家治理和文化发展源源不断地输送了大批人才。科举制度虽然在清光绪年间被废除,但科举制度的考试形式经过改革,至今仍是选拔人才的重要方式之一。孙中山在《五权宪法》中指出,"英国的考试制度就是学我们中国的。中国的考试制度是世界最好的制度"[③]。

"公与私"既是观念,也是社会关系。如果说"贤与能"是国家治理的人才保障、"科举"是社会流动的重要渠道,那么,区别于西方的公私关系,则是社会有序运行的调节机制和国家治理的重要手段。公私关系的

---

① 方勇、李波译注:《荀子》,中华书局2011年版,第162页。
② 转引自宋洪兵《古代中国"王霸并用"观念及其近代形态》,《求是学刊》2011年第2期。
③ 孙中山:《孙中山选集》,人民出版社2011年版,第514页。

核心是国家与个人的关系。中国传统的公私关系涵盖相当广泛，界限不太固定，明显表现出"天下为公"（儒家）、"天道无私"（道家）、"举公义"（墨家）的崇公抑私导向，这种公私关系，有利于维护"群"的存在，服务于合群、能群、善群的需求。

在国家治理目标方面则是"秩序"和"位育"。"秩序"是国家治理的目的。中国历代社会思想家始终怀有浓厚的"秩序"情结，孜孜以求地探寻"秩序"的内涵与特质，认为"秩序"是一种恒常、均衡的社会状态。与西方社会学的"秩序"（order）概念相比较，中国传统的"秩序"概念在本质上体现的是一种人伦秩序；达致秩序的手段也不像西方学者那样重视规则之上的干预和强制性的控制，而是讲究"中和"的平衡、礼义的规范和诱导。

"位育"是一个内涵广泛的概念，也是甚得当代中国社会学家重视的一个概念，潘光旦、费孝通都对它有过精辟论述。潘光旦认为，"位育"有两方面，一方面是"位"，即对秩序的渴望，另一方面是"育"，即对进步的追求[①]，"社会位育之位即社会静止之秩序、育即社会勤动之进步"[②]。"位育"贯穿在个体、民族、社会及国家的各个层次之中，在治国的层次上，它是国家治理的理想状态。"国家位育"，在潘光旦看来，就是"中为天下之大本，和为天下之达道，而实践中和的结果，便是天地位而万物育，便是一切能安所而遂生"[③]。"一切能安所而遂生"，是国家治理的理想状态。费孝通在《经济全球化和中国"三级两跳"中的文化思考》中明确把这种理想状态阐发为一个"和"字："以和为贵"是协调中国社会内部各种社会关系的出发点，"和而不同"则是世界多元文化必走的道路，而国家治理的理想状态便是"美美与共，天下大同"。[④]

4. 关于"平天下"层次的基本概念

在"平天下"层次，不仅要合群、能群、善群，还要乐群。这里的"平天下"，不是荡平天下，而是开辟太平盛世的意思，也就是宋代大思想家张载所说的"为万世开太平"。怎样才能"为万世开太平"呢？首先就

---

① 潘乃穆、潘乃和编：《潘光旦文集（第2卷）》，北京大学出版社1995年版，第64页。
② 潘光旦：《儒家的社会思想》，北京大学出版社2010年版，第177页。
③ 潘光旦：《儒家的社会思想》，北京大学出版社2010年版，第234页。
④ 费孝通：《费孝通论文化与文化自觉》，群言出版社2007年版，第325页。

## Ⅱ 群学概念体系

要能洞察和把握天下大势；然后还要善于权变（权衡和应变）；要实行和合之道；世界是由众多民族组成的，要有多元一体的胸怀；最后，要坚持世界大同的理想。这样，我们就在"平天下"层次，选择了"天下""势""变""和合""多元一体""大同"这几个基本概念。

"天下"概念不同于西方的所谓"世界"，"天下观"也不同于西方的"世界观"，中国先贤讲"天下"，总是透着一种胸怀和气度，这从"天下为公""天下为家""以天下为己任"这些提法中就可以感受到个中的情结。从社会学（群学）的立场看，从修身、齐家、治国到"平天下"的层次，也就是从合群、能群、善群到了能够"乐群"的境界。而要"乐群"，就不仅是一种态度和意愿，还要有那种能力和眼界，首先就是能审时度势。

"势"这一概念也不同于西方所说的"规律"，甚至也不是一般所说的"形势"。"规律"和"形势"带有强烈的客观外在意味，而中国先贤讲"势"是物我一体、主客统一的。"势"是中国人的"行动"概念，这种"行动"是追求理想与现实相统一的。而要实现理想与现实的统一，就要善于权变。

"变"不仅有"变更"之意，还有"变通"、权变之意。"变则通，通则久。"[①] 通则生生不息。这一"变"的概念包含了化生之变、能动之变、辩证之变、过程之变等丰富内涵，反映了社会变迁本身的复杂性、多维性、开放性和曲折性。而社会不论怎么"变"，理想的状态是达到"和合"。

"和合"就是社会达致相对均衡。"和合"囊括了身与心、人与人、国家与国家、人与自然之间的和谐关系。最终达到"和"的对象还可以扩展到天人关系上，将追求"天人合一""天人一体"作为"和"的最高境界。

"多元一体"是"和合之道"在民族关系和国家治理上的具体体现。中华民族的繁盛发展不是依靠军事侵占、文化殖民和宗教扩张，而是依靠在多元一体原则下的民族融合、政治统一、文化包容、社会和谐。在中国，多元一体的渊源已久，它是传统社会中的民族融合机制，也是现代社

---

[①] 吴哲楣主编：《十三经》（上下），国际文化出版公司1993年版，第56页。

会处理民族关系乃至不同文明之间相处的应有态度和机制。

"大同"是中国几千年来的最高社会理想。尽管在历史上缺乏真正得以实现的条件,但它如同一盏明灯闪烁着理想的光芒,引导着历朝历代的仁人志士矢志不渝,坚持天下为公,践行大同理想。大同理想从孔孟墨,经康有为、孙中山到中国共产党,薪火相传,不断丰富和发展,越来越光辉灿烂。"天下大同"也就是在这种理想与现实的不断激荡之中,引导着世界向真、向善、向美,不懈追求,不断进步。

在实践上,"平天下"层次的这些概念,对于中华民族实现和平崛起具有重要的应用价值,在当前秉持共商、共建、共赢、共享原则的"一带一路"倡议等伟大实践中得到了具体鲜活的体现。

### (三) 基本概念的属性以及相关问题的辨析

我们从先秦以降两千多年的浩瀚史海中,捡拾了34个珍宝级别的概念,这当然不是中国社会学传统概念资源的全部,只是有代表性的一部分。但从这些概念即可看到,中国社会学的人本性、整合性、贯通性、致用性这四大特质,不仅通过四个基础性概念得到了代表性的体现,也在所有基本概念中得到了全面的体现。其中,有几个与这些概念属性相关的问题还需略作以下辨析和说明。

1. 关于概念的学科归属。有一些概念,过去常常被看作哲学或其他学科的概念,但这只是表明中国学术概念(包括社会学概念在内)具有综合性和贯通性,这是中国社会学的特点问题,不是它存在与否的问题。如仁、义、心、天、和、合等概念,之所以把它们看作哲学概念、伦理概念、文化范畴,是因为那些学科抢先把它们的意义发掘出来,从自己学科的角度去定义它们,于是"先入为主",成了"习见"。后进的社会学不去发掘和定义它们,就白白地把这些珍贵概念拱手相送了。如果我们加强对这些概念的研究,把它们对于人的社会化,对于社会规范、社会组织、社会制度的建构所具有的意义,加以发掘和定义,它们也就可以同时作为社会学的重要概念。其实这种概念的共通性,在西方各学科中也很常见,例如"组织""制度"等概念,同时都是经济学、政治学、法学等学科的重要概念,社会学也研究和定义了它们,也就没有人对它们可以作为社会学概念表示怀疑。同样,当我们把"仁""义"等概念包含的社会学含义

## Ⅱ 群学概念体系

挖掘出来了，将其作为社会学概念了，并不是说它们就不再属于哲学等其他学科的概念了，而是说，这些概念在不同学科里展现出不同的含义，这是包括中国社会学在内的中国学术概念的综合性和贯通性所使然，不是这些概念是否可以作为社会学概念的问题。说白了，不能把我们对这些概念缺乏社会学视角的研究，当作否定这些概念在社会学中具有存在权的理由。

2. 关于概念的中国特色。还有一类概念，如伦、礼、气、位、势、小康、大同等，是中国社会学特有的，深具中国特色、中国风格和中国气派，但不易与西方社会学的概念直接相对应。这是中国社会学与西方社会学应该在概念上如何会通的问题，不是中国社会学存在与否的问题。不能说，我们承认了西方社会学有一套特有的概念，中国社会学就不能有自己特有的概念，或者即使有，也不是正统或正规的社会学概念。这样的霸道逻辑，不论对于中国学术还是对于西方学术，其实都是不利的。面对不同的概念体系，最好的办法是相互承认、相互尊重、相互研究、相互吸收，最终达到会通的目的，这是学术的繁荣之道。

3. 关于概念体系的完备性。以上列举的基本概念只有30个，加上4个基础性概念，也只有34个。中国社会学的概念体系应该远为丰富，对于我们所列举的基本概念和基础性概念也许还有争议，但这是上述概念体系的完备性问题，不是中国社会学存在与否的问题。

4. 关于概念体系的丰富和发展。我们对于以上34个概念的阐释，主要依据的是现成的文字资料，慢说是我们对于历史文献的掌握极其不足，理解可能有误，即便没有大碍，要发掘这些概念的社会学丰富内涵，显然还应该着力于考察它们在社会生活中鲜活的存在样态，更不用说要研究它们在历史长河中实际发挥的作用，以及它们在现实生活和发展实践中的生动表现。但这些，是属于我们这项初步研究的缺陷和不足的问题，或者说，这是中国社会学概念体系应该如何研究和丰富的问题，不是中国社会学在历史上存在与否的问题。

总而言之，以上关于中国社会学概念体系的论证，仅仅限定在其存在性和绵延性的范围之内。存在性，是中国社会学在历史上是否形成的问题，绵延性是其在后来的历史过程中是否继续存在的问题，如果这两点可以成立，则中国社会学自有本土起源即可得到确证。

## 五 研究中国社会学概念体系对于实现中国社会学崛起的重要意义

**（一）研究中国社会学概念体系是取得学术话语权的基础性工作**

如果根本没有中国话语，何来中国话语权？学术话语固然可以从现实经验中去提炼，但是现实中使用的话语，大多也是从历史话语中延续和演变而来的，例如"小康"，邓小平就用它来刻画"中国的现代化"。如果中国学术中缺乏传统概念的积累，也就罢了，我们既然有如此丰富的历史资源，有什么理由不去重视它，发掘它，让它们在中国社会学话语体系建设中大放异彩呢！

**（二）研究中国社会学概念体系是真正开展中西社会学对话和会通的必要前提**

中国社会学的崛起，靠的不再是西方社会学擅长的个人与社会、结构与行动、整体与个体、事实与意义的二元划分乃至对立，而是包容、会通、综合、共存、共享、共赢，这些正是中国社会学的要旨和专长。凭仗我们自己的概念和优长，才有可能展开中西社会学之间的平等对话和交流，也才谈得上真正意义上的会通。

**（三）研究中国社会学概念体系是参与和推动中国经济和社会崛起的重要途径**

而在参与和推动中国经济和社会的崛起过程中，必能实现中国社会学的崛起。例如，研究中国的"家"概念及其演变轨迹，对于当代的家庭建设必有重要的启迪意义；研究中国的群己关系、家国关系的特点，对于加强社会建设必有重要的参考作用；研究从"小康"到"大同"的思想脉络，对于实现中国现代化，成功开辟中国模式的经济社会发展道路必有重大的实践价值。如果社会学能够在这般重大的问题上发声、给力，随着中国经济和社会崛起必有中国社会学的崛起，岂不是顺理成章。

## 六 结语

本文的目的不在于构建一个完整的中国社会学传统概念体系，而在于通过对中国社会学概念体系历史资源的研究，证明以下几点。

1. 中国社会学（群学）的历史存在性。

2. 群学的历史绵延性，它并没有伴随荀学在一个历史时期的"式微"（如按梁启超的观点，荀学是制度化了，没有式微）而消匿，而是以潜入民间、深入日常生活、构成社会生活行为规范的形式而继续绵延。

3. 以上两点如可成立，当然也就证明了中国社会学自有本土的起源，也就否定了所谓"中国社会学史就是西方社会学在中国的传播史"的成见。

4. 由以上3点可以推知：中国社会学的崛起，不是依靠西方社会学在中国的推广和应用所能达成的，而是必须立足于中国土壤，通过实行古今贯通、中西会通，才能形成融通古今中西的现代中国社会学概念体系。

本文是否有助于达成以上结论，有待于学界的批评。尽管本文无意于构建完整的概念体系——这是需要今后长期探讨的任务，但既然提出了这个问题，当然也希望得到大家的高见。

**参考文献**

白寿彝总主编：《中国通史》，上海人民出版社1996年版。

［英］史蒂夫·布鲁斯：《社会学的意识》，蒋虹译，译林出版社2013年版。

陈定闳：《中国社会思想史》，北京大学出版社1990年版。

陈鼓应注译：《庄子今注今译》（下册），中华书局2015年版。

陈昭瑛：《人作为"类的存有"：荀子人文精神重探》，儒家网，2016年1月13日发布。

邓力群、杨松编：《中国近代史参考资料》，新中国书局1949年版。

范文澜：《中国通史》（第一卷），人民出版社1994年版。

（清）方以智撰、庞朴注释：《东西均注释》（外一种），中华书局

2016年版。

费孝通：《乡土中国　生育制度》，北京大学出版社1998年版。

冯友兰：《新理学》，生活·读书·新知三联书店2007年版。

顾炎武撰、黄汝成集释：《日知录集释》，上海古籍出版社1985年版。

景天魁：《中国社会学源流辨》，《中国社会科学评价》2015年第2期。

李学勤主编，王宇信、王震中等：《中国古代文明与国家形成研究》，中国社会科学出版社2007年版。

陆学艺、王处辉主编：《中国社会思想史资料选辑》，广西人民出版社2006年版。

吕友仁、李正辉注译：《周礼》，中州古籍出版社2010年版。

马克思：《资本论》，人民出版社2004年版。

杨伯峻译注：《孟子译注》，中华书局2015年版。

庞绍堂、季芳桐：《中国社会思想史》，华中科技大学出版社2011年版。

钱穆：《国史大纲》（上下），商务印书馆1996年版。

《社会学概论》编写组：《社会学概论》，人民出版社、高等教育出版社2011年版。

王文锦译解：《礼记译解》，中华书局2016年版。

谢遐龄主编：《中国社会思想史》，高等教育出版社2003年版。

杨伯峻编著：《论语译注》，中华书局1958年版。

杨伯峻译注：《孟子译注》，中华书局2008年版。

# 《中国社会学：起源与绵延》后记

近三年来，本书作者们聚焦到中国社会学起源和绵延这个艰难的题目上，群策群力，集体攻关，精细分工，精诚合作，如期实现了我心头的一个夙愿。在即将付梓之际，我首先对作者们表示衷心感谢！但由于我组织协调不力，加之作者众多，很多地方在认识上未及认真磨合，在文字上未及仔细推敲，估计本书在细节上的粗陋乃至错误实难避免。诚望大家批评指正！

对于本书，笔者重视的是宏观主旨，而非微观细节，尽管细节也应该得到重视。之所以督促尽快成书，只是考虑到本书宏观主旨的重要性。本书的宏观主旨是论证中国社会学自有悠久的历史基础，荀子开创的群学就是中国社会学的历史开端。其后的两千多年间，群学以其合群、能群、善群、乐群的特质，上达中国社会基本制度设计，下潜日常社会生活，深入民间社会，规范社会行为，对中国社会的发展和绵延起到了重要作用，因而成为中华文明、中国学术的瑰丽珍宝。

虽然本书的主要观点在我心中酝酿有年，如果从最初在中国社会学会中国社会思想史专业委员会上的发言算起，萦绕与踟蹰也许将近20年了，但思来想去，未敢造次。直到须发已白，更绌于功力之缺陷，限于精力之不足，并未成文。幸得合作者们志同道合、鼎力支持，本书的写作才得以启动。在本书写作之前，本应以从容的心态，做较长时间的前期准备，但限于条件，我也未能与其他作者做充分的交流和讨论。这种题材的专著，如要做得精细，再多花几年时间都不为多。本书写作组自从我2014年致信主要成员，提出写作构想，就算是正式成立了。在写作之初，笔者就对合作者们说，我已经七十多岁了，时不我待！只能是抛砖引玉了，先把问题提出来，把观点亮出来，精雕细刻的工作只能由年轻人继续去做了。至于赞成与反对、确证与否证等等，只能任人评说了。

## 《中国社会学：起源与绵延》后记

本书写作提纲经作者们反复讨论，前后召开了六次讨论会；课题组还多次举办讲座，先后邀请担任中华孔子学会副会长的中国社会科学院儒学研究专家李存山研究员、担任首任中国道学研究会会长的中国社会科学院胡孚琛研究员、中国社会科学院道教研究专家王卡研究员、北京大学中国社会史研究专家赵世瑜教授、中国社会科学院历史学部主任刘庆柱学部委员，以及中国社会科学院社会人类学家罗红光研究员等担任主讲嘉宾，并与课题组成员进行深入讨论和交流；邀请曾担任山西省社会科学院政治法律研究所所长的中国政治学史专家楚刃研究员、中国社会科学院李存山研究员参与写作和讨论。完成初稿后，课题组三次召开统稿会，在课题组成员深入讨论的基础上，许多作者几易其稿。然后，第二章由毕天云、高和荣、宋国恺统稿，第三章由邓万春统稿，第四章由高和荣统稿，第五章由毕天云统稿，第六章由高和荣、何健统稿。诚邀中华孔子学会副会长、国际儒学联合会学术研究委员会主任、中国社会科学院哲学研究所李存山研究员，山西省社会科学院政治法律研究所楚刃研究员参加定稿会，定稿会前后，他们二位审阅了大部分书稿，并提出宝贵意见。最后，由我修改定稿。在本书写作和统稿过程中，高和荣、毕天云、邓万春协助我做了许多工作。高和荣、宋国恺分别在厦门和北京承办过几次讨论会和统稿会，中国社会科学院社会学研究所办公室和科研处协助我举办了多次讲座和会议。在此，特对李存山、楚刃两位研究员，各位统稿人，执笔者和参与者表示衷心感谢！但本书在观点上可能的错误，在细节上难免的缺憾，理应由我负责。

本书在考察概念的起源和演变、讨论其社会学含义和功能、比较其与西方社会学相应概念的异同时，借鉴了国内外大量文献，受到了包括史学界、社会学界以及相关学科许多学者的颇多启发，在此一并致谢！在写作和统稿过程中，虽然强调并重视引文加注和开列参考文献，但疏漏和差错恐难避免，亦请大家多加指教和包涵！

本书作者执笔情况如下。（略）

本书的出版，得到社会科学文献出版社谢寿光社长，童根兴、佟英磊责任编辑的大力支持，谨表示衷心感谢！

景天魁

2017 年 8 月 26 日

# 华夏品位的社会学

## ——2017年5月18日在中国人民大学 "郑杭生社会学大讲堂"的演讲

非常感谢洪校长在百忙之中来主持我们今天的这个讲座,非常感谢冯仕政院长还要担任点评。我今天讲的这个问题是一个争议很大的问题,某种程度上讲,我们社会学关于这个问题的争论已经持续100多年了。对这样一个问题有不同的理解是非常正常的,我今天也不过是抛砖引玉,讲一下最近做的一点研究。各位有什么问题我们最后可以留出来半个小时提问,如果我讲的过程当中希望即兴问的也可以。

我今天讲的题目是"华夏品位的社会学"。可以说是郑杭生老师命题,我来交一份答卷。"华夏品位"是郑老师提出的中国社会学的几个特色之一。2015年在郑老师的追思会上,当时我的发言就是试图谈谈"华夏品位",我觉得郑老师出了一个非常好的题目,当然郑老师关于中国特色社会学还有很多精辟的论述。"华夏品位"这是一个很大的问题,也可以说是我们中国社会学界直到现在还没有解决好的问题。郑老师的意思就是中国特色社会学的这个"中国特色"是什么?他认为就是华夏品位。什么是华夏品位?这个问题比较复杂,这是一个很大的题目。

## 一 历史基础

特别是我们现在要考虑中国社会学的崛起,我们现在整个社会学界大家主要的精力都投入对现实问题的研究中,这个当然是非常正确的,现在中国发展这么快、这么好,提出了很多重要的问题,这对于我们社会学的繁荣和发展都是一个很重要的机遇,这当然没什么问题。我想中国社会学要想在世界上真正赢得话语权或者实现现在所说的"崛起",光有现实问题的研究还是不够的,还必须有对历史问题的研究。换言之,不仅要有现实基础,还要有历史基础,而且这两个方面是不可分割的。也就是说,如果我们的历史基础奠定不好,现实基础恐怕也建立不起来。我们如果回头总结社会学最近这一百多年的历史,我觉得这样讲并不过分。

2014年,我在南开大学和华中科技大学都讲到了这个问题,费孝通先生晚年一再强调的也是这样一个问题。大家想想看,这个逻辑是很清楚的,100多年来,如果我们说中国没有本土的社会学,必然的推论就是从严复翻译斯宾塞《社会学研究》开始,中国才有社会学。那么这个社会学只是西方社会学在中国的传播,因此整个中国的社会学史过去几千年是一片空白,由此必然得到一个推论,就是中国社会学史是西方社会学在中国的传播史。再进一步的推论,就是我们今天回答中国的问题,理应照搬西方的概念和理论,既然你的社会学是按照人家的传播过来的,你自己没有,那么你还讲什么中国社会学的话语权?根本就是无从谈起。问题是我们能认可吗?我们中华文明五千年,我们有这么丰厚的学术资源,我们的文明可以说灿烂辉煌,这个问题对于我们来说不是一个小问题。

## 二 关于"群学"

中国古代到底有没有本土的社会学?关于这个问题有好多人思考过。严复1897年翻译斯宾塞的《社会学研究》,为什么把社会学翻译成"群学"?关于这个问题严复自己做过很多很清楚的说明,那就是他发现斯宾塞的"社会学"和"群学"正相合,是一致的。他从好几个方面讲了把它翻译成"群学"的理由。大家想想看,"社会学"这个词,我们中国古代是没有的,是清末民初从日本转译过来的。在严复翻译斯宾塞《社会学研究》之前,已经从日本传过来了"社会学"这个词,这一点严复是清楚的,并不是先翻译为"群学",后来才有转译来的"社会学"这个名称。严复为什么经过很长时间的思考,最后坚持要翻译成"群学"呢?美国哈佛大学的教授本杰明·史华兹,在他写的《古代中国的思想世界》一书

## Ⅱ 群学概念体系

中，有一个很精彩的回答。他说，严复为什么明明知道这个"社会学"的词而不用？他认为严复看不起从日本翻译过来的"社会学"这个名称，日本是东方小岛上的"岛夷"，严复认为自己对中华文化的了解远比日本人高明不知道多少倍。[①]

在严复之后，大家都知道梁启超一开始在对待荀子的观点上跟康有为是完全一样的，因为他们要变法，他们比较推崇孟子，不大赞成荀子。但是梁启超在后来的一本书里面，第一个明确地讲荀子是社会学的巨擘，用咱们现在的话说就是旗手、创始人。而且梁启超也概略地讲了为什么说荀子是社会学的巨擘。这两位都是中国人、清末民初的。20 世纪 30 年代，有一位外国人拉德克利夫·布朗，是英国功能主义大师，当时燕京大学的社会学系主任吴文藻先生请他来讲学。他在讲课的时候就讲，战国末期的荀子就是社会学的老祖，创立了这个学科。费老晚年好几次提到这个论断，而且费老讲自己年龄大了，要不然的话，真想好好研究一下荀子的书，体会一下拉德克利夫·布朗为什么这么讲。费老讲这个话的时候已经90岁左右了，他甚至还作自我批评，说他很后悔当初没有好好跟潘光旦老师学。我们中国社会学家中，潘光旦先生是对中国儒家的社会学下过很大工夫的。1940 年，有一位丁克全先生，他在日本的帝国大学读社会学的时候，就作过一次演讲，论证社会学不是西方独有的，我们中国也有。丁克全先生是东北师范大学教授，在社会学恢复重建以后，他担任吉林省社会学会的第一任会长。台湾地区有一位老先生叫卫惠林，在他写的《社会学》一书里面明确指出，荀子是中国第一位社会学者。这些老先生讲荀子是社会学家，言之有据，可为什么百年来这样一个观点不见于我们的学科史？不见于我们的社会学史？不见于我们的教科书？这个事情，奇怪在哪里呢？近百年来，没有一个人站出来说这几位老先生说的话是错的，没有人能够论证说荀子不是社会学家。既然没有人反驳，可为什么老先生们的这个观点却不被接受呢？这是需要我们深思的一个问题。

昨天上午我参加了一个会议，最近大家都很清楚，我们提出要建设中国特色的社会科学体系。回到我们刚才提的这个问题，大家就可以想象，

---

① ［美］本杰明·史华兹：《古代中国的思想世界》，程钢译，江苏人民出版社 2008 年版，第 302 页。

严复翻译斯宾塞是 1897 年开始,《群学肄言》1903 年出版。当时中国社会是什么样子的呢？1840 年鸦片战争，1894 年甲午战争，东方一个蕞尔小国把一个泱泱大国打得稀里哗啦，中国人的文化自信彻底崩溃。在那个时候，谁还能讲中国古代还有一个什么好东西，那就会被嗤之以鼻。中国的传统文化、中国古代的学术，那全是造成中国落后的根源了，你还说什么？所以可以理解，严复当时坚持把"sociology"翻译成"群学"，看来也确实是顶着很大的压力。但是顶不住，很快"群学"这个译法就被淘汰了，"社会学"被广泛接受了。

从学术研究本身来说，这个事情我们今天应该怎么看待？以上提到的五位老先生，当然不止他们几位，他们讲中国古代有社会学，荀子是社会学家。但是，他们确实没有具体地讲一讲"群学"到底是一个什么样的学问，"群学"的具体内容到底是什么，所以今天我们大家都不大了解。这个事情也怨不得后来一代代的年轻人，大家不清楚，不知道群学是什么，怎么能够去接受呢？所以最近这些年来，我带领了一个 28 人的团队奋斗了三年，写出了一本书，即将出版，这个书名就叫《中国社会学：起源与绵延》，就是试图回答这个问题。

## 三　史海拾贝

要讲清楚"群学"的内容是什么，从哪里讲起？这就涉及一个很关键的问题。怎么能够证明一个学科的存在？一个学科的存在与不存在最根本的依据，或者说标志性的东西是什么呢？就是基本概念和概念体系。举一个例子，欧几里得的几何学存在不存在？什么叫欧几里得几何学？就是平行线定理，大家都学过。在数学史上，只要你讲有平行线，这个就是欧几里得的几何学。所以我们可以把基本概念和概念体系作为一个学科存在与否最根本的依据。当然对于学科标准有各种各样的说法，但是我觉得那些都不是主要的，诸如大学里要设置课程，要有教科书，有老师和学生，我认为这些都是后话，有这些当然更好，但是这些都不是最根本的标志。最根本的是这个学科基本概念有了，概念体系有了。

这样的话，我们就有必要来梳理中国社会学的概念体系，这是一个很

## Ⅱ 群学概念体系

"笨"的工作。我们中国的学术文献浩如烟海,要想把这个概念体系整理出来,确实是非常费劲的。摆在面前的概念非常多,到底挑选哪些?联系到现在我们讲的学术话语权,对于论证中国社会学的历史存在性来说更加是这样,如果梳理不好基本概念和概念体系,那么所谓学术话语权就是空谈。所以这是一项非常基础性的工作。

我们顺着严复、梁启超、拉德克利夫·布朗、卫惠林、丁克全他们提供的线索来梳理概念。严复和梁启超都讲到核心概念——群、分、义。梁启超还列过"群学"的三个基本命题:人生不能无群、明分使群、义为能群之本原,这些都是《荀子》书里面讲过的。2015年,我在《中国社会学源流辨》一文中对荀子"群学"的基本内容作过一个表述,认为"群学"是以墨子的"劳动"概念——他用的是"强力""从事"——为逻辑起点,以荀子的"群"概念为核心,以儒家的"民本"概念为要旨,以礼义制度、规范和秩序为骨架,以"修齐治平"为功用,兼纳儒墨道法等各家之社会范畴,所构成的中国社会学的早期("早熟")形态。这是2015年我总结成的一个表述,当然也不一定准确。

按照这样一个表述,我们可以说"群学"的要义就在于合群、能群、善群、乐群,这就是中国社会学的基因。梁启超曾经讲,"合群是第一要义",我们形成了如此伟大的中华民族,如此繁盛的社群,这不就是合群吗?我们中国人最讲合群。我们建立了长城内外、大河东西、长江南北如此伟大的国家,这还不是"能群"吗?我们铸就了各美其美、美人之美、美美与共的融合56个民族的大家庭,这还不是"善群"吗?我们"四海之内如一家",天涯海角若比邻,现在又倡导"人类命运共同体",这还称不得是"乐群"吗?在荀子的书里面,对于"合群""能群""善群""乐群"有很多表述。比如他讲为君之道,就是你怎么当君主呢?首先就是要"能群"。怎么"能群"呢?就是能解决人民的生产生活问题,善于治理,善于任用人才、任用干部,能够给人们各种待遇,那么人民则亲之、安之、乐之、荣之。于是天下归心,这叫"能群"。其他的像"合群""善群""乐群",做法不同,但是根本道理都是一样的。

由此生发开来,"群道"之基因,贯通于修身、齐家、治国、平天下各个层次,规制于君臣、父子、长幼、夫妻、亲朋、邻里、族群等各种关系,体现于礼、法、家训、乡规、民约等各种制度和规范,融汇于家国、朝野、士农工商，发挥于族群间、国家间、天下人世间。

离开"群学"这样的学问，我们很难解释中华民族为什么能够构成这样伟大的一个族群，形成这样绵延几千年的文明，形成这样一个虽然分分合合，但是有这么强大生命力的国家。它真正的基因，真正的根源应该在于群的观念、群学理论。换言之，群学也就是我们中华民族、中华文明这几千年发展过程的总结，是我们学术思想的精华。

## 四 概念体系

我们就在中国社会学这悠悠两千多年的源流中，以"淘宝"的方式精选出来34个概念，将其中的4个，就是群、伦、仁、中庸确定为基础性概念；将其他30个基本概念分了四个层次，这是受严复的启发，按照"修齐治平"区分概念层次。修身层次的基本概念是身、己、性、气、心态、"社"与"会"、天、自然；齐家层次的基本概念是：家、宗族、孝、礼、义、信、利；治国层次的基本概念是：国与民、国土、士、王道与霸道、贤与能、科举、公与私、秩序、位育；平天下层次的基本概念是：天下、势、变、和合、多元一体、大同。这样就是4个基础性概念，30个基本概念。

我们主要致力于从中国的浩瀚文献中发掘、申义、辨识和梳理概念，初步建立了这样一个概念体系。当然，这个概念体系有点完整性，但是不具有完善性。很多地方也未必那么恰当，也可能有疏漏。但是，毕竟群学概念体系是梳理出来了，我们就用"群学"的概念体系来证明中国自古就有"社会学"。正如上述所言，一个学科最根本的标志就是有没有概念体系，如果有，那么就不应该否定它。

关于这个概念体系我作以下几点说明。

第一，概念的属性问题。这些概念，无论基础性概念还是基本概念，为什么说它们是社会学的概念？这个说来话长，涉及几个学科的历史，我不可能讲得很细，但是可以大概地讲一下。中国的学术概念确实和西方的概念有很大的区别，不光是社会学，其他学科也是一样。西方学术很重视划定概念的外延，画个圈，这个圈里面是中国一个概念，圈外面是别的概

## Ⅱ 群学概念体系

念。逻辑学讲什么是概念？概念分内涵和外延，外延就是画圈。例如，这个圈里面是中国人民大学，外面不是中国人民大学。中国的概念不是这么构成的，中国的思维强调整合，好多概念在不同学科里面是共通的，但是在各自的学科里面也有它自己的含义。所以，像仁、义、心、天、和、合这些概念，大家以往都把它们看作哲学概念、伦理学概念。

这样一种看法是有其原因的，并不是本来就这样。中国历史上确实不但没有"社会学"这个词，也没有哲学、逻辑学、经济学和数学等词。这些名称什么时候有的呢？就是我刚才讲的，清末民初，从日本转译过来的。转译过来以后，各个学科对待历史遗产的态度就不一样了。比方说哲学，本来欧洲人也不承认中国有哲学，正像不承认中国古代有社会学一样。德国的大哲学家黑格尔就讲中国没有哲学，欧洲人还讲中国没有数学，至少不久以前西方人还不承认中医是医学。过去，中医在国外是不能登大雅之堂的。那个时候我们中国有人出去行医，都在人家的医院旁边。中医开了单子不能去拿药，还得经过西医的医生签字认可，才能到药房去拿药，就是根本不承认中医是医学。现在中医的很多治疗方法，包括针灸、拔罐，在西方国家都很风行。但是哲学和社会学的命运不同。大家知道，1931 年胡适写了一本《中国哲学史》，他没有往下写。到 1938 年，冯友兰先生就写了全套的《中国哲学史》，这个书出版以后翻译成了英文，欧美学者一看，原来中国有哲学。但是还有人例如法国的德里达还是坚持说中国没有哲学。可是那段时间我们社会学界没有人来做这个事情，所以只在哲学书里面讲仁、义、心、天等。于是大家就觉得这些都是哲学概念。先入为主嘛！可是，我们现在翻开荀子的书看看，荀子讲义，不是完全作为一个伦理概念来讲。荀子讲义也是一种社会关系，甚至也是一种社会组织，也是一类社会行动。

《论语》中孔子的伦理学色彩比较明显。但是到了孟子，提出仁政，那是孟子很重要的政治学色彩。到了荀子讲仁义等，他着重讲的就是社会关系、社会结构，士农工商社会分层。我们现在还搞分层，不也是士农工商吗？荀子那时候就讲得很清楚了。所以与哲学相比，我们社会学晚了一步，大家就有一个先入为主的观念，就以为这些概念好像只能是哲学概念，不能是社会学概念。其实在古代的时候不是这么分的，这些概念里面有哲学丰富的内容，也有社会学丰富的内容，特别是到了荀子，大量讲的都是社会学的内容。

还有一些概念，伦、礼、气、位、势、小康、大同这些概念，那可以说是有非常典型的社会学色彩，深具中国特色和中国风格。哲学家们也没有人说这些概念不是我们社会学的。我前面讲的潘光旦先生写了好几篇文章专门论述"伦"这个概念。费孝通先生提出"差序格局"，也是按照亲疏次序来推的，这是社会学的味道。潘光旦先生甚至还说过，过去翻译错了，最初的时候不要把讲道德的那个翻译成伦理学，应该把我们的"社会学"翻译成伦理学——人伦之理。社会学是研究社会关系的，社会关系就是人的关系。人际关系的礼仪不就是伦理吗？所以应该把"sociology"译为伦理学；而现在翻译成"伦理学"的应该翻译成"道德学"。我们现在不讨论学科名称的翻译问题，但要承认这些概念的社会学色彩是很浓厚的，内涵是很丰富的。

这样 34 个概念，就确凿无疑地表述了"群学"——"合群""能群""善群""乐群"之学。我们可以看一下"修身"这个层次的概念和"合群"的密切关系。身、己、性这些都是主体性的、个人层面的。为什么中国古代不讲孤立的个人呢？我们中国的文化和西方有很大的区别，把这些主体的概念，个人性的概念合理地引导到了群体性的概念。其中一个转折贯通的就是"气"。"气"既是个体的，又是社会的。气贯通的是形神、群己、天人的关系，然后就进入"身"，由"心"进入人类社会，进入到人与天，进入到人与自然。因为"气"能够治气养心，养浩然之气，就成为能够贯通修身层次的枢纽。又比如"心"，孙中山曾经讲过，所谓治国，很大程度上就是发端于心理。还有中国讲的"社"和"会"，与西方的"社会"这个概念也是有区别的。然后到了"修身"的外在层次，就是要处理好天人关系，以德配天，以诚配天，慎独这些也都是"修身"的重要内容。最后"修身"的最高层次就是达到"自然"，就是正确地对待心身关系、性命关系、人我关系、群己关系、社会关系、天人关系，最后达到人和自然的和谐统一。

"能群"这个系列的概念，我们放到"齐家"这个层次上来讲。人不仅要合群，还要"能群"。怎么"能群"呢？就是个体要进入群体，首先是进入因血缘纽带联系起来的"家"，然后进入"家族"，进入"家"和"家族"以后就要发生成员之间的关系。处理好这些关系，就要讲义、利、信、孝、礼、家、宗族。举一个例子，比如大家都把"孝"理解成孝敬父母，好像是一个完全伦理性的概念，其实并不尽然。我们可以体会出，在一个家庭内部和家族之间，沟通极其密切。如果采取与家庭和家族以外的人打交道的方式，这个交易成本就会很高，每个人沟通就很困难。怎么办？就要想办法减少家庭成员内部和家族成员内部的交易成本。这个方法就是孝。规定了孝的行为，大家都照着这个孝道去做，这个交易成本就大大地减少了。所以孝是一个处理社会关系的规范，不光是孝敬父母，甚至后来还实行了"以孝治天下"。

从"治国"这个层次上来讲，大家知道，"治国"是《荀子》一书最重要的内容，其中有很多篇，"王制""富国""王霸""君道""臣道""强国"等，都是讲的治国。这个概念内容很丰富了。

"乐群"是"群学"到了"平天下"的层次，"乐群"就是"为万世开太平"。怎么"乐群"呢？首先要能够洞察和把握天下的"大势"，就有了"势"这个概念。要去把握天下大势，就要善于"变"，就是权衡、应变。权衡应变怎么能够做得好？就是讲和合。所以后来提出了多元一体，多元一体在世界范围内来讲就是天下大同。所以在这个层次上，天下、势、变、和合、多元一体、大同这些概念都是讲的"乐群"。

## 五 结语

归结起来讲，由这34个概念，我们就可以具体地论述和表明什么叫华夏品位社会学。华夏品位的社会学就是"群学"。"群学"是什么学？"群学"就是合群、能群、善群、乐群之学。这样的"群学"有什么功用？修身齐家治国平天下，就有这么大的功用。

这几点，是我对郑先生这个命题——"华夏品位"的一点理解。算是一份答卷。最后，我想读一下我书里面写的一段话。龚自珍言，"欲知大道，必先为史""灭人之国，必先去其史"。我们也可以说，欲立其学，先立其史；欲兴其学，先正其史。中国社会学如果没有历史基础，那就很难实现崛起，或者即使发展了，那也只能被看作西方社会学在中国的推广和应用，谈不到中国社会学的崛起。而如果立足于自己的历史基础，中国社会学就能够凸显自己的特色、风格和气派，就可以在古今贯通中，形成自己悠久深厚的学科积累。

我就讲到这里，谢谢各位！

**提问一：**
我长期在国外，对咱们中国社会学极其不了解，今天听了景老师的讲座深受启发，觉得非常有意义。我有一个问题，经常听说忠孝礼仪，现在听您讲这个基本概念，忠孝礼仪已经有三个基本确定了，孝、礼、仪都讲了，为什么没有"忠"呢？

**景天魁：**
关于这个问题我们讨论了好几次，应该说都是连在一起，不能取舍的。大家觉得"忠"更多还是讲君臣、君民的关系，更多的是政治的含义。在家里面，那就是"孝"。当时我们考虑我们是社会学，主要还是社会这一方面，政治色彩比较浓的给政治学算了。一开始其实有这个"忠"，后来大家觉得还是不要都纳入进来，如果纳入进来的话，你的这个社会学体系和政治学有什么区别？所以我们就把它舍去了。古人确实把"忠"的概念都紧紧地拴在一起的，不能分开去写。但是我们最后选的这34个概念，是从100多个概念里面慢慢地捡选出来的。我们觉得不要弄得太多，如果那么多有点乱。所以最后就是30个基本概念和4个基础性概念，这个"忠"就是在这个过程当中被减掉的。

**洪大用：**
刚才景老师讲了一个很重要的问题，就是我们现在看中国的传统文化，其实跟当初19世纪的时候看中国文化又是不一样的，我们已经学了西学，我们知道这个学科之间的划分，包括社会学和政治学，我们再来取舍中国哪些是属于社会学意义上的概念，哪些是政治学意义上的概念，所以也是在不断地重构我们的传统。还有很重要的一点，刚才景老师提到群道，但是没有讲人道。西方讲人道，讲人的权利其实他是从个人出发的，中国从历史上来讲总是强调"群"的概念，这个"群"也不完全是个人的，是有一个关系的概念。所以说这个里面有很多有趣的东西。我们非常

## II 群学概念体系

期待您的书的出版,我们原来有一个想法,就是想写"中国社会学"。

**景天魁:**

刚才讲到"群道",其实当年梁启超很想把"群道"写一写,我估计他可能比较忙,还搞政治的事情,他写了一篇就不写了。我感到很遗憾,我很想找一找他后面是不是还有这方面的论述。当年清末那些思想家对这个问题都很重视,当时"群学"热起来了,后来"社会学"传进来以后,慢慢地把"群学"取代了,本来他是想把"群学"搞起来的。

**洪大用:**

刘少杰教授写了《当代西方社会学理论》,写了一个《经济社会学》很重要,他有一本书叫《中国社会学的发端与拓展》,对梁启超、康有为和谭嗣同等进行研究,在近代思想的变化过程当中探索社会学的根源。那是西学东渐的开始,我觉得那个书的意义,可能对于整个社会学长远的发展意义更大一些。

**提问二:**

老师您好,我是信息学院在职班的。您是国际社会学会的副会长,写了有十几本书,其中有一本是《底线公平是和谐社会的基础》,这本书我们所有的学生都愿意看。我们追求和谐,倡导和平,和谐社会的概念基础到底是什么?我想在这个课堂上请您再讲一讲。另外目前这些破坏社会和谐的一些现象也比较严重,比如说暴恐犯罪、邪恶犯罪、毒品、跳楼、割喉、静坐、练气功等都是社会问题,影响社会和谐发展。我问的问题就是,和谐社会的概念和基础到底是什么?谢谢老师。

**景天魁:**

"底线公平"的概念我最早提出是 2002 年在吉林大学的一个演讲当中。到 2004 年,在北京办了一个国际社会学大会,我在大会上有一个主题发言,就正式地讲了底线公平这个概念。为什么中国要建设和谐社会要以底线公平为基础?我的书名就表述了这么一个意思。就是因为中国这个国家和欧洲很多福利国家有几个非常大的区别,我们的人均收入水平比人家低得多，我们的城乡差别、地区差别比人家大得多。而我们又不大可能在短短的时间内消除这些差距，普遍地提高人们的收入水平，尽管这些年有不小的提高，但是同欧美国家相比还有很大的差距。这就面临一个难题，我们要建设和谐社会，要建设社会福利怎么办？当时有一种观点认为我们现在没有条件，等我们以后经济发展了，我们有钱了再说。很多部门不这样说，但是实际上是这样的。那几年对于搞社会福利没有这么积极，我们看到的就是农村里面没有基本的医疗保险，老农合也没了，所以好多老人得了病就在家等死。义务教育，当时好多民办的农村的学校老师发不出工资，小孩就辍学。当时提出一个口号叫作"社会教育社会办"，话说得很漂亮。当时特别是农村的女孩，辍学率是非常高的，从20世纪80年代中期到90年代中期，甚至到末期，那十五六年的时间就是这个情况。

所以我就讲，我们不能够等待中国的经济发展水平高起来以后再去进行社会福利和社会保障建设。那样的话，将会有一两代人就算过去了，该死的就死了，该误的已经误了，这是显然不行的。那么怎么办呢？要从解决人们的基本生活，基本生存，发展的基本需要出发，就是先要解决他的最低生活保障水平和收入水平，要普及九年制义务教育，要保证基本的公共医疗，这就是当时划的三条底线。再扩展一点说，当我提出这个东西以后，到中央提出建设和谐社会，我们运用这个概念来归纳，怎么建设和谐社会？中国社会矛盾这么多，又处于发展转型期，大家都看到了，案件增长的比例很高，你怎么和谐？

要建设和谐社会，先把我们的基本生活问题解决好。这样，社会大的面就可以稳定下来，我们中国老百姓要让他有饭吃，有学上，有了病还能看病。这个问题如果解决不了，怎么和谐？搞社会学的都知道，社会矛盾很多，到处是群体性事件。所以在这种情况下，底线公平是建设和谐社会的基础，大概是这么一个意思。

**洪大用：**

景老师当年提出"底线公平"的时候，讲到有饭吃，有学上，有基本的医疗能够保障。我们在集体化时期有一些制度安排，市场化改革以后，确实有一段时间，在座的老师可能经历过，确实在中学阶段班主任工资要靠学生回家去催税，催父母去缴税，缴了税以后才给教师发工资。有的农

## Ⅱ 群学概念体系

村辍学的女孩很多，在 20 世纪八九十年代的大学当中不是这样的，那个时候男生多，女生少。现在反过来了，基本上我们学校的在校生是女生多，男生少。因为基本上农村的男孩，现在的教育体制对男孩不利，男孩分流得比较早，一般初中可能就出去打工了，不再上学了，高中的上了大学就走了。城里女生本来就多，所以基本上城乡女孩进入高等教育的机会跟男孩是很不平等的，所以跟我们和谐社会一些基本的制度保障是相关的。

**景天魁：**

"底线公平"提出来以后，首先就是广东省委，大概在 2005 年把这个"底线公平"写到它的省委的报告里面去了，是社会建设的指导原则，当时广东给我打电话，说你这个"底线公平"被写到我们省委文件里面去了。后来我看浙江还有几个省的文件里面，也都接受了这个概念。现在看来，倒不是说这个概念本身有多大价值，而是说我们中国这些年的社会保障确实发展得很快。原因就在于我们看清了中国的国情，没有搞西方那么高的福利。

**提问三：**

景老师，我问一个非常简单的问题，我们今天的题目叫"华夏品位的社会学"，为什么不叫"华夏社会学"，我们怎么理解"品位"这两个字？

**景天魁：**

中国人用词是非常考究的，我最初看到郑老师提到"华夏品位"，我觉得这个好，我就好好查了查中国人到底怎么用"品位"这个词。中国人大家知道我们是充满自信的，这个"品位"是来自于什么地方？文明和野蛮的区别在于有没有品位，这个词是很能表现我们中国知识分子对我们中国文化的这种自信。我们是一个有很高的文明等级的民族，所以我们都要讲品位。大家看到"品位"这个词被广泛地运用到了区别人的等级，把人区分为真人、圣人、贤人、俗人等，那就是品位。后来潘光旦先生讲"位育"也有这个意思，他认为，讲修身也好，齐家也好，治国也好，平天下也好，最终就是一个人要达到这个社会最基本的要求，而且要让自己发挥作用，就是你的"位育"。所以品位是表示我们的文明等级的一个词，不是一般所说的那种"品质"。"华夏品位"是充满了浓厚文化自信的。

**洪大用：**
体现了品位和文化的自觉与自信。

**提问四：**
景老师您好，我想问一个问题。现在有些网友说中国的社会阶层的上升通道正在关闭，现在走向了一个阶层固化的状态，我想请问您怎么看待这个问题？这个现象对我们学生会有什么影响？我们怎么去应对这样一个趋势？

**景天魁：**
你提的是一个很重要的问题，要从我今天讲的内容来讲，我觉得也是很值得研究的。我们在梳理这个概念体系的过程当中就发现，我们中华文明为什么能发展得这么好？中华民族如果说 GDP 的话，很长时间在世界上绝对是领先的。我们国家的 GDP 总量最高时候达到将近全世界的 70% 以上，发达得了不得。欧洲人还在实行贵族统治的时候，我们中国社会已经创造了平民向上流动的渠道。所以我们在春秋战国时期，平民就可以很快上升。大家知道韩非子和商鞅，他们都是出身很低的。后来大家看电影，包括韩信忍受胯下之辱，都是原来社会地位很低，都可以上得去，统率三军，所以社会向上流动比较顺畅。从隋唐以后，我们就有了正式的科举制度了。科举制度就是平民老百姓只要好好念书，好好用功，就能考上官，就上去了。所以我们人才向上流动的渠道在历史上是非常通畅的。不像欧洲人，欧洲人那时候还是贵族统治。所以这个很值得我们搞社会学的研究，我们有很多很丰富的经验，历史中治理国家也好，治理社会也好，有很多宝贵的经验值得我们总结。

这些年我们都观察到了，大家都承认的，利益关系固化，出现了一些特殊的利益集团，他们发声的渠道也很强，干预能力也很强。年轻的同学会感觉到各种各样的因素妨碍和干扰了正常的流动，这种干扰应该说还是比较明显的。我念书的时候，我脑子里根本不懂得毕业以后还要去拉关系，还要去找门路，没有这个。只要你好好地学习，社会不用你自己操心。现在你的家庭背景、社会资本，全能够干扰到正常的上升渠道。具体的不是三两句话能够讲清楚的，我们需要改革的地方是很多的。当年孙中山在制订建国方略的时候就讲，中国的人才流动制度是全世界最先进的。他认为英国当年的文官制度就是学的中国的科举制度，当然后来英国改革了，后来发挥得好，用得好，咱们到后来反而扭曲了。

我再补充两句，我建议咱们青年朋友们要有高度的自信，特别是中国人民大学这样学校的学生，不要对自己的前途轻易地定义。我举我的例子，我是"文化大革命"期间大学毕业的，一毕业就把我打到了社会的最底层，生产队。我从生产队到人民公社，从人民公社到县，从县到省，再到北京，花了10年的时间。也就是我刚才讲，只要你修身修好，知识、能力各方面强了，你再努力，这个社会还是天生我才必有用。

**冯仕政：**

刚才景老师的讲座围绕中心命题"华夏品位的社会学"就是荀学，从概念体系的角度给我们做了详细的论证，我听了过后非常受启发，非常赞成，也非常感慨。

上过《社会学概论》的同学们都知道，我第二章会讲社会学的基本思想，在讲到基本思想的时候，我跟景老师的观点是完全一致的，就是社会学就是荀学，归根到底就是讲人是怎样分成群，人又是怎样合成群，把这个问题弄清楚就行了。从这个角度来讲，"社会学"没有翻译成"群学"，后来搞成"社会学"是一个很大的遗憾。大家说"社会学"，以社会为学，这是一个什么学问？大家就蒙了，摸不到头脑。人家还说经济学、政治学哪个不是研究社会的？就你研究社会？弄得我们都不好说什么。景老师的思想是非常深刻的，非常重要的。这个还不仅是我个人的一种感受，我觉得对于我们社会学，中国社会的发展来讲，景老师的思想以及后面马上要出的这本著作，一定会起到一个非常大的推动作用。

在座的基本都是年轻人，对中国社会学发展的历程没有很切身的体会。中国社会学是在1978年之后恢复重建的，在80年代末期，郑杭生老师就提出了"中国特色社会学"这么一个概念，当时他编了《中国特色社会学理论的探索》。当时很多人都认为是郑老师为了表示政治正确性的一个标签，好像都不以为然。说实话，当时我也不以为然，虽然我是郑老师的弟子。但是最近十几年大家看这个倾向，社会学界风向完全变了，大家都已经很深刻地感受到咱们中国社会学都跟着西方这么走是没有出路的，肯定是不行的。不只是老一辈的社会学家，郑老师、景老师这一代的社会学家有这种观念，年轻老师这种感受也越来越强烈，认为中国社会学必须转向。中国社会发展中大量的问题是用西方的理论、西方的范畴、西方的概念说不清楚的。我们的思维方式表现在我们的行为中，但是没有表现在我们的话语中，没有表现在我们的学问中，这是一个很大的缺憾。但是说走这个路不行，光是说"不"也不行，有人说中国应该说"不"。但是我们做事情不能只说"不"，还得说怎么行。光破不行，还要立，你不立起来不行。

所以我们下面怎么立？中国特色的社会学应该怎么建？不是说你的内心有忧虑，有个愿望就可以，你要扎扎实实地做工作。我想景老师的工作就是一个很重要的工作，这个工作从学术史、思想史上来厘清中国古人是怎么思考社会问题，对我们现在思考中国社会问题、思考社会学有什么借鉴意义，我觉得这个工作是非常重要的。这个工作重要在什么地方？一个是说中国社会学需要这个东西，第二个是说这个活有点吃力不讨好。现在大家都有很多更热门的话题，很快地拿到课题，很快地拿到奖状的。景老师组织一大帮人搞了很多年，可能要十年八年之后才能放射出光芒的工作，这个没有坐冷板凳的精神是很难做出来的。我觉得景老师的工作非常重要，随着时间的推移，他对于中国社会学，对于中国社会发展的重要性就会日益显现出来，越来越会显示这个重要性，所以我非常期待景老师这本书的出版。

对于年轻人来讲，景老师给我们做了一个很好的示范。就是现在面对大转型的时代，我们确实应该好好反省一下。刚才景老师说的这几句话我也是特别有触动，他引用了龚自珍的话，"欲知大道，必先为史"，观今必见古，无古不成今。用我们社会科学的话来讲，很多事物的变异你是发现不了的。所以景老师就讲"欲立其学，先立其史"，把历史搞清楚。我们20世纪50年代吃了大亏以后，对传统特别反叛，特别叛逆，那是有当时的历史背景，现在这个时期已经过去了，我们应该重拾文化自信，好好看一下我们的资源。要好好地反思一下，确实我们的很多思想是很深刻的。

## Ⅱ 群学概念体系

很多时候我们社会学琢磨了老半天搞了一个什么道理,有时候看到一句古文,说得很透,很深刻。比如讲社会治理,我想到一句话,"官不治民治;民不治贼治;贼不治匪治"。政府这里的东西管不好老百姓自己管,老百姓自己管不好就小偷来管,小偷管不好就出大盗,匪来管。把官民贼匪的关系说得很透彻,就有这么几个递进关系。刚才景老师也讲了,潘光旦先生一辈子特别强调中国"位育"的概念,"位"是什么意思?按其所也;"育"是遂其生也。"位"就是秩序,"育"就是发展。讲社会就是两个事,一个讲秩序,一个讲发展,这两个东西又有矛盾,所以才有了社会学。所以我们中国思想很多时候是非常丰富的,以前我们站在西方的立场上,我们身在福中不知福,不知道这个东西深刻。现在我们再看一看,也会发现很多不一样的感觉。所以我们要跟随景老师的精神,把我们的中国文化好好学习一下,好好反省一下,这样我们的社会学才有希望。用我们毛主席的话来讲,世界是我们的,也是你们的,归根到底是你们的。社会学也是这样,是我们的,也是你们的,归根到底还是你们的。社会学怎么发展,就看你们坐在下面的这些年轻人怎么思考问题,景老师做了一个很好的示范,按照这个路子走下去,我们中国社会的大路会越走越宽广。

我说这些话和大家共勉,谢谢大家!

**洪大用:**

谢谢冯仕政教授的点评。我们这次是社会学大讲堂的第二讲,我们通过大讲堂,不断地纪念我们人大社会学的奠基人郑杭生教授,同时更是着眼于中国社会学的长远发展,着眼于我们的人才培养。昨天是习近平同志召开哲学社会科学工作座谈会的一周年,景老师在京西宾馆参加了刘云山同志主持的座谈会,又进一步重温习近平总书记的讲话,提出推进中国特色哲学社会科学发展的这样一个具体的举措。自从去年讲话以来,在哲学社会科学领域有两个概念我觉得非常重要,一个就是中国哲学社会科学的学科体系、学术体系和话语体系建设,另一个就是要增进文化自信和文化自觉。我们讲到文化自觉,我们党叫文化自信,跟道路自信、理论自信和制度自信是关联在一起的,是作为最后的,但也是最重要的一个文化自信。我们研究社会学是研究中国社会,当然也是研究全球范围内的中国社会。我们自己要对本民族的文化有一种深深的自觉,有一种深深的自信,我们有这种自信，就可以开拓出自己的未来。

　　刚才那位同学讲到了阶层封闭的问题，其实我们只要是修身齐家治国平天下，通过自己修身修得好，自己的品行好，管理自己管理得好，每个人都会有成功的未来。我们社会学系有很多的杰出校友是这么走过来的，我也相信人大未来还会培养一批批这样的优秀学生。所以我们在修身、养性，把自己的德性、品行、学问做扎实了，我总觉得这个社会是天无绝人之路，只要你是个人才，是粒金子，总是有出人头地的时候，有你用武之地。这个社会深刻的社会变迁，提供了那么多的机会，完全可以施展个人的理想和抱负。请同学们不要被眼前的一些困难所吓倒，景老师讲的在农村待了十几年，我们在中国人民大学住在筒子楼，现在已经拆掉了，当时12平方米，住了有10年，都是这样，大家都是那么努力过来的。努力本身就是人生的一个组成部分，你如果说等着掉馅饼也是不现实的。所以我们要再努力，再修身，把中国的文化发扬好。

　　非常感谢景老师百忙之中抽空到中国人民大学作演讲，也非常感谢今天参加讲座的各位老师和同学，感谢大家的继续参与，本次讲座到此结束，谢谢大家！

# Ⅲ　群学命题体系

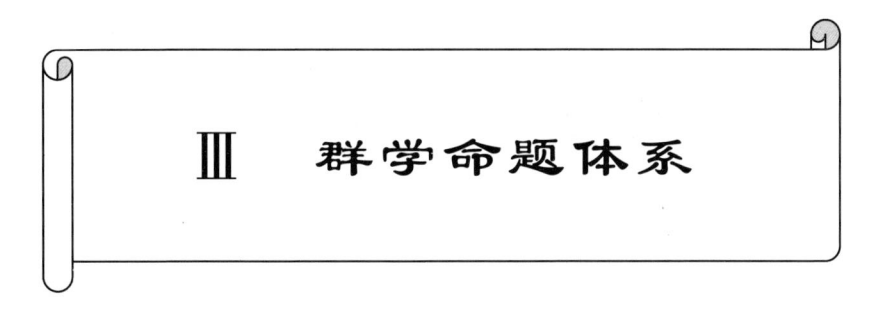

# 论群学复兴*

## ——从严复"心结"说起

1903年3月25日,严复在《群学肄言》译后感叹道:"惜乎中国无一赏音","吾则望百年后之严幼陵(严复字幼陵——引者注)耳"。① 现在,距离先生1921年逝世("百年")都已近百年了,我们应当如何理解并力图解开他的这一"心结"呢?依笔者愚见,严复译介斯宾塞《社会学研究》一书,正值甲午战争惨败不久,中国人的民族自尊、文化自信丧失殆尽之时。严复译书的初衷,本是希冀借西学之火种,让群学成为团结人心、鼓动民力民智的火炬,却眼见得西学之涌入大有湮没群学之势,故而感叹。果不其然,1903年之后百余年间,先是群学之"名"被"社会学"所取代,继而群学之"实"不仅鲜被提及,就连"中国古代没有社会学"这样一个从来未被论证过的说法也被莫名其妙地广为默认为"定论",以至于"中国古代有没有社会学"早已不成其为一个话题了。

那么,到底"中国古代有没有社会学"?近年来,我和我的研究团队在浩瀚的历史文献中史海拾贝,整理出了由4个基础性概念和30个基本概念构成的群学概念体系②,并进一步梳理出包括100多个命题的群学命题体系,据此证明了群学的历史存在性,论证群学即为中国古已有之的社会学或曰中国古典社会学。在这一研究基础上对群学有了几点新认识:1.荀子不只提出了"群"的概念,也不仅创立了"'群'论",而是创立了

---

\* 此文曾发表于《社会学研究》2018年第5期。后经作者做了补充修改,作为六卷本《中国社会学史》的总序(第一卷:群学的形成,已于2019年由中国社会科学出版社出版)。

① 严复:《译〈群学肄言〉有感》,孙应祥、皮后锋编:《〈严复集〉补编》,福建人民出版社2004年版,第12页。

② 景天魁等:《中国社会学:起源与绵延》,社会科学文献出版社2017年版。

· 159 ·

## Ⅲ　群学命题体系

"群学";2. 群学既与西方社会学在内容上"相合",又具有自己的鲜明特质;3. 群学作为合群、能群、善群、乐群之学,既包含了解释中国社会之所以繁盛绵延的密码,又内藏着促进中华民族实现伟大复兴的基因;4. 群学虽是"旧学",但在当代和未来堪当大任,负有新的重大使命,因而必将复兴。

## 一　群学正名

断言中国社会学只是"舶来品",只能以严复译书《群学肄言》为"开端",这就等于认定中国古代没有社会学。一百多年来,这一陈见未经过任何论证竟然成为不易之论,以至于以采纳成说为原则的《中国大百科全书·社会学》卷非常肯定地断言,西方社会学的引入"标志着中国社会学的开端"[①]。然而,中国社会学的开端问题不是一个单纯的学科史上的考证问题,而是与中华文明和中国学术的起源和特点、社会学产生的条件、社会学的性质和功能,以及这个学科在中国能否崛起等密切相关的重大问题。

中国古代有没有社会学?第一个思考这个问题的当是严复。当他接触到西方社会学,开始译介斯宾塞的《社会学研究》时,肯定思考过中国有没有类似的学问呢?他决意将该书译为《群学肄言》,将"社会学"这门学问追溯到战国时代荀子的"群学",建立起如此久远的历史关联,一定是有缘由的。试想,严复译介斯宾塞,正值中国人文化自信顿失之时,若按一般识见,哪里还有底气搬出自己的祖宗去与西学相比附?当此情境,严复仍能请出荀子,足见其眼光之卓绝。此一作为,实际上就是肯定了中国古代就有本土的社会学。

严复在《群学肄言》"译余赘语"中,指明了他将"sociology"译为"群学"的理由:第一,字词义相似。"荀卿曰:'民生有群。'群也者,

---

[①] 社会学卷编辑委员会:《中国大百科全书·社会学》,中国大百科全书出版社1991年版,第1页。

人道所不能外也。"①"群"和"社会"的字词含义,都是人群聚合。他列举近义词"邑"为证:"字书曰:'邑,人聚会之称也,从口有区域也,从卪有法度也。'"西学"国"字的界说与中国字书的解释亦相似,由此"可知中西字义之冥合矣"②。

第二,概念义相合。严复所说的"群",作为概念,就是西方社会学所谓的"社会"。他说:"群有数等,社会者,有法之群也。社会,商工政学莫不有之,而最重之义,极于成国。尝考六书文义,而知古人之说与西学合。何以言之?西学社会之界说曰:'民聚而有所部勒(部勒,东学称组织——译者注),祈向者,曰社会。'"③严复明确指出,荀子的"群"作为概念,与西方社会学对"社会"的界定是相符合的。由此"而知古人之说与西学合"。

第三,学科义相同。严复明确指出了他把 sociology(社会学)译为"群学",是因为它们的学科意义相同。"'群学'者何?荀卿子有言:'人之所以异于禽兽者,以其能群也。'凡民之相生相养,易事通功,推以至于兵、刑、礼、乐之事,皆自能群之性以生,故锡彭塞氏(即斯宾塞——引者注)取以名其学也。"④严复直接用荀子关于群的论述,解释斯宾塞的社会学,说明他认为这二者在学科意义上是相同的。

第四,关于群学的学科性质和功用。严复认为:"群学何?用科学之律令,察民群之变端,以明既往测方来也。肄言何?发专科之旨趣,究功用之所施,而示之以所以治之方也。故肄言科而有之。"⑤在这里,严复明确肯定了"群学"具有相当于斯宾塞意义上的西方"社会学"的学科性质,它不是如当时有些人从"群""学"的字面意思所附会的学科"总汇""总称",而是一个专门的学科。群学具有"诚正修齐治平"之功,

---

① 严复:《〈群学肄言〉译余赘语》,黄克武编:《中国近代思想家文库·严复卷》,中国人民大学出版社 2014 年版,第 373 页。
② 严复:《译余赘语》,赫伯特·斯宾塞:《社会学研究:英汉对照》,严复译,上海世界图书出版公司 2012 年版,第 3 页。
③ [英] 赫伯特·斯宾塞:《社会学研究:英汉对照》,严复译,上海世界图书出版公司 2012 年版,第 3 页。
④ 严复:《原强(修订稿)》,黄克武编:《中国近代思想家文库·严复卷》,中国人民大学出版社 2014 年版,第 8 页。
⑤ 严复:《译〈群学肄言〉自序》,黄克武编:《中国近代思想家文库·严复卷》,中国人民大学出版社 2014 年版,第 371 页。

## III 群学命题体系

是治世"之方",这是它的功用,亦即中国本土社会学的特色。

第五,关于群学的学科地位。严复高度肯定群学(社会学)的学科地位,称其在诸种学问中:"以群学为要归。唯群学明而后知治乱兴衰之故,而能有修齐治平之功。呜呼!此真大人之学矣!"① 那么,群学与其他学科到底是什么关系呢?在《国计学甲部》中,严复明确认为是"纲"与"目"的关系:"以群学为之纲,而所以为之目者,有教化学或翻伦学、有法学、有国计学、有政治学、有宗教学、有言语学。"②

既然严复肯定在荀子群学与斯宾塞所代表的西方社会学元典之间,其字词义、概念义、学科义、学科性质和功用、学科地位都是相合相同的,那么,显然,他认为群学就是社会学,这就明白无误地肯定了中国古代有社会学。他说:"群学西曰梭休洛支(Sociology)。其称始于法哲学家恭德(孔德——引者注)。彼谓凡学之言人伦者,虽时主偏端,然无可分之理,宜取一切,统于名词,谓曰群学。"③

可见,严复并未因荀子和斯宾塞地域不同、文化不同、时代不同、科学背景不同,而断言只有斯宾塞的可称"社会学",荀子的只能叫"社会思想"。严复并未在"社会学"与"社会思想"之间挖出一条鸿沟,他用荀子群学解释斯宾塞社会学,用群学命名(斯宾塞的)社会学,明确肯定了"古人之学与西学合",明确肯定了可以用中国之学解释西方之学,明确肯定了中国古典社会学与西方社会学是可以会通的。由此,严复成功地开辟了中国社会学与西方社会学会通的道路,为中国古典社会学的近代转型拉开了序幕。在这个意义上,我们应当说,严复之译介西方社会学,非译也,创新也!他让刚刚移入的西方社会学接续了中国社会学的传统或"地气",让当时渐失活力的群学传统焕发了新的生机。严复虽不像一些论者所说"是中国社会学的创始人之一",但确是中西社会学会通第一人,是中国社会学近代转型的开拓者。联想到当时对中国之学已开始弥漫的妄自菲薄情绪,联想到严复身后近百年来以西鉴中、以西代中的汹涌思潮,严复的贡献实在难能可贵!称此乃旷世之功,并不为过。

---

① 严复:《原强(修订稿)》,黄克武编:《中国近代思想家文库·严复卷》,中国人民大学出版社2014年版,第38页。
② 王栻主编:《严复集》(第4册),中华书局1986年版,第847页。
③ 王栻主编:《严复集》(第4册),中华书局1986年版,第847页。

在19世纪末20世纪初，看出群学与西方社会学"相合"的中国思想家不只严复一人。① 章太炎最以尊荀著称，他认为孔子之后唯荀子可称后圣②，他虽然从日本引入了"社会学"译名，却也发表了《尊荀》《后圣》《儒术真诠》等文章，"尝试将荀学与西方社会学合观"③。

梁启超在《中国法理学发达史论》中，盛赞荀子是"社会学之巨擘"。认为"荀子以义为能群之本原"，"与欧西学者之分类正同"。④

刘师培认为，即使用西方近代划分学科的方法，也可以从"周末"（春秋战国时期）诸子百家之学中，划分出心理学、伦理学、政法学、计学（经济学）、教育学等16个学科，其中，"中国社会学"赫然在列，居第四位。⑤ 他不仅从诸子百家之学中直接划分出"中国社会学"（可能是中国学者中最早正式使用此一学科称谓者），还曾尝试找到西方社会学与中国群学的结合点。

可惜的是，清末民初，西学大举进军中国，在中国军事上接连溃败、大清帝国不堪一击的同时，中国学术包括中国传统的政治思想、社会思想更是丢盔弃甲，溃败得比军事更不堪一提。中国人的文化自信迅速丧失，就连严复都顶不住压力，接受了从日本转口来的"社会学"译名。当此情境，谁人还会不识时务，去纠缠严复群学（以及他译介的斯宾塞社会学）与荀子群学的内在关联呢？辛亥革命后，一些学人争相对中国传统之学自贬自损，"五四"后更是大加讨伐，竞相以自毁门户为能事。中国人对自己的学术传统自信心都没有了，群学与社会学的名实之争，也就不是被学术辩论解决了，而是被"政治"大势解决了，随着国运的衰颓而被丢弃了。

如果我们今天不再想从中国自己的"土壤"（费孝通语）即学术传统

---

① 康有为、谭嗣同对群学与西方社会学的关系都有自己的理解，也很有价值。但因学术界对他们使用的概念的含义有争议，为避免岔开本文的主题，这里暂不讨论。

② 章太炎著，王小红选编：《二十世纪儒学大师文库·章太炎儒学论集》（下册），四川大学出版社2011年版，第971页。

③ 陈昭瑛：《人作为"类的存有"：荀子人文精神重探》，儒学 新浪.生命太极拳的博客转载，2016年1月15日，http://blog.sina.com.cn/u/2800456432。

④ 梁启超：《中国法理学发达史论》，《饮冰室合集》文集第五册，中华书局1936年版，第1317页。

⑤ 刘师培著，李妙根编，朱维铮校：《刘师培辛亥前文选》，上海文艺出版（集团）有限公司中西书局2012年版，第189页。

## Ⅲ 群学命题体系

中生长出中国社会学，只是想把移入中国的西方社会学当作自己的"开端"，群学与社会学的名实之辨也就没有多大必要了。严、章、梁、刘的陈年旧案就没有再翻出来加以讨论的必要了。

这个重要问题在中国学术史上确实是长期"失忆"了。严复思考过并实际已经回答了的"中国古代有没有社会学"的问题，因尘封过久而被遗忘了。因被遗忘，整整100年后，严复译书《群学肄言》"标志着中国社会学的开端"一说，竟然成为历史定论了。习惯成自然。自严复至今120多年，中国社会学界心安理得地"默认"了社会学只是诞生在1838年的西方，中国古代没有社会学的定论。

然而，在中国现代学者中，仍有敢于对此公开提出质疑者。费孝通先生作为中国社会学恢复和重建的领导者，念兹在兹的一直是建设一种什么样的中国社会学的问题。而在对这一问题的思考中，他提出了具有振聋发聩作用的文化自觉概念，正是在此一概念下，他多次提到拉德克利夫·布朗20世纪30年代在燕京大学讲过"中国在战国时代已由荀子开创了这门学科"。费老语重心长地说："我提出这个问题，愿意作为这篇谈话的结束，找到这问题的答案也许正是我们中国社会学者值得认真思考并去追求的目标。我已年老，这只能作为我的希望留给新的一代了。"[①] 费老在2002年，即他92岁时的那篇《继往开来，建设21世纪中国的社会学》[②]，尤其是他2003年的那篇学术生涯最后的长文《试谈扩展社会学的传统界限》[③]，实质性地为后人指明了方向。

同样"提出这个问题"的，还有曾担任吉林省社会学会首任会长的东北师范大学社会学家丁克全教授，他在20世纪40年代在日本学习社会学时，不仅"提出这个问题"，并且做过论证。但他是如何论证的，笔者未见到确切资料。从有人对他的生平介绍中，可以推测他当时是从中日文的用词含义，论证中国古代已有"社会"一词[④]，但对"中国社会学"的内

---

① 费孝通1993年在香港中文大学新亚书院座谈会上的发言。以"略谈中国社会学"为题，收录于《从实求知录》，北京大学出版社1998年版，第228—244页。

② 费孝通2002年11月3日在北京大学社会学系建系20周年庆祝会上的讲话，收入《费孝通文集》第十六卷，群言出版社2004年版，第69—74页。

③ 费孝通：《试谈扩展社会学的传统界限》，《费孝通文集》第十六卷，群言出版社2004年版，第147—174页。

④ 回清廉：《回族社会学家——丁克全传略》，《回族研究》1992年第1期。

容是什么，未见论及。还有中国台湾的卫惠林教授，在其所著《社会学》一书中也明确地称荀子是"中国第一位社会学者"。[①] 以上各位先贤均提出了穿透历史的卓越洞见。

到了今天，这一争论已经不是争其"名"——到底是叫群学还是叫社会学，这已经没有多大必要了，而是争其"实"，到底中国古代有没有"社会学"（类似西方社会学的学问），它能否以及应否作为我们今天实现中国社会学崛起必须追寻的学术史基础？更根本的，我们是否有必要以及如何实现中国社会学的崛起？对于默认"中国古代没有社会学"，这里也暂不从意识形态的角度例如欧洲中心主义之类去评论，而是从纯粹学术的角度，认为这其实是学术研究上欠缺了一项基础性的工作——说清楚群学到底有哪些具体内容。如果根本不知道群学是什么，怎么可能判断它是否是中国古已有之的社会学呢？上述先贤尽管指出了荀子群学就是中国古代的社会学，但并没有阐明群学的具体内容，也就没有摆出可资证明的根据，这样，就致使不知者当然也就无从判断了。我们整理出了群学概念体系和命题体系，不论在概念的阐释上、命题的表述上是否准确，总算有了一个评判的依据。尽管在西方社会学一方，"标准"也不一致，孔德、斯宾塞的社会学与后来的社会学也有不少区别，西方社会学至今也没有一个普遍接受的"范式"，甚至没有一个具有唯一性权威的定义，但是，以群学概念体系和命题体系在中西之间作比较总是可以了。正是在这个意义上可以说，群学概念体系和命题体系的构建，是对群学就是中国古已有之的社会学的正名。以下从群学研究对象和领域、方法和特质等方面为正名提供证据。

## 二　群学要义

荀子不仅仅对关于"群"的概念与"社会"的字词义、概念义相合，他还以群为核心概念，构建了群学的原初体系。换言之，严复将西方社会学译为"群学"，不只是找到了"群"这一个适切的翻译用词，而是肯定

---

① 卫惠林：《社会学》，正中书局1980年版，第17页。

## Ⅲ 群学命题体系

了群学这一学科的存在。

打开《荀子》一书，最直接讲到"群"的，首先是《王制》篇中的一段话："水火有气而无生，草木有生而无知，禽兽有知而无义；人有气、有生、有知，亦且有义，故最为天下贵也。力不若牛，走不若马，而牛马为用，何也？曰：人能群，彼不能群也。"① 然而，《荀子》全书不仅直接讲到分群、合群、能群、使群、善群、为群、利群、乐群、安群等，就是那些没有直接讲到"群"的篇章，其实也是与"群"密切相关的。关于群学的要义，涂可国将其概括为"人而能群的社会本质论、能难兼技的社会分工论、群居合一的社会理想论和明分使群的社会治理论四个层面"②，很有见地；王处辉、陈定闳、谢遐龄、吴根友、庞绍堂和季芳桐、杨善民等在他们各自所著的《中国社会思想史》一类③著作中都对荀学有专门论述，各有洞见，兹不一一介绍。笔者在《中国社会学崛起的历史基础》一文中，将"群学要义"概括为"合群、能群、善群、乐群"。④ 作这样一个概括，准确与否、全面与否，重要但不是最重要的。重要而且应当强调的是，我们努力将群学作为一门"学科"而不仅仅是作为"社会思想"来概括其内涵。⑤ 群学作为"社会思想"是并无争议的，而我们将群学作为"学科"却是直面了争议的焦点，翻了百余年来的"旧案"，这一言说是有很大风险的。

为什么说"群学"可称为"学"呢？不仅因为其作为"社会思想"的丰富性，还因为其具有"学科性"。理由正在于群学概念体系的内在逻辑之中。这其实是严复和梁启超早已提示过的，即所谓群学与西方社会学"节目枝条""暗合"⑥，"与欧西学者之分类正同"⑦。可惜他们对这一重

---

① 方勇、李波译注：《荀子》，中华书局 2015 年版，第 127 页。
② 涂可国：《社会儒学视域中的荀子"群学"》，《中州学刊》2016 年第 9 期。
③ 杨善民所著的书名为：《中国社会学说史》。
④ 景天魁：《中国社会学崛起的历史基础》，《北京工业大学学报》（社会科学版）2017 年第 4 期。
⑤ 至于"社会思想"与作为学科的"社会学"的区别，笔者在《中国社会学：起源与绵延》一书中曾经做过讨论，这里不赘。
⑥ 严复：《原强（修订稿）》，黄克武编：《中国近代思想家文库·严复卷》，中国人民大学出版社 2014 年版，第 37 页。
⑦ 梁启超：《中国法理学发达史论》，《饮冰室合集》文集第五册，中华书局 2015 年版，第 1317 页。

要提示并未加以展开,群学的具体内涵到底是什么也一直不甚了了。如果说,作为一个学科的"学科性",首先在于其是否具有相对独立的"研究对象和研究领域",那么我们认为群学是符合这一"标准"的。

### (一) 群学的研究对象与西方社会学"正同"

群学当然就是研究"群"。"群"既然是"人道所不能外也"。[①] 那么"群"也就是"社会"。具体地说,荀子群学所研究的"群"主要是以人伦为基础的社会关系。所谓"以人伦为基础",是因为"人伦"乃社会关系之"大本"。何谓"人伦"?荀子说:能够让不齐变得整齐,让弯曲变得有顺序,让不同得以统一的,就是"人伦"("'斩(不齐——引者注)而齐,枉而顺,不同而一。'夫是之谓人伦"[②])。荀子讲的"人伦",已经不是如他的前人那样停留在君臣、父子、夫妻、兄弟、亲友这些表层的关系,也不是血缘、地缘、业缘、友缘这些"分类"的关系,而是由社会分工造成的社会关系、社会地位、社会名分。这样理解的"人伦",也超出了一般所谓伦理道德的含义,而彰显了"群性"亦即"社会性"。孔繁认为荀子对社会的理解要比孔孟高明得多[③],此可为一佐证。

"以人伦为基础的社会关系"相对区别于政治的社会关系、经济的社会关系、法律的社会关系、文化的社会关系等。但这种区分只具有相对的意义。粗略地说,与孔子长于教人、孟子长于议政、老子崇尚自然、墨子兼爱尚同相比,荀子长于知世治世,更加专注于社会关系和社会治理。正如梁启超所言:"我国数千年学术,皆集中社会方面,于自然界方面素不措意,此无庸为讳也。"[④] 平心而论,荀子能够凸显出对于群性(社会性)的关注,在诸子百家中已数难能可贵。而最为可贵之处,集中体现在对群学要义的论述上。我们说,群学是合群、能群、善群、乐群之学,而合群、能群、善群、乐群都是社会关系的不同形式和状态。

第一,合群是群性在"分"的基础上展开的初级社会形式和社会状

---

[①] 严复:《〈群学肄言〉译余赘语》,黄克武编:《中国近代思想家文库·严复卷》,中国人民大学出版社2014年版,第373页。
[②] 方勇、李波译注:《荀子》,中华书局2015年版,第51页。
[③] 孔繁:《荀子评传》,南京大学出版社2011年版,第39页。
[④] 梁启超:《清代学术概论》,中华书局2010年版,第43—44页。

## Ⅲ 群学命题体系

态。它不是依靠动物性的本能而来的"合群性",而是由"分"而来的社会性。"分"字在《荀子》全书中出现了113次①,是贯穿群学的一个重要概念。不论是作为"名分""职分"等含义,还是作为分工、分类、分配等含义,其表现的是最根本的"群理":"人之生,不能无群,群而无分则争,争则乱,乱则穷矣。故无分者,人之大害也;有分者,天下之本利也。"② 荀子又说:"一个人不能同时掌握多种技艺,一人也不能同时身兼数职,必须分工合作,如果离群独居不相互依赖就会穷困,群居但没有名分等级就会争夺。穷困是忧患,争斗是灾祸,要救患除祸,没有比明确名分,使人们组成群体再好的了。"("而能不能兼技,人不能兼官,离居不相待则穷,群而无分则争。穷者患也,争者祸也。救患除祸,则莫若明分使群矣。"③)

荀子认为,"明分使群"可以"使有贵贱之等,长幼之差,知愚、能不能之分,皆使人载其事而各得其宜,然后使悫禄多少厚薄之称,是夫群居和一之道也。故仁人在上,则农以力尽田,贾以察尽财,百工以巧尽械器,士大夫以上至于公侯,莫不以仁厚知能尽官职,夫是之谓至平"④。如果按照字面含义,"分"与"合"是相反的,"分"可能是化解"群"的。然而,由于有分工,社会成员之间必须合作,必须"合群"。荀子在距今约2200多年前就洞悉了这个因"分"而"合"、由"合"而"群"、相反相成的道理,联想到马克思的劳动分工理论在其社会学中的基础性地位、涂尔干的第一本代表作即为《社会分工论》,将荀子的"明分使群"视为群学即其社会学的"第一原理"不为过矣。

第二,能群是在"义"的基础上达到的高一层级的社会形式和社会状态。荀子曰:"人何以能群?曰:分。分何以能行?曰:义。故义以分则和,和则一,一则多力,多力则强,强则胜物,故宫室可得而居也。故序四时,裁万物,兼利天下,无它故焉,得之分义也。"⑤ 在这里,荀子是在群得以形成的机制这个意义上讲"义"的。"义"不论作为日常词语还是

---

① 见陈光连《荀子"分"义研究》,东南大学出版社2013年版,第1页。
② 方勇、李波译注:《荀子》,中华书局2015年版,第142页。
③ 方勇、李波译注:《荀子》,中华书局2015年版,第138页。
④ 方勇、李波译注:《荀子》,中华书局2015年版,第51页。
⑤ 方勇、李波译注:《荀子》,中华书局2015年版,第127页。

作为概念都有多种含义。而作为概念,它经过了从观念到行为准则和社会联结机制,再到社会组织和社会制度的演变过程。在荀子之前,"义"主要是在伦理观念的意义上表达"应当""正当""当然"等基本的含义;而在荀子之后,秦汉以降,"义"逐渐表现为社会制度,以及义仓、义社、义田、义学等社会组织和社会实体。而在荀子所处的战国晚期,"义"不但指社会生活中的规范,还代表社会阶层化的秩序。它作为阶层化的社会秩序,要求各人善尽自身角色的义务、职责和责任,服从长上的权威和社会等级秩序。① 作为这一时期承前启后的大思想家,荀子的"义"概念成为一个上下接续的转折点,即把"义"从观念转化为"群"的社会联结机制。特别是在群学里,"义"的基本含义是明确"分"的准则,因为只有"分"得合理,才有秩序,才能团结一致,从而形成"群"。在个人,"义"决定荣辱:"先义而后利者荣,先利而后义者辱;荣者常通,辱者常穷;通者常制人,穷者常制于人,是荣辱之大分也。"② 在家庭,以"义""事亲谓之孝",以义"事兄谓之弟";而在国家,以义"事上谓之顺",以义"使下谓之君"。③ 作为士仕者,尊义方为"合群者"④;作为君主,则可"义立而王"⑤。而在"天下",荀子认为使天下富足之道全在明确职责名分("兼足天下之道在明分"⑥)。正如耕种田地要划分田界一样,只有明确了职责名分,农民才会依据农时除草施肥,做好农夫分内之事;而促进生产,让百姓和睦,这是将帅之事;寒暑符合节令,让五谷按时成熟,这是上天之事;普遍地保护百姓,爱护百姓,管理百姓,让百姓安居乐业,这是圣君贤相之事。如此明分,即为治群之道。

荀子之谓"能群"是因"义"而明分,因"分"而能群。由是将"义"作为人们社会行为的普遍准则:"遇君则修臣下之义,遇乡则修长幼之义,遇长则修子弟之义,遇友则修礼节辞让之义,遇贱而少者,则修告

---

① 景天魁等:《中国社会学:起源与绵延》(下册)之第四章第五节"义:社会的基本规范"(高和荣、赵春燕、苑仲达撰写),社会科学文献出版社2017年版,第411页。
② 方勇、李波译注:《荀子》,中华书局2015年版,第42页。
③ 方勇、李波译注:《荀子》,中华书局2015年版,第127页。
④ 方勇、李波译注:《荀子》,中华书局2015年版,第76页。
⑤ 方勇、李波译注:《荀子》,中华书局2015年版,第163页。
⑥ 方勇、李波译注:《荀子》,中华书局2015年版,第146页。

## Ⅲ 群学命题体系

导宽容之义。"① 如此，"义"就是维系社会关系的纽结。我们也可以说"义以明分"是群学的第二原理。

第三，善群是在"礼"的基础上达到的更高一级的社会形式和社会状态。如果说"义"主要是指行为规范和社会形式的内在方面，"礼"不论是礼制、礼仪和礼俗，则主要是外在的制度和规则，因为"礼"与"义"互为里表，荀子常常将二者连用作"礼义"；又由于"礼"对人的约束相对于刚性的"法"而言显得柔和一些，而其实"礼""法"互通，所以荀子也常常"礼法"连用，强调"礼法"是纲纪（"礼法之大分"②）。正因为"礼"与"义"和"法"都有如此紧密的通连关系，所以"礼"在群学里居于至高的地位，"君臣上下，贵贱长幼，至于庶人，莫不以是为隆正"③。不论是什么人莫不把"礼"作为最高标准。不论任何事、任何领域都要遵从礼，用荀子的话说，叫作"礼以定伦"：《荀子》首篇"劝学"即以明礼为学习的最高目的，以"亲师"和"隆礼"作为根本途径。"《礼》者，法之大分、类之纲纪也"④。第二篇《修身》又讲"人无礼则不生，事无礼则不成，国家无礼则不宁"⑤。"礼者，所以正身也。"⑥ 到了讲富国强兵，更是把礼的地位强调到极致，"人之命在天，国之命在礼"⑦、"礼者，治辨之极也；强国之本也，威行之道也，功名之总也"⑧，处处都强调到无以复加的高度。

荀子强调，作为君主必须善群，而欲善群，关键在于谨遵"群道"，做到群道得当。群道得当，则万物就能各得其宜，六畜都能得以生长，一切生物可以尽得其寿命。荀子显然认为"群道"如同自然法则一样具有必然性，运用到人类社会，政令得当，则百姓就会团结一心，贤良就会心悦诚服（"君者，善群也。群道当则万物皆得其宜，六畜皆得其长，群生皆

---

① 方勇、李波译注：《荀子》，中华书局2015年版，第75页。
② 方勇、李波译注：《荀子》，中华书局2015年版，第179页。
③ 方勇、李波译注：《荀子》，中华书局2015年版，第179页。
④ 方勇、李波译注：《荀子》，中华书局2015年版，第7页。
⑤ 方勇、李波译注：《荀子》，中华书局2015年版，第15页。
⑥ 方勇、李波译注：《荀子》，中华书局2015年版，第21页。
⑦ 方勇、李波译注：《荀子》，中华书局2015年版，第250页。
⑧ 方勇、李波译注：《荀子》，中华书局2015年版，第242页。

得其命。故养长时则六畜有，杀生时则草木殖，政令时则百姓一、贤良服")。① 而群道当与不当，决定于"礼"。

"礼"之所以居于如此高的地位，主要是因为它可以"定伦"。所谓"定伦"，首先是要制定规矩。荀子曰："国无礼则不正。礼之所以正国也，譬之犹衡之于轻重也，犹绳墨之于曲直也，犹规矩之于方圆也，既错之而人莫之能诬也。"② 一旦设置好了，就没有人能进行欺骗了。

其次，"定伦"重在定名分和职责。"君臣、父子、兄弟、夫妇，始则终，终则始，与天地同理，与万世同久，夫是之谓大本。"③ "君君、臣臣、父父、子子、兄兄、弟弟一也，农农、士士、工工、商商一也。"④ 君要像君、臣要像臣、父要像父、子要像子、兄要像兄、弟要像弟，都是一个"礼"；农民要像农民、士人要像士人、工匠要像工匠、商人要像商人，也都是一个"礼"。

荀子讲"礼"，并不是绝对地只讲差序、只讲贵贱。在当时的历史条件下，承认差别，讲有贵贱，是为了形成秩序。虽有贵贱，但可以无偏贵贱。荀子曰："人主胡不广焉无恤亲疏，无偏贵贱，惟诚能之求？若是，则人臣轻职业让贤而安随其后，如是，则舜、禹还至，王业还起。功壹天下，名配舜、禹，物由有可乐如是其美焉者乎？"⑤ 如是则"农分田而耕，贾分货而贩，百工分事而劝，士大夫分职而听，建国诸侯之君分土而守，三公总方而议，则天子共己而止矣。出若入若，天下莫不平均，莫不治辨，是百王之所同而礼法之大分也"⑥。后来被指代表封建主义的"三纲五常"，并不是荀子提出的，而是到了汉代董仲舒才正式确定的,⑦ 虽然不能说与荀子没有继承关系，但处于战国末期的荀子志在总结几百年间战国纷争的经验教训，他不是只知强调"贵贱""差等"，他的目的是强调秩序，实现"大治"，达到"至平"。诚然，荀子当年所讲的"礼"的具体内容

---

① 方勇、李波译注：《荀子》，中华书局2015年版，第127页。
② 方勇、李波译注：《荀子》，中华书局2015年版，第170页。
③ 方勇、李波译注：《荀子》，中华书局2015年版，第126页。
④ 方勇、李波译注：《荀子》，中华书局2015年版，第126页。
⑤ 方勇、李波译注：《荀子》，中华书局2015年版，第176页。
⑥ 方勇、李波译注：《荀子》，中华书局2015年版，第179页。
⑦ 董仲舒：《春秋繁露·基义》，曾振宇注说《春秋繁露》，河南大学出版社2009年版，第305—306页。

## Ⅲ 群学命题体系

是有阶级局限和时代烙印的，这些是随着社会的发展、时代的改变而被克服和抹掉的，但"礼"的某些形式和功能是可以"抽象继承"的。不然，中国自古至今何以称得"礼仪之邦"？

总之，以"礼"定了规矩，也就定了名分和职责，这样就有了秩序，有了秩序才称得上"善群"。在这个意义上，群学就是"礼以定伦"的秩序之学，由此我们可以说，"礼以定伦"是它的第三原理。

第四，乐群是在"和"的基础上达到的最高层级的社会形式和社会状态。首先，在群学中，"乐群"是有目标、有标准的。作为在"合群""能群""善群"基础上才能达到的最高层次，对于个人和家庭而言，"乐群"是对"修身""齐家"的最高要求；对群即社会而言，"乐群"是其治理要达到足以让人乐在其中的状态。这种理想状态怎样才能达致呢？在春秋战国时期经过长达数百年的战乱纷争之后，人们体会到和平的可贵，故而以"和"为乐。出于他对人有欲、有欲必争，争则乱，乱则穷的社会过程的观察，荀子也深深体验到以"和"为乐的真谛。因而，"乐群"的目标就是"和"——"群居和一"。作为社会状态，"乐群"要达到的"标准"，荀子常用"至平""大治""大形""大神"来形容。而对于"天下"，荀子则用"和则一""四海之内若一家"[①]来表达"乐群"。"乐群"在中国和世界思想史上，是最早升起而永远指引人们向往追求的理想明灯。

其次，"和"是有前提、有条件的，也是要有办法和途径的。分可止争，不争则和；荀子曰："调和，乐也。"[②] 协调和谐，是乐的表现。怎么"调和"？要有"法度"。"法度"何来？"礼义生而制法度。"[③] 荀子坚信："礼义之谓治，非礼义之谓乱也。"[④]

荀子群学，虽然其强调等级名分的一面与汉初《礼记·礼运》篇所表述的"大同社会"并不合拍，但《荀子》中多次提到的"尚贤使能""无恤亲疏""无偏贵贱"，以及"选贤良，举笃敬，兴孝弟，收孤寡，补贫穷"，都为"小康""大同"思想的形成作出了贡献。

---

[①] 方勇、李波译注：《荀子》，中华书局2015年版，第124页。
[②] 方勇、李波译注：《荀子》，中华书局2015年版，第218页。
[③] 方勇、李波译注：《荀子》，中华书局2015年版，第379页。
[④] 方勇、李波译注：《荀子》，中华书局2015年版，第30页。

**（二）群学研究领域与西方社会学"暗合"**

首先，群学的研究领域具有专门性。与其他学科相对而言，群学研究领域的专门性主要表现为基础性。所谓"基础性"是说合群、能群、善群、乐群是人们从事各种各样活动必须依赖的基础。欲要修身，重在合群；欲要齐家，重在能群；欲要治国，重在善群；欲要平天下，重在乐群。群是人们从事政治的、经济的、文化的、社会的各种活动的基本形式，换言之，人的各种活动都是在群的基础上进行的，这种基础性是既渗透于又相对独立于各种各样的活动的，因而，群学相对于分门别类地研究社会的其他"学科"就具有相对独立的基础性学科的地位。荀子作为先秦学术思想的集大成者，当然不仅仅创立了群学，在其他学科领域也多有建树，例如有的学者就对荀子在"名学"（逻辑学）方面的成就评价很高。但是群学创立者的这种跨领域、多学科的博学特点，并不能成为否定群学研究对象和研究领域具有相对独立性的理由。事实上，不论是孔德、斯宾塞，还是马克思、涂尔干和韦伯，他们的研究也都是跨领域、多学科的。

其次，群学研究领域与其他学科具有交叉性。各门社会科学学科的研究领域有所交叉，有所重合，是正常现象，不然，何来诸如政治社会学、经济社会学、法律社会学之类的分支学科和交叉学科？

再次，群学关注的问题与西方社会学具有共同性。春秋战国时期，周代建立的礼乐制度已经崩坏，强国称霸争雄，弱国生灵涂炭，社会失序久矣，如何重建秩序，就成为群学的根本关切。荀子每每讲到群，都是针对"争则乱，乱则穷"的痼疾，希望找到破解之策，以定纷止争。可以说，合群、能群、善群、乐群全是为了重建良好的社会秩序。这在宗旨上，恰与孔德2000多年后提出"社会学"不谋而合，尽管所处时代不同却问题相同，所"宗"（学术源头）不同而"旨"（意图）相同。不光是秩序问题，荀子对群己关系、家国关系、治理问题、变易问题、制衡问题、天下问题的探讨，至少与孔德、斯宾塞时期的西方社会学相比，不仅毫不逊色，而且理论更为丰富；就是与经典的西方社会学相比，许多基本概念和命题也具备了，只是表现形态多为论辩式，而非叙述式；更为实用化，非纯学理化，表述形式不同而已。

最后，群学的进路与西方社会学具有相似性。荀子讲群学从劝学、修

## Ⅲ 群学命题体系

身切入,紧扣的是个人与社会的关系,不论是讲群己关系、身心关系、身性关系还是形神关系、天人关系,都是在讲如何培养合群性,亦即个人如何实现社会化。个人如何合群,也就是个人如何社会化。个人进入社会之后怎么办?要定分,按技能分工,按职业分层,按名分定序。涂可国认为荀子可能是"最早提出'职业'范畴的人",他非常重视职业分工对于社会秩序的调节作用。① 事实上,荀子关于士农工商等的分层研究与今天的职业分层极为类似。荀子怎么分层?必须"制礼义以分之",唯其如此,"故序四时,裁万物,兼利天下,无它故焉,得之分义也"。②

荀子群学由"明分使群"而"义以定分",由"礼以定伦"而"群居和一",相应地开辟出由修身而齐家、由齐家而治国、由治国而平天下的进路,这与西方社会学由个人而社会、由分层而结构、由组织而制度的进路异曲同工、何其相似,如果说有什么不同,恐怕只是另有中华文明的深厚意蕴在。对此,我们后面再谈。

由以上的论证,我们可以得出结论:不论荀子在他所处的时代是否具有今天所谓的"学科意识",尽管《荀子》一书不是按照单一学科体例编排的,但群学的实际内容却表明其在研究对象和研究领域上是可以与其他学科相对区分开来的,也与伦理学不同,与哲学并不属于同一个研究层次(后面还会谈到),而与西方社会学的"节目枝条"、"暗合"(亦称"冥合"),因此,说群学具有相对独立的研究对象和研究领域是有理有据的。

## 三 群学特质

在所谓"学科性"中,"学科对象"很重要但并不具有绝对的意义,有很多交叉学科、综合学科可能共有相同或者相近的学科对象,但它们仍然是"学科",对此这里不讨论。所谓"学科性",除了要有确定的"学科对象"之外,还要有学科"视角"和"方法",那么,群学的研究视角和方法是怎样的?我们认为,其与西方社会学相比可以说是有同也有

---

① 涂可国:《社会儒学视域中的荀子"群学"》,《中州学刊》2016 年第 9 期。
② 方勇、李波译注:《荀子》,中华书局 2015 年版,第 127 页。

不同。

### （一）群学的视角和方法

群学重视经验分析，善于历史比较，长于逻辑论证，承认在社会人事中存在着像自然法则那样的客观法则，这在先秦时期是难能可贵的。这些特点表明，其达到了比较高的"科学性"水平。

第一，荀子重视经验分析。面对复杂的研究对象，他擅长先划分为不同类型，然后做经验性的比较和分析。例如，荀子把"人臣"划分为四种类型：态臣（阿谀奉承的臣子）、篡臣（篡权的臣子）、功臣、圣臣。不仅用具体的经验性特征刻画他们的形象，还逐一举出"足以稽矣"即可以验证的典型："故齐之苏秦、楚之州侯、秦之张仪，可谓态臣者也。韩之张去疾、赵之奉阳、齐之孟尝，可谓篡臣也。齐之管仲、晋之咎犯、楚之孙叔敖，可谓功臣矣。殷之伊尹、周之太公，可谓圣臣矣。"① 荀子论述以"礼义""为人君""为人臣""为人父""为人子""为人兄""为人弟""为人夫""为人妻"，都不只是讲道理，还多有征引，使得"此道也，偏立而乱，俱立而治，其足以稽矣"。"足以稽矣"就是说它们是经验事实完全证实了的。②

第二，荀子善于历史比较。他对三代以来的史实了然于胸，对《诗》《书》等典籍典故运用自如，每每论证一个观点，都能引用前朝旧事做历史比较分析；差不多每个重要论述之后，都能引述"《诗》曰""《书》曰""故曰"以为佐证。

第三，荀子长于逻辑论证。作为战国末期优秀的逻辑学家，荀子对群学原理的论证之严密，远胜于《论语》《孟子》的逻辑水平。荀子能够三次出任齐国最高学府——稷下学宫的"祭酒"（类似于"教务长"的论辩主持人），应该与他的逻辑和论辩才能不无关系。

第四，荀子承认在社会人事中存在着像自然法则那样的客观法则。他讲"人伦"是"与天地同理，与万世同久"，讲"礼有三本：天地者，生之本也；先祖者，类之本也；君师者，治之本也"。③ 讲"群居和一"是

---

① 方勇、李波译注：《荀子》，中华书局 2015 年版，第 209—210 页。
② 方勇、李波译注：《荀子》，中华书局 2015 年版，第 192 页。
③ 方勇、李波译注：《荀子》，中华书局 2015 年版，第 303 页。

## Ⅲ 群学命题体系

"上取象于天,下取象于地,中取则于人,人所以群居和一之理尽矣"。①可见荀子讲"群道",取法于自然之理,"群道"当与不当,要看其是否符合客观法则,由此说荀子接近于承认和得出"社会规律"的认识恐不为过;孔德、斯宾塞等依据生物进化推断社会进化,荀子与此何其相似乃尔。

由上可见,群学对于社会关系、社会现象的研究是具有经验性的,或者说理论是依据经验事实的,研究方法也是重视"实证"(可稽)的。人的职业分工、技能分工、利益分配是实实在在经验性的,不是思辨的。总不至于认为,只有在诞生了西方社会学之后,社会学家潘光旦、费孝通研究"伦"和以人伦为基础的社会关系,才能算是社会学,在此之前,不论怎样研究"伦"和以人伦为基础的社会关系,都不能算是社会学吧!

一些人过于迷信孔德所谓从宗教到哲学再到科学的三阶段论,并且把它绝对化,将其硬套到具有不同文明路径的中华文明上。这样硬套的结果,就是将先秦尤其春秋战国时期的学术成果全部归为"哲学"。这显然是极其荒谬的。难道这一时期修建的都江堰、郑国渠只靠作为世界观和方法论的"哲学",不能靠作为实证知识的"水利科学"、"气象科学"、土木工程等科学技术知识就可以完成吗?这些大型工程所体现的科学技术水平不是直到今天还令人惊叹吗?春秋战国时期的兵学(军事学)、农学、名学(逻辑学)、医学等学科所达到的水平在世界科学史上也是叹为观止的,怎么能说那一时期就只有哲学没有科学呢?

同理,将群学归属于"社会哲学",从中国学术源流看,则是不妥当的。因为哲学是关于世界观和方法论的学问,按照恩格斯的界定,哲学基本问题是思维与存在的关系问题,显然,群学不讨论这种作为哲学的基本问题。如果说哲学是讨论关于世界本原问题的,显然,群学讨论的也不是世界本原这种抽象层次的问题,它所讨论的基本上还是人与人、人与群、群与群、家国社稷等具象问题。

将群学归属于"社会思想"或"社会理论"本无不可。但如果这种归类的理由只是认为它称不上是"学",或者即使是"学",也不能比肩于西方社会学,那就值得讨论了。哈佛大学本杰明·史华兹教授肯定荀子在

---

① 方勇、李波译注:《荀子》,中华书局2015年版,第319页。

儒家学派中是"最富于'社会学色彩的'"①。他认为荀子是"以自然的实证化技术为导向的思想范式。假如诸如此类的观点在科学事业中多少也占有主导地位，那么，荀子可以勉强被说成是中国古代的科学倾向的先驱"。"荀子的科学是完全以对于自然所作的具体观察为基础的，不过是依照自然自发呈现在日常经验中的样子进行观察而已。"②以研究中国科学技术史著称于世的英国剑桥大学李约瑟教授甚至认为，作为科学方法的先驱，"荀子的观点也许是过于实证化和技术化了"③。我们总不至于要求2200多年前的荀子只有会做数据统计分析才算是实证研究吧？如果按照今天技术主义的标准，慢说是荀子，就是西方公认的一些社会学大家恐怕也要被逐出学科之门了。

**（二）群学的方法论特质**

群学不仅在内容上有与西方社会学"相合"的一面，也有相异之处。但尽管相异，却仍是社会学，不过是具有自己的特质。"视角""方法"的不同，并不决定一个学科是否存在，因为一个学科内会有不同的视角和方法，但会决定学科特质的不同。那么，群学有什么特质呢？

说到"特质"，如实证社会学、解释社会学、理解社会学均有其特质。在一定的时空条件下，具有某种特质的社会学可能成为主流，甚至有某种"代表性"，却不但没有唯一性，而且在正确性、可信性上没有什么绝对的意义。并不是实证的就是最高明的，更不能说非实证的就是不高明、不正规、不正确的；并不是经验研究就是真实可靠的，理论研究就是不真实可靠的。在学术发展史上，之所以区分开实证与非实证、经验研究与理论研究，是因为没有很好的办法把它们统一起来，因而只好或者做成实证的，或者做成非实证的；或者做成经验的，或者做成理论的。渐渐，却形成了"二元对立"的局面。而社会对象本身是具有整体性的紧密联系的，社会学这个学科本来是以综合研究见长的，可以说，真正高明的办法是找到将

---

① ［美］本杰明·史华兹：《古代中国的思想世界》，程钢译，江苏人民出版社2008年版，第405页。
② ［美］本杰明·史华兹：《古代中国的思想世界》，程钢译，江苏人民出版社2008年版，第421页。
③ 转引自［美］本杰明·史华兹《古代中国的思想世界》，程钢译，江苏人民出版社2008年版，第421页。

## Ⅲ 群学命题体系

实证与非实证、经验与理论统一起来的方法和途径,将来高明的社会学应该是费孝通先生所说的科学性与人文性相统一的社会学。而群学,正是坚持科学性与人文性相统一的古典样本,这是我们有必要重视群学的原因之一。

群学的这一特质,表现在四个方面:人本性、整合性、贯通性、致用性。[1]

第一,人本性是群学的最高原则。所谓人本性,首先是以人为主体。在荀子之前,在天人关系上占绝对主导地位的观念是"尊天""敬天"。天神、天命、天道、天理、天心是必须顺从的,天是主宰人的,人是依附于"天"的,必须"唯天命而从之",只能"以德配天"。荀子敢于喊出"制天"口号,提出"制天命而用之"的命题,这在当时即使不说是"大逆不道",也无疑是"石破天惊"之论。荀子说:"天有四时变化,地有丰富资源,人有治理之方,人能与天地相匹配。"("天有其时,地有其财,人有其治,夫是之谓能参。"[2])"参"古义同"叁",肯定人是天地之外的独立主体,不管是否能与天地并立为"三",总是能与天地互动的一方,这极大地抬升了人的地位。之所以可以赋予人如此之高的地位,是因为人有智慧。在《荀子·赋》中,歌颂人的智慧是其广大可以与天地相匹配,道德比尧禹还高尚,其小可以比毫毛还细微,其大可以充满整个宇宙("大参天地,德厚尧禹,精微乎毫毛,而充盈乎大宇")[3]。

人本性还指以人为本位。众所周知,天人关系是中国学术的最高问题,落实到人与物的关系上,荀子始终坚持人的自主性、能动性。正如胡适所言,荀子论天,极力推开天道,注重人治。荀子论性,也极力压倒天性,注重人为。他认为先秦思想以孟子、荀子为转折,儒家从极端的伦常主义转向突出个人(个人的知性和德性);从重君权转到民本主义;从关注外界转向关注人的心理。[4] 这也都是以人为本位、以人为中心。

就群学而论,这一"转折"的关键是坚持人的完整性——有感、有

---

[1] 景天魁:《中国社会学崛起的历史基础》,《北京工业大学学报》(社会科学版)2017 年第 4 期。
[2] 方勇、李波译注:《荀子》,中华书局 2011 年版,第 266 页。
[3] 北京大学《荀子》注释组:《荀子新注》,中华书局 1979 年版,第 18 页。
[4] 胡适:《中国哲学史大纲》,商务印书馆 2011 年版。

知、有情、有义。荀子并不像西方社会学那样，把"社会"看作一种外在于人的实在，如同自然界一样只是一种"对象"，只能"把社会事实作为物来考察"，认为社会事实必须用社会事实来解释。① 群学讲的"群"是人的社会性存在，人是有性情、有温度、有理性的。人不同于"物"，人之所以"最为天下贵"，是因为"能群"，而能群之本在于"礼""义"。② 荀子坚持以人为中心、以人为本位、以人为主体，这是群学的最高原则。

第二，整合性是群学的基本方法。人、人的社会，毕竟不是自然物，离开了与整体的联系，其性质就发生变化，其功能就会丧失。因此，研究人和社会，整合性方法应该是最适当的。当然也需要分析性方法，但整合性高于分析性，分析必须在整合的统摄下进行，不能流于片面的分析。群学坚持不走分析主义之一途，不像西方社会学那样，将主体与客体、个体与整体、能动者与结构、结构与功能、事实与价值等，一律二分，并常常二元对立起来。群学坚持从整体上把握社会，以整体统摄分析，在分析的过程中保持研究对象的整体联系。这样似乎不够清晰，但却保持了原本的真实性；而单纯地分析，割断了整体联系，其实就失真了。

当然，整合性方法，也是要进行分析的。荀子倡导的做法是"以类行杂"③。就是以整体性的法则来观照和整合细微杂多的分析。人就个体而言是千差万别的，荀子"人论"，首先是分类，"众人者，工农商贾也"，以上则是小儒、大儒，他们在"志""行""知"三个方面各有特点并有明显差别，但都可以用"礼"这个尺度去衡量，用"礼"去统合，使他们各就其位、各司其职。大儒，可以做天子的三公（太师、太傅、太保），小儒可以做诸侯的士大夫，民众则当工匠、农民和商人。这既是治理社会的方法，也是认识社会的方法。如此，则"人伦尽矣"④，就是说这是最符合社会真实而又最适合人伦准则的研究方法。在这里，本体论与认识论是统一的。

第三，贯通性是群学的主要逻辑。"贯通性"，相当于荀子所说的"以一行万"。"仁"，贯通于合群、能群、善群、乐群四个环节；而后四者又

---

① ［法］E.迪尔凯姆：《社会学方法的准则》，狄玉明译，商务印书馆1995年版，第35页。
② 方勇、李波译注：《荀子》，中华书局2011年版，第127页。
③ 方勇、李波译注：《荀子》，中华书局2011年版，第126页。
④ 方勇、李波译注：《荀子》，中华书局2011年版，第112页。

## Ⅲ 群学命题体系

通达于修身、齐家、治国、平天下各个层次；这四者又参透于经济、政治、文化、社会各个领域。贯通于所有这些环节、层次和领域的就是"群道"。"群道当"则一通百通。西方特别是 18、19 世纪以来，偏好于把各门学问区隔起来，搞得知识界高墙林立，而且以为墙越高，越是专业，学问越是高深。我们的先人却是执着于贯通，领域通、门类通、概念通、学理通。通则明、通则行，通则成、通则盛。①

总之，在认识方法和研究方法上，荀子讲要"以类行杂，以一行万，始则终，终则始，若环之无端也，舍是而天下以衰矣"②。从整体上把握纷杂的事物，相当于我们今天所讲的"整合"；用统一、合一的原则统摄万事万物，也就是"贯通"。总起来说，我们可以将之称为"整合—贯通逻辑"。荀子强调，如果舍弃了这个原则，天下就要衰亡了。那是因为这个认识方法原则与"天下"通行的法则是相一致的。自然的本性是怎样的、社会的本性是怎样的，就应该按照它们的本性去对待它们、认识它们，这就是最高明的方法。这样，主观认识与客观实在就符合了，知与行就统一了。对荀子的整合—贯通逻辑，虽然没有必要与两千年后黑格尔第一次正式表述的本体论、认识论和逻辑的三者统一的观点曲为比附，然其方法论实质确有相通之处。

第四，致用性是群学的最终目的。贯通总的方向是达到实用。群学这门学问不是像西方社会学那样以"描述""解释""实证"为目的，而是为了用，致力于用，使之有用，达致其用。既然重在致用，就不太重视知识形态。而单纯从知识形态着眼，就会偏重于分析，越是条分缕析，知识就越是显得清晰；而重视实用，就会重视综合，因为实际事物的存在形态总是综合的，要在实践上解决比较重要的问题，往往需要动用多方面的整合性的知识，过于细分的知识难免显得片面，于事无补。③ 群学的致用性，体现了自夏商周以来"礼乐教化"的传统，"厚人伦，美教化，移风

---

① 景天魁：《中国社会学崛起的历史基础》，《北京工业大学学报》（社会科学版）2017 年第 4 期，第 13—14 页。
② 方勇、李波译注：《荀子》，中华书局 2011 年版，第 126 页。
③ 景天魁：《中国社会学崛起的历史基础》，《北京工业大学学报》（社会科学版）2017 年第 4 期，第 14 页。

俗"①，一直延续到当代。

基于以上论证，我们可以说，群学的原则是以人为本，方法是整合—贯通法——各个方面相整合，各个环节、各个层次相贯通。这与西方的那种区隔—分析法，确实是很不同的。群学概念体系和命题体系的内在逻辑表明，合群、能群、善群、乐群就是中华民族生生不息、繁茂盛大的基因，群学的内在逻辑——"以类行杂，以一行万"的整合—贯通就是中华文明绵延不绝的密码；群学可以为中国社会、中国历史发展乃至中华民族的兴盛和复兴提供最接地气的解释。这是群学之本，是现代中国社会学之源，如果"伐其本，竭其源"，"则其倾覆灭亡可立而待也"②。

群学的这些特质，并不能成为否认其为社会学的理由。恰恰相反，这些特质是群学的巨大优势，不仅可以弥补西方社会学在方法上的不足，还可以推动社会学在整体上的发展。特别是面对未来世界的新问题新挑战，群学必将发挥不可估量的作用。

## 四 群学新命

是否承认群学是中国古典社会学，可以讨论，一时达不成共识，可以存疑。但总不应该莫名其妙地漠视它，在自己一无所知的时候就拒斥它，因为自己不了解就贬低它。那么，现在已经是被称为"信息爆炸"的时代，世界上有那么多以"现代""后现代"为标榜的新理论、新学说，为什么还要眷念2200多年前产生的群学，本文还要对"旧学"做出"新说"呢？因为"周虽旧邦，其命维新"（《诗经·大雅·文王》）③，"如将不尽，与古为新"（司空图《诗品·纤秾》）④。中华文化精神历来是志在"旧邦""与古"的传统基础上，创新和开拓未来。群学亦然，虽是"旧学"，其命复兴。群学新命有四。

---

① 过常宝：《绪言》，《制礼作乐与西周文献的生成》，中国社会科学出版社2015年版，第2页。
② 方勇、李波译注：《荀子》，中华书局2015年版，第156页。
③ 周振甫译注：《诗经译注》，中华书局2013年版，第392页。
④ （唐）司空图：《二十四诗品》（古典名著聚珍文库），罗仲鼎、蔡乃中注，浙江古籍出版社2013年版。

## Ⅲ 群学命题体系

### （一）重振科学的人文主义

费孝通先生曾经深情地指出："布朗曾说，社会学的老祖应当是中国的荀子，我一直想好好读一遍《荀子》来体会布朗这句话，但至今还没有做到，自觉很惭愧。布朗提醒我们，在我国的传统文化里有着重视人文世界的根子。西方文化从重视自然世界的这一方向发生了技术革命称霸了二百多年。……自然世界要通过人文世界才能服务于人类，只看见自然世界而看不到人文世界是有危险的。这一点在人类进入 21 世纪时一定会得到教训而醒悟过来，到了那时，埋在东方土地里的那个重视人文世界的根子也许会起到拯救人类的作用了。"① 费孝通先生还强调说，不光是荀子："实际我们中国历代思想家思考的中心一直没有离开过人群中的道义关系。如果目前的世界新秩序正好缺乏这个要件，我们中国世代累积的经验宝库里是否正保留着一些对症的药方呢？"费老认为："不管我们是否同意他（指拉德克利夫·布朗——引者注）的看法，我们不容否认，对人际关系的重视，一直是中国文化的特点。在这样长的历史里，这样多的人口，对人和人相处这方面所积累的经验，应当受到我们的重视，而且在当今人类进入天下一家的新时期的关键时刻，也许更具有特殊的意义。"②

费孝通先生的以上论述，指明了群学所代表的中国传统学术以其独具优长的视角和方法，可以作为今日中国社会学崛起之宝贵资源。片面重视自然世界、技术工具的西方文化难免给人类带来危机，而中国文化重视人际关系，重视人文世界，必将在 21 世纪发挥匡正扶危的独特作用。这对中国社会学来说，是一个难得的机遇。抓住这个机遇，发扬中国整合性思维之所长，促进科学与人文的统一，纠正西方二元对立的分析性思维之偏差，回归到以人为本的社会学，即以完整的人、全面的人、人的世界为基点的社会学。这种"回归"就是具有时空跨度和历史意义的"创新"。

研究群学，重要目的之一是探索支持中国社会学实现崛起的方法论。西方社会学尤其是实证主义社会学，过于偏重于"物"，偏重外在，偏重于理性，偏重于描述，偏重于分析，需要用"科学的人文主义"对之起

---

① 费孝通：《从实求知录》，北京大学出版社 1998 年版，第 347—348 页。
② 费孝通：《从实求知录》，北京大学出版社 1998 年版，第 232 页。

到纠偏和平衡的作用。而群学所体现的中国传统的方法论，一向坚持人与物、外在与内在、理性与感性、描述与解释、分析与综合的统一，对于滋养和丰富"科学的人文主义"，从而推进社会学方法的均衡发展，可以起到以古鉴今、以古贯今的作用。

在社会学方法论上，确实到了蓦然回首的时候了。而在"灯火阑珊处"的，正是科学性与人文性的统一。中国社会学乃至全部社会科学如要在 21 世纪实现崛起，必须抓住科学性与人文性的统一这个西方社会科学没有解决的根本性问题力争有所突破。而实现这个突破，就必须坚持整合性思维、贯通性逻辑、综合性方法。由此奠定我们自己的方法论基础，实现古今贯通，才能真正做到既总结西方社会学的经验又克服其局限，从而实现中西会通，在科学性与人文性的统一上有所突破，闯出新路。

以荀子群学为学术史基础的中国社会学，是科学性与人文性相统一的社会学，它不纠结于实证性与非实证性的二元对立，不把人当作物来研究；也不纠结于"价值中立"与否的两难困境，而是主张研究者通过加强本身的修养以及随着认识的深入，逐渐逼近客观真实。因此，群学是科学性与人文性相统一的元典。

要创建科学性与人文性相结合的现代社会学，第一个古典范本就是荀子群学，它是最早体现科学性与人文性相统一的古典社会学，它是中国社会学崛起的当之无愧的学术史基础。我们今天之所以必须讨论中国社会学的起源问题，第一个目的当然是为群学正名，确立其作为古已有之的社会学的历史地位；第二个目的就是创立科学性与人文性相结合的新型现代社会学。这样，面对独霸社会学制高点已有 180 年之久的西方社会学，才可能真正争取到中国社会学的话语权。从而赢得中国社会学的崇高地位。

中国社会学欲要崛起，有两条路可选：一条是"跟跑"之路，西方社会学在科学与人文"二分"的路上已经走了很远，学术积累很厚，这条路是现成的，我们要"上路"很容易，但要想摆脱"跟跑"的局面，就很难了，想要超越就更难。另一条是有望"领跑"之路，就是实现科学性与人文性的统一，我们有群学创立以来至今 2200 多年的历史积累，走这条路是以己之长克彼之短，难固然也难，但有望超越。

### （二）为中国社会学崛起奠定学术史基础

我们今天正在实现中华民族伟大复兴，不仅创造了经济奇迹，在实现政治稳定、促进社会和谐、推动文化繁荣等方面也积累了丰富经验。这些鲜活的实践经验无疑为实现中国社会学的崛起提供了充足的基础条件，为什么还要探寻其学术史基础呢？

2003年在《试谈扩展社会学的传统界限》一文中，费老明确指出："中国丰厚的文化传统和大量社会历史实践，包含着深厚的社会思想和人文精神理念，蕴藏着推动社会学发展的巨大潜力，是一个尚未认真发掘的文化宝藏。从过去二十多年的研究和教学的实践来看，深入发掘中国社会自身的历史文化传统，在实践中探索社会学的基本概念和基本理论，是中国学术的一个非常有潜力的发展方向，也是中国学者对国际社会学可能作出贡献的重要途径之一。"费老还明确指出了研究中国社会思想的路径和意义："'人'和'自然'、'人'和'人'、'我'和'我'、'心'和'心'等等，很多都是我们社会学至今还难以直接研究的东西，但这些因素，常常是我们真正理解中国社会的关键，也蕴含着建立一个美好的、优质的现代社会的人文价值。社会学的研究，应该达到这一个层次，不达到这个层次，不是一个成熟的'学'（science）。"[①] 特别值得重视的是，费老满怀着对人类将来必将走向美美与共的"大同世界"的坚定信念，他非常清楚西方社会学的单向性思维、二元化逻辑、过分强调对立和冲突的局限性，因而预见中国社会学正是在建立这一美好社会中可以大显身手的成熟的"学"。

而在西方社会学方面，所谓实证与非实证的对立，所谓科学性与人文性的绝对的"二分"，在争来争去没有结果的无奈之下，发现造成这一"二元对立"背后的"科学观"本身已经过时了，所谓实证主义不过是对17、18世纪风行的科学观本来就褊狭的理解，其最可靠的科学基础——牛顿力学已经变成了被超越的"传统"。就是在自然科学中，它在20世纪就已经被相对论和量子力学超越了，到了21世纪信息科学、网络技术、

---

[①] 费孝通：《试谈扩展社会学的传统界限》，《北京大学学报》（哲学社会科学版）2003年第3期。

生物工程等新兴科学中，观察者与观察对象、主体与客体的相互纠缠、相互作用，使得传统的二元对立的科学观越发地不合时宜了。而在社会学中，将社会哲学、社会理论与社会学严格区隔开来的努力，被证明越是努力，就越是徒劳无功；越是严格，就越是自相矛盾；越是坚持，就越是难以自拔。本来，社会学长期坚持的整体性原则、综合性思维，正遇到了为新的科学观的形成做出贡献的难得历史机遇，社会科学如能抓住这个历史机遇，也许能够获得与自然科学并驾齐驱的地位，何苦继续追随着已经陈旧的"科学观"，像唐·吉诃德一样去与风车作战呢？

中国社会学如果完全照着西方社会学的路子走，也许可以有所发展、有所壮大，但不会有真正的崛起。所谓"崛起"，必须有自己的概念、命题和学术体系，必须有自己的特质，有自己的特长和优势，要么能够弥补西方社会学的重大不足，要么能够彰显出新的视野、开辟出新的领域、回答和解决西方社会学未能解决或未能很好解决的问题。

那么，为什么"社会学中国化""本土化"讲了90年，虽然取得了很大成绩，却至今没有"化"成呢？是因为在这一过程中，主流的倾向是努力与西方学术"接轨"。而在自己没有根基的情况下，无法实现真正的中西会通，因而，越是"接轨"，就越是"依附"；越想"充分接轨"，"学术依附地位"就越陷越深。什么叫"充分接轨"？难道完全接受和照搬西方制度就是"充分接轨"了？"接轨"必须是自己有个"轨"，才谈得上与西方的"轨"相"接"，如果自己什么都没有，就只能是全盘照搬，不可能是接轨。"充分接轨"应该是中西真正实现会通，没有会通就谈不到"充分接轨"。而"会通"就是创新，在会通中才能培养出"创造力"，离开"会通"就只能培养出"'照搬'力"。在这个意义上可以说，"知识创新力不足"，是学术积累不够，学术创新是以学术积累为前提和基础的。而学术积累不足，是因为舍弃了中国社会学（群学）的学术传统。任何人都不可能"凭空起高楼"，所谓学术创新不过是在前人基础上做出一点"增量"。我们之所以"知识创新力不足"，是因为过于依赖西方概念去"套"中国经验，没有基于本土经验提炼自己的概念，没有实现自己概念与西方概念的"对接"（会通）。没有"根"，怎么可能长出"枝叶"，又如何可能"开花结果"？

当然，我们不是完全没有"开花结果"，鲜有的"花果"大多是基于

### Ⅲ 群学命题体系

本土经验提炼概念、形成理论并与西方概念和理论会通的产物。例如，梁漱溟的"乡村建设"概念和理论、潘光旦的"位育"概念和理论、费孝通的"差序格局"概念和理论即是如此。"位育"也好、"差序"也好，梁先生的"伦理本位"也好，都基于以"人伦"为基础的社会关系，如前所述，在中国学术中，对此做出专门研究的当推群学。

这些成功的经验以及那些"化"不成的教训告诉我们，确立荀子群学作为中国社会学的学术史基础具有根本性的意义。我们确定群、伦、仁、中庸为基础性概念，在修身、齐家、治国、平天下 4 个层次，还有 30 个基本概念，这样就构成了群学概念体系。① 尽管这个概念体系肯定还有许多不完善之处，甚至不当和错误也难以避免，但是自此之后，群学不再只是一个模糊的概念，而是具体呈现为概念体系，并进而呈现为命题体系了。不论承认不承认群学就是中国古典社会学，总算有一个批评的"靶子"了。换言之，不能再不讲理由就说中国没有社会学了，不能再不加论证就说群学不是社会学了。同样，自此以后，中西会通也不再只是一个无法具体着手的愿望，而是可以明确：我们拿什么去与西方社会学会通，以群学去切实地与西方社会学会通；社会学中国化怎么"化"，可以不再停留在抽象的议论，就可以深入概念和命题的层次了；怎么建立中国社会学的话语权，不再是一个口号，而是可以从具体概念着手了。

总之，构建了群学概念体系和命题体系，明确了群学即为中国社会学实现崛起的学术史基础，起码成为一个可以具体评判、展开争论和批评的对象了。

#### （三）为实现中华民族伟大复兴提供社会学的学理支撑

实现中华民族伟大复兴，当然首先要把自己国家建设好，但是，在当今世界，中国离不开世界，世界也离不开中国。以中国的体量、中国的文化、中国的影响力，中华民族伟大复兴必定是一个世界性现象，必定会影响到世界格局。换言之，我们实现中华民族伟大复兴，不仅要解决国内的发展问题，也要回答世界面临的共同性问题，拿出中国方案、贡献中国智慧。

---

① 景天魁等：《中国社会学：起源与绵延》，社会科学文献出版社 2017 年版。

正如习近平总书记在 2014 年纪念孔子诞辰 2565 周年的国际学术研讨会上所指出的:"当今世界,人类文明无论在物质还是精神方面都取得了巨大进步,特别是物质的极大丰富是古代世界完全不能想象的。同时,当代人类也面临着许多突出的难题,比如,贫富差距持续扩大,物欲追求奢华无度,个人主义恶性膨胀,社会诚信不断消减,伦理道德每况愈下,人与自然关系日趋紧张,等等。要解决这些难题,不仅需要运用人类今天发现和发展的智慧和力量,而且需要运用人类历史上积累和储存的智慧和力量……对传统文化中适合于调理社会关系和鼓励人们向上向善的内容,我们要结合时代条件加以继承和发扬,赋予其新的涵义。"[①] 我们如能通过古今贯通、中西会通,立足于中华民族伟大复兴的实践,创造出自己的一系列理论,例如,以中国式的"伦"和"关系"理论对应西方的结构理论、以中国式的"群分"理论对应西方的分层理论、以中国式的尚贤理论对应西方的流动理论、以中国式的"礼"论对应西方的社会制度和规范理论、以中国式的"中庸"理论对应西方的均衡理论、以中国式的"中和"理论对应西方的冲突理论、以中国式的"位育"理论对应西方的治理理论如此等等,就能够下接"地气",上应"天时",为实现中华民族伟大复兴提供社会学的学理支撑。

我们坚信,中华文明之所以成为世界上唯一绵延不绝的文明,必有其独特的机理;中国之所以能形成这样一个人口最多、结构最复杂、生生不息的社会,必有其深层的逻辑。这个机理、这个逻辑,部分地深藏在群学之中。群学在历史上曾经参与建设古老中国的社会秩序,建立中国的基本社会制度,塑造中国传统的社会生活,对未来的中国和世界也必然有所启发。

我们研究群学,并不是发思古之幽情;复兴群学,更不是"复古",而是为了实现中国社会学的崛起。因为群学作为合群、能群、善群、乐群之学,包含着中国社会学的基因,深藏着解释中华民族之所以长盛不衰的密码。因此,它对世界面临的问题必能做出有启发意义的解答。我们要建设人类命运共同体,不就是要合群、能群、善群、乐群吗?我们自己想过

---

[①] 习近平:《在纪念孔子诞辰 2565 周年国际学术研讨会上的讲话》,《人民日报》2014 年 9 月 25 日第 2 版。

### Ⅲ 群学命题体系

好日子,也希望大家都活得好;难道未来世界能够靠霸权逻辑去塑造?能够容忍一国"优先",对其他国家想制裁就制裁、想打谁就打谁的霸道行径?既然群学这一合群、能群、善群、乐群之学在历史上曾经对形成和延续中华民族的繁盛起到重要作用,既然在中国走向民族复兴、走向建设人类命运共同体之时恰恰需要解决合群、能群、善群、乐群的问题,那就很显然,群学的复兴当然就是顺天应时的。今天的家庭是长期历史演变的产物,今天的社会也是悠久历史过程的延续,没有历史根基、历史眼光,就没有充足的解释力,就不知道从哪里来、往哪里去,就只能描述现状,无法预测未来。

#### (四)参与"世界性的百家争鸣"

"世界性的百家争鸣",这是两位睿智的老人在20世纪八九十年代提出的预见。在哲学家中,华东师范大学已故的冯契教授早在1989年8月出版的《中国近代哲学的革命进程》一书的"小结"中,就有关于"我们正面临着世界性的百家争鸣"的论断。他认为,"从世界范围来看,今天我们正处于一个东西文化互相影响、趋于合流的时代。为此,需要全面而系统地了解西方文化,也需要全面而系统地了解东方文化,并深入地作比较研究。……要通过世界范围内的百家争鸣发展自己"①。到了1993年,冯先生在为赵修义和童世骏合著的《马克思恩格斯同时代的西方哲学》一书所写的"序言"中又重申了这一判断。② 在社会学家和人类学家中,费孝通先生做出了同样的前瞻。1993年他在《略谈中国社会学》一文中说:"21世纪……这个世界还要经过一个战国时期,全世界的战国时期。""我们社会学要在第三个秩序的建立上有所作为。这第三个秩序,即道义的秩序,是要形成这样一种局面:人同人相处,能彼此安心,安全,遂生,乐业,大家对自己的一生感到满意,对于别人也能乐于相处。我们必须要造就这样一个天下,这个天下要看在21世纪里造得出来还是造不出来了。我们的任务就是要以这个作为主要的轴心问题进行研究。"③

现在,"世界性的百家争鸣"事实上已经在许多领域有声有色地展开

---

① 冯契:《中国近代哲学的革命进程》,上海人民出版社1989年版,第597—598页。
② 赵修义:《世界性的百家争鸣:冯契先生对后学的期望》,凤凰网,2015年11月5日。
③ 费孝通:《从实求知录》,北京大学出版社1998年版,第230页。

了：全球化与反全球化的争论、坚持还是退出《巴黎气候协定》的分歧、维护还是推翻自由贸易规则的争议、如何对待以联合国宪章为代表的国际秩序的讨论、一国"优先"还是合作共赢的原则之争、霸权主义与"建立人类命运共同体"的目的之争、共商共建共享还是动辄以制裁和武力相威胁的方式之争如此等等。这些争论，不仅存在于政治、经济、军事、文化、外交各领域，也势必在学术上、在理论上引出一系列空前深刻的话题。

对于社会学来说，有一些争论在西方社会学界内部已经展开了，而在中西社会学之间也必将形成真正平等而深刻的大讨论、大争鸣。其话题之广泛、论争之激烈，恐怕是难以预料的。中国社会学要参与这场大讨论、大争鸣，就必须首先明确自己立足的基础，否则怎么可能形成真正平等的对话？怎么可能开展真正有意义的"会通"？回想2005年，在我们创造了"和谐社会"理论之后，也曾努力寻找西方社会学家的相关论述，希望由此找到学理的支持。然而，因为"和谐社会"概念是中国人依据传统的"和合"思想而创造的，它的提出并不是受到西方什么理论启发的产物，事实上找了一通，也并未找到达到中国的"和而不同""群居和一""美美与共"这种概念水准的西方论述。这就提示我们，"和谐社会"就是"群居和一"的现代升级版，我们应该由此增强立足于中国学术资源发展现代社会学的信心。

中华民族在历史上曾长期是优秀文化和伟大文明的代表，群学则是这一社会历史过程及其宝贵经验的学术升华之一。群学是战国末期之前中华民族已有至少3000年[①]的文明早期发展的第一批学术结晶之一，是春秋战国时期长达五百年的百家争鸣的集成性成果之一，是中国学术第一个百花齐放的发展高峰的优秀代表。第一次百家争鸣奠定了中国学术的基础，创造了诸如天人合一、道法自然、以人为本、与人为善、和而不同、和谐共生、中和位育、天下大同等光耀古今的命题和理论；现在已经拉开序幕的

---

① 据李学勤教授讲："根据'夏商周断代工程'的年表，夏代的开始是在公元前21世纪的中间……但夏代不是中华文明的起源。中华文明在这以前还有一段相当长的历史，所以我们想把考查的年代再往前推1000年，就是推到公元前3000年。"（李学勤：《中国古代文明研究》，代前言，华东师范大学出版社2009年版，第14—15页）而作为"文明社会"标准之一的城市的出现，在中国已有距今6000年（河南郑州西山古城，见前引李学勤书第16页）故此这里采用了战国时期以前的中华文明已有"至少3000年"之说。

## Ⅲ 群学命题体系

"世界性的百家争鸣"将实现文明互鉴、会通、共生、合一。正如费老所预见的,应该出现一个与20世纪不同的"新的版本"。我们社会学要在新的社会秩序的建立上有所作为,特别是建立大众认同的"道义的秩序"。他认为,中华民族历史上建立了这样的"大众认同",能否在全世界也出现这样一种认同呢?"全世界五大洲能不能一起进入大同世界呢?这是社会学与人类学在21世纪一起要解决的大问题。"[①]

历史逻辑是奇妙无比的,中国优秀文化仿佛是为21世纪以后的世界准备的。中华文化复兴正是"应天顺时"。在"世界性的百家争鸣"中,中华民族建立"道义秩序"的历史经验,势必大放异彩。这是我们建设中国特色社会科学体系及其话语体系所应该具有的大视野、大气度、大胸怀。从"工具理性"到"健全理性",从片面理性到理性与感性相统一,从科学与人文的原初统一,经过二者的分裂与对立,重回更高阶段的统一。不仅是可以期待的,而且是具有必然性的。片面的发展、分裂和对立已经有了很长的历史了,而历史总是螺旋式发展的,必定是一个不可抗拒的否定之否定的过程。这个过程将在从春秋战国的"百家争鸣"到今天"世界性的百家争鸣"的历史大轮回中得到呈现。

群学自创立至今2200多年来,遭遇的挫折比孙悟空经历的劫难还要多。在"世界性的百家争鸣"中,它必将"浴火重生"。就是说,它将成为科学性与人文性相统一的社会学,这是能够在21世纪参与塑造人类命运共同体的新型社会学。它将是21世纪世界社会学的制高点,是世界性的百家争鸣必将铸就的学术高峰。

回到本文开篇提到的严复"心结",那恐怕不是靠一篇或几篇文章而是要靠我们几代人的奋发努力才能解开的。待到中国社会学实现崛起之时,我们就可以告慰列位先贤了。相信严复"心结"自然就解开了,中国历代社会学人不但可以"心结"顿消,而且定然"心花"怒放了。

**参考文献**

[美]本杰明·史华兹:《古代中国的思想世界》,程钢译,江苏人民出版社2008年版。

---

① 费孝通:《从实求知录》,北京大学出版社1998年版,第230—231页。

陈光连：《荀子"分"义研究》，东南大学出版社 2013 年版。

方勇、李波译注：《荀子》，中华书局 2015 年版。

费孝通：《从实求知录》，北京大学出版社 1998 年版。

——：《费孝通文集》第十六卷，群言出版社 2004 年版。

——：《费孝通论社会学学科建设》，北京大学出版社 2015 年版。

——：《试谈扩展社会学的传统界限》，《北京大学学报》2003 年第 3 期。

冯契：《中国近代哲学的革命进程》，上海人民出版社 1989 年版。

胡适：《中国哲学史大纲》，商务印书馆 2011 年版。

景天魁等：《中国社会学：起源与绵延》，社会科学文献出版社 2017 年版。

孔繁：《荀子评传》，南京大学出版社 2011 年版。

李学勤：《中国古代文明研究》，华东师范大学出版社 2009 年版。

梁启超：《清代学术概论》，中华书局 2010 年版。

——：《中国法理学发达史论》，《饮冰室合集》文集第五册，中华书局 1936 年版。

刘师培著，李妙根编，朱维铮校：《刘师培辛亥前文选》，上海文艺出版（集团）有限公司中西书局 2012 年版。

涂可国：《社会儒学视域中的荀子"群学"》，《中州学刊》2016 年第 9 期。

王栻主编：《严复集》（第 4 册），中华书局 1986 年版。

习近平：《在纪念孔子诞辰 2565 周年国际学术研讨会上的讲话》，《人民日报》2014 年 9 月 25 日第 2 版。

严复：《译〈群学肄言〉有感》，孙应祥、皮后锋编：《〈严复集〉补编》，福建人民出版社 2004 年版。

——：《译余赘语》，[英] 赫伯特·斯宾塞：《社会学研究：英汉对照》，严复译，上海世界图书出版公司 2012 年版。

——：《〈群学肄言〉译余赘语》，黄克武编：《中国近代思想家文库·严复卷》，中国人民大学出版社 2014 年版。

——：《原强（修订稿）》，黄克武编：《中国近代思想家文库·严复卷》，中国人民大学出版社 2014 年版。

## Ⅲ 群学命题体系

章太炎著，王小红选编：《二十世纪儒学大师文库·章太炎儒学论集》（下册），四川大学出版社 2011 年版。

赵修义：《世界性的百家争鸣：冯契先生对后学的期望》，凤凰网，2015 年 11 月 5 日。

周振甫译注：《诗经译注》，中华书局 2013 年版。

# 论群学元典*
## ——中国社会学话语体系的第一个版本

## 引　言

一百多年来，所谓社会学只是"舶来品"，中国古代没有社会学，已成无须论证即广被承认的"铁案"。20世纪初美国基督教传教士来中国传授西方社会学，即确立了其在大学讲堂的独占地位；[①] 社会学在中国恢复重建之初，1980年日本著名社会学家又来宣扬中国不仅本无社会学，就是引进社会学也"比日本晚四分之一世纪"[②]。在这一"洋教条"禁锢下，有人居然把中国社会学史视为西方社会学在中国的传播史。至于中国本土到底有没有社会学，竟然基本无人提及，就是罕见地谈到荀子之时，也只是说他提出了"群"的概念，顶多承认他提出了"群论"，根本称不上是"学"。如此一来，西方概念和理论就占据了独尊的地位，以其裁剪中国经验事实自然就是理所当然的了。可是这样的话，怎么可能像吴文藻、费孝通等前辈所希望的那样，在中国土地上从头建立起一门中国自己的社会学，[③] 更遑论建设中国特色、中国风格、中国气派的社会学话语体系和学科体系了。由此看来，中国社会学到底有没有自己的本土起源，搞清楚这

---

\* 本文是《中国社会学史》第一卷的第八章：总结，曾发表在《探索与争鸣》2019年第5期。"元典"与"原典"都有原初的意思，"原典"更有本来的、原来之意；我们这里使用"元典"，更强调第一的、最初的、首创之意——我们认为荀子群学是中国社会学话语体系第一个版本。

① 赵晓阳：《寻找中国社会生活史之途：以燕大社会调查为例》，《南京社会科学》2016年第2期。

② 福武直、张建群：《中国社会学及其复活》，《国外社会科学》1980年第6期。

③ 费孝通：《从实求知录》，北京大学出版社1998年版，第17页。

## Ⅲ 群学命题体系

个问题,对于中国社会学的前途命运至为关键。早在1902年,梁启超在《论中国学术思想变迁之大势》的总论中写道,"上世史时代之学术思想,我中华第一也","中世史时代之学术思想,我中华第一也","虽然,近世史之前途,未有艾也,又安见此伟大国民,不能恢复乃祖乃宗所处最高尚最荣誉之位置,而更执牛耳于全世界之学术思想界者!吾欲草此论,吾之热血,如火如焰;吾之希望,如海如潮"。①

而对于发端于春秋之末,以战国为主的数百年,梁启超将之称为中国学术的"全盛时代"。荀子生活的战国之末,则是"全盛中之全盛"时期②。他盛赞荀子创立的群学,称荀子是"社会学之巨擘"③。早在1897年所作的《说群序》中,他就立下了要"发明群义"的宏愿,然"则理奥例赜,苦不克达,既乃得侯官严君复之治功《天演论》,浏阳谭君嗣同之《仁学》,读之挈然有当于其心"。于是计划"作《说群》十篇,一百二十章"。④然而这一宏愿不知何故却未能实现,留下了学术史上的巨大遗憾。不过,梁启超在《新民说》等多篇著作中,还是对群学多有阐发。荀子群学是战国末期处于世界学术"最高尚最荣誉之位置"的杰出成果之一,循着先哲的研究方向,回到荀子群学元典,探赜索隐,继续"发挥之光大之",亦是今日致力于实现中华民族伟大复兴的吾辈之责。

在今天,研究群学元典,不仅对于清末民初的先哲而言具有接续的意义,对于建设中国社会学的学科体系和话语体系更是一个重大而迫切的任务。中国社会学究竟始于何时,这是一个不可回避的重大问题。百年来流行的"中国本无社会学"之论,完全漠视了中国历史上深厚而璀璨的社会学资源。然而,费孝通先生多次引述英国功能主义大师拉德克利夫·布朗早在20世纪30年代的论断:中国早在战国末期已由荀子创立了社会学这个学科。⑤照此说来,中国社会学绝对不只是什么"舶来品",中国社会学

---

① 梁启超:《世纪文库·论中国学术思想变迁之大势》,世纪出版集团、上海古籍出版社2006年版,第2页。
② 梁启超:《世纪文库·论中国学术思想变迁之大势》,世纪出版集团、上海古籍出版社2006年版,第26页。
③ 梁启超:《中国法理学发达史论》,《饮冰室合集》文集第五册,中华书局2015年版,第1317页。
④ 梁启超:《说群序》,《饮冰室合集》文集第二册,中华书局2015年版,第135页。
⑤ 费孝通:《从实求知录》,北京大学出版社1998年版,第232、244页。

史绝对不只是"西方社会学在中国的传播史",它有自己的起源与演进脉络。荀子群学就是中国社会学话语体系的初始版本。以此为历史基础,才可能"在中国土地上从头建立起一门中国自己的社会学",才可能真正增强中国社会学的学术自觉和学科自信。

## 第一节 "一线四层":群学元典的基本格局

在笔者看来,令梁启超感到"理奥例赜,苦不克达"的,很可能主要是群学在《荀子》一书中的呈现形态问题——《荀子》一书并不是符合西方学科标准的单一学科"专著"。为什么说该书之中的群学是中国古典社会学的元典,这是继"凭什么说早在战国末期中国就具备了创立群学的社会历史条件"这一问题[①]之后的又一个必须回答的问题。这个问题,不仅在梁启超所处的群学与西方社会学相遇初期是"理奥例赜"的,就是在今天也难免令人有"苦不克达"之感。事实上,这是一些人不理解群学就是中国古典社会学的"原因"之一,因而应该是本文讨论的重点。

显然,《荀子》一书并不是单单讲"群"的专著,我们说《荀子》一书中包含着群学的元典形态,根据就在于该书提出了群学的合群、能群、善群、乐群四层命题,形成了最主要、最基本的群学概念体系和命题体系。而不在于荀子是否提出了"群学"之名,更不在于《荀子》一书是不是符合西方学科标准的"社会学专著"。以是否提出来"群学"之名,是否有了西方样式的专著,作为评判荀子是否创立了群学的标准,那是用现代人的"学科"概念去苛求2200多年前的古人。这就如同问荀子是否有"身份证"、群学是否注册了发明权一样。梁启超称赞荀子是"社会学之巨擘",卫惠林肯定荀子是"中国第一位社会学者"[②],拉德克利夫·布朗认定荀子是社会学的老祖,显然都不是依据那种表面的"标签",而是根据

---

① 对于这一问题,笔者在《中国社会学源流辨》(《中国社会科学评价》2015年第2期)及主持撰写的合著《中国社会学:起源与绵延》(社会科学文献出版社2017年版)中均有论述,在2019年出版的《中国社会学史》(第一卷)中设有专章,从文明基础、社会基础、人才条件、学术条件、教育条件、个人际遇等方面做了论证。

② 卫惠林:《社会学》,台北:"国立"编译馆、正中书局1980年版,第17页。

## Ⅲ 群学命题体系

实质性的"内涵"——群学的概念、命题和原理。

"元典"初创的标志,是形成了核心概念和基本原理;"元典"完成的标志是形成了相对独立的概念体系和相对系统的命题体系。群学命题体系是在群学概念体系①的基础上构建而成的。命题是由概念构成的判断,由命题组成的命题体系可以完整地表达群学的宗旨、要义和功用。如果说概念体系可以证明群学的存在性,那么,命题体系则可以直接呈现群学的丰富内容。而这些在《荀子》一书中都以当时可能的最完整、最系统的形式呈现出来了。

### 一 一条贯穿始终的主线

《荀子》一书从《劝学》篇、《修身》篇开始,首先阐述了合群的前提和根基。梁启超认为,"合群"是群学的第一要义,"群学"就是"合群的学问"。② 如果只看到《荀子》一书到第九篇《王制》才正式论述"群",就以为荀子只是提出来"群"的概念,并没有建立群学概念体系,那是没有理解《荀子》一书的思想脉络的结果。实际上,《荀子》从一开篇讲的就是怎么才能合群的问题。荀子讲人、讲群,不是从天生本能的层次,而是从社会性的高度出发的。诚然,人也有自然本能,从动物本能来说,许多种群例如蜜蜂、羊群等都明显表现出"合群性",这在荀子不可能观察不到。他说:"禽兽群焉,物各从其类也。"③ 从本能来说,人与其他许多动物都有合群性,但是,荀子强调人的"合群性"高于其他动物,就在于人的合群性主要是后天习得的,来自于教育,具有"社会性"。④《劝学》篇第一段话就说:"干、越、夷、貊之子,生而同声,长而异俗,教使之然也。"⑤ 吴国、越国、夷族、貊族的孩子,生下来哭声相同,长大

---

① 详见景天魁等《中国社会学:起源与绵延》,社会科学文献出版社2017年版。
② 梁启超:《说群一:群理一》,《饮冰室合集》文集第二册,中华书局2015年版,第93页。
③ 方勇、李波译注:《荀子》,中华书局2011年版,第4页。
④ 康有为、梁启超、严复都肯定,荀子的"群"就是西方社会学所说的"社会",因而"合群性"也就是"社会性"的一种表现形式。对此,笔者在《论群学复兴——从严复"心结"说起》一文(《社会学研究》2018年第5期)、《中国社会学:起源与绵延》(社会科学文献出版社2017年版)中均有所提及,这里不赘。
⑤ (清)王先谦撰,沈啸寰、王星贤点校:《荀子集解》,中华书局2013年版,第1页。

了习俗不同，这是后天教育不同的结果。教育就是要学习礼义，对人来说，没有礼义就不成其为人，"人无礼则不生"，① 这是修身的根本。"义则不可须臾舍也。为之，人也；舍之，禽兽也。"是否知晓和遵守礼义才是人与动物的根本区别。

《荀子》由合群而讲到能群。《王制》篇说："人有气、有生、有知，亦且有义，故最为天下贵也。力不若牛，走不若马，而牛马为用，何也？曰：人能群，彼不能群也。人何以能群？曰：分。分何以能行？曰：义。"② 这里讲的"能群"是什么意思？如果认为荀子在这里还是用"能群"来讲人与其他动物的区别，甚至认为动物不是也"能群"吗？据此批评荀子以是否"能群"区分人与动物是不准确、不恰当的，这也是脱离《荀子》一书的思想脉络做字面上的孤立解读的结果。在《王制》篇之前，荀子讲了如何以礼义为"大本"，处理夫妻、父子、兄弟之间的关系；怎样爱护老人、扶助穷人；君子如何以礼义立身，做事如何以诚信为本（《不苟》③）；先义而后利者荣，先利而后义者辱。总之，以礼义为本，处理与他人、与家庭、与家族、与国家的关系，则"以群则和，以独则足"，这是达到"群居和一之道"，可以尽人伦，社会达到"至平"之境（《荣辱》④）。这个含义上的"能群"，哪里是禽兽所能具备的？可知《王制》篇讲"能群"，根本不是在讲人与其他动物的区别。

《荀子》早在前面讲到的合群性那里，已经"人猿相揖别"了。到了《王制》篇，已经不再是讲人与其他动物相区别的起点，而在借用人与牛马的不同，讲明人何以能群的道理，强调"明分"和"礼义"的重要性。其他动物当然也有分工，但那只是基于本能，而不可能依据礼义。人"不可少顷舍礼义"，这是荀子的核心思想，对此他是从各个角度、多个层次反复强调和论证的。荀子是一位逻辑大家，而且是一位辞章大家，赋体就是他创立的，虽然战国时代人们著述的习惯与今日不同，但不可以为《荀子》一书是杂乱无章的。对于《荀子》一书的思想脉络我们今天可以有不同的理解，各人的理解难免带有主观的成分，但是，前提是要承认《荀

---

① （清）王先谦撰，沈啸寰、王星贤点校：《荀子集解》，中华书局2013年版，第27页。
② （清）王先谦撰，沈啸寰、王星贤点校：《荀子集解》，中华书局2013年版，第194页。
③ 方勇、李波译注：《荀子》，中华书局2011年版，第32、42页。
④ 方勇、李波译注：《荀子》，中华书局2011年版，第49、51页。

## Ⅲ 群学命题体系

子》一书是有逻辑结构的,不能脱离或无视这个逻辑结构,仅从一段一段文字的字面上去做孤立地解读。笔者认为,《王制》篇论"群"的这段话极其关键,它既是对前面几篇对合群、能群论述的总结,也是对后面论述善群和乐群的开启。确实,就在这段话的结尾,荀子提出了"善群"的概念。他指出,能用礼义侍奉父母叫作"孝",能用礼义侍奉兄长叫作"悌",能用礼义侍奉君主叫作"顺",能用礼义役使臣下叫作"君"。这种意义上的"能"就是"能群"。以"能群"为基础,进而引出"善群"。

"君者,善群也。"① 所谓君,就应该是善于把人组织成群体的人。其实,每一个人都应该"善群",都可以"善群"。"礼义者,治之始也","始"即治国的"本源"。每个人都遵从礼义,君要像君、臣要像臣、父要像父、子要像子、兄要像兄、弟要像弟,同样,农民要像农民、士人要像士人、工匠要像工匠、商人要像商人,大家都把礼义作为最高原则,守本分、尽职责,整个社会就会和谐有序。② "然后农分田而耕,贾分货而贩,百工分事而劝,士大夫分职而听,建国诸侯之君分土而守,三公总方而议,则天子共己而止矣。"③ 君主只要拱着手就安然无事了,于是天下大治④,这就是善群。

在《荀子》一书中,善群的命题大多包含在从《王制》到《强国》的篇章中。而《天论》以后的篇章则进一步勾画了乐群的理想。荀子基于他独创的"天人相分"命题,对人类的理性能力充满了信心。梁启超认为欧西学者之所谓理性,也就是荀子所说的"义","亦谓之普遍性,亦谓之大我。此大我之普遍性,即人类所以能结为团体之原因也"⑤。荀子基于此,早在战国末期就提出了"四海之内若一家"的命题⑥,构思了"天下莫不平均,莫不治辨"⑦ 的乐群境界,显示出惊人的眼界和气度,实在是震古烁今之论。

---

① (清)王先谦撰,沈啸寰、王星贤点校:《荀子集解》,中华书局2013年版,第194—195页。
② 方勇、李波译注:《荀子》,中华书局2011年版,第126页。
③ 方勇、李波译注:《荀子》,中华书局2011年版,第179页。
④ 方勇、李波译注:《荀子》,中华书局2011年版,第179页。
⑤ 梁启超:《饮冰室合集》文集第五册,中华书局2015年版,第1317页。
⑥ 方勇、李波译注:《荀子》,中华书局2011年版,第124页。
⑦ 方勇、李波译注:《荀子》,中华书局2011年版,第179页。

这样，《荀子》一书就明确地呈现出合群、能群、善群、乐群这条贯穿始终的主线。它构成了群学的重要特色。

**二 四个有序展开的层次**

荀子不仅讲了合群、能群、善群、乐群，还讲过分群、使群、为群、利群、安群等概念，为什么只将前四者作为群学主线的标志性环节呢？这就涉及群学元典的层次问题了。

循着合群、能群、善群、乐群这条主线，《荀子》一书是如何展开群学的丰富命题的？它是以修身、齐家、治国、平天下为平台，将群学概念体系①转化为命题体系，从而将命题体系展开为修身（合群）、齐家（能群）、治国（善群）、平天下（乐群）四个层面的。

修身、齐家、治国、平天下，见于《礼记·大学》。"礼记"是孔门后学记述《礼经》的论著。按传统说法，《大学》是孔子门生曾参所作。曾参生于公元前505年，比孔子小四十六岁，大约比荀子早一百多年。虽然《大学》受到推崇是后来的事，但在战国后期其在儒家各派中是得到公认的，《荀子》一书以修身、齐家、治国、平天下为基本进路，是作为儒家代表人物的荀子自然而然的选择。《荀子》一书正是从修身（《劝学》《修身》）开篇，后面的篇章多以"治国"为主，但相继展开了齐家、平天下的丰富内容。

与此基本一致的是，合群、能群的相关命题，大多包含在从《劝学》到《儒效》的篇章中；善群、乐群的相关命题大多包含在《王制》以后的篇章中。当然，合群、能群、善群、乐群与修身、齐家、治国、平天下只是基本上并非严格地一一对应，也有一多对应，这只是对应形式的区别，总之是存在一定的对应关系的。事实上，按荀子本来的用法，讲"能群"较多，有时把"合群""善群"也包含到"能群"之中，有时"乐群"和"善群"也不大区分。例如，他既讲君者能群，也讲君者善群。这也不难理解，因为不论是合群、能群、善群、乐群，还是修身、齐家、治国、平天下，凡是前者都是后者的前提和条件，合群不仅是能群的前提，也是善

---

① 我们在《中国社会学：起源与绵延》（社会科学文献出版社2017年版）一书中梳理出由4个基础性概念（群、伦、仁、中庸）和30个基本概念构成的群学命题体系。

## Ⅲ 群学命题体系

群、乐群的前提；修身与后几项的关系也是如此。交叉地看，也是如此。修身的目的是增进合群性，当然也有助于齐家、治国、平天下。所以，"四群"（合群、能群、善群、乐群）虽然是我们的一种归纳、一种"建构"，应该大体上是符合《荀子》原意的。

至于分群、使群、为群、利群、安群等概念和命题，均可包含到"四群"之中。这样归纳的"四群"命题及其展开层次，确如严复所指出的，是与西方社会学的命题层次（"节目枝条"）"暗合"的。合群是指个人如何通过修身，成为群体的合格成员，这相当于社会学的个人社会化层次；能群是在合群的基础上，进一步处理好与家庭、宗族乃至社会的关系，这相当于社会学的社会关系、社会组织层次；善群就是更进一步地通过制度建设和社会治理，协调人们的利益、规制人们的行为，使社会和谐有序，这相当于社会学的制度与结构、分层与流动、发展与治理的层次；再进入最高的理想层次，四海一家，天下大同，那就是社会学追求的人类理想秩序了。

《荀子》一书正是以修身、齐家、治国、平天下为平台，合群、能群、善群、乐群的命题依次展开为以下四个层面。

在修身（合群）层面，荀子指出了修身的原则、方法及途径。他认为，人之所以合群就在于他"明分"，人是"明天人之分"、能"与天地相参"的独立主体；强调修身为本是合群的根基，修身才成其为人，修身在正心，修己以安人；合群的原则是"修身以礼"，因为"人无礼不立"，"礼"可以"正身"、"定分"及"致和"；而合群的方法则有"存心养性"、"无信不立"、"与人为善"以及"舍生取义"，合群的途径是"修身以学"，礼义主要靠学习而得来，而且学可以固群、学至于行。

以合群为前提，人才能处理好己与他人、与家、与宗族、与社会的关系，这就是"能群"。在齐家（能群）层面，《荀子》阐述了能群的基础、规则、方法与归宿等，把"家"当成能群的基础，认为家是群的基本单元，国之本在家，家和万事兴。因此，"各循其礼"就成了能群的规则，它要求夫妻和美、父慈子孝、兄友弟恭、长幼有序、家族和睦，把家庭教化、言传身教、勤俭持家、和顺可亲、疏不间亲作为能群的方法，主张"家齐而国治"。

之所以"家齐而国治"，是因为家与国是同构的，治国就必须"善群"。"善群"既是人"合群"的体现,也是人"能群"的结果。因而在治国(善群)层面,《荀子》一书用大量篇章集中论述了"为何善群""何谓善群""如何善群"三个基本问题。荀子认为,以民为本构成了善群的基础,礼法并重是善群的方略,"尚贤使能"是善群的关键,富民强国是善群的手段,而"修养政德"则是善群的保证。

荀子具有"四海一家"的"天下观",他把乐群看作群学的最高追求与理想境界。在平天下(乐群)层面,荀子指出,乐群就要坚持"天下为公"理念,认为"公则天下平"是社会秩序稳定和谐的保证;乐群就是要把"以和为贵"作为基础,坚持"和而不同",采取"兼爱相利",以实现天下大同。天下大同是群学的使命与抱负。

综上所述,纵向上的合群、能群、善群、乐群这条主线,与横向展开的修身(合群)、齐家(能群)、治国(善群)、平天下(乐群)这四个层次,形成了群学元典"一线四层"的基本格局。

### 三 聚焦特定的对象

不论是合群、能群、善群、乐群这条主线,还是在修身、齐家、治国、平天下四个层面,研究对象都聚焦于群。不是说作为学科必须有相对独立的研究对象和领域吗?群学的研究对象是非常明确的,符合作为学科的要求。群学的特点是:群既是研究对象,又是行动主体;群学既有理论性的一维,又有实践性的一维;既有明晰的结构,又有强大的功能。而且理论性与实践性、结构与功能是高度统一的。

群学不像西方社会学那样,把对"社会是什么"的描述,与应该怎么办的行动绝对分开,也不区分什么"社会静力学"与"社会动力学"。但群学与西方社会学的这一区别,并没有妨碍严复作出群学就是社会学的判断。对于群学的功用,严复早在1895年发表的《原强》一文中就指出,斯宾塞的《社会学研究》这本书"约其所论,其节目枝条,与吾《大学》所谓诚正修齐治平之事有不期而合者,第《大学》引而未发,语焉不详。至锡彭塞(斯宾塞——笔者注)之书,则精深微妙,繁富奥衍"[1]。在这里,严复明确认为,斯宾塞社会学与群学的"诚正修齐治平"的"节目枝

---

[1] 黄克武编:《中国近代思想家文库·严复卷》,中国人民大学出版社2014年版,第8页。

## Ⅲ 群学命题体系

条"是"不期而合"的。他甚至径直指出，斯宾塞就是用"近今格致之理术"，以"发挥修齐治平之事"①。而在诸种学问中，"以群学为要归。唯群学明而后知治乱兴衰之故，而能有修齐治平之功"②。在中国学术史上，群学的修齐治平之功在其漫长的绵延和演进过程中，得到了充分发挥。

总之，就研究对象和领域而言，即便是按照西方近现代的所谓"学科标准"来衡量，群学也不仅是一种"学说"，而是可以被称为一门"学科"的。

## 第二节 环环嵌套：群学命题体系的原本结构

梁启超指出，群学"与欧西学者之分类正同"③。用严复的说法是"节目枝条"与西学"暗合"。所谓"节目枝条"，用今天的说法，主要是指在前述元典基本格局之下，群学命题体系的整体结构及其演进逻辑。我们先看看群学命题体系的结构特征。

所谓群学命题体系的整体结构，是指分布在"一线四层"上的一个个命题相互联结而成的体系。在《荀子》一书里，其结构特征是什么？荀子说："始则终，终则始，若环之无端也。"④ 就是说，是环环相扣的。

我们把荀子创立群学时的命题结构称为"原本结构"，以区别于此后两千多年间群学绵延和转型过程中发生了形态变化的命题结构。"原本结构"的命题主要见于《荀子》一书，但因群学的创立是先秦社会思想集大成的结晶，所以也包括孔孟等儒家和道家、墨家等诸子各家与"群"有关的命题。

我们在《中国社会学：起源与绵延》一书中，曾经区分了群学的基础性概念（群、伦、仁、中庸）和基本概念（30个）。相应，群学命题也可

---

① 严复：《原强（修订稿）》，黄克武编：《中国近代思想家文库·严复卷》，中国人民大学出版社2014年版，第37页。

② 严复：《原强（修订稿）》，黄克武编：《中国近代思想家文库·严复卷》，中国人民大学出版社2014年版，第38页。

③ 梁启超：《中国法理学发达史论》，《饮冰室合集》文集第五册，中华书局2015年版，第1317页。

④ 方勇、李波译注：《荀子》，中华书局2011年版，第126页。

以区分为基础性命题和基本命题。正如基础性概念的含义贯穿于群学的整个概念体系并构成每一个基本概念的共同基础一样，基础性命题也贯穿于整个命题体系并为每一个基本命题确定了基础性的意义。

## 一 群学的基础性命题及其结构

群学基础性命题是由群、伦、仁、中庸这 4 个基础性概念所展开的命题。

首先，有关"群"的基础性命题具有实体性，它们表述的是人类的实际存在形式。群学并不把"群"（社会）看作抽象的存在，而是看作经验上可以观察和描写的具体存在。由经验得知，"人生不能无群"，这是群学的首个命题。人是以群的方式生活的，长期孤立的个人或者无法生存，或者必然失去"人性"，因而群学强调"合群性"是人的本性。但是，人们是通过明确的劳动分工形成群的，这种分工不是像动物那样出于本能，而是出于情义和理智。"明分使群"作为群学的重要命题，它所讲的"分"是"以义为能群之本原"[①]。而"义"又是由"礼"所规定的，以"礼""为隆正"，就是纲要。这样，才能实现"群居和一"。这就是荀子讲的"人何以能群"的道理，而"礼为大分"。可见，有关"群"的命题在实体性上是环环相扣的。

其次，有关"伦"的基础性命题具有关系性，它们表述的是群的基本结构。在群里，人们怎么相处？荀子强调"人伦与天地同理"，这个"理"是至高的法则，这样的法则当然是人们相互关系的根基。因为人类之相处，需求相同而满足需求的办法不同，欲望相同而实现欲望的智慧却不同，这是人的天性，即所谓"执同知异"。既然如此，那就要讲究"伦"，而群有"五伦"——父子有亲、君臣有义、夫妇有别、长幼有序、朋友有信。[②] 处理好群体关系的原则就要"不失其伦"。而要"不失其伦"就要通过"教化"的途径以"明人伦"。可见，有关"伦"的命题在关系性上也是环环相扣的。

再次，有关"仁"的基础性命题具有规范性，它们表述的是群的价值

---

[①] 梁启超：《中国法理学发达史论》，《饮冰室合集》文集第五册，中华书局 2015 年版，第 1317 页。

[②] 杨伯峻译注：《孟子译注》，中华书局 2008 年版，第 94 页。

### Ⅲ 群学命题体系

导向和观念基础。"伦"有类别、次序和关系，在不同的类别、次序和关系中如何教化才能"明人伦"？这就要讲"仁"，所谓"修道以仁"。因为，"仁者人也"[①]，不论是强调以孝悌为本，还是要求"泛爱众"，仁总是做人的根本。"仁"是贯穿于群体互动之中的，换言之，如果不以"仁"为规范，那就算不得"人伦"之"群"。可见，有关"仁"的命题在规范性上必定是相互嵌套的。

最后，有关"中庸"的基础性命题具有行动性，它们表述的是群的实现方法与和谐之道。中庸以中和作为社会位育的目标，要达到中和，就必须适度与时中，做到适度与时中又必须至诚，这几个环节贯通起来就是中庸。可见，有关"中庸"的命题在行动性上同样是环环相扣，相互嵌套的。

总之，有关"群"的实体性命题、有关"伦"的关系性命题、有关"仁"的规范性命题、有关"中庸"的行动性命题，它们之间既是相互补充的，也是环环相扣、相互嵌套的。

## 二 群学的基本命题及其结构

以上四个方面的基础性命题，可以在修身、齐家、治国、平天下四个层次，为达到合群、能群、善群、乐群四种状态和境界奠定全面完整的基础。

这里需要指出的是，这些基础性命题，既不是在"一线四层"格局之外的一个独立部分，也不是其内的一个单独层次，而是体现在基本命题之中的。所谓"基础性"是指它们为其他命题确定了一般性的意义。显然，群学的每一个命题都是"群"和"伦"的表现，每一个命题也都是"仁"和"中庸"的体现。像"人不能无群""不失其伦""仁者爱人""中和、至诚"这样的命题，显然适合于修身（合群）、齐家（能群）、治国（善群）、平天下（乐群）等每一个层次，而不是单单适合于某一个层次。一般存在于特殊之中，基础性命题也存在于"一线四层"的基本命题之中，规定着它们普遍的、一般的意义，也制约着它们之间的联结方式——基础性命题之间是环环相扣的，基本命题的结构特征也是一环扣一环的。

---

[①] 杨天宇撰：《礼记译注》（下），上海古籍出版社2004年版，第700页。

首先，合群的基本命题从天人关系出发，进入人与人的关系，依次展开，是一环扣一环的。"参天地"则可"明人伦"，因为人伦是与天地同理的。"明人伦"则可修身成人，修身的关键在"正心"，"正心"则修己，修己则安人，安人推广之即可安百姓。安百姓必须明礼，明礼则可"定分"，"定分"则可"致和"。

其次，能群的基本命题，也是一环扣一环的。家是国之本，家和则万事兴；家和则夫妻、父子、兄弟必须"各循其礼"；"家道正"则能"亲仁善邻"，达到"四海一家"。

再次，善群的基本命题，还是一环扣一环的。治国必须"以民为本"，"民本"就要"营养民生"，于是则可得民心，得民心则可得天下；治国要靠"礼义"，"义立则国兴"；法治之本在人，得人才者得天下；得人才还要"百吏尽职"，要尽职先要"为政以德"，如此方能"固国强兵"。

最后，乐群的基本命题，同样是一环扣一环的。乐群就是要"公天下"，天下者天下人之天下，"公"则天下安宁；天下人众多，必有差别、有矛盾，乐群就是要"尚同贵和"，"贵和"则要"以乐化人"，讲究"和而不同"；国与国无大小之别，要"礼尚往来"，则可"协和万邦"，如此则可"天下大同"。

显而易见，上述仅仅作为例子举出的群学命题，至今人们仍然觉得耳熟能详。两千多年来，它们作为理念、作为规范、作为准则，一直影响着中国社会，塑造着群体秩序，教化着中国人，化作中国人的品格，成为中国文化的基因。

### 三　环环嵌套型结构及其特点

群学命题环环相扣的结构，可以称为"嵌套型结构"。"嵌套型"的含义是：第一，命题不是单一的，而是部分复合的；第二，不是单向的，而是环形的；第三，相互嵌套是一种一和一、一和多的联结方式。

"嵌套型结构"的特点如下。第一，环环相扣、相互衔接、相互包含，而不是两两对立的二元结构。如按西方的"二元对立"式思维，主体就是主体，不是客体，不能主客不分，二者的界限是分明的，是相互排斥的；个人与社会之间也是这样，个人就是个人，个人之外才是社会；结构与行动相对应，结构一般是被动的，行动才是能动的；如此等等。而"嵌套"

## Ⅲ 群学命题体系

却是外延和外延或内涵和内涵都可能部分重合，正如"家"与"国"是同构的一样。在西方思维中，家就是家，不是国，外延和内涵都是界限分明、相互排斥的。前者是"私域"，后者是"公域"，结构和含义都是不同的。而中国的小家不仅连着"大家"（国），还要以国为家。所谓"家国情怀"，家与国是嵌套在一起的。

第二，嵌套型结构无始无终，不是从简单到复杂的进化结构。修身不一定比治国简单，治国不一定比修身、齐家复杂，"治大国如烹小鲜"，治国虽然头绪多、事情多，但是办起来不一定比修身难，修身要正己、正心、"破心中贼"，包含的内容可能更丰富、更难做好，有治国之才的不一定修身就修得好，有些职务很高的人政务处理得很好，最后栽在修身欠缺上。就是说，修身、齐家、治国、平天下不过是场域的不同，不是简单与复杂的区别；合群、能群、善群、乐群不过是层次的区别，也不是简单与复杂、先进与落后之类的区别。

既然不是从简单到复杂，也就难以确定固定的"起点"。修身是"起点"？劝学是"起点"？不一定。在齐家、治国或者平天下的过程中，随时都会发现不足，都要回过头来学习、修身。修身、齐家、治国、平天下，如环之无端，它们是无始无终的。"起点"随时都会变成"中点"或"终点"，也就无所谓从简单到复杂的直线，也就难以确定直线上的"起点"。

第三，既然是相互嵌套，命题之间就不是通过另外的什么纽带、什么机制联结在一起的，而是它们自己直接地通过相互补充、相互关联，环环相扣地镶嵌在一起的，无分简繁、无别始终。

## 第三节　整合—贯通：群学命题体系的演进逻辑

"嵌套型"只是一种结构形式的刻画，群学命题何以形成嵌套型结构？为什么外表看来"界限不清"的命题体系，却又显得头头是道，有很强的说服力，个中的奥妙何在？如果它也有一种逻辑体现其中的话，其内在的逻辑是什么？荀子讲"以类行杂，以一行万，始则终，终则始，若环之无端也，舍是而天下以衰矣"①。"以类行杂"，从整体上把握纷杂的事物，相当于我们今天所讲的"整合"；"以一行万"，即用统一、合一的原则统摄万事万物，也就是"贯通"。总起来说，我们可以将之称为"整合—贯通逻辑"。荀子强调，如果舍弃了这个原则，天下就要衰亡了。那是因为这个"逻辑"与"天下"通行的法则是相一致的。

## 一 整合及其学理基础

奥妙首先在于"整合"。群学命题体系的演进逻辑，不是分析的、区隔的、非此即彼的区隔—分析逻辑。梁启超在讲到王阳明的"知行合一"时说，中国人什么都讲"合一"，追求的就是"合一"，"知行原是一个字说两个工夫"，知是（为）行的知，行是有知之行，本是"一物"，或谓"知行本为一事""心与物合一""心与理合一"。②知之于行、义之于利、道之于功，在西方的"区隔—分析逻辑"中，是要把二者的界限分得越清楚越好，甚至为了分得清楚，不惜把二者对立起来，而在中国传统思维中，二者不过是"本一物而二名"。环环嵌套的群学命题结构之所以是嵌套型的，其中体现的就是这种"整合性"。

"整合"不一定是"融合"，整合达到一定程度，才是融合。"整合"本身是包容多样性的，所谓"和而不同""多元一体"都是这个意思。中国文化强调包容，不崇尚扩张，不主张相互排斥、相互取代。中华民族的形成机理不是如西方那样的扩张式发展，而是整合式地向中心聚拢式的发展——向中原文明聚拢，周边藩属国向中央帝国聚拢，表现在思维上就是整合性逻辑。这种逻辑靠的是中华文明的向心力和吸引力，中国文化的凝聚力和包容力。对此，许多学者已有深入研究，这里不赘。

## 二 贯通及其实现机理

环环相扣不是循环论，它也是一种发展形式，不过，作为发展形式，它不是进化主义的。西方概念，要求内涵要确定，外延要清晰，并且具有排他性。中国传统的学术概念，讲究概念之间的内涵要能融通，外延要能

---

① 方勇、李波译注：《荀子》，中华书局2011年版，第126页。
② 梁启超著，许葆云评注：《梁启超讲阳明心学》，陕西出版传媒集团、陕西人民出版社2014年版，第88—89页。

## Ⅲ 群学命题体系

嵌套,这样才便于贯通。学术旨趣不同,各有其规范。因为要确定和清晰,最好就要二元区隔甚至对立起来;因为讲究融通和贯通,最好能够通达乃至整合起来。

关于实现贯通的机理,荀子特别强调"解蔽","蔽"则塞,"蔽"则障,去蔽则通。他指出:"故为蔽:欲为蔽,恶为蔽;始为蔽,终为蔽;远为蔽,近为蔽;博为蔽,浅为蔽;古为蔽,今为蔽。凡万物异则莫不相为蔽,此心术之公患也。"[①] 基于"解弊"认识论,自始至终贯彻合群、能群、善群、乐群这条主线,服务于修身、齐家、治国、平天下这个贯彻始终的实践目的,整个群学命题体系都可以贯通起来。而这种情形,可以用"中庸"的方法论去体会和理解。从"中庸"来看,始为蔽,终为蔽,取其"中"者则为"既有始有终又无始无终";远为蔽,近为蔽,取其"中"者则为"既有远有近又无远无近";博为蔽,浅为蔽,取其"中"者则为"既有浅有博又无浅无博";古为蔽,今为蔽,取其"中"者则为"既有古有今又无古无今"。知此,就无怪乎儒家总是把修身、齐家、治国、平天下的"大学之道",与"从容中道,圣人也"[②] 的"中庸之道"紧密关联起来了,荀子群学就是体现这种关联性、通达性的一个典型。诚然,欲与恶之差异,始与终之差异,远与近之差异,博与浅之差异,古与今之差异,都是存在的,这些差异为什么在认识中会起到蒙蔽的作用呢?因为它们原本是相互依存、相互规定、相互联系、相互转化的,离开了一方另一方就是难以存在、难以说明、难以理解、难以把握的,所以对它们不能分割开来、孤立起来、对立起来、将之绝对化。荀子这里批评人们思想方法上的共同毛病,不就是我们今天所说的"区隔—分析"二元对立的分析方法吗?

### 三 递进而又递归

群学的研究对象具有确定性,而且具有严密的逻辑结构。但与伦理学对"伦"的研究不同,合群、能群、善群、乐群是以人伦为基础的社会关系依次递进地展开其结构和过程的四个阶段或形式。

---

① 方勇、李波译注:《荀子》,中华书局2015年版,第337—338页。
② 杨天宇撰:《礼记译注》(下),上海古籍出版社2004年版,第702页。

不论是在合群、能群、善群、乐群诸环节，还是在修身、齐家、治国、平天下诸方面，群学都是既有理论一维，又有实践一维；既有结构一维，又有功能一维。前者称为群理，后者称为群治，二者完全是合二为一的。

首先，就称为群理的理论结构而言，合群、能群、善群、乐群呈现为依次递进、层层包含和提升的关系（前者是后者的前提）；同时又是逆序递归的——后者依次包含前者并且是前者的提升。每个环节都不是相互独立和断裂的阶段。

其次，就称为群治的实践功能而言，同样，修身、齐家、治国、平天下也是既顺序递进，又逆序递归的。

合群、能群、善群、乐群与修身、齐家、治国、平天下这两个序列之间，既是一一对应的，也是一多对应、交互对应、相互影响的。因一一对应，两个序列之间的联系具有了确定性；因一多对应、交互对应，两个序列之间的联系增强了紧密性。

通过依序递进和逆序递归，群学命题之间既实现了相互整合，又实现了相互贯通。这种递进—递归双向推理的因果逻辑，是推理极为严密的一种逻辑。典型代表是《大学》中关于修身、齐家、治国、平天下的那段论述："古之欲明明德于天下者，先治其国；欲治其国者，先齐其家；欲齐其家者，先修其身；欲修其身者，先正其心；欲正其心者，先诚其意；欲诚其意者，先致其知，致知在格物。物格而后知至，知至而后意诚，意诚而后心正，心正而后身修，身修而后家齐，家齐而后国治，国治而后天下平。"[①] 这里，每一项既是前提，又是结果。"始则终，终则始"，既有始有终又无始无终，既依序递进又逆序递归，这是荀子式"若环之无端"的逻辑，这一整合—贯通逻辑与西方的"区隔—分析逻辑"的差异是很明显的。

为了形象地表示二者的差异，我们试举果树为例。怎么观察一棵长着许多果子的果树？假如想搞清楚这棵果树上到底有多少果子，怎么数数？按照整合—贯通逻辑，就要坚持从整体观照个体，保持果树活生生的完整性，那就要在果子原样长在树上时去数，有的果子可能被树叶遮挡，不容

---

[①] 汪受宽、金良年译注：《孝经·大学·中庸》，上海古籍出版社2012年版，第95页。

### Ⅲ 群学命题体系

易计数；按照区隔—分析逻辑，就将果子摘下来摆在地上数数，可能计算最准确。两种方法哪个更清楚？后者更清楚。哪个更真实？果子长在树上，那是最真实的。哪个更客观？前者未加人工干预，那是客观的；后者计数准确，也是一种客观性。哪种更完美？前者保留了果树的整体美，后者如果在地上将果子摆成某种造型，那是人工美，但果树的整体美却丧失了。

可见，整合—贯通逻辑与区隔—分析逻辑各有所长，也各有所短。不论如何，这都是思维方式、学术传统、文化特色问题，不是学科标准问题，更不是学科有无问题，甚至也不是学科优劣问题。它们本应该相互承认、相互尊重、相互借鉴、相互学习、相互促进，共同发展，不应该对任何一方否定、漠视、排斥和取代。退一步说，就算是从学科标准角度看，社会学在西方存在一个统一的标准吗？只有实证的才算社会学？只有经验性的才算社会学？如果说，只有孔德实证主义的才算社会学，德国的马克思和韦伯同意吗？只有美国的才算社会学，法国人同意吗？西方社会学本来就是一门多种范式的学科，为什么到了中国，它就成了具有唯一标准的学科了呢？为什么说到群学，它就必须符合在西方都没有获得独占权的某一个学科标准呢？就是在美国这一个国家内部，同样存在多种范式的社会学。可是，即使在同一种研究范式、甚至用同一种研究方法，正如美国杜克大学社会学系主任林南教授指出过的，他在美国做的经验研究，从来没有人质疑其真实性，他到中国来用同样方法做的研究，回到美国去讲的时候就不断地被质疑，这哪里是什么学科标准问题？只能说这叫"文化偏见"。这个认识还不到位，林南教授说得到位，叫"文化殖民"。的确，学术本质上属于文化的范畴，"纯学术"是很难寻觅的。尽管如此，本文对群学，只是探讨其命题结构、演进逻辑，这是学术，没有扩展到更广的文化领域，因为对于国人来说，对群学主要是一个认识问题。

### 四 浑然而非混沌

关于群学元典，还有一个容易引起质疑的问题，就是它在《荀子》一书中不是如今天人们所习惯的"专著"形式呈现的，战国末期似乎并没有近现代西方这样的"学科分化"。那么，为什么群学可以称为中国古典社会学？的确，中西所谓"学"各有自己的分法。大体上说，西方是学科之内分学派，中国古代却是学派之内分学科。例如，孔学之内有"六艺"，"六艺"相当于六个"专业"；墨学之内分谈辩、说书、从事三科，每科又有许多"专科"，仅"从事"一科就又划分为农、工、商、兵各种专科。中西学科只是分法不同，并非有无问题。不同分法各有优长，但要相互承认，不能只说西方有学科，中国就没有学科。群学是荀学的一个组成部分，在《荀子》一书中，群学是与荀子的政治学、伦理学、逻辑学等其他学科并存的。"并存"不见得就没有独立的研究对象，"交叉"可以是独立学科之间的交叉。"交叉并存"不同于未分化的"混沌一体"，如果没有分化，就既谈不到"交叉"，也谈不到"并存"。确实，"交叉并存"的样态，初看起来，容易与未分化为学科的"学问""思想"相混同，实际上，《荀子》是已经分化的学科之间以及与尚未分化的学问之间具有一定结构的"浑然一体"。"浑然"不再是混沌，只是相似于混沌。

群学命题体系的嵌套型结构也是一种清晰的结构，整合—贯通的演进逻辑更是非常清晰的，正是此二者，使得看似浑然一体的群学命题体系，有了并不逊于西方社会学而具有自己特色的严整结构和严密逻辑，同时也富于壮丽的整体美。正如前面举的果树的例子，难道只有一棵单独生长的果树才是果树，长在树林中的果树就不是果树吗？

# 结　语

本卷作为《中国社会学史》第一卷，首先论述了群学创立的社会基础，认为群学是先秦中华文明高峰的结晶，是春秋战国社会剧变的产物，是士阶层崛起的智慧集成，是第一次百家争鸣的学术硕果；认为稷下学宫是群学得以创立的孕育之地，荀子的个人际遇和综合思维才能也是直接条件。这样，就回答了一个疑问——荀子比孔德早了2100多年，凭什么说早在战国末期中国就具备了创立群学的社会历史条件？只要客观看待本卷论述的必要和直接条件，又能摆脱已成思维定式的欧洲中心论，这个疑问是可以消解的。

本卷以大量篇幅从格局、结构和逻辑三个方面，论述了群学元典的形成。具体梳理出群学命题体系，从而继《中国社会学：起源与绵延》梳理

## Ⅲ 群学命题体系

出群学概念体系之后，进一步论证了荀子群学就是中国古典社会学，亦即合群、能群、善群、乐群之学。其中，重点阐述了合群的前提、根基、原则、方法及途径；能群的基础、规则、方法与归宿；集中论述了"为何善群""何谓善群""如何善群"等问题；认为乐群是群学的追求与境界，乐群就要坚持"天下为公"理念，要把"和为贵"作为基础，坚持"和而不同"，以实现天下大同。以上几点，构成了群学的基本内容和重要特色。

一百多年来，对于"中国社会学"的"学科史"，均以严复将西方社会学传入中国之时为"开端"，都自觉和不自觉地把清末民初以前的社会学（群学）仅仅称为"社会思想"，认为其称不上"学"，不能登临"学科史"之列。本书首次将战国末期荀子群学作为中国社会学的开端，将群学创立以来2200多年的发展史作为"学科史"来书写。并且，本卷首次以命题演进史的形式书写群学创立史。这在学科史研究中不论算不算是一项创新，都有助于追本溯源，确立中国社会学的本土起源，从而为建立中国特色社会学话语体系、学科体系提供历史基础。

本卷总结的"一线四层"格局、环环嵌套型结构和整合—贯通逻辑，是对群学元典的基本认识。这三点认识侧重于形式而不是内容的方面。至于内容方面，我们认为群学与西方社会学是同大于异的，无须多讨论；在形式方面，群学与西方社会学确实是异大于同。即便如此，从我们归纳的群学元典在形式方面的三点基本认识来看，这也只能说是群学的特点，而不成其为否认群学是中国古典社会学的理由。在各有独立起源的学术脉络中，内涵相通的学问采取不同的形式，那是再正常不过的了，正如白皮肤的人是人，黄皮肤的人也是人一样。由此，我们就回答了对于群学元典的另一个疑问——《荀子》一书并不是符合西方学科标准的单一学科"专著"，为什么说它是中国古典社会学的元典？只要理解了"一线四层"格局、嵌套型结构和整合—贯通逻辑，而又不以西方所谓"学科标准"为圭臬，这个疑问也应该是可以消解的。因为，既然群学不仅有自己的核心概念和基本原理，而且形成了相对独立的概念体系和相对系统的命题体系，那就不能只承认它是一种"学问"、一种"思想"，不论它是以什么样的历史形态呈现出来的，而应该承认它是一个"学科"——具有相对独立的研究对象的专门学问。因为尚未分化为"学科"的"学问"，与已经形成的学科的区别，在于是否形成了相对独立的概念体系和相对系统的命题体系。尽管后者可能以与其他学科或学问交叉并存的形式呈现出来，那它仍然是一个"学科"。

既然荀子的"群"的实际内涵相当于后来所说的"社会"，只不过在历史上"群"的概念出现得比"社会"更早一些，而且二者虽然略有差别但还是可以相互包含的。到了近代，康有为、梁启超、谭嗣同、严复、刘师培都肯定"群"就是"社会"，即使从日本翻译了《社会学》一书的章太炎，也高度称赞荀子的群学，实际上将群学视为中国古已有之的社会学。那么，即使从名称上说，不承认群学就是中国古典社会学，除了坚信只有西方的孔德才创立了社会学这个"洋教条"之外，在中国学术史中是找不到什么像样的根据的。

本卷梳理出来的作为群学元典的命题体系，是中国社会学话语体系的第一个版本，此后的2200多年间它是怎样演进的，其对于现在构建中国特色社会学话语体系有什么意义，是后面几卷要回答的问题。

正如法国启蒙运动大师伏尔泰所指出的，意大利文艺复兴的重大意义不在于复古，而在于创造。① 也可以说，研究群学元典不是为了历史，而是为了将来——它是构建中国特色社会学话语体系必须从头做起的基础性工作。

本书第一卷是中国社会学史的开篇，是荀子创立的群学元典形态。群学概念体系和命题体系是此后2200多年来由元典形态向现代形态演进的历史根基。循着群学的概念体系和命题体系的历史脉络一路捋下来，自秦汉到隋唐，群学参与了中国传统社会制度的构建，形成了群学的制度化形态，这是本书第二卷的研究内容；唐宋以后随着礼制下移，中国民间社会发育繁盛，形成了群学的民间化形态，这是本书第三卷要考察的；群学历来就有重视人文的传统，到明代中期的阳明心学走向峰巅，此后也得到延续，形成群学的心性化形态，这是本书第四卷要梳理的一个历史轨迹；清末民初西方社会学传入，中西学术碰撞，思潮激荡，中国社会学开始探索会通之道，群学因而进入转型期，基本形成了群学的转型形态，这是本书

---

① ［瑞士］雅各布·布克哈特：《意大利文艺复兴时期的文化》，何新译，商务印书馆1983年版，齐思和为该书中译本写的序言，第2页。

第五卷要着重研究的；改革开放以来，中国社会学得以恢复重建，一方面中国学术实现了空前的开放，另一方面随着中国经济社会的快速变革、发展和崛起，中国社会学不论从规模到质量，还是从研究广度到深度，都取得了巨大进步，朝着实现群学复兴亦即中国现代社会学崛起的目标前进，必将形成中国社会学（群学）的崛起形态，本书第六卷将对此做一探讨和展望。中国社会学史的"六形态说"亦可算是这套书的又一个创新。立足于中国社会学（群学）如此漫长、辉煌而非凡的历程，回溯荀子群学这一中国古典社会学的创始形态，总结群学经历的如此之多的形态演进，这不仅与执着于知识形态的西方社会学明显不同，就是在各门社会科学学科中也是罕见的、非凡的、难能可贵的。有如此深厚的历史积累和学科根基，中国社会学在21世纪实现崛起必定是指日可待的！

**参考文献**

安乐哲、郝大维：《切中伦常：〈中庸〉的新诠与新译》，彭国翔译，中国社会科学出版社2011年版。

方勇、李波译注：《荀子》，中华书局2011年版。

费孝通：《关于"文化自觉"的一些自白》，《学术研究》2003年第7期。

——：《孔林片思》，《读书》1992年第9期。

——：《试谈扩展社会学的传统界限》，《北京大学学报》（哲学社会科学版）2003年第3期。

——：《从实求知录》，北京大学出版社1998年版。

冯友兰：《中国哲学史新编》，人民出版社1982年版。

韩明谟：《中庸新识——对中庸与社会协调的新理解》，《天津社会科学》1990年第6期。

李学勤主编，王宇信、王震中等：《中国古代文明与国家形成研究》，中国社会科学出版社2007年版。

梁启超：《论中国学术思想变迁之大势》，上海世纪出版集团2006年版。

——：《先秦政治思想史》，天津古籍出版社2004年版。

——：《饮冰室合集·专集（第5册）》，中华书局1989年版。

景天魁：《中国社会学源流辨》，《中国社会科学评价》2015 年第 2 期。

——：《论群学复兴——从严复"心结"说起》，《社会学研究》2018 年第 5 期。

景天魁等：《中国社会学：起源与绵延》，社会科学文献出版社 2017 年版。

潘光旦：《儒家的社会思想》，北京大学出版社 2010 年版。

［美］本杰明·史华兹：《寻求富强：严复与西方》，江苏人民出版社 1990 年版。

汪受宽、金良年译注：《孝经·大学·中庸》，上海古籍出版社 2012 年版。

卫惠林：《社会学》，台北："国立"编译馆、正中书局 1980 年版。

张德胜、金耀基、陈海文：《论中庸理性：工具理性、价值理性和沟通理性之外》，《社会学研究》2001 年第 2 期。

张德胜：《儒家伦理与社会秩序》，上海人民出版社 2008 年版。

# 欲兴其学　先正其史[*]

## ——略谈中国社会学史研究

德国大哲学家黑格尔认为，哲学史的本身，在本质上就是哲学这门科学。[①] 此话即使不适合所有学科，也应该适合社会学；即使不适合其他的社会学，也应该适合中国社会学。因为中国社会学一向承认自己只是"舶来品"，在西方社会学于清末民初传入中国之前，中国本土没有社会学，也就没有本土的社会学史。这就好比一种无根藤，攀附在树上，营养是靠树提供的，虽然也可开出一些小花，但自己无根就永远长不成大树。果真如此，怎么谈得上建立中国社会学的话语体系和学科体系？显然，应该搞清楚中国古代到底有没有社会学，如果有，就必须重新书写中国社会学史，这是关系至大的任务。

因此，本文拟就学科与学科史、群学与社会学、群学命题演进史与中国社会学史的关系做一些探讨，以期引起学界同仁的批评和讨论。

## 一　为什么要重新书写中国社会学史

笔者在《中国社会学：起源与绵延》一书的前言中曾经写道："欲立其学，先立其史；欲兴其学，先正其史。"[②] 这就提出了中国社会学的发展与其历史基础的关系问题。其实这个问题费孝通先生早在 20 世纪 90 年代

---

[*] 原文发表于《人文杂志》2019 年第 6 期。
① ［德］黑格尔：《哲学史讲演录》第一卷，贺麟、王大庆译，商务印书馆 1983 年版，第 12 页。
② 景天魁等：《中国社会学：起源与绵延》，社会科学文献出版社 2017 年版，第 21 页。

就提出来了。1993 年，他在《略谈中国社会学》一文中曾说，20 世纪 30 年代拉德克利夫·布朗教授在燕京大学讲学时说过，中国在战国时代已由荀子开创了社会学这门学科，比西方的孔德和斯宾塞要早两千几百年。[①] 其实对于社会学这一学科的起源问题，西方人一直很看重。即使孔德已经拥有了社会学创始人的名分，法国人还是努力追寻社会学思想的源头，不过他们竭尽全力，也只能追溯到孟德斯鸠，再往前，大概只好追溯到法国之外，去求助于古希腊了。而中国自先秦诸子就有了灿烂的社会思想，荀子群学则是其精华之集成，其成熟程度令西方人吃惊，并且承认了它的超前价值。尤其令人着迷的是，它竟能几千年来连绵不断，既一脉相承，又不断丰富发展，这在世界学术史上鲜有可与比肩者。2003 年在《试谈扩展社会学的传统界限》一文中，费孝通先生又明确指出："中国丰厚的文化传统和大量社会历史实践，包含着深厚的社会思想和人文精神理念，蕴藏着推动社会学发展的巨大潜力，是一个尚未认真发掘的文化宝藏。从过去二十多年的研究和教学的实践来看，深入发掘中国社会自身的历史文化传统，在实践中探索社会学的基本概念和基本理论，是中国学术的一个非常有潜力的发展方向，也是中国学者对国际社会学可能作出贡献的重要途径之一。"费先生还明确指出了研究中国社会思想的路径和意义："'人'和'自然'、'人'和'人'、'我'和'我'、'心'和'心'等等，很多都是我们社会学至今还难以直接研究的东西，但这些因素，常常是我们真正理解中国社会的关键，也蕴含着建立一个美好的、优质的现代社会的人文价值。社会学的研究，应该达到这一个层次，不达到这个层次，不是一个成熟的'学'（science）。"[②] 这就把发掘中国学术宝藏提升到了能否创立一个"成熟的"社会学的高度。

遵循费先生的遗训，重新书写中国社会学史，是一项神圣的使命。中国知识分子历来有"为往圣继绝学"的抱负，在宋代张载的表述中，"为往圣继绝学"是与"为天地立心""为生民立命""为万世开太平"同等重要的，也是紧密联系的。的确，全世界都在惊叹中华文明神奇的绵延力，很多人都在探索在世界古老文明中唯有中华文明经久不衰的内在机

---

① 费孝通：《从实求知录》，北京大学出版社 1998 年版，第 232 页。
② 费孝通：《试谈扩展社会学的传统界限》，《北京大学学报》（哲学社会科学版）2003 年第 3 期。

## III 群学命题体系

理,尽管这种内在机理是复杂多样的,至今难以说得清楚,但有一点是可以肯定的,那就是中国文化人的传承意识。在这个传承过程中,尽管有批判、有否定,甚至有过"打倒孔家店"之类的偏激运动,但毕竟割不断中华文明的血脉。总的说来,中华文明是在历史积累的基础上不断创新的,继承与创新是高度统一的,既在继承的基础上实现创新,又在创新的过程中实现继承。这一继承与创新的"统一律",大概是我们现在认识到的中华文明绵延发展的机理之一。

单纯地继承,容易;单纯地批判,也不难。要把继承与创新高度统一起来,就很是困难了。说到中国社会学,情况就很是特殊,这一继承与创新的"统一律"好像被舍弃了。如果像以往百余年间那样不承认中国古代有社会学,那就既谈不上继承,也用不着"继承",也不可能在继承的基础上创新,那就太简单了,照搬西方社会学就是了。

然而,中国是一个有深厚历史文化基础的国家。在"以德治国""依法治国"之外,还有一个现在很少提起但其实也很重要的提法——"以史治国"。历史在我们的人文教化和国家治理中曾经发挥过重要作用:前朝是怎么做的,先王是怎么说的。直到今天,我们看京剧,反映三国故事的诸葛亮《空城计》中的唱段,反映明代权力斗争的《二进宫》中的唱段,都是"以史为鉴"的。中国有全世界最发达的历史学,有全世界最早、最成熟的史官制度。我们可以肯定地说,中华文明之所以绵延不绝,与史学发达不无关系。有的文明古国没有历史记载流传,依靠玄奘的《大唐西域记》,才知道印度古代的首都在哪里。这是古印度文明断绝的结果,还是其原因?更像是后者。是否可以说"以史治国"也是中华文明绵延不绝的原因之一,请史学家们去讨论,不是本文所能担当的任务。这里想要说的,无非是强调重新书写中国社会学史对于中国社会学的重要性。笔者写的《中国社会学:起源与绵延》一书"序言",标题就是"中国社会学崛起的历史基础",很显然,那里已经论证了中国社会学史对于实现中国社会学崛起的重要意义,这里不赘述。

我们在《中国社会学:起源与绵延》一书中已经梳理出群学概念体系,初步证明了群学就是中国古典社会学,既然如此,中国社会学史自然就应该从荀子群学的创立写起。由于荀子是先秦学术的集大成者,群学的渊源还要向前追溯。在从荀子到严复的2100多年间,群学经历了复杂的

· 218 ·

命题演进和形态演变过程。即便在严复译介西方社会学之后的110多年来，"中国社会学史"也不仅仅是西方社会学在中国的传播史、移植史、应用史、扩张史，也仍然有群学绵延的一条脉络在，而且开启了群学与西方社会学对话和会通的过程，情况也很复杂。从荀子写起的中国社会学史，旨在梳理2200多年间群学的发展和演进历程，这是我们所说的"新写"的"对象"和含义，任务之艰巨自不待言。

## 二 关于"群学"与"社会学"

尽管我们在以往的著述中多次谈到了"群学"与"社会学"的关系，而且我们不主张纠结于这种问题，但我们既然从战国末期群学创立开始书写中国社会学史，就不能回避"群学"和"社会学"这两个名称的使用问题。

群学与（西方）社会学的区别，不宜简单地用异同来下结论。笼统地说，二者在内容上同大于异，在形式上异大于同，在方法上有同也有异。因此，要下结论，就看以何者为标准，选择从哪个角度着眼。重视内容的方面，就会认为二者"正同"（梁启超语）；重视方法的方面，可能认为二者"暗合"（严复语）；重视形式的方面，难免认为二者"相异"。如果只从名称上看，把孔德的"社会学"当作唯一公认的名称，把西方社会学当作唯一的标准，那就连异同也不用讨论了。因为这种"唯一性"，也就是独占性、排他性，完全排除了学科另有起源的可能性。可是，这难道不是过于武断的偏见吗？

具体地说，从内容上讲，严复已经指出了群学与（西方）社会学在字词义、概念义、学科义、学科性质和功用、学科地位等方面都是相同的，多方面论述了他之所以将sociology译为"群学"的理由[①]。我们把群学的

---

[①] 严复：《〈群学肄言〉译余赘语》、《原强》、《译〈群学肄言〉自序》、《原强修订稿》，见黄克武编《中国近代思想家文库·严复卷》，中国人民大学出版社2014年版，第373、8、71、38页。

## Ⅲ 群学命题体系

概念体系和命题体系归纳为合群、能群、善群、乐群四个层次①,也是与(西方)社会学内容的基本架构相一致的。合群相当于西方社会学所谓的"社会化",能群相当于西方社会学的关系和组织,善群相当于西方社会学的制度、机制和社会治理,乐群相当于西方社会学作为社会理想的人类秩序。单从内容上看,二者的相同性是显而易见的。

从方法上看,群学也与西方社会学一样是研究具体的社会关系和社会行为的,基本上都是偏向于经验研究的,尽管在群学初创时期不可能具备后来才形成的实证方法,但正如哈佛大学的本杰明·史华兹教授所指出的,荀子"以自然的实证化技术为导向的思维范式",使群学从一开始就凸显出实证研究的特征,因而是"最富于'社会学色彩的'"②。至于说到具体研究视角和方法,西方社会学内部也是多种多样的,不能讲运用实证方法的就是社会学,运用非实证方法的就不是社会学。既然如此,在群学与(西方)社会学之间,就应该肯定二者在基本方法取向上的一致性,不能以具体方法为依据判断二者的异同。

从形式上看,孔德创立"社会学"之名时,西方社会科学正处于学科分化的高潮期。因此,尽管社会学以综合研究社会现象见长,但人们还是承认它是一门单独的学科,就是说它的综合性是内在的。但毕竟社会现象的整体联系是不可分开的,所以很快就在社会学内部分化出了诸如经济社会学、政治社会学、法律社会学以及工业社会学、农村社会学等几十个分支学科,以此调和学科单一性与社会整体性之间的矛盾。而群学创立时则是另外一种情况。春秋战国时期,中国社会已经发育得很复杂了,社会矛盾也暴露得很充分了,不仅产生了诸子百家,而且形成了百家争鸣的局面,其论辩之激烈、规模之宏大,在世界学术史上是无与伦比的。群学作为集大成的一个成果,其学科内容是极为丰富的,但在存在形式上,中国学术历来重视综合,群学也就很自然地与其他学科交叉并存。这种存在方式上的特点,不足以构成否认群学是一个学科的理由。早在1905年,刘师培在研究春秋战国诸子百家之学时就曾指出,即便按照西方划分学科的

---

① 景天魁:《中国社会学崛起的历史基础》,《北京工业大学学报》(社会科学版)2017年第4期。
② [美]本杰明·史华兹:《古代中国的思想世界》,程钢译,江苏人民出版社2008年版,第421、405页。

标准，中国到战国末期已至少形成了 16 个社会科学学科，其中"中国社会学"名列第四。[①] 这就在严复、梁启超之外，明确肯定了中国在战国末期就形成了中国社会学。

从现在来看，由荀子创立并绵延两千多年的群学，应该称为中国古典社会学。自清末民初西方社会学传入中国至今的 110 年间，"中国社会学"的成分变得复杂了。它不仅包括来自中国本土的群学和来自西方的社会学，也包括在中西社会学会通和社会学中国化过程中形成的新理论、新学派，还包括 110 多年来在中国人民进行的伟大斗争特别是在改革开放以来走向民族复兴的伟大实践基础上提炼形成的社会学新概念、新命题和新理论，以上四个方面共同构成了中国近现代社会学。

由此回答前述"群学"与"社会学"的异同问题，我们可以说，如果把中国社会学区分为中国古典社会学和中国近现代社会学的话，那么群学既是中国古典社会学，也是中国近现代社会学的重要组成部分。在前一意义上，"群学"与"社会学"是相同的；在后一意义上，"群学"与"社会学"是有同也有所不同的。

我们着重于从内容上处理"群学"与"社会学"的关系。只是顾及但不侧重于其形式的方面，甚至也不在方法上多做讨论，更不纠结于"群学"与"社会学"的名称问题。而是致力于梳理出群学的命题体系及其演进脉络，以期展现出群学的丰富内涵。我们把合群命题梳理出来，相较于西方社会学的社会化命题而言，就不仅鲜明的中国特色一目了然，而且更显示出中国修身之道的丰富性；我们把能群命题梳理出来，中国社会关系的复杂性就凸显出来了，关于"关系""面子""人情"等的"关系社会学"不是已经成为中国社会学的重要组成部分了吗？我们把善群命题梳理出来，中国基本社会制度的稳定性以及社会治理的丰富经验就展示出来了；我们把乐群命题梳理出来，从"四海一家"到"天下大同"和"构建人类命运共同体"的历史脉络就很清楚了。我们深信，面对群学命题体系所呈现的丰富内容，所谓群学只是"社会思想"，称不上"社会学"的成见也就难以立足了；再纠结于群学是不是社会学的名称之争就没有什么

---

① 刘师培：《周末学术史序》，载《中国近代学术名著·刘师培辛亥前文选》，中西书局 2012 年版，第 189 页。

必要了。

进一步说，我们既然致力于实现中国社会学的崛起，那么，有自己学术的历史积累总比没有好，学术积累悠久深厚总比一片空白强。为实现中国社会学崛起的目标大计，我们当然要选择在继承基础上创新的道路，将继承与创新高度统一起来，这种文化自觉是最为理性的。

这样看来，所谓"中国社会学的崛起"，应该是：（1）以群学的古今贯通为纵轴；（2）以中西社会学会通为横轴；（3）以中华民族实现伟大复兴的实践为基础；（4）以社会学中国化为方向，交汇融通、综合创新，形成一系列能够回答21世纪中国和世界的重大社会发展问题的新概念、新命题、新理论的伟大创造过程。而重新书写中国社会学史，则是其中一项基础性工作。

## 三 为什么要重视命题演进史

（一）怎样重新书写中国社会学史，令笔者久陷愁城。以往驾轻就熟的套路，当然是按照年代和人物写。然而，中国古人一般都是跨学科、多学科的，如果按照人物写，按照著作写，容易纠缠不清。到底哪些人可以称为社会学家，哪些著作可以算作社会学著作？多少年来缺乏专门研究。那些被称为哲学家或者别的什么家的人，例如王阳明，他的有些思想是否也可以算作社会学命题？古人的书不是按照现代意义上的学科写作的，哪些书可以算作社会学专著？例如，顾炎武的《日知录》讲了那么多的社会制度、社会风俗，到底是哲学著作还是社会学著作？如果要等把一个一个朝代、一个一个人物、一本一本著作都研究清楚了，再动笔写作，那就不知要等到猴年马月；如果在逐一研究清楚之前就按照年代和人物写，又势必陷入无尽的争论中，很难走出来。

其实，写作中国社会学史，以往的研究积累太少虽然是一个问题，但并不能因此就认为缺乏写作的基础条件，从根本上说，这里有一个思路问题。20世纪前期，胡适和冯友兰写作中国哲学史的时候，西方人根本不承认中国有哲学；中国古人也未曾用过"哲学"这个学科名称，"哲学"之名，也是与"社会学""逻辑学"等一起，刚刚从日本转译而来的。但是他们捷足先登，凭借自己对中国传统学术的深厚素养，依据对"哲学"作为一个学科的理解，胡适很快就出版了《中国哲学史大纲》第一卷（1919），稍后，冯友兰也出版了更为完整的《中国哲学史》（上下册），由此开拓出了"中国哲学史"这个专门学科。[①]

胡、冯二位先生之高明，首先在于"心灵手敏"（蔡元培语[②]），得以占得先机。从老子、孔子、墨子、庄子、荀子（胡适书），直到冯先生从商周一路写到康（有为）、谭（嗣同）、严（复）、王（国维），因为他们是首创，几乎可以说是信手拈来，并无忌惮。不但是天人、物我、心性、名实、知行之类公认的哲学命题尽量纳入，就是像吕不韦的《吕氏春秋》、太平天国的"天朝田亩制度"、曾国藩与满汉斗争之类或者与哲学沾点边或者不沾边的内容，也照收不漏。反正不管怎么说，用不着先去论证某某人是不是哲学家，某某书算不算哲学著作。我们就不行了，已经是在胡著出版100年、冯著出版八九十年（冯友兰《中国哲学史》上、下册于1934年出版）之后，早已被写到哲学史和别的学科史里的人物和著作，成了牢固的先入之见，我们再要把其中的某些人、某些书写到社会学史里，就会面临种种质疑——他（它）们是社会学家或社会学著作吗？当然，我们可以去努力发掘出一些胡、冯二位先生没有提及的人物和著作，这当然也还有很多，也确实是我们应该做的，但是，由于前述中国学术交叉综合的特点，而且这是"主流"，还是必须想办法恰当处理这个问题。

（二）怎样办？必须突破按照年代和人物写作学科史的"历史记述法"的局限，跳出习惯套路而另辟蹊径——以群学命题演进史为主线写作中国社会学史。

第一，我们既然在与西方社会学的相似性比较中认定群学就是"合群、能群、善群、乐群"之学，那我们就紧紧把握住这条主线，不论是谁——先不管他到底是什么"家"，不论哪本书——先不管它是不是社会学著作，只要是有关"四群"的命题，就择其要者纳入进来；而且不是按照年代和人物，而是按照这些命题与"四群"的相关性加以重新编排。这样，我们就避开了对人物和著作的争论，将一个个命题镶嵌在"四群"主

---

[①] 蔡仲德：《冯友兰先生评传》，载张海晏主编《冯友兰文选·中国哲学的精神》，国际文化出版公司1998年版，第5页。

[②] 蔡元培：《序言》，胡适：《中国哲学史大纲》，东方出版社1996年版，第2页。

线上，形成命题的"珍珠链"。人物和著作随着命题走，出现在对命题来源和背景的叙述中。只要这些命题是与"四群"有关的，对人物和著作的争论在这里就没有必要了——当然，如有兴趣，可以另外去讨论。

这样做并不是主观任意的，我们的依据是：我们写的是学科史，学科史并不等于历史事件的编年史，也不等于历史人物的记述史。学科发展是由它的命题演进过程表现出来的。因此，以群学命题演进史为主线写作中国社会学史，更符合学科史的性质要求。

第二，全部中国社会学史将命题演进史贯彻始终，一以贯之，层层展开，我们就在命题演进的水平上梳理清楚了群学的历史，确凿无疑、铁板钉钉地证明了群学的历史存在和世代绵延。这样的中国社会学史，比起按照年代和人物书写的思想史，脉络要清晰得多，逻辑要严谨得多。这在学科史的书写上，应该是一个创新。说"应该是"，是说尽管这是第一次从荀子群学写起的中国社会学史，又是第一次以命题演进史的形式书写的，但是否称得上"创新"，还要看它能不能站得住，是否有价值，那就要经受学术界的评论和历史的检验了。

第三，尽管前面说过从荀子开始书写中国社会学史，缺乏对2200多年间的许多人物和著作的专题研究作为基础，但是我们以命题演进史的形式书写中国社会学史却不是"没有办法的办法"，毋宁说，这是最为恰当的写法。因为重新书写中国社会学史，还首先承担着证明群学这个学科的存在性和绵延性的任务。而命题体系的形成是群学创立的最为充分的标志，其后命题体系的演进则是群学绵延的轨迹。命题演进史虽然不拘泥于人物和著作概述以及时代背景介绍，却更能够确凿地证明群学的存在和绵延，更便于展现群学的丰富内容。

## 四 群学命题体系的学术价值

（一）群学命题体系（包括基础性命题和基本命题）具有"群学概论"的意义

我们将群学命题区分为源于基础性概念（群、伦、仁、中庸）的"基础性命题"，和展开群学内容的基本命题——合群（修身）命题、能群

（齐家）命题、善群（治国）命题、乐群（平天下）命题。这些"基本命题"是基础性命题的展开。但在群学发展史上，它们都是"群学概论"的组成部分，并不是只有"基础性命题"才是"概论"。也就是说，整个命题体系都是"概论"，是"群学概论"，相当于"社会学概论"。

### （二）"群学概论"的结构与"社会学概论""正相合"

"群学创立"时期的命题，不论是"基础性命题"还是"基本命题"，都历史地具有"概论"的性质。况且，将"概论"中的命题，区分为"基础性命题"和"基本命题"是"概论"一类著作的通例。现在流行的《社会学概论》也是如此，有个人和社会、结构和交往这样的基础性概念，也展开为社会组织、社会制度、阶级阶层、社会流动、社会发展和社会治理等各个方面。这与由基础性命题和基本命题组成的"群学概论"，借用严复的话说，在"节目枝条"上"正相合"。尽管群、伦、仁、中庸这些基础性概念与西方社会学的不同，但它们所展开的也是社会的构成、社会的结构、社会的规范、社会行动的方法，与西方社会学是相通的。正因为"相合"和"相通"，我们才说群学就是中国的社会学，相异之处只是"中国特色"，并没有"异"到不"相合"的程度。正如开红花的牡丹和开黄花的牡丹都是牡丹，"家槐"和"洋槐"都是槐树一样。

"基础性命题"和"基本命题"，在后面演进的历史过程中，都有一个制度化、民间化、内在化、会通和转型，并在中国社会学崛起中发挥作用的问题。区别只是在于"基础性命题"会比较稳定一些、持续性更强一些，但不可能没有变化；基本命题（例如家庭伦理、选贤任能）等变化大一些，但也可能找到某种变形和延续的形式。命题演进史将进一步展现中国社会学的特点和优势（绵延性、整合性、变通性、实用性等）。

我们本来无意将群学与比它晚2100多年由孔德创立的西方社会学相比较，更不想在二者之间论短长，诞生在战国末期的群学与西方社会学有所不同，这太正常了；西方社会学有的概念和命题群学没有，也是难免的，正如群学有的概念和命题西方社会学也没有一样，不必大惊小怪。我们重视的是严复指出的群学与西方社会学"正相合"，这既是事实，也是我们坚信群学就是中国古典社会学的理由。即便不想作比较，我们还是不能不说，群学的命题体系表明，它的学科内容确实是非常丰富且有鲜明特

## Ⅲ 群学命题体系

色的。它不仅值得我们继承和发扬,完全有资格作为现代中国社会学实现崛起的学术史基础。

### (三)"群学概论"和"命题演进史"是史论结合的

中国社会学史包含"群学概论"和"命题演进史"。前者以史论的形式来展开"群学概论",后者通过命题演进过程展现群学产生的条件和实现过程。群学诞生了,它的基本内涵也就形成了,或者说,群学的基本内涵形成了,它也就诞生了。"史"与"论"是高度合一的。

### (四) 群学命题体系研究的前景展望

首先,"群学命题体系"相当于"群学概论",它对中国社会学的意义却深远得很。当年,胡适、冯友兰的中国哲学史不仅在世界学术界纠正了认为中国古代没有哲学的偏见,还很快开辟出来中国哲学史这个学科。此后只用了几十年时间,这个学科就蔚为大观,其学科地位和规模都可与西方哲学史并驾齐驱,而且涌现出张岱年、汤用彤、熊十力、牟宗三、朱伯崑、楼宇烈、杜维明、余英时、萧箑父、张立文、牟钟鉴、陈来等一批又一批哲学史家,真可谓群星灿烂。中国社会学史研究在建立了群学命题体系之后,也要进入专题研究阶段,也必定会成长出一大批中国社会学史专家。可以预期,中国社会学史不仅研究范围将从一百多年,拓展到二三千年,而且其学科地位也会大大提升。即使不能像黑格尔那样断言社会学就是社会学史本身,至少中国社会学理论的源头是必须追溯到荀子群学的,中国社会学有如此丰厚的历史资源,那就不应被置于边缘地位,犯不上非要到西方社会学那里去"寻根"(如果不说是"归宗"的话),因而必定极大地增强自己的学科自信。

进而,群学命题体系就是中国社会学话语体系的历史版本。荀子群学的命题体系是元典性的版本,秦汉时期群学制度化是第二个版本,隋唐宋时期群学民间化是第三个版本,元明清时期群学内在化是第四个版本,清末民国时期群学转型是第五个版本,这样一路绵延下来、传承下去,中国社会学就有了实现崛起的雄厚历史基础,这在世界社会学殿堂上都是无与伦比的。中国社会学不仅能够真正站起来了,其辉煌的未来也是指日可待的。

**参考文献**

［美］本杰明·史华兹：《古代中国的思想世界》，程钢译，江苏人民出版社 2008 年版。

方勇、李波译注：《荀子》，中华书局 2011 年版。

费孝通：《从实求知录》，北京大学出版社 1998 年版。

——：《试谈扩展社会学的传统界限》，《北京大学学报》（哲学社会科学版）2003 年第 3 期。

胡适：《中国哲学史大纲》，商务印书馆 2011 年版。

景天魁：《中国社会学崛起的历史基础》，《北京工业大学学报》（社会科学版）2017 年第 4 期。

——：《论群学复兴——从严复"心结"说起》，《社会学研究》2018 年第 5 期。

景天魁等：《中国社会学：起源与绵延》，社会科学文献出版社 2017 年版。

梁启超：《清代学术概论》，中华书局 2010 年版。

——：《中国法理学发达史论》，《饮冰室合集》，文集第五册，中华书局 2015 年版。

刘师培：《周末学术史序》，载《中国近代学术名著·刘师培辛亥前文选》，中西书局 2012 年版。

潘光旦：《儒家的社会思想》，北京大学出版社 2010 年版。

社会学概论编写组：《社会学概论》，人民出版社、高等教育出版社 2011 年版。

王栻主编：《严复集》（第 4 册），中华书局 1986 年版。

严复：《〈群学肄言〉译余赘语》、《原强》、《译〈群学肄言〉自序》、《原强（修订稿）》，见黄克武编《中国近代思想家文库·严复卷》，中国人民大学出版社 2014 年版。

张海焘主编：《冯友兰文选·中国哲学的精神》，国际文化出版公司 1998 年版。

# 关于群学创立的社会基础和思想基础[*]

## 一

一百多年来，人们一直在说社会学对中国来说只是"舶来品"，19世纪末20世纪初才传入中国，中国本土没有社会学。现在我们说战国末期荀子创立的群学就是中国古典社会学，人们可能感到很诧异。其实，早在西方社会学传入中国之初，康有为、梁启超、章太炎、严复、谭嗣同、刘师培等前辈就明确认为荀子群学就是中国古已有之的社会学[①]，可惜此说未能得到广泛承认。不仅是中国人，就连英国功能主义大师拉德克利夫·布朗教授在20世纪30年代指出"中国早在战国末期已由荀子创立了社会学这个学科"[②]，也没有引起人们的重视。民国时期，不认可中国有自己本土社会学的观点，在学术界已被视为定论，在当时全盘西化思潮下作为"舶来品"的西方社会学一家独尊，中国不仅被认为没有社会学，就是所谓"社会思想"也被贬为农耕文明的遗存，是必须抛弃的落后的"包袱"。

改革开放之初，中国社会学刚刚恢复之时，日本社会学家福武直所谓中国没有社会学的观点乘虚而入，影响很大，他说："中国的社会学是从严复把斯宾塞的《社会学研究》（*The study of sociology*，1873）译成《群学肄言》于1903年问世开始的。日本的社会学是1878年由欧内斯特·费

---
[*] 本文原为《中国社会学史》第一卷第二、三章的引言和结语，该书由中国社会科学出版社2019年10月出版。
[①] 参见景天魁《论群学复兴——从严复"心结"说起》，《社会学研究》2018年第5期。
[②] 费孝通：《从实求知录》，北京大学出版社1998年版，第232页。

诺洛萨在日本讲学的讲稿、特别是1881年由外山正一在东京大学授课的讲义起源的。由此看来，中国比日本晚四分之一世纪才引进社会学。"① 他的意思无非是说，日本有社会学竟比中国早很多。如果单就"引进社会学"之一事而言，此言倒也凿凿，可是其作为前提宣扬的是中国本无社会学。然而这一论调被当作权威之论很快占据了大学讲堂，甚至被搬上了《中国大百科全书·社会学》卷这样本应只接受定论的著作。这样一来，"中国本无社会学""中国社会学史是西方社会学在中国的传播史"的观点，竟被视为不易之论。积习成自然，人们不仅承认中国古代只有"社会思想"没有社会学，甚至心悦诚服地承认"中国社会思想史是社会学的'史前史'"。既然如此，"史前史"当然就不能入"学科"之流，不能登临社会学正规学科之列，那它不受重视，学校认为可教可不教，学生认为可学可不学，也就是无可厚非的了。

直到20世纪末21世纪初，中国社会学恢复重建的领军人物费孝通先生多次肯定拉德克利夫·布朗的论断，并表示很想好好研究荀子，竟也没有引起多少反响。② 费先生是在回顾总结中国社会学恢复重建二十年的经验得失，展望其在21世纪的前途和使命的时候，一再提起荀子亦即中国社会学的起源问题的，如此掌舵定向之人的振聋发聩之言，为什么竟然和者寥寥呢？

可见，所谓"中国本无社会学"已成"铁案"，即便费孝通这样德高望重之人也难以撼动。那么，人们到底为什么不接受荀子群学就是中国古典社会学这一论断呢？原因可能很多，归结起来看，在过去，主要是文化自信问题——西方社会学传入中国，是在甲午战争之后，国人的文化自信几乎丧失殆尽，觉得人家欧洲那么发达，到1838年才产生社会学这个学科，中国凭什么早在战国末期就能诞生这个学科？荀子有什么本事能比孔德早2000多年就创立作为中国古典社会学的群学？在今天，随着文化自信的逐步增强，则主要是认识问题——不了解群学为何物，怎能相信战国末期中国果然具备了产生群学的社会历史条件呢？

欲兴其学，先正其史。笔者在2014年发表文章，正式提出中国社会

---

① [日] 福武直：《中国社会学及其复活》，张建群译，《国外社会科学》1980年第6期，第73页。

② 费孝通：《从实求知录》，北京大学出版社1998年版，第347—348页。

Ⅲ 群学命题体系

学的古今中西之辨①，2015年提出中国社会学的源流问题②，2017年我们出版《中国社会学：起源与绵延》一书，依靠团队合作之力，梳理出群学概念体系，以此初步证明群学就是中国古典社会学。本书（《中国社会学史》，下同）拟在此基础上，进一步梳理出群学命题体系，将中国社会学史的"开端"从严复译介西方社会学往前推至战国末期的荀子群学，研究2200年来群学的起源、演进与复兴，追寻中国社会学的本土历史起源，阐述中国社会学（群学）源远流长的学科脉络与学科演变，分析群学命题的演进轨迹与社会功能，探讨群学复兴的历史机遇、条件与路径。

尽管我们肯定荀子创立了群学，但是，本书更侧重研究群学得以创立的社会基础和思想基础，强调群学的创立是当时社会历史条件的必然产物，有个人作用但非纯粹个人所为。而是中华民族固有的合群性在文明发展到一定阶段的自然表现，是春秋战国时期中华文明发展的高峰和世界历史上罕见的"百家争鸣"的伟大结晶。因而，本书重点研究社会（作为社会过程）是如何"形成"群学的。

本章（《中国社会学史》第一卷第二章）从中华文明的特点出发，谈到春秋战国社会剧变，进而阐述中国特有的士阶层的崛起、世界历史上独有的长达几百年的百家争鸣，落笔到作为群学天赐摇篮的稷下学宫和荀子人生机遇。各节由远到近、由大到小，沿着时代—社会—阶层—群体—个人的顺序，逐次展开对群学产生的社会历史条件的论述，以期回答上述第一个问题——中国在战国末期具备了哪些社会历史条件使得作为中国古典社会学的群学得以诞生。

二

以上几节（《中国社会学史》第一卷第二章），分别从社会历史条件的不同方面，证明了在战国末期，我国确实具备了创立作为学科之群学的优

---

① 景天魁：《中国社会学不可回避的根本问题——从"社会学的春天"谈起》，《学术界》2014年第9期。
② 景天魁：《中国社会学源流辨》，《中国社会科学评价》2015年第2期。

越而完备的主客观条件。表明荀子群学的孕育与形成,根植于中国文化的沃土,是中华古代文明发展高峰的结晶。

只要不把孔德创立的社会学奉为唯一标准,只要承认中国学术与西方学术各有独立的起源,自然就会确认群学就是中国古典社会学。

事实上,在中西学术史上,西方有经济学,中国自古就有"计学";西方有数学,中国自古就有"算学";西方有逻辑学,中国自古就有"名学";西方有西医,中国自古就有中医;如此等等,名称不同罢了。群学与社会学也是相同的学科,不过是名称不同而已。怎么能说自然科学、社会科学只诞生在西方?17—18世纪西欧继文艺复兴之后又兴起了启蒙运动,发生了工业革命,大大刺激了近代科学的发展,中国在这一阶段落后了,这是事实。但是,能够因此就说中国古代一片空白,什么学科也没产生过?只因为群学不符合西方社会学的"学科标准",不论其内容多么丰富,也只能叫"社会思想",不能称为"学科"?可是,中国自古也有很多"学科",只不过含义和用法有别于西方之"学科",应该说中西之"学"各有其义,各有所长,为什么只能以西方的所谓"学科标准"为圭臬?其实在西方,也没有什么普遍公认的、唯一的"学科标准",就是在西方社会学内部,有实证的,也有非实证的,有偏向科学性的,也有尊崇人文性的,为什么只要是西方的,不论分歧多大,都可以算作"社会学",而在西方之外的,不论内容如何,就是不能称为"社会学"呢?更何况,就连有的西方学者,也承认荀子群学是"以自然的实证化技术为导向的思维范式",是"最富于'社会学色彩的'"[①],那么我们有什么理由不承认群学就是中国古已有之的社会学亦即中国古典社会学呢?

对于理解群学产生的社会历史条件,横亘在眼前的一个思想障碍就是所谓社会学只能诞生在工业社会。可是这个说法站得住脚吗?孔德提出社会学的1838年的法国,就算是工业社会,所谓社会学只能诞生在工业社会这一说法,充其量也不过是对这一事实的"事后确认",未见有人对这个说法做出有充分学理根据的论证,能够证明社会学的诞生与工业社会之

---

[①] [美]本杰明·史华兹:《古代中国的思想世界》,程钢译,江苏人民出版社2008年版,第405、421页。

## Ⅲ 群学命题体系

间有着唯一性的必然联系。再者,即使证明这种联系在欧洲学术史上是存在的,谁又能证明在其他文明中,在其他学术体系中,社会学或类似社会学这种学科的产生,也必然与工业社会具有唯一性的联系,即证明农业社会无论多么发达,都不可能产生社会学?如何比较农业文明与工业文明?如果按照进化主义逻辑,先前出现的就是落后的,后起的就是先进的。但是,进化主义是粗糙的、不准确的,在其简单化的方面则是不正确的。一般而言,物质文明、科技文明,是工业社会比农业社会更发达。但也不尽然,生态文明主要属于物质文明,农业生产可循环性更强,造成的污染更小,生态较为平衡,就此而言就未必落后。至于精神文明那就难说了,农业社会保留了人们之间的血缘的、地缘的联系,并没有像工业社会造成那么多的道德危机、文化危机和心理危机等,就更不能简单地判定谁先进谁落后了。至于文化艺术水平那就更加难说了。后来的书法家有谁敢说超过了王羲之?现在的相声演员,有谁超过了侯宝林?

退一步说,即便工业文明水平总体上高于农业文明,那又如何能够证明社会学这个学科只能产生在工业社会?如果工业文明对于社会学的产生有那么绝对的意义,为什么在1838年之前它没有产生在工业水平比法国更高的英国?如果"法国大革命"对社会学的产生就有那么绝对的意义,那么,为什么没有发生同样的"大革命"的德国能够出现卡尔·马克思和马克斯·韦伯这样的社会学经典大师?

工业革命、法国大革命即便是孔德创立"社会学"的重要社会条件,但这些条件并不具有绝对的、普遍的意义。没有学理根据说在其他文明、其他学术脉络中,这些一定是产生社会学的必要条件。应该说,社会学既然是研究社会现象、社会过程和社会行动的,那么,只要社会结构复杂到一定程度、社会矛盾激烈到一定程度,对社会关系关注到一定程度、对社会的思考深刻到一定程度,关于社会的学问积累到一定程度,就可能产生社会学或类似于社会学这个学科。换言之,这些才是社会学产生的必要社会条件,亦即具有普遍意义的条件。

因此,我们说,虽然战国末期比孔德创立西方社会学早了2000多年,但因为春秋战国时期中华文明达到了历史的高峰,社会剧变长达五百年之久,形成了世界历史上无与伦比的富有思想创造力的知识群体——士阶层,发生了世界上绝无仅有的百家争鸣,出现了盛况空前的稷下学宫,具备了被梁启超称为"全盛之中的全盛"的优越条件,战国末期由先秦学术的集大成者荀子创立作为中国古典社会学的群学,完全是水到渠成的,有什么可奇怪的?

## 三

群学的创立,除了必要的社会基础之外,还必须具备相当丰厚的学术积累和直接性的思想条件。那么,战国末期是否形成了这样的思想基础呢?本章(《中国社会学史》第一卷第三章)第一节将首先从文字考古学的角度,考察群学的悠远源头;第二节从诸子之学中梳理群学的思想资源;第三节集中探寻"合群、能群、善群、乐群"由隐到显的脉络;第四节落脚到荀子本人的人生际遇,阐述群学体系建构的得天独厚的思想条件。这样,如同第一章一样,同样是由远及近,由文明考古到思想资源,继而由"四群"脉络到群学体系建构;由文明先祖到诸子百家再到创立者个人,展开对群学创立之思想基础的论述。以此,从思想条件方面,回答关于群学创立问题的第二个主要疑问——荀子何以能够比孔德早2000多年创立作为中国古典社会学的群学?

## 四

如果说社会基础是群学产生的必要条件,那么,思想基础则是群学产生的充分条件;如果说前者是间接条件,那么,后者则是直接条件。有了这些必要和充分条件、间接和直接条件,群学的产生就不仅具有可能性,而且具有必然性。

这样,群学之创立,论文明条件,有先秦中华文明高峰;论社会条件,有春秋战国五百多年的社会巨变;论知识群体条件,有当时世界上就规模和社会地位、社会作用而言无与伦比的"士阶层";论教育条件,有大师云集、自由辩论的高等学府——稷下学宫;论学术氛围,有世界历史上盛况空前的百家争鸣,长达数百年的自由辩论,激发了诸子百家

## Ⅲ 群学命题体系

的创造才能，这就形成了智慧迸射的知识创新机制。这些得天独厚的条件，保证了荀子能够比孔德早2000多年创立作为中国古典社会学的群学。

梁启超指出，春秋战国是中国学术的"全盛时代"，而战国之末，实为"全盛中之全盛也"。[①] 这几百年间，圣哲迭出、智慧闪耀、思想撞击、学派林立，实为世界学术史上罕有之盛况。纵向地看，此后两千年，中国学术虽然大师辈出、蔚为壮观，长期执世界学术之牛耳，但总体上看是继承多于创新；横向地比，虽然古希腊时代同样创造了灿烂的欧洲文明，但只可与中华文明交相辉映，不可独占学术发明权。因为中西学术各有独立的起源。纵向和横向综合地看，我们今天很有必要从文明和文化的源头上，探寻群学的形成。

战国末期如此优越的社会基础和思想基础，使得群学的产生条件齐备而充分。此"非特中华学界之大观，抑亦世界学史之伟迹也"[②]。具备如此必要而充分、间接又直接的条件，荀子于战国末期创立群学，就社会历史条件而言是水到渠成；就思想和个人条件而言是功到自然成。详备至此，何怪之有？确凿至此，何疑之有？[③]

关于中国社会学产生的历史条件问题，不同的观点背后，有认识原因，有心态原因。对于认识原因，我们已经摆明历史事实了；而在历史事实面前，还有一个心态问题。相信在文化自信、学术自信日益增强的今天，随着中华民族越来越接近实现伟大复兴，中国人不可能相信悠悠五千年灿烂的中华文明竟然在科学上一片空白；全世界最庞大繁盛、复杂而有序的中国社会却诞生不了属于自己的社会学。

本书是学科史，旨在叙述群学的产生和发展历程；本章（《中国社会学史》第一卷第三章）只限于介绍群学产生的思想条件，均不适合做过多的理论争辩。如果说，我们在《中国社会学：起源与绵延》一书中梳理出来的群学概念体系初步证明了群学的历史存在性，那么，本卷以

---

[①] 梁启超：《论中国学术思想变迁之大势》，上海世纪出版集团2006年版，第13、26页。

[②] 梁启超：《论中国学术思想变迁之大势》，上海世纪出版集团2006年版，第13页。

[③] 本书是学科史，重在事实陈述，而非理论辨正；本书又是集体著作，不宜过多展开个人的争论性的观点。出于这两个原因，笔者关于群学产生条件的讨论性的辨正，将另文单独发表，这里只是简略提及，不予展开。

下各章梳理出来的群学命题体系，展现的群学元典形态，则是对群学就是中国古典社会学的充分证明。到群学概念体系和命题体系及其历史形态都摆在眼前了，群学的内容讲清楚了，就便于说理争论了。所以，还是让我们耐心地看看群学元典的 100 多个命题吧。

# 三为祭酒[*]

## ——稷下学宫与群学孕育

荀子生于战国末期赵国郇邑,后到齐国游学于稷下学宫。至于游学始自何时,有说荀子"年十五",有说"年五十"。前者的根据是《韩非子·难三》,韩非是荀子的学生,记述其老师的行迹,比较可信;后者的根据有《史记·孟荀列传》,也较可信。东汉应劭(约153—196)著《风俗通义》似乎更相信韩非的记忆,其卷七《穷通》篇称,荀子"有秀才,年十五,始来游学"[①]。只是荀子一生多次到稷下学宫,有游学,有讲学,最为声誉远播的是"三为祭酒""最为老师",很可能上述文献指的不是"同一次",也未可知。[②] 不管怎么说,有几点是并无异议的:1. 稷下学宫是当时最先进的学术机构,是最高学术殿堂,荀子在稷下学宫活动期间,大师云集,学术氛围浓厚,稷下学宫是世界历史上罕有的百家争鸣最主要的舞台;2. 荀子能够"三为祭酒",表明他是公认的学术领袖,他长期主持学术讨论,具备博采众长的最佳机会;3. 学宫讨论的许多问题,为荀子创立群学提供了启迪,准备了丰厚的思想资源。

我们依据上述3点,试图证明群学的创立不仅如以上几节(《中国社会学史》第一卷第一章第一节到第三节)所述,是先秦中华文明高峰的结晶,是春秋战国社会剧变的精神产物,是当时迅速崛起的"士"阶层即中国历史上第一个职业知识群体的智慧大成,是第一次百家争鸣的学术硕

---

[*] 本文原为《中国社会学史》第一卷第一章第四节第一小节,该书由中国社会科学出版社2019年10月出版。

[①] 应劭撰,王利器校注:《风俗通义校注》,中华书局1981年版,第322页。

[②] 参见刘蔚华、苗润田《稷下学史》,中国广播电视出版社1992年版;白奚《稷下学研究:中国古代的思想自由与百家争鸣》,生活·读书·新知三联书店1998年版。

果，而且这些文明的、社会的、人才的条件，以及学术氛围和学术积累，都相当可观地直接集中体现在稷下学宫。因此，可以肯定稷下学宫与群学创立有密切的关系，是促成群学创立的直接性条件之一。诚如白奚所言"没有稷下之学就没有荀子之学"①。在这个意义上，我们称稷下学宫是群学的孕育之地，实非虚言。

上述第3条关于稷下学宫为荀子创立群学准备的思想资源情况，已纳入本书（《中国社会学史》第一卷，下同）第二章关于"思想基础"的统一阐述之中。其中，第二节杨善民所撰"交汇与争锋：从百家争鸣中的诸子之学梳理群学的思想资源"中提到的许多人物，多是"稷下先生"或参与过稷下学术活动的著名学者。为避免重复，这里不专门叙述。以下，仅对上述第1、2条略作说明。

# 一 关于稷下学宫

齐国的稷下学宫，创办于公元前4世纪中期（一说是更早的历史传承下来的），止于秦灭齐即公元前221年。稷下（今山东临淄北）在国都临淄的西门外，学宫是齐国为吸引人才兴办的讲学场所，召集各国学者前往聚徒讲学、自由辩论，可以说是中国最早的社会科学院。

1. 稷下学宫的出现不仅有着深刻的经济、政治根源，而且有其直接的文化背景。首先，稷下学宫并不是突然出现的，它有一个很长的酝酿发展过程。就齐国本身而言，稷下之制虽确立于战国，其滥觞却可上溯至春秋。它是齐国三百年养士传统和政策的最终产物，稷下学宫的许多制度和活动均可在春秋五霸之首齐桓公（姓姜，名小白，前685—前643年在位）那里找到它的原型。

公元前770年周平王南迁，开始了"春秋时期"。在140多个诸侯国中，齐国发达最早。具有敏锐政治眼光的齐桓公率先注意到，霸业能否实现，关键在于能否得到新兴的士阶层的支持，所谓"得士则昌，失士则

---

① 白奚：《稷下学研究：中国古代的思想自由与百家争鸣》，生活·读书·新知三联书店1998年版，第292页。

## Ⅲ 群学命题体系

亡"。于是，齐国开始了具有开创之功的国家养士事业。为了得到更多的贤士，齐桓公主动四处纳士，"为游士八十人，奉之以车马、衣裘，多其资币，使周游于四方，以号召天下贤士"（《国语·齐语》）。他还提出"育才"的政策，所谓"尊贤育才，以彰有德"①。桓公是怎样培养人才的？他创造性地提出，要让"士"成为一种职业，让他们安于本行，世代相传，这样就可以为国家源源不断地培养出大批的士。正是这一措施为齐国开辟了一条由国家独立培养士的新路，对于齐国文化的繁荣昌盛和齐国国势的长盛不衰，特别是对于稷下学宫的最后出现具有非常重要的意义。稷下学宫的创立，可以说是这一政策的最终产物。②

其次，稷下学宫的出现也不是一个偶然的、孤立的现象，而是类似现象中最为耀眼的一个。战国时期，不少国家采取公开讲学、著书立说、不治而议的办法，来储备和养育人才。如燕昭王的下都学馆、秦国的吕不韦门馆，至于招养门客，聚徒讲学则非常盛行。

2. 稷下学宫的特点

（1）兼容并蓄。稷下学宫容纳了当时"诸子百家"中的几乎各个学派，其中主要的有儒、墨、道、法、名、兵、农、阴阳诸家，会集了天下贤士多达千人左右，其中著名的如孟子、淳于髡、邹衍、田骈、慎到、接予、季真、环渊、彭蒙、尹文、田巴、兒说、鲁仲连、邹奭、荀子等。尤其是荀子，曾三次担任过学宫的"祭酒"（学宫之长）。当时，凡到稷下学宫的文人学者，无论其学术派别、思想观点、政治倾向，以及诸侯国别、年龄、资历如何，都可以自由发表自己的学术见解。这些学者互相争辩、诘难、吸收，使稷下学宫成为真正体现战国"百家争鸣"的典型。

（2）稷下学宫具有教学机构和学术团体的双重性质。它既有一般学校教育的特点，又有学术团体的特性。一方面，当时齐国统治者封了不少著名学者为"上大夫"，并"受上大夫之禄"，允许他们"不治而议论""不任职而论国事"。孟子曾当过稷下学宫的"祭酒"。《孟子》记载孟子出行"后车数十乘，从者数百人"。另一方面，稷下学宫又有学术团体的性质，起着政治顾问的作用。据后人统计从稷下学宫出去的师生中，被各国封为

---

① 杨伯峻译注：《孟子译注》，中华书局2008年版，第222页。
② 白奚：《稷下学研究：中国古代的思想自由与百家争鸣》，生活·读书·新知三联书店1998年版，第38页。

上大夫以上官员的就有 75 人，而田骈、慎到、环渊、淳于髡等更成为著名的政治家。

（3）正规制度。稷下学宫订有严格的规章制度。张良才在《从〈管子·弟子职〉看稷下学宫的教学与生活管理》一文中提道："郭沫若经过研究和考证，断言：'《弟子职篇》当是稷下学宫之守则，故被收入《管子》书中。此中弟子颇多，先生亦不止一人，观其同嗛以齿，及相要以齿可证。且学中有堂有室，有寝有庖，师行均食息其中，规模宏大，决非寻常私塾可拟。'①……（《弟子职》）在学风方面，要求学生温恭自虚，朝益暮习，闻义则服；在校纪方面，对学生的饮食起居、衣着仪表、火烛洒扫、课堂纪律、课后温习，以及侍奉师长等，都作了详细而明确的规定。"②

作为战国时期最著名的正规高等学府，稷下学宫大师云集，学生数千，培养出了不少名震天下的学生，如李斯、韩非等。其论辩之自由、思想之碰撞、学派之林立、影响之深远，引得梁启超盛赞道："如春雷一声，万绿齐茁于广野；如火山乍裂，热石竞飞于天外。壮哉盛哉！非特中华学界之大观，抑亦世界学史之伟迹也。"③稷下学宫当之无愧是当时世界上规模最大、最正规的学术殿堂。作为战国七雄之一的齐国，一个稷下学宫就能够鼎盛到如此程度，学术发达的盛况在当时的世界上应是无与伦比的。可以确信，当时具备了世界上最好的产生社会学这种学科的条件——有专门的机构，有高等学府，有优秀的教师，有众多的学生，有专业分科，有专门的教材，有学术论坛，有学术奖励制度。

有人将稷下学宫与古希腊的吕克昂学园作比较，"学宫""学园"都与"学"有关，在这个意义上比较一下并无不可，但其实二者并不在同一个层次上。真正与柏拉图学园、亚里士多德的吕克昂学园可有一比的是"私学"，中国也有许多，孔子、孟子、墨子、荀子等都聚徒讲学，学生也有上百上千，但都只是师生关系，是传道授业；而稷下学宫却不仅如此，它

---

① 郭沫若、闻一多、许维遹：《管子集校》，科学出版社 1956 年版，第 956 页。
② 张良才：《从〈管子·弟子职〉看稷下学宫的教学与生活管理》，《管子学刊》1994 年第 3 期。
③ 梁启超：《世纪文库·论中国学术思想变迁之大势》，世纪出版集团、上海古籍出版社 2006 年版，第 13 页。

Ⅲ 群学命题体系

主要是大师云集之所、自由辩论之地、百家争鸣的论坛,思想激荡、学派争锋的殿堂,在这个意义上,稷下学宫是古希腊学园不可比拟的。稷下学宫不仅在办学规格、人员规模、持续时间上,远胜于古希腊学园,而且就本书所关注的荀子群学创立条件而言,这些条件虽然都重要,但自由辩论、学派争锋更是群学得天独厚的产生条件。

## 二 荀子与稷下学宫

1. 稷下学宫是战国百家争鸣的学术中心

春秋战国是我国古代思想史的黄金时代。百家之学的创始者们竞相标新立异,创新理论,从春秋后期到战国前期,孔子、墨子、老子等先后创立了儒家、墨家、道家等学派。但直到战国前期,学派数目尚不多,学派之间的交流和争论也有限。这与当时缺乏交流条件,学者们难以进行面对面的争论不无关系。

稷下学宫的出现,正好提供了学术交流的场所。特别是学宫广纳各家各派,成了繁荣学术的理想园地。自此,先秦学术进入飞跃发展期,新的学说和流派如火山迸发般涌现。先秦百家之学在稷下时期得到了充分的争鸣,使得许多重要的学说理论臻于成熟。有些研究者认为,进入稷下时期,严格意义的百家争鸣才真正开始,先秦学术才迅速发展到鼎盛。[①] 这里所谓"严格意义",在笔者看来,应该是指直接的、面对面的辩论式的争鸣。广义的"争鸣"从不同学派产生之时就开始了,不然不会称为"学派",墨家从儒家中独立出来,不能没有理论上的争论。儒家和墨家内部分化的派别之间也有"争鸣"。这样看来,百家争鸣存在的时间应该有几百年,而不限于稷下学宫存续的150多年,只是在稷下时期百家争鸣达到了鼎盛阶段。

2. 荀子在稷下学宫之时,恰逢诸子之学走向综合的历史机遇期

按照宣兆琦、张杰的说法,荀子"年十五"开始游学稷下学宫,一住

---

[①] 白奚:《稷下学研究:中国古代的思想自由与百家争鸣》,生活·读书·新知三联书店1998年版,第18页。

就有20多年之久。① 而刘蔚华、苗润田在所著《稷下学史》中认为，荀卿从十五岁来到稷下，先后三次居齐，历时五十余年②。不管怎么说，荀子在稷下学宫活动期间，已属战国末期。

而从战国（前475—前221）中期以后，诸子百家之间在长期而激烈的辩论中，相互借鉴和吸收，越来越表现出某种趋同性，学派之间的界限也越来越模糊。儒与墨、儒与法这些学派之间也由原来有所排斥而走向相互补充。百家之学互相渗透、互相贯通，学术发展总的走向已由多元走向融合，由分化走向统一。

梁启超指出，春秋末及战国时期，是中国学术的"全盛时代"。战国之末，"实为全盛时代第四期，亦名之混合时代，殆全盛中之全盛也"③。荀子是在稷下学宫极其优越的学术环境中成长起来的，并且最终成为学宫中最负盛名的领袖人物。不仅如此，他还游踪遍及赵、燕、齐、楚、秦五国，辗转于群雄的腹地，极其广泛地接触并研究了各家各派的学说主张。荀子作为先秦最后一位大师，具有极强的综合才能。可以说，正在先秦学术积累到需要综合的高峰时期，出现了能够担当集大成之任的最佳人选。而群学正是此一集大成的重大成果。

3. 荀子与稷下之学

荀子久居齐国，曾在稷下"三为祭酒"，积极参与并实际主持了许多讨论和辩论，熟悉稷下的各家之学，这为他批判总结先秦学术提供了难得的条件。荀子通过对百家之学特别是稷下之学的全面批判、吸取和修正而建立了自己的思想体系，可以说，荀学中的每一部分都渗透着稷下学术的深刻影响。

稷下学宫在其存在的150余年间，热烈地展开了不同学派、不同观点的大辩论，诸如义利之辨、名实之辨、天人之辨、王霸之辨等，即使不单单属于群学的议题，也明显具有群学的面向，事实上产生了许多群学概念和命题。天人之辨是群学的理论前提，因为只有"天人相分"，确立人的主体地位，才能凸显作为群学研究对象的人与人的关系；从"性伪之分"，

---

① 宣兆琦、张杰：《荀子与稷下学宫》，《邯郸师专学报》2001年第1期。
② 刘蔚华、苗润田：《稷下学史》，中国广播电视出版社1992年版，第272页。
③ 梁启超：《世纪文库·论中国学术思想变迁之大势》，世纪出版集团、上海古籍出版社2006年版，第26页。

## Ⅲ 群学命题体系

引出人必须修身、学习，才能合群，才能成为群的合格成员；而群与分，则是群学的核心概念，荀子论述的群与分，实际上是分析了基于伦的社会关系，这种人与人的社会关系乃是社会有秩序地发展的基础。至于义利之辨，是建立社会制度和社会规范的根本原因；王霸之辨是社会治理的基本原理；如此等等。从《荀子》的《非十二子》篇，可以看到荀子对各家各派批评之精准，许多批评都是从群学观点出发的（见《中国社会学史》第一卷第二章），由此可见稷下之学与荀子创立群学的紧密联系。

# 身劳而心安[*]

群学强调，人的合群性不是出于人的生物本能，而是通过修身达致的。只有依靠修身，才能"立人"；只有凭借修身，才能"取人"；只有通过修身，人才能"正心"。而"修身"并不是空洞的、抽象的，它有具体的实现途径。《荀子·修身》指出的一个重要途径就是"劳动—修身—合群"。群学不仅肯定劳动对于人的生活的意义，还把劳动看作是立人之本、合群之源，因而是修身的重要途径和基本内容。

## 一 "身劳而心安"的提出

在中华文明形成的早期，我们的先人就认识到了劳动对于人的意义。在我国最早的诗歌总集《诗经》中，就不乏歌颂劳动的诗篇。首先是高度肯定劳动对于人的生命的意义。有多首诗歌赞颂父母为子女和家庭付出的辛劳，"有子七人，母氏劳苦"，"母氏劬劳"[①]，"哀哀父母，生我劬劳"，"父兮生我，母兮鞠我。拊我畜我，长我育我，顾我复我，出入腹我。欲报之德，昊天罔极"。[②] 这些诗歌不仅肯定了劳动本身，还将劳动与作为社会关系的伦理关系联系起来，表达至亲情感和报恩观念，从而表现了劳动与社会的内在关联。

许多诗歌还进而肯定了劳动对人的社会生活的意义，表明我们的先人

---

[*] 本文原为《中国社会学史》第一卷第四章第二节第五小节，该书由中国社会科学出版社2019年10月出版。
[①] 周振甫译注：《诗经译注》，中华书局2013年版，第46页。
[②] 周振甫译注：《诗经译注》，中华书局2013年版，第324—325页。

## Ⅲ 群学命题体系

很早就开始从劳动出发理解社会的形成。如《七月》一诗皆言农桑稼穑之事,透出对劳作艰辛的同情:正月里修理农具,二月里举起脚犁田。我的妻子儿女,将饭送到田地,田官很是欢喜。("三之日于耜,四之日举趾。同我妇子,馌彼南亩,田畯至喜。"①)这里描写了多项劳动分工,也有农夫与田官之间的职位之别。由劳动分工而有社会分工,由社会分工而有社会矛盾。骄横的统治者迫使劳动者尝尽艰辛,苍天啊,你要谴责骄横的人,怜悯辛劳的人("骄人好好,劳人草草。苍天苍天,视彼骄人,矜此劳人!"②)。

在生产劳动实践中,人们实际地观察到他们之间的关系到底是怎么形成的?根本上是通过劳动分工而形成。可见,早在先秦时期,人们已经明了劳动与群的形成之间的关联——而这正是"群理"的发源。

到了春秋战国时期,我国已经出现了平民知识阶层,产生了墨子这样的"劳动人民的思想家"。墨子提出,人与禽兽等动物的区别在于"赖其力者生,不赖其力者不生"③。明确揭示了"劳动是人的本质"这一重要原理,由此开启了"劳动—修身—合群"的理论脉络。

墨子所说的"赖其力",其实不仅指的是体力劳动,但墨子后学将其推广为任何人必须从事生产劳动。这遭到了孟子的反驳,社会分工应该是普遍性的、多样性的:百工之事本不可一边种地同时又从事其他工种的。孟子曰:"然则治天下独可耕且为与?有大人之事,有小人之事。且一人之身,而百工之所为备,如必自为而后用之,是率天下而路也。故曰,或劳心,或劳力;劳心者治人,劳力者治于人;治于人者食人,治人者食于人,天下之通义也。"④可见在孟子的时代,社会分工已然成为"社会之通义"了。

荀子虽然对墨、孟多有批评,然而他在讲到修身时提出"身劳而心安"的命题,将墨子的劳动原理推广到对群的形成的原理性解释,由此奠定了群理的基础。

---

① 周振甫译注:《诗经译注》,中华书局2013年版,第209页。
② 周振甫译注:《诗经译注》,中华书局2013年版,第321页。
③ 方勇译注:《墨子》,中华书局2011年版,第279页。
④ 杨伯峻译注:《孟子译注》,中华书局2008年版,第93页。

## 二 提出"身劳而心安"的社会背景

我国的农业文明发育很早。与采摘和游牧不同,农业从一开始就必须有劳动的投入,春天播种,秋天收获,这是一个生产过程,不像当时的采摘和游牧,其对象是自然界现成提供的。农业生产要求人们必须有极强的农时意识,误了农时,就有挨饿的危险。春种、夏管、秋收、冬藏,一年四季必须勤劳。农业劳动使我们的先人较早认识到,勤劳是获取成果的最根本的理由,所以,中华民族很早就形成了尚勤节俭的劳动文化。

然而,春秋战国五百年间,战事频仍,社会混乱,纲纪败坏,盗贼丛生。据《庄子·盗跖》讲:"盗跖从卒九千人,横行天下,侵暴诸侯;穴室枢户,驱人牛马,取人妇女;贪得忘亲,不顾父母兄弟,不祭先祖。所过之邑,大国守城,小国入保,万民苦之。"① 跖是大盗,其他小盗从卒即便没有这么多,但小盗数量多,加起来规模可观,对百姓的祸害程度可想而知。同时,乱世之时,社会浮躁,不耕而食、不织而衣、游手好闲、不劳而获也是当时普遍蔓延的社会现象。

对于上述诸种社会现象和问题,可以从经济的、政治的、文化的、社会的不同角度加以观察,而出于不同的阶级和群体的立场,观点可能迥异或相反,例如孔子和盗跖之辩即是如此。而要从以上社会现象和问题中揭示出劳动与群理的关系,更需要劳动人民对于自身社会价值和作用具有一定的觉悟,需要能够反映劳动人民觉悟的一个特定阶层或群体的出现,那就是平民知识阶层的登场。而一个新兴的知识阶层在战国时期果然出场了。

在同时代世界上其他几个文明体仍由少数贵族分子垄断知识和话语权之时,中国因为孔子力行了"有教无类"的平民教育,使得知识迅速扩散到了民间。只需带一块干肉,即可被孔子收为弟子,这一创举打破了官家对教育的垄断特权。很快,中国不但出现了被称为"士"的平民知识阶层,而且出现了仍然从事劳动、倡导劳动、维护劳动人民利益的知识群

---

① 孙通海译注:《庄子》,中华书局2007年版,第347页。

## Ⅲ 群学命题体系

体，那就是墨子及其学派。这个学派主张创造一个"有余力以相劳，有余财以相分"的没有贫富劳逸的不均，没有浪费和窘迫的对照，没有嫉妒、愁怨或争夺的理想社会。① 著名史学家张荫麟认为："春秋时代最伟大的思想家是孔丘，战国时代最伟大的思想家是墨翟。""在世界史上，墨子……首先替人类的共同生活作合理的新规划。"② 墨家学派在当时与孔子创立的儒家学派并立为显学，有这样一个学派才能在春秋末战国初就创造出以劳动原理为基础的社会理想。这不仅在中国，就是在世界学术史上也是最早触及人类社会根本问题的"理智的明灯"。③

善于综合各家之长的荀子之所以能在创立群学时充分吸收墨子的劳动原理，则与他在稷下学宫期间与包括墨家后学在内的各派人物有直接的交流和对话机会有很大的关系。

## 三 "身劳而心安"的含义

顾名思义，这个命题是讲"身劳"与"心安"的关系。为什么"身劳"方能"心安"呢？这可以从以下三个层次去理解。

1. 劳动与修身

劳动之所以可以作为修身的重要途径，是因为劳动不仅可以满足物质生活的需要，还可以在精神上获得作为人的尊严。因为，再也没有比依靠自己的劳动获得享受上的满足更让人感到理直气壮的了。所以，"身劳"可以"心安"。荀子据此将"身劳而心安"确定为修身的一项行事原则：身体辛劳但心安理得，就可以去做；利益虽少但道义多，就可以去做（"身劳而心安，为之；利少而义多，为之"）④。而将"身劳而心安，为之"与"利少而义多，为之"并举，凸显了二者具有同样的道德高度。

2. 劳动与合群

作为个人，该干什么、不干什么要讲"身劳而心安"；作为群的一员，

---

① 张荫麟：《中国史纲》，中华书局2009年版，第126页。
② 张荫麟：《中国史纲》，中华书局2009年版，第123页。
③ 张荫麟：《中国史纲》，中华书局2009年版，第123页。
④ 方勇、李波译注：《荀子》，中华书局2011年版，第17页。

怎样才能被群所接纳、获得群的认可？也要讲"身劳而心安"。劳苦的事争着干，享乐的事让给别人，忠厚诚信，谨守礼法而知晓事理，这样的人不论走到哪里都可以入群、合群。（"劳苦之事则争先，饶乐之事则能让，端悫诚信，拘守而详，横行天下。"①）反之，对劳苦的事偷懒退缩，享乐的事就巧言争夺，邪僻而不诚实，放纵而不检束，这样的人不论走到哪里，莫不遭到唾弃。（"劳苦之事则偷儒转脱，饶乐之事则佞兑而不曲，辟违而不悫，程役而不录，横行天下，虽达四方，人莫不弃。"②）正反的事实证明，以"身劳而心安"立身，以此态度为人处世，就可以增强合群性。

3. 劳动与群理

不仅对个人、对个人与群的关系而言，就是对于群的整体而言，要想增强群的团结，提高群的凝聚力，都要讲"身劳而心安"。爱护老人可以让青壮年对自己的未来放心，不让穷困者陷入绝境可使显达的人感到安心，做好事不求回报就会得到无论贤能之人还是无能之人的普遍认同。做到了这三条，即使有大祸，上天也会保佑的（"老老而壮者归焉，不穷穷而通者积焉，行乎冥冥而施乎无报，而贤不肖一焉。人有此三行，虽有大过，无其不遂乎？"③）。

劳动与群理的关系扩展到"王者之论"即国家和社会治理层面，要做到没有德行就不能尊贵，没有才能就不能当官，没有功劳就不能奖赏，没有罪过就不能惩罚，无德无能无功在朝廷上就不能侥幸得到职位，百姓如果不务正业也不能侥幸生存（"无德不贵，无能不官，无功不赏，无罪不罚，朝无幸位，民无幸生。"④）。

劳动与群理的关系落实到"王者之政"的实践中，要求把劳动作为评价人、选拔人的标准，也作为教育人、处理人的手段。荀子首次提出"职而教之"的主张，"职"这里指"劳役"。⑤ 对那种奸言、奸说、奸事、奸能之类的人，要强制他们劳动并进行教育，等待他们转变，以奖赏或惩罚

---

① 方勇、李波译注：《荀子》，中华书局2011年版，第18页。
② 方勇、李波译注：《荀子》，中华书局2011年版，第18页。
③ 方勇、李波译注：《荀子》，中华书局2011年版，第22页。
④ 方勇、李波译注：《荀子》，中华书局2011年版，第123页。
⑤ 章诗同注：《荀子简注》，上海人民出版社1974年版，第77页。

劝导他们劳动，安心劳动就留下，不安心的就抛弃。但对有残疾的五种人，国家要收养他们，根据能力安排工作，官府提供衣食，全面覆盖无一遗漏。荀子认为这是"天德"，是为"王者之政"（"故奸言、奸说、奸事、奸能、遁逃反侧之民，职而教之，须而待之，勉之以庆赏，惩之以刑罚，安职则畜，不安职则弃。五疾，上收而养之，材而事之，官施而衣食之，兼覆无遗。才行反对者死无赦。夫是之为天德，王者之政也。"①）。

## 四 "身劳而心安"的价值

1. 在先秦思想家中，墨子首先从劳动角度讲人与动物之别，孟子从劳动分工讲到社会分工，荀子对墨子和孟子虽然多有批评，但也有吸收和继承。就"身劳而心安"这一命题而言，在先秦诸子之间，有各自讲，有对着讲，也有接着讲。在从劳动到社会的认识思路上，墨孟是对着讲的，墨荀是接着讲的。不论何种讲法，从墨子、孟子到荀子的思想是具有相继性的，在此脉络中，建立了劳动与群理之间的内在关系。从而不仅为修身确定了一个具体途径，更为群理奠定了基础。能群、合群、乐群、善群，本原是劳动。如果将群学分为群理与群治的话，那么由"身劳而心安"这一命题铺陈开的劳动原理可以作为联结群理与群治的桥梁。

2. 由"身劳而心安"这一命题的上溯与下延，我们可以理解中华民族勤劳品质的历史形成脉络。可知对于勤劳，早在战国时期不仅形成了广泛的社会共识，而且已经达到了相当高的理论认识水平。

3. "身劳而心安"这一命题对后世"耕读传家"的齐家治国之道和社会风俗的形成，具有深远的影响。尽管"不劳而获"不可避免，奸猾欺诈不绝于世，但"身劳而心安"在广大劳动群众中，在知识阶层中，始终占据价值评价的主导地位。

**参考文献**

方勇译注：《墨子》，中华书局2011年版。

---

① 方勇、李波译注：《荀子》，中华书局2011年版，第114页。

方勇、李波译注：《荀子》，中华书局2011年版。
孙通海译注：《庄子》，中华书局2007年版。
杨伯峻译注：《孟子译注》，中华书局2008年版。
章诗同注：《荀子简注》，上海人民出版社1974年版。
张荫麟：《中国史纲》，中华书局2009年版。
周振甫译注：《诗经译注》，中华书局2013年版。

## Ⅳ 中国社会学的学科自信

# 从社会学中国化到中国社会学普遍化<sup>*</sup>

当代中国社会学应该具有什么样的理论自信？这包含两层含义：一是坚信从中国土壤里生长出来的社会学，一定能够自立于世界学术之林；二是坚信中国社会学不仅能够回答中国自身的问题，也能够对回答人类面临的共同性问题作出贡献，因而具有普遍的学术意义。前者是社会学中国化，后者是中国社会学普遍化，乍看起来，二者方向正相反，其实它们既是相互补充的两个方面，也是相互融通的两个阶段。

## 一 社会学中国化孕育中国社会学普遍化

鸦片战争特别是1894年甲午战争以后，中国人对中华文明、中国学术的自信几乎丧失殆尽。直到20世纪二三十年代，从海外学得社会学真经的一批学者回国，开始反思和扭转片面西化、全盘西化的风气，倡导从中国土壤中生长出中国社会学，这才提出"社会学中国化"的主张。由此，很快诞生了社会学本土学派，诸如社区学派、文化综合学派等勃然兴起。但对社会学中国化，一是当时学界认识参差不齐，二是在接踵而来的抗日战争和国共内战条件下，事实上本土性的研究难以顺利开展，使得"社会学中国化"的实际进程未如预期。

20世纪70年代末社会学恢复重建以后，费孝通、陆学艺、郑杭生一以贯之地坚持"社会学中国化"的方向，他们不仅扎扎实实地做了大量调查研究，吃透了中国国情和社情，还创造了城乡发展理论和民族多元一体

---

\* 本文原发表于《人民日报》2015年11月23日理论版。

Ⅳ　中国社会学的学科自信

理论、三农理论和社会建设理论、社会互构和社会运行理论等重大学术成果，为中国社会学争取存在权建立了历史性功勋，也为争取中国社会学话语权奠定了基础。经过广大社会学人30多年的艰苦奋斗，中国社会学已经随着中国崛起进程，而开启了从"社会学中国化"到"中国社会学普遍化"的新阶段。

所谓"新阶段"，并不是说"社会学中国化"结束了，而是其与中国社会学普遍化互为表里、相互贯通，社会学中国化为中国社会学普遍化奠定基础，后者也成为前者的逻辑延伸和更高形式。

提出"中国社会学普遍化"，实质就是争取话语权，增强理论自信。因为"社会学中国化"的历史经验表明，"中国社会学"不单单是一个地域概念，不是只要研究中国的或中国人研究的都一定是"中国社会学"。中国社会学要能反映中国社会特质，体现中华文明精髓，因此，它是要立足于本土，但不是局限于本土，更不是只适合本土，而是要努力发掘和发展本土社会学中的普遍化内容，这样，中国社会学才能真正具有话语权，也才能走向世界。

其次，中华文明、中国学术不是偏居一隅的"另类"，它是能够回答世界面临的普遍性问题、给出可行性方案的经世之道。提出"中国社会学普遍化"，意味着我们有责任从中国社会学传统资源中，整理和归纳出对于解答世界共同面临的问题具有普遍意义的概念、命题和理论，有责任从中国实现现代化和中华民族伟大复兴的实践经验中概括和提炼出新概念、新命题、新理论，也就是说，中国社会学是"中国化"与"普遍化"相统一的，它是中华文明历史发展及其伟大复兴现实实践的学术结晶。

最后，"社会学中国化"本有之义，就不是简单地将西方社会学概念搬用到中国实际，而应该是中西会通——中西之学的兼容会通，综合创新。而这就必然会走向"中国社会学普遍化"，既不是囿于中国的特殊性，也不是将这种特殊性推向世界，而是发掘和弘扬中国社会学的普遍性，通过中国社会学与西方社会学之间平等交流、互学互鉴，将中国社会学的普遍性与西方社会学的普遍性相融通，共同推动学术发展和共同繁荣。

## 二 "中国社会学普遍化"的必要性

本文是以增强理论自信为目的而提出"中国社会学普遍化"的,它针对的是如下的见解:把西方社会学都看作普遍适用的,否认它的特殊性;把中国社会学只看作具有特殊性的,否认它的普遍性。它针对的是如下的做法:盲目地把西方社会学奉为"公认的""标准的""规范的",把中国的经验事实只是作为证明西方理论的注脚。它所针对的是如下的态度:对于外国人提出的概念和理论,不问是否适合中国的实际就盲目尊崇,而对中国人自己的概念和理论却冷漠无视;对于外国的学术传统极力追捧,而对自己国家的学术传统却茫无所知。它所提倡的是从中国自己的丰富实践中提炼出概念、命题和理论,这些概念、命题和理论只要超出了其本身的时空界限,就是在一定意义上具有普遍性。至于时空界限怎么规定,"中国社会学普遍化"应该划分为几个不同的阶段,每个阶段应该有哪些具体指标,那是需要另外专门讨论的。

现在的问题是,如果只有西方社会学具有普遍适用性,否认它的特殊性;而中国社会学只有特殊性,没有普遍性,那么,只有特殊性的中国社会学,怎么与他人沟通?怎么可能获得平等对话的话语权?

而"超出了其本身的时空界限"的普遍性,是我们争取学术话语权的基本条件,是我们增强理论自信的基本前提和基础。不然的话,如果只知运用西方社会学的所谓"公认理论"解释中国的经验事实,或者用中国的事实和数据验证西方的所谓"公认理论",不论运用得多么地道,都不过是西方"公认理论"的扩张。可以肯定地说,只要没有中国自己的概念、命题和理论,中国社会学是自立不起来的。正如一个技术领域,如果不掌握核心技术,就不可能有制定规则和标准的权利,也就谈不上"定价权"亦即平等的话语权。学术领域就更是如此,如果没有自己的核心概念,提不出基本命题,形不成有影响的理论,总是拾人牙慧,哪里会有属于自己的话语权?可见,对于争取话语权来说,理论是制高点,提出概念是关键。所以,社会学中国化必然的发展逻辑,是从自己的土壤中产生出自己的理论,也就是从特殊性走向普遍性。

经验具有个别性和特殊性，理论具有概括性和一般性，所以，从经验上升到理论，也就意味着从特殊性走向普遍性。而中国的人口规模占了世界总人口的将近四分之一，中国经验中概括出的理论总会适合于某些人群；中国内部的地区差别很大，中国经验中概括出的理论总会适合于世界的某些类似的地区；中国文化多样、民族多元，中国经验中概括出的理论总会适合于类似的文化和族群；中国与世界很多发展中国家处于类似的发展阶段，中国经验中概括出的理论总会适合于处于类似发展阶段的国家和地区。总之，中国经验中概括出的理论必然具有一定的普遍意义。即使我们不强加于人，它的普遍意义也是客观存在的。换言之，从社会学中国化到中国社会学普遍化是必然的，也是中国社会学自身发展所必需的。

## 三 "中国社会学普遍化"的可行性

从外在需求看，当今世界日益多元，多极化是必然趋势。单靠西方一种理论要想解释全球复杂性，已经相形见绌；欲要以其统摄世界思潮，更是捉襟见肘。更何况，有些自以为具有普适性的西方观念和理论，被指正是制造混乱如中东乱局、导致危机例如信贷危机的根源。世界学术迫切需要也必将进入平等对话的时代。正如费孝通先生在20世纪90年代就指出的："西方文化从重视自然世界的这一方向发生了技术革命称霸了二百多年。……自然世界要通过人文世界才能服务于人类，只看见自然世界而看不到人文世界是有危险的。这一点在人类进入21世纪时一定会得到教训而醒悟过来，到了那时，埋在东方土地里的那个重视人文世界的根子也许会起到拯救人类的作用了。"[①] 社会学是一门兼具人文性和科学性的学科，而中国社会学更是以研究"人群中的道义关系"（费孝通语）见长，自然应该增强理论自信，对此有所担当。

从自身发展看，首先，中国已经进入统筹国内与国际两个大局的阶段。经过持续37年的改革开放，正所谓中国离不开世界、世界离不开中国。在外资、外企继续涌入中国的同时，中国的企业、资本、技术、人员

---

① 费孝通：《从实求知录》，北京大学出版社1998年版，第347—348页。

也走向世界。不仅像"一带一路"这样的大战略正在把中国和世界紧密联结起来,千千万万的企业也正在把生意做到世界各个角落,就连传统的农民都在按照域外的订单安排生产并将自己的产品销往世界。在这样的发展阶段,正如郑杭生先生曾经指出的,中国社会学既要有"本土情怀",又要有"世界眼光"。这也就意味着"中国化"和"普遍化"不仅要兼而有之,还需要并且能够相互融合。

其次,中国的影响力迅速扩大。在经济方面,中国对世界经济增长的贡献率已经占到30%左右;在生态方面,中国可再生能源装机容量目前已经占到世界的24%,① 今后还会持续加大;在信息领域,中国的互联网网民已占到中国人口总数44%,手机设备持有量已超12亿台②;在社会领域,中国在过去30年间有数亿人成功脱贫,为世界减贫事业做出了巨大贡献③;我国在人均收入水平还不高的条件下,建立了覆盖全民的社会保障和社会福利体系,基本能够解决养老、医疗、就业、教育和灾害救助等民生问题;我国有56个民族,能够保持民族大家庭的团结和睦……如此等等,都产生了世界性的重大影响。一般地说,解决困难的、复杂的问题所取得的经验、所形成的理论,对解决相对不太困难不太复杂问题应该会有启发。既然中国经济等各个方面的影响力已经遍及世界,那么,从中国土壤里生长出来的中国社会学具有一定程度的普遍意义,则完全是自然而然的。

社会学中国化是基于对中国学术传统的自信,是基于对中国学术研究的普遍意义的自信,不是孤芳自赏,更不是敝帚自珍。20世纪二三十年代提倡"社会学中国化"的学术前辈已经有了坚定的学术自信,今天的中国已经完全摆脱了八九十年前那种国势衰颓的厄运,迎来了历史性的伟大复兴。这就要求我们不仅要讲好中国的"故事",还要从中提炼出具有普遍意义的概念、命题和理论,据此获得中国社会学在世界上的话语权。这是一项"社会学中国化"与"中国社会学普遍化"二而为一的任务,不论它

---

① 解振华:《中国可再生能源装机占全球比重24%》,《中国电力报》2014年12月11日。
② 中国商情网:《2014年全球社交、数字和移动报告》,http://www.askci.com,2014年4月6日。
③ 潘基文:《感谢中国为世界减贫事业做出贡献》,中华网,2011年10月28日。

# Ⅳ 中国社会学的学科自信

多么艰巨,在中华民族伟大复兴征程中完成这项任务是当代中国社会学应有的理论自信。

正是在上述意义上我们说,社会学越是中国化,中国社会学就越是普遍化,这两者的紧密结合、相互融通,构成了中国社会学发展的新阶段,也构成了其理论自信的实质内涵。

# 致传统文化与两岸社会建设研讨会的贺信[*]

各位与会嘉宾、各位同仁：

值此传统文化与两岸社会建设研讨会在厦门开幕之际，谨致以衷心祝贺！感谢厦门大学两岸关系和平发展协调创新中心对本次会议的鼎力支持，感谢各位嘉宾、各位同仁不辞辛劳莅临本次会议！我本来热切盼望与各位相聚厦门，听取各位高见，切磋交流，共襄盛举，却因北京事务缠身，难以到会，深感遗憾，并请见谅。

中华文化是世所罕见的瑰宝，是两岸同胞共同的根脉。我们的祖先创造并运用中华文化，建设成世界上最庞大、最复杂、最富生命力的中国社会。今天我们加强两岸社会建设，必须正确认识传统文化的作用，在这个问题上我们有非常深刻的教训。自近代以来，面对实现中国现代化转型的历史任务，多少代中国人长期纠结于传统性与现代性的二元困局之中。一方面抽象地看待传统性，将其等同于落后性；另一方面抽象地看待现代性，将其等同于先进性，并将传统性与现代性完全对立起来，将二者的关系归结为破与立的关系，或者只破不立，或者只立不破，或者先立后破，或者先破后立。折腾来折腾去，一阵子急风暴雨，一阵子守旧复辟，造成了很多灾难性的后果。总结这一历史教训，应该将传统性与现代性之间的破与立的关系，转变为融合创新关系，这是一个根本方针问题。所谓"融合创新"，就是让传统性和现代性共存在同一个时空之中，让它们适应经济和社会不同阶段、不同场景的特点，适应中国人的多样化需要，使二者

---

[*] 这次会议是由海峡两岸从事传统文化和社会建设研究的学者参加的学术研讨会，本来应邀到会作主旨发言；会后也召开《中国社会学：起源与绵延》书稿第5次审稿会，本应前往主持。但因患严重眼疾正在治疗中，无奈只好由我口授，任凤荣打字，写成这封贺信。——笔者注

## Ⅳ 中国社会学的学科自信

在融合中相互吸收、相互促进，从而创造出适合中国国情的新文明形态，包括新形式、新概念、新理论。

在中华传世经典中，在民间文献和日常交往中，我们的前人创造了丰富的概念。这些概念高度凝聚了中华智慧，精练表达了中国精神，准确体现了中国社会思想的特点，是我们今天从事社会建设取之不尽的宝藏。例如"家"这个概念，看起来很普通，其实很不普通，内涵非常丰富，集中体现了中华文化和西方文化的区别。中国人心目中的"家"，既有生理的意涵也有伦理的意涵，既是经济的依托也是精神的寄托，因而家庭建设历来是社会建设的基础。在西方原子化社会中，走出家门就进入了外人的世界，那基本上是陌生的世界。中国人走出"小家"，可以进入"大家"，家族、同姓称为"本家"，邻里、同村、同乡称为乡亲，"本"和"亲"就是社会学所说的"共同体"。我们今天讲社区建设，也就是要建设这样的共同体，目标是把社区建设得像"家"一样。最能形象地表达从"小家"到"大家"这层意思的，就是本次会议所在的福建省的"土楼"。一个土楼内居住着几十户人家，共享一个大院，进了居室是小家，出了居室就是大家，有共享的资源、共有的观念、共同遵守的行为准则。其实不仅在封闭的土楼内，就是在开放的村庄里，也有乡规民约，每个人都能找到归属感和亲切感。"大家"再扩展开来就是"国家"，"国"在这个意义上也是"家"。在家庭中，讲孝悌，分长幼；在国家中，讲忠义，论位次。"家"与"国"相通，"家"与"国"一理。直到今天，在选拔和评价干部时，还是讲"连自己的小家都管不好怎能管好国家"？可见，家庭建设和国家建设也是相通的。"家"这个概念，集中表现了中西文化在公私关系、群己关系、个人与社会的关系这些社会学关注的基本关系上的重大差别。其他许多概念也是如此，因时间关系不一一列举。这些中国传统文化中的概念，历经五千、八千、上万年的磨砺，就像一颗颗珍珠一样光彩夺目。

记得 20 世纪 60 年代，广东散文作家秦牧出版了一本书，书名叫《艺海拾贝》。我们要做的工作可以叫作"学海拾贝"，就是在中国传统学术这一汪洋大海中拣拾学术概念。我们古人创造的大量学术概念，就像晶莹剔透、光彩照人的宝石一样，镶嵌在中华学术的历史长卷之上，闪烁在先秦诸子百家和后世浩如烟海的历代典籍之中。

台湾学者汤志杰曾有一个提法，对本土概念要"从一砖一瓦炼起"，说得很对。我们要将中国传统文化中的概念与当代中国的伟大实践结合起来，发掘和增强本土概念的解释力；也要从中华民族实现伟大复兴的实践中提炼新概念，与传统概念相对接，使之交互辉映。

再过十年左右，中国经济总量即使按汇率计算也将超过美国，将相当于日本经济总量的三四倍。我们现在的工作，看起来是回到传统文化，是面向过去，其实是面向未来，为十年以后作准备。届时，国际学术界会问我们：你们中国人创造了经济奇迹，社会也很和谐，可是你们有中国社会学吗，那时我们将何以作答！如果我们像现在这样言必称西方概念，那还会有中国的话语权吗？我们的祖宗创造了那么丰富而凝练的概念语言，如果我们不知爱惜，弃之不用，只知拾洋人牙慧，怎么对得起祖宗？怎么向后人交代？所以我说，我们今天举办这个讨论会，不仅有学术意义，还是履行我们作为中华子孙的历史责任。中国历代文人，有一种根深蒂固的意识，自认是中华文化的托命之人。正因为有了这种意识，中华文明才能成为世界上唯一能够绵延不绝的一种文明！责任重大，愿与各位共勉。

祝会议圆满成功！

景天魁

2016 年 4 月 16 日

# 在中国人民大学社会学系建系 30 周年学术研讨会开幕式上的致辞

（2017 年 12 月 23 日）

各位同仁：

中国人民大学社会学系，是郑杭生教授倾注毕生心血培养的一支学术劲旅，30 年来，不论在科研和教学、教材编写，还是人才培养等方面，都作出了重要贡献，赢得了社会学界的尊重和好评。在建系 30 周年之际，衷心希望人大社会学系认真总结经验，发扬优良传统，开创新的局面。

中国社会学恢复重建至今，已有 38 年了。值得认真思考的是，对社会学这个学科负有领导责任的三位领军人物——费孝通、陆学艺、郑杭生先生，到了晚年都不约而同地将关注点聚焦到一个问题上，这个问题，费先生称为"文化自觉"、郑先生称为"理论自觉"、陆先生称为"坚持本土化方向"。这是为什么？据我理解，他们所针对的就是一种偏向：对西方社会学讲得太多，抬得太高；对中国自己的学术传统讲得太少，重视不够。是不是这样呢？直到现在，有学者在谈到中国社会学之所以"创新能力不足"的原因时，还认为是"与西方社会学接轨不彻底"。那么请问：什么叫"接轨"？如果我们手中空空如也，怎么谈得上"接轨"？一百多年来，我们自己不承认中国古代有社会学，大讲特讲社会学只是"舶来品"，把中国社会学史说成是西方社会学在中国的传播史。既然如此，拿什么去接轨？我们今天讲要建立中国社会学话语体系，要争取中国社会学的话语权，可我们没有自己的理论，怎么能建立起话语权？所以，中国古代有没有可以称之为社会学的学问，就成了一个十分现实也十分尖锐的问题。

为了回答这个问题，自 2014 年至今（2017）的将近 4 年来，我带领

## 在中国人民大学社会学系建系 30 周年学术研讨会开幕式上的致辞

一个由 28 人组成的团队，在浩瀚史海中挑选出 4 个基础性概念和 30 个基本概念，构成了群学概念体系。由此证明，早在战国末期荀子创立的群学，就是中国古已有之的社会学。按照英国功能主义大师拉德克利夫·布朗先生的讲法，社会学的老祖是中国的荀子；按照费孝通先生的说法，群学比西方社会学早了两千几百年。可是长期以来，对群学只有一个笼统的说法，没有具体展示它的丰富内涵。我们凭借这个由 34 个概念构成的概念体系，群学的丰富内涵就初步展示出来了。它是否称得上是中国古已有之的社会学，就可以具体地比较和评判了。在这个前提下，我们就可以说所谓"接轨"，就是拿群学与西方社会学接轨。这也就是自明代徐光启提出"会通以求超胜"以来，先辈指明的一条中西会通之路。没有会通，既谈不到中国社会学学术话语权，也无法实现中国社会学的崛起。

上个月，我们的《中国社会学：起源与绵延》一书，已由社会科学文献出版社出版，并被列入中国社会科学院文库，被评为中国社会科学院重大成果。对于这本书怎么评价并不重要，重要的是"中国社会学的源流问题"。只有搞清楚何者为"源"，何者为"流"，我们才能找到文化自觉和理论自觉，才能建立起党的十九大所讲的文化自信和理论自信，中国社会学才有实现崛起的历史基础。因此，我请中国社会科学报组织关于"中国社会学源流问题"的讨论，也拟请几家刊物组织关于这个问题的笔谈。希望在座的各位老师和同学热情投入这场讨论。

最后，祝人大社会学系进入新时代，承担新使命，开展新斗争，创造新辉煌！

# 在中国社会科学院社会政法学部、中国社会科学院国家治理研究智库主办的"新时代国家治理高端论坛"上的发言

(2018年1月7日)

我发言的题目是"华夏品位的社会学",是讲历史的;我们这个论坛是"新时代国家治理",是关于现代的。我觉得必要先作一些说明,就是我讲的这个题目和"新时代国家治理"有什么关系?要讲新时代的国家治理,我请大家考虑一下,世界上的国家治理,历史上哪个国家治理得最好?或者我们不好比较谁最好、谁次好,我们就说世界上哪一个国家的治理经验最丰富?这恐怕毫无疑问,那就是中国了。我国的《二十四史》《资治通鉴》基本内容都是讲的国家治理问题。

我最近在写一篇文章,惊讶地发现,我过去的一些认识是多么错误。我搞了这么多年的社会保障、社会福利研究,天天讲的是欧洲国家的养老是怎么搞的,医疗是怎么搞的,因此我们国家应该怎么搞,从来也不想想我们中国古代是否也有很好的社会保障和社会福利,压根儿就没想到这一方面。最近我一查历史文献,确实非常羞愧。我们国家在尧舜时期,就很讲究敬老养老,那可是距今4000多年了;周代就有了专门的养老场所,距今也有3000多年了。在西汉时期就颁布了一系列的法律,就已经把养老制度法律化了。1959年在甘肃省武威地区发现的西汉木简,就记载了汉文帝、武帝、宣帝、成帝期间是怎么养老的。汉文帝在2400年前颁布诏令,给七十岁以上的人赐王杖(拐杖上面雕刻一只鸠鸟,称为"鸠杖"),持有王杖者的待遇是"石六百",就是给予六百石粮食这么个待遇。这个待遇相对于什么水平呢?比当时的县令还高。那个时候如果有敢于辱殴七十岁以上老人者,斩首弃市!法律就这么严厉。意思大概是皇上都尊敬老

## 在中国社会科学院社会政法学部、中国社会科学院国家治理研究智库主办的"新时代国家治理高端论坛"上的发言

人,谁敢辱殴老人岂不等于欺君之罪!

所以我就想,现在我们全世界,不论是发达国家还是不发达的国家,都在讲"养老危机"。大家听说过我们中华民族五千年历史上有"养老危机"这个词儿吗?没有吧。为什么没有?我一开始认为好像古时候应该没有"老龄化"问题吧,人口年龄结构不同吧,现在的人活的岁数大啊。后来一想不对呀,养老危机发生不发生,人口结构并不起决定作用。因为人口结构年龄是相对的。我们国家在《礼记》中就规定,五十岁以上就是老人。大家想,这也对呀,因为那时候普遍的寿命没有现在这么长嘛,所以就相对结构讲,古时候也会出现50岁以上老年人口比例高于10%这个我们现在定义老龄化的标准这种情况。汉文帝的诏令里面明确讲的五十岁以上就是老人,待遇应该如何如何。那我们可以推测一下,"文景之治"那是盛世,50岁以上的老龄人口超过10%是不成问题的,对不对?尽管我们国家历代没有很严格的人口统计,但西汉的敬老养老诏令应该就是应对养老问题(当时的人口老龄化)的重要举措。所以,人口结构不是决定性的,根本问题是:我们的祖宗创造了很先进的养老文化和养老制度,甚至养老法律。

那么,回过来就讲到我这个题目了,就涉及社会学上了。党的十九大报告里讲,国家治理也好,其他工作也好,要"深入挖掘中华优秀传统文化蕴含的思想观念、人文精神、道德规范,结合时代要求继承创新,让中华文化展现出永久魅力和时代风采"。报告在好几处讲要发扬和继承中华传统文化,而且在对中国共产党的定义性的表述里面就讲"中国共产党是中华优秀传统文化的忠实传承者和弘扬者"。在讲到文化建设的任务时,特别提到要"孝老爱亲"。习近平总书记在这方面给我们做出了榜样,他多次强调要从多个方面来继承和挖掘我们优秀传统文化中的宝贵思想财富。

这样,我们社会学就遇到一个问题:社会学怎么办?多少年来,大家异口同声地讲社会学是"舶来品"。"舶来品"的意思,就是从1838年孔德创立"社会学",到1897年严复开始翻译斯宾塞的书,到1903年正式出版《群学肄言》。在这个时期以前,中华文明史、学术史上没有社会学,只有"社会思想",那些"社会思想"都"思想"五千年了,也配不上称为"社会学"。所以我们这个学科,在中国就只能从1903年开始说起。这

### Ⅳ 中国社会学的学科自信

就有一个很大的问题,就造成我们这些年好多情况下处于很尴尬的局面。比如说,我们天天讲"接轨",要和西方社会学接轨,你拿什么和人家接轨呀?接轨得有两个东西(往一起对)才叫"接"呀?我们手上(的东西)是什么呀?我们讲要争取中国社会学的话语权,"话语权"是什么呀?话语是由概念构成的,如果我们讲的概念全是西方社会学的,没有自己的"话语",你拿什么去和人家对话?所以这就面临一个很大的问题,我们就需要研究,中国在严复之前,就是在西方社会学传入中国之前,到底有没有可以称得上是社会学这样的学问?

为了回答这个问题,我从 2014 年开始,带领 28 个人的团队来做这项研究。开始的时候,没有想到会有多么艰巨,但是,进入这项研究之后就发现太复杂了,工作量巨大,当然也与我们这些人并没有文献梳理的经验有关系,真可谓是大海捞针。因为荀子是个集大成者,那么就必须查荀子以前的先秦大量典籍。荀子创立的《群学》后来又有很大的发展,就又得查后来它是怎么发展的。所以尽管我紧锣密鼓地督促,还是费了三年半将近四年的时间,我们写出了一本书《中国社会学:起源与绵延》[①],就构造了一个由 4 个基础性概念和 30 个基本概念构成的概念体系。这个概念体系准确与不准确,书写得好与不好,我认为可以讨论,这也并不重要。它毕竟第一次明确了"群学"到底是什么,到底具体内容是什么。这样,说它是社会学,还是不是社会学,就有一个评判的依据。过去,严复说过,"群学"和西方社会学的内容是正相合的;梁启超讲过,荀子是社会学的巨擘;英国功能主义大师拉德克利夫·布朗讲过,荀子在战国末期就创立了社会学,荀子是社会学的老祖。但是他们都没有具体地讲这个"群学"到底是什么,它有些什么内容,什么概念,应该怎么来看它。所以,我们这个概念体系拿出来以后,就是这 4 个基础性概念、30 个基本概念所构成的有层次、有逻辑关系的整体,就可以展示"群学"到底它的基本内容是什么,说它相当于西方社会学根据是什么。这样,尽管它比西方社会学早出现了两千多年,但是我们可以比较,不能因为它早就说它一定不是,对吧?我们就有根据了。至于说这些概念它的具体内涵,如果一个一个地说的话,我们 75 万字的书,那恐怕(短时间里)没法说,我就不具体地去

---

① 这本书被评为 2017 年中国社会科学院的重大研究成果。

讲它啦。大家如果有兴趣的话，反正那书已经出版了。

我们这项工作，它最起码是给了来继续研究这个问题的一个基础。就是说从此以后，如果我们肯定"群学"就是中国古已有之的社会学，那么我们就应该以此为基础，来解决我们中国社会学和西方社会学的会通问题——这是自严复以来就亟待解决的根本问题，解决我们怎么建立话语权的问题——这是中国社会学欲要崛起必须解决的关键问题，解决中国社会学今后怎么发展的问题——这是因应中华民族伟大复兴必须回答的重大问题。

谢谢！

# 开展一场关于"中国社会学源流问题"的大讨论

——在中央民族大学举办的京津冀社会学春节团拜会上的发言（2018年1月20日）

马上春节到了，给大家拜个早年！

党的十九大的一个重要论断就是我们国家进入了新时代。新时代，按照习近平总书记的要求，要有新作为。刚才几位领导和专家都提出了一些需要研究的问题。我的一个希望是，我们社会学界有兴趣的同仁，能不能开展一场关于中国社会学起源问题的讨论。这个问题，说起来是个很旧的问题，一百多年来就应该讨论的问题，但可惜由于种种原因一直没有讨论，所以现在某种意义上讲它也成了个新问题。

从2014年以来，我针对中国社会学源流问题写了一些文章，最近我们还出版了《中国社会学：起源与绵延》这本书。但是，我的意思不是讨论我的观点或者我们的书，这个没有多大的必要。当然，我们欢迎批评，欢迎指正，但是这不是重要的。我的意思是要讨论这个问题，就是中国社会学的起源问题，我认为这个问题是非常重要的。这个问题对中国社会学的未来发展很重要，对中国社会学能不能崛起很重要。而且我们现在有讨论这个问题的基础和条件。社会学恢复重建都快40年了，我们非常努力地学习了西方社会学，我们自己也已经有了很多学术经验和积累，到了该思考我们这个学科的历史和未来的关系问题的时候了。我希望开展心平气和的、平等的、充分的学术讨论。对我的观点和我们的书，赞成也好，反对也好，都不重要，没有多大关系。真正有关系的，是我们要把这样一个重要问题搞清楚，不能让它再继续耽搁下去，这个问题不解决，对中国社会学今后的发展会有很大的阻碍。我希望一定要在我们手上解决这个问题，这是我们的历史责任。所以，我最近在组织一些学者就这个问题发表意见，不论什么意见，不论是赞成的或反对的都是好的，咱们充分地正视这个问题，充分地亮观点做论证，摆事实讲道理，争取能够尽快地把这样"百年旧案"搞清楚。当然，一百年来都没有搞清楚的一个问题，我们也不能心急，也不可能很快就搞清楚了。目前来说有各种不同的看法是非常正常的，哪怕是经过五年、十年能够把它讨论清楚就算不错了。

当然，社会学需要研究的问题非常多，但我希望大家能够关注这个问题，因为中国社会学的起源问题与我们每一个社会学人都是密切相关的。

# 传统孝文化的古今贯通[*]

## 一 以史为师

养老问题已经成为全社会关注的大问题,无论中外似乎同样面临着"养老危机"。为了应对这一问题,我国效法西方,努力建立了养老保险制度,这一制度被看作现代社会的标志之一。然而,它自建立之日起,就陷入了所谓"制度刚性"困境:保险水平刚性提高乃至越高越好,必然带来缴费负担越来越重,相应,保费缺口也就越来越大。究其原因,并不完全在于养老保险制度本身,更大程度上在于制度环境。现代养老保险制度是西方国家发明的,那里的个人缴费能力比我国强得多。可是我们又不能等待国家富裕起来了,个人缴费能力增强了,再来建立这项制度,那样的话,几代人就只能在没有基本保险的情况下了却一生,代价太惨重了,那是无法向人民交代的。我们的历史责任就是如何在人民还不富裕的现实条件下,在从发展中国家奔向现代化的过程中,就能及时地、逐步地解决中国的养老问题。

我国已经进入了老龄化社会,而且老年人口的总规模非常大,与欧洲国家没有可比性。要解决我国的养老问题,不仅要学习外国经验,还要以史为师,从我们的古人那里汲取智慧,找到适合国情的办法。我国历史上一直重视养老问题,形成了灿烂的养老文化。试问,中华五千年历史上为什么没有发生"养老危机"?并不是因为年龄结构,不同时代进入老年的年龄界限是不一样的,老年是相对的,历史上老年人口所占比例不一定总

---

[*] 本文原发表于《学习与探索》2018年第3期。

是很低,年龄结构不是主要原因。主要原因在于养老文化以及相应的制度设置。特别是现代医学已经证明,养老问题不仅仅是一个经济问题,也不纯粹是一个医疗技术问题,而在很大程度上是一个社会问题、心理问题、文化问题。现在老年人的很多问题,比如自杀率高,这是社会问题;孤独感,这是心理问题。这些都不是经济问题,也不是医生能够治得了的,这就需要从社会文化的角度去解决。所以,我们有必要从中华传统文化中来探索中国养老问题的解决之道。

中华养老文化蕴含着最宝贵、最有效、最廉价的文化教育资源,从中挖掘养老和养生的智慧,就可以多快好省地化解疾病防治、生活照料、精神慰藉等一系列养老难题。所以,要向中国五千年的文化宝藏寻找健康、长寿、快乐、幸福的智慧,寻找化解中国养老难题的钥匙。

本文拟初步梳理出中华文明中从尊老养老理念到孝老礼制、从家庭礼制到国家制度、从社会体制到法律制度的演进过程,从中探寻中华孝文化之所以绵延不绝的深层逻辑。进而讨论中华尊老养老传统与现代养老问题的最佳接口——社区居家养老,以及在此项实践中如何发扬中华尊老养老传统的基础性作用。

## 二 传统孝文化的历史演进

### (一)从尊老养老理念到孝老礼制

我国最早的诗歌经典《诗经·蓼莪》篇中歌颂父母的养育之恩"昊天罔极"(像上天那样广大无边),"哀哀父母,生我劬劳","哀哀父母,生我劳瘁"。[1] 我国流传至今最早的历史文献总汇《尚书·尧典》就定义"克谐"为"孝"("克谐,以孝烝烝"),尧帝以虞舜孝德厚美而传位予他[2]。可见我国最初定义"孝"就不仅是一般的奉养,态度还要恭敬和美。这与后来孔子《论语·为政》篇所说的孝不仅是"能养",还要"敬"父母是一脉相承的。[3]《尚书·商书·太甲中》已然将"奉先思孝"确定为

---

[1] 周振甫译注:《诗经译注》(修订本),中华书局2013年版,第324—325页。
[2] 李民、王健撰:《尚书译注》,上海古籍出版社2004年版,第9页。
[3] 杨伯峻译注:《论语译注》,中华书局2009年版,第14页。

人的行为准则①,到了孔子,则把孝的地位提高到极致:"孝弟也者,其为仁之本与。"②《孟子·离娄章句上》说得更具体:"不得乎亲,不可以为人,不顺乎亲,不可以为子。"不尽孝,就没有资格称为人,没有资格做儿子。③ 在全部德行中,百善孝为先。先秦的养老经验到《孝经》里则总结为:"夫孝,德之本也;教之所由生也。"《孝经》并不只是讲怎么对待老人、怎么对老人尽孝,它实际上讲的是人的德行或教化的最根本的原则。《孝经》把"孝"的内涵分了三个层次。第一层含义是:爱惜自己的身体,保护自己的生命,继承父亲的志业,这叫"身体发肤,受之父母,不敢毁伤,孝之始也"。第二层含义是:修德学道,增长才干,服务社会,忠君报国。这是大孝。第三层含义是:行道布施,立功于生时,扬名于后世,令父母显得荣耀,这是最高形式的孝。④

从夏商周三代一直到汉代,我们的祖先逐渐地把中华养老文化建成从观念到行为、再到制度、再到法律的一套完整体系。第一,这个体系发端于尧舜时期⑤,其时即开始有固定场所举行养老礼。《礼记·王制》记载:"有虞氏养国老于上庠,养庶老于下庠;夏后氏养国老于东序,养庶老于西序;殷人养国老于右学,养庶老于左学;周人养国老于东胶,养庶老于虞庠,虞庠在国之西郊。"⑥

第二,先秦时期,举行养老礼还要穿特定的衣服,衣服有不同的颜色。"有虞氏皇而祭,深衣而养老;夏后氏收而祭,燕衣而养老;殷人冔而祭,缟衣而养老;周人冕而祭,玄衣而养老。"⑦

第三,国家设置官吏,专门负责尊老养老事务,越是接近基层,官吏的职责越是具体。比方说大司徒担负对不孝不悌的人怎么量刑这个职责。其他的,有逐级的、不同的职权和责任。具体的养老在基层就有专人

---

① 李民、王健撰:《尚书译注》,上海古籍出版社2004年版,第132页。
② 杨伯峻译注:《论语译注》,中华书局2009年版,第2页。
③ 郑训佐、靳永译注:《孟子译注》,山东出版集团齐鲁书社2009年版,第129页。
④ 汪受宽、金良年撰:《孝经·大学·中庸译注》,上海古籍出版社2012年版,第24页。
⑤ 江苏省保健养生业副会长周留建将先秦时期敬老养老思想的发展过程概括为:"形成于尧舜,发展于夏商,到了周代,已经形成行为规范和社会准则。"(见《论先秦时期敬老养老思想的发展》,《江苏经贸职业技术学院学报》2013年第4期)
⑥ 杨天宇撰:《礼记译注》,上海古籍出版社2004年版,第165页。
⑦ 杨天宇撰:《礼记译注》,上海古籍出版社2004年版,第165页。

负责。①

第四，鼓励并支持家庭养老。《礼记·王制》云："凡三王养老，皆引年。"②"引年"是依据年龄对年老而贤者加以尊养，把尊老养老由理念逐步作为礼制普及于全国。对老者本人实行"五十不从力征，六十不服戎，七十不与宾客之事，八十宾客之事弗及也"的优待，对其家庭则给予一定的优惠政策。"八十者一子不从征，九十者其家不从征。"③ 从而支持众多的老者由家庭奉养。

## （二）从家庭礼制到国家制度

在《礼记》里面记载了如何把养老尊老上升到安邦定国的高度。《礼记·乡饮酒义》中说："民知尊长养老，而后乃能入孝弟，民入孝弟，出尊长养老，而后成教，成教而后国可安也。"④ 这就是"以孝安治天下"。

养老制度真正成为国家的普遍制度，大概是到西汉。西汉养老制度，第一条是实行"分龄照养"，就是以十岁为单位来划分人生的阶段。按照年龄，需要什么，就分配给什么。这样可以有效地分配生活资源，制定科学的规划。

第二是"定期宴老"，就是定期请老人吃饭，以显示对老人的尊重和照顾。《礼记·王制》曰："凡养老，有虞氏以燕礼，夏后氏以飨礼，殷人以食礼，周人修而兼用之。"所谓"燕礼"，是设宴于寝；"飨礼"则设宴于朝；"食礼"则是虽设酒而不饮，以饭、肴为主。至周朝，则兼行"燕""飨""食"诸礼，而以春夏之时用"燕""飨"，秋冬之时用"食"礼。⑤

第三是依年龄分级养老。《礼记·王制》说："五十养于乡，六十养于国，七十养于学，达于诸侯。""八十拜君命，一坐再至，瞽亦如之。九十使人受。"⑥ "乡""国""学"，都是宴饮长者之所。五十岁、六十岁、七

---

① 杨天宇撰：《礼记译注》，上海古籍出版社 2004 年版，第 156—157 页。
② 杨天宇撰：《礼记译注》，上海古籍出版社 2004 年版，第 165 页。
③ 杨天宇撰：《礼记译注》，上海古籍出版社 2004 年版，第 165 页。
④ 杨天宇撰：《礼记译注》，上海古籍出版社 2004 年版，第 826 页。
⑤ 杨天宇撰：《礼记译注》，上海古籍出版社 2004 年版，第 163 页；参见周留建《论先秦时期敬老养老思想的发展》，《江苏经贸职业技术学院学报》2013 年第 4 期。
⑥ 杨天宇撰：《礼记译注》，上海古籍出版社 2004 年版，第 163 页。

Ⅳ　中国社会学的学科自信

十岁这个年龄段，一般是在学校养老；八十岁的长者，因为身体衰弱，就不到学校里养老了，国君要派人亲往他的家中，给予照顾，赐给饮食；九十岁以上的人，可以得到更高的礼遇，让人代为接受就可以了。总之，年龄越大，礼遇越高。

第四是规定照顾饮食起居的标准。在饮食方面，五十岁以上的人，就可以吃比较精美的粮食；六十岁以上的人，应该常备肉食，这是国家要保证的；七十岁以上的人，除了平常用餐以外，还有美善之食以补充营养；八十岁以上的人，除了六十岁、七十岁两个阶段的饮食调配外，还可以吃一些珍贵的食材；九十岁以上的人，由于年龄已长，应该随其居所，常备膳食，给予细微的照顾。

在起居方面，《礼记·王制》规定，人在五十岁以上时，应特别留意饱食及保暖，六十岁以上的人应食肉，七十岁以上的人应穿丝帛衣物，八十岁以上的人则应时时有人相伴以暖身。①

第五是给予较高的社会地位。此即《礼记·王制》所说的"五十而爵"②。爵是官位，"五十而爵"不是一定给一个有实权的官位，而是给一个相当于一定官职的待遇。年龄越高，就给越高的身份待遇，以表示国家和社会对老人的尊重。

### （三）从社会体制到法律制度

如果说在汉代以前，敬老养老文化主要外化为人们的行为规范和社会准则，这些基本属于社会体制，那么到了汉代，孝伦理不仅成为国家普遍的社会制度，还逐步实现法律化，形成了一系列法律制度，汉家"以孝治天下"有了法制保障。

《礼记·王制》曾谈到我国古代特有的"王杖"制度，君王对于年老德高者有柱杖的礼遇，"五十杖于家，六十杖于乡，七十杖于国，八十杖于朝。九十者，天子欲有问焉，则就其室，以珍从"（需备有珍馐至其家请教）。③

据《汉书》记载，汉初高祖刘邦立三老诏，汉文帝元年专门下诏尊养

---

① 杨天宇撰：《礼记译注》，上海古籍出版社2004年版，第163—164页。
② 杨天宇撰：《礼记译注》，上海古籍出版社2004年版，第164页。
③ 杨天宇撰：《礼记译注》，上海古籍出版社2004年版，第163页。

## 传统孝文化的古今贯通

老人,规定了具体措施:"年八十以上,赐米人月一石,肉二十斤,酒五斗。其九十以上,又赐帛人二匹,絮三斤。赐物及当禀鬻(粥)米者,长吏阅视,丞若尉致。不满九十,啬夫、令史致。二千石遣都吏循行,不称者督之。"[1] 我们中国第一个盛世就是"文景之治",怎么成为盛世的,这是其中很重要的表现之一。汉代以孝治天下,这个社会就能有序、安定、和谐。武帝延续了以上律令,并对在职官吏实行教化,推行孝行,褒奖成绩显著的官员。同样,对在职官员,如果不奉养父母,就予以严惩。还明令年九十以上"复子若孙",也就是免除其所有子孙的赋役,使之全力以赴地孝养老人。[2]

西汉的《王杖诏书令》可说是中国最早的养老法律实物证据。1959年到1983年,在甘肃省武威地区出土的文物中,就出土了一些鸠杖,还有皇帝颁的诏书(木简)——"王杖十简"和"王杖诏书令册"。"王杖十简"内容涉及西汉宣、成二帝关于给高年老人赐王杖的诏书,以及对侮辱受杖老人的犯罪者的处罚案例等;"王杖诏书令册"记载了关于尊敬老者、抚恤鳏寡孤独残疾者、高年赐杖,以及处决殴辱受杖老人的罪犯等5份诏书。

宣帝本始二年(公元前72)令,是赐高年王杖的诏令(高皇帝以来至本始二年,朕甚哀怜耆老。高年赐王杖),首次肯定了"高年"的特权,从此,开始了高年受王杖的制度。高年老长持王杖,如同天子使者持节,可出入官府,行走驰道,殴辱者按大逆不道论罪,市上买卖不收租税。[3] 成帝在建始二年(公元前31)、元延三年(公元前10)又两次下诏重申王杖令(制诏御史:年七十以上杖王杖,比六百石,入官府不趋;吏民有敢殴辱者,逆不道,弃市。)[4] 成帝把宣帝年八十以上授王杖的规定放宽到七十岁以上,大大放宽了幅度,受王杖者的社会地位明确规定相当于俸禄六百石(粮食)的官吏(这一待遇高于县令)。凡年七十以上持鸠杖,相当于节,是权力的象征,可以自由出入官府,行走驰道;经商不征市税;

---

[1] 班固:《汉书》卷4《文帝纪》,中华书局1960年版,第113页。
[2] 臧知非:《"王杖诏书"与汉代养老制度》,《史林》2002年第2期。
[3] 武威县博物馆:《武威新出王杖诏令册》,甘肃省文物工作队、甘肃省博物馆编:《汉简研究文集》,甘肃人民出版社1984年版,第59页。
[4] 武威县博物馆:《武威新出王杖诏令册》,甘肃省文物工作队、甘肃省博物馆编:《汉简研究文集》,甘肃人民出版社1984年版,第37页。

"比山东复"即像当年追随汉高祖打天下又定居于关中的关东吏民那样终身免除赋役。对敢于殴辱持杖老人者,定为大逆不道罪,处死并弃于市。早在《商书》中就规定的"刑三百,罪莫重于不孝",周朝时"不孝"罪就位居"八刑"之首,汉代木简证明,这在汉代是确实做到了的。

汉代对年七十以上高年群体的尊崇和奉养并非主要以赐王杖的形式实现的,而是以不定期的赏赐絮帛粮物、有限地复除其赋税徭役来进行的。这既是为了解决老年群体生活的实际困难,更主要的还是为了激励尊老、养老的社会风气。成帝建始元年(公元前32)颁布的诏令明确鳏、寡、孤、独的含义及优抚措施,鳏夫寡妇免除终身赋役,经商免税,并要有人照顾其生活;对孤、独、盲人、侏儒等当事人,官吏不得擅自征召讯问,诉讼时不得刑讯。对"夫妻俱无子男"者,给予更多的优抚,与归附的少数民族一样,免去田租、市税,可以自由开店卖酒。成帝对鳏寡孤独的优抚,在赐予钱物的同时,还明令免其税赋徭役。臧知非认为:"后者比前者更具实际意义,前者是临时的,后者是长期的;前者属于治标,后者则带有治本意义。"①

到了东汉时期,对不孝罪的惩罚,进一步形成了许多具体的法律条文。同时,东汉还将《孝经》和孔子的《论语》一起列入七经之一。所谓"经",汉武帝的时候,颁了五经,到东汉的时候,在五经的基础上又加了孔子的《论语》和《孝经》,确定了《孝经》的经学定位,就是最高经典的地位。到了隋唐,不孝被列为十种恶之一;此后,宋、元、明、清各朝代都予以沿袭。以法行道、以法保孝,用法律震慑力保证了孝道的推行,强化了孝文化的地位。

### (四)中华民族孝老敬老的优良传统是必须延续的

中华传统养老文化的先进性在于,早在 2000 年前的西汉时期,就实现了中华传统养老文化从观念到制度的演化,并且由制度化而法制化。由汉代到唐代以后,进而扩展到包括孝道教育、社会伦理、人才培养、官吏选拔在内完整的养老制度体系。这是世界上最早也是最全面的养老制度体系,其先进性是无与伦比的。因此,不要一讲社会保障、社会福利就是西

---

① 臧知非:《"王杖诏书"与汉代养老制度》,《史林》2002年第2期。

方的，以为中国古代什么都没有。其实，我们不但有，有些还很先进。中国历朝历代尤其是宋代，社会保障特别是社会救助制度很发达。[①] 同样，不要一讲社会工作，就以为只是西方有，其实我国古代也有"社会工作"，不过名称可能叫义学、义仓、义诊、义演、义卖、义赈。"义"其实更加凸显了所谓"社会工作"的伦理意涵和社会实质。

几千年来，孝老文化对于维系中国家庭和社会稳定起到了不可替代的作用。现在，虽然时代变了，社会生产方式和社会结构变了，但是，中华民族孝老敬老的优良传统是必须延续的。对于老年人的赡养和尊重，既是现代文明社会的重要标志，也是现代人的一种美德。我们现在进入了新时代，孝文化是不是过时了呢？在今天是否还有效呢？怎样找到孝文化与现代社会建设的最佳接口？

## 三 传统孝文化的现代接口

### （一）社区养老及其遇到的困境

要让中华传统文化在现代社会建设中发挥基础性作用，应当把社区养老当作一个重要接口。社区养老，我们提了好多年，但是坦率地讲，这些年发展不太好、不太快。有的地方例如上海市，社区养老做得比较好。但是也有许多地方至今没有找到顺利推进社区养老的门径。社区养老，按理说应该是一种非常好的养老模式。从理论上讲，它可以实现政府、社区、社会组织、邻里、家庭等多元主体的有效整合；它还具有投入成本低、原有资源可以充分利用等独特优势。应该说，这项事业是很有前景的。而且，社区养老也符合老年人的需要，据调查，90%的老年人愿意选择居家养老，大力发展社区养老是顺应民心之举。

社区养老不同于传统的家庭（单纯依赖子女）养老，它是以居家养老为主，以社会机构养老为辅，依托社区和社会养老服务机构等各方面力量，为居家老人提供生活起居照料和精神慰藉等服务的一种模式。这种模式把家庭养老与社会化养老的优点结为一体，让老人在家里既可以享受到

---

[①] 张文：《宋朝社会保障的成就与历史地位》，《中国人民大学学报》2014年第1期。

家人的照料又可以享受到社区提供的服务。然而,"这样的联动服务体系在中国大部分地区尚处于探索阶段,还没有建立起来"①。关键是在社区养老中,要解决怎么样把中华传统养老文化与社区养老相结合的问题。这个问题没有解决好,是社区养老发展不如人意的原因之一。

现在看来,要在社区养老中充分发挥中华民族传统养老文化的基础性作用,必须解决四大难题:一是传统养老观念淡薄的难题;二是人口结构变化带来的难题;三是人口流动带来的难题;四是社区建设滞后带来的难题。要从这四个方面找到有效的化解之策。

## (二) 在社区养老中充分发挥孝文化作用的对策

### 1. 应对传统尊老养老观念淡薄的难题

近百年来,由于政治斗争和思想斗争的需要,我们对传统文化进行了多轮批判和扫荡。"文化大革命"甚至把传统文化当作污泥浊水,要荡涤得一干二净。在这种政治意识形态的影响下,孝道一度被当作封建道德而被完全否定。以至于即使在作为中华文明发祥地的中原地区,在作为传统文化根基的农村地区,都不乏不孝之子,子女对老人尽孝的情况甚至不如西部一些少数民族地区。可见多少年来对传统文化的扫荡是太厉害了,对此我们必须正视。

但是,我们也要看到,传统文化毕竟根深蒂固。而且,我们古代创造了很多把养老文化大众化的方法和手段,使之绵延不绝。比如,编纂了平民百姓很容易接受的《二十四孝图》《劝孝篇》《三字经》《弟子规》等,都很便于在群众中传播。这些年,很多地方都建起了孝道园,讲历朝历代孝子们的事迹。现在有好多中小学又开始重新吟诵《三字经》《弟子规》,这些都是非常好的教育手段。另外,通过家训、家规、家诫,对家庭成员和子孙后代进行道德文化教育,使得孝道在家庭的日常生活中,在潜移默化中耳濡目染,也成为家庭和社会教育的重要内容。发端于江苏省常州市的道德讲堂,以"身边人讲身边事,身边人讲自己事,身边事教身边人"的教育方式,依托社区平台,有效开展包括孝道在内的群众自我教育,这

---

① 郑茜、袁军宝:《中国老龄化加剧 传统观念面临现代养老困境》,新华网,2011年8月29日。

种教育形式自2009年诞生至今（2018），已经在全国各地普遍开花。老百姓很喜欢，这种活动的生命力很强。屡遭扫荡的传统文化，春风吹又生，要恢复起来是很有希望的。

另外，我国古代传播孝行的一个重要途径，就是道德和法律相结合。中国文化的一个特点是某种程度上道德也法律化了。这与西方不一样，在西方社会，法律与道德的边界划分得非常清楚。我们中国很多道德就上升到了法律，历朝历代的法律和法令中，都有养老敬老的相关条文。

再一个有效的办法，就是官员要率先垂范。像在汉代，政府推行"孝政"，社会讲究"慈孝"。从汉武帝的时候就实行"举孝廉"，把孝和廉作为选拔干部的重要标准，鼓励人们做孝子、守孝行。从皇帝做起，各级官员以身作则。京剧《打龙袍》说的是宋代皇帝做了对不起母亲的错事，也必须挨打；明代宰相张居正，尽管日理万机，在父亲去世后，也必须离职回乡"三年守孝"。此外，无论是皇帝的以孝作谥，还是官员的为孝移职，都为天下人树立了孝的楷模。现在，我们在道德模范评选中，专门列了尊老养老一条，各地开展了形形色色的孝老奖励活动，只要坚持下去，必然蔚成风气。

2. 应对人口结构变化带来的难题

现在，独生子女家庭越来越多，工作生活压力也很大，部分老年人即使是在生病住院的时候，也很难享受到子女的全身心照顾。特别是在城市，对于"421"家庭结构的年轻夫妇来说，赡养老人是一个很沉重的家庭负担。人口结构的变化是一个客观的情况，某种程度上也是社会进步的结果。我们是否因此就没有办法化解养老压力了呢？办法总还是有的，社区养老服务就是一个重要的形式。在上海的社区，不是说年龄结构变化造成子女养老负担重吗？社区就组织年轻老人照顾高龄老人。五六十岁的老人和七八十岁的老人结对子，将老年服务组织成一个网络。有自理能力的老人，可以在日间照料中心得到午餐、聊天、文化娱乐和健身活动等各种服务；行动不便的老人，由年轻老人和社区工作人员负责联系，责任到人。从早晨开始，责任人就要给自己的服务对象打电话或者登门探望，提醒诸如吃药等生活细节，嘘寒问暖，如果发现问题，及时报告社区负责人，联系医疗救助和其他服务。提供这些服务，他们并不当作负担，反而觉得自己虽然退休了，社区还是把这些事情交给自己来做，说明自己还很有价值,感到很荣耀。还有很多地方成立了日间照料中心,比如说浙江省宁波市的日间照料中心就很普及。白天子女上班去了,老人们就在日间照料中心,又管吃,又管玩;子女下班回来就把老人领回家。北京市西城区有一个汽南社区,它的"无围墙"养老搞得很好。这些办法都可以解决"421"结构、子女少带来的养老压力问题。

社区养老服务的主要优势,是便于广泛调动和利用社会各方面力量和资源,以弥补子女照顾之不足。这种养老服务,主要采取上门照顾为主,以托老所服务为辅的形式。这种形式,便于发扬我国社群的优良传统,邻里之间守望相助、亲仁善邻、其邻不戒,亲如一家。社区还便于组织和联系学校和机关等单位的志愿者队伍,凡是社区内的单位都必须承担养老服务责任,单位食堂对老人开放,餐饮单位提供送餐服务,如此等等。以新的形式延续我国历史上的"分龄照养""按时宴老""照顾起居"等很好的制度,既提高了老年人的社会地位,又发挥了老年人在社会治理中的作用。

3. 应对人口流动带来的难题

由于人口流动率高,许多家庭虽然有子女,但在异城、异地乃至异国他乡工作,例如农村年轻人跑到城市务工,大学毕业生很少回家乡工作,都导致父母身边无人照顾,这种"空巢"现象给养老带来很大难题。人口流动是现代社会的常态,不可能"父母在,不远游",但是,不能说人口流动了,赡养父母的责任就可以减轻了。比方说,我们可以尝试建立服务交换制度,用给工作地点的老人提供服务,交换家乡或原籍给自己的父母提供服务,或者向父母所在的社区和养老机构购买养老服务。

我国在唐代就建立了鼓励和支持政府官员承担家庭养老责任的制度,一部分官员采取把父母接到就任之地的办法来赡养老人。另外一部分官员携父母就任不便,就要申请移职或采取其他办法,以实现赡养老人的愿望。异地的官员可以采取对调的办法,更换到离父母近的地方就职。在现代,新加坡在这方面做得非常好,它是一个城市国家,立法规定子女每周探望父母的时间不得低于多少小时。还规定,如果子女想搬到便于照顾父母的地方居住,房子搬迁费用政府给予补贴。

人到年老,最渴望的是有子女照料的家,不光是生活照料,还有精神慰藉。情感表达,家庭是一个重要的载体。特别是我们现在经济条件改善了，温饱问题解决了，养老服务特别是具有人情味的关怀、爱护、精神上的体贴，都是非常宝贵的。我们在社会建设方面要做的工作还多得很。比如说养老院建在什么地方，都很有讲究。德国政府会有意地把养老院和幼儿园建在一起，小孩天天在那儿玩闹，老人就很开心。就这么一个举措就会产生很好的社会效果。这就启示我们，即便是社会化养老，也要努力营造一种"家"的气氛。

4. 社区建设滞后带来的难题

社区居家养老，前提是社区要建设好，而加强社区建设，发挥传统文化的作用是非常重要的。为此，一是要按照习近平总书记的要求，树立正确的义利观，增强社区工作人员的养老服务意识，提倡重义轻利、以义统利，强化责任、承担义务，做践行孝文化的表率。

二是加强对社区工作人员专业化服务能力的培训。目前，我国高校已经培养出相当一批社会工作专业人才，但是没有很好地发挥作用。可以组织他们开展对在职社区工作人员的培训，既可解决他们的专业对口问题，又可以培养大批扎根社区不走的服务队伍。

三是增强全社会的服务意识，形成浓厚的尊老敬老孝老社会氛围。党政干部要起到模范作用，对不孝老养老者予以严惩，规定每年要从事一定时间的包括养老服务在内的社会公益服务，将此作为现代"举孝廉"的指标之一。大中小学生每年也要从事一定时间的包括养老服务在内的社会公益服务，将此作为考核升级的必要内容。建设宏大的专业社会工作和志愿服务队伍，这是社区服务的主力军。

四是要建设强大的社会支撑系统，形成支持社区养老服务的社会网络。其中，主要是引导专业养老机构与社区挂钩。例如上海市，市区很大，城市中心都是些老社区，老年人多，退休职工多。而新建的专业养老机构大都建在城市郊区。这就会出现一个问题，服务对象——大量的老人在城市中心，不愿意往郊区去。一方面，养老院的空床率很高；另一方面，社区里老人的需求无法满足。要想办法让建在郊区的专业养老机构把腿伸到社区里边，与社区挂钩，把服务延伸到社区。发挥专业养老院技术水平高的优势，到社区里进行培训，或者指导社区里的养老服务。

五是医养结合。要培育"义"的精神，发扬"义诊"传统，调动专业医疗机构的积极性，使它们愿意走进社区，与社区养老相结合。北京市西城区的汽南社区在这方面就做得很成功，它和附近的复兴医院挂钩，专业的医务人员为社区老人送医送药，社区老人到医院看病享受绿色通道以及其他便利服务。

六是加强培育社会公益组织，鼓励企业投入养老服务产业，在税收等政策上给予优惠，在管理上加以规范。同时，要鼓励各种社会资源用于养老服务，例如，机关学校食堂要向老人开放。

七是鼓励和支持城乡社区老人互助养老。我国有邻里互助的优良传统，在城市一些老人自发地"抱团养老"，在农村也开展了效果很好的互助养老。2008年，河北省肥乡县通过大胆探索实践，以"村级主办、互助服务、群众参与、政府支持"为原则，建立了"集体建院、集中居住、自我保障、互助服务、优先优惠"为特征的农村互助幸福院，率先在全国创造了农村社区"互助幸福院"新模式。互助养老，以集中居住的互助养老模式取代分散居住的家庭养老模式，兼具家庭养老和机构养老的特征，用较低的成本保障了农村独居老人各项基本要求。这种模式在全国农村很有推广价值。

## 四　结语：传统孝文化的古今贯通机制

中华孝文化乃至整个传统文化的一大特点，就是紧紧地把人和人之间最自然、最紧密、最连续的人伦关系——父子、夫妻、兄弟关系结合在一起。在"五伦"中，此三者属于"天伦"，是狭义的"人伦"；君臣、朋友是其扩展，属于广义的"人伦"。中华文明之所以绵延不绝，与这一特点不无关联。孝文化之所以能够贯通古今，正是因为它植根于血缘关系、亲缘关系这个天然的基础，可以随着代际的接替而得以连续，这是最可靠的贯通机制。明白了这一特点，我们在社会作为、社会制度、社会建设中，就要循着这一特点去做，维护这个天然基础，而不是摧毁这个天然基础。即使社会经济基础、社会结构改变了，也不要以为进入现代社会了，就用弱的社会关系例如市场关系，去取代强的社会关系，以弱代强、损本逐末，而是要尽量弥补这一天然基础之不足，而不是抛弃和损坏这一天然基础。这样，在现代社会制度建设中，工作就顺利，代价就减小，效果会更好——这也就是"道法自然"。这个朴素的道理，在五千年的历史上既被成功的经验也被失败的教训所证实，因而是颠扑不破的。这就是孝文化得以实现古今贯通的深层根源和天然机制。

将社会划分为传统社会与现代社会，将文化区分为传统文化与现代文化，这是西方思维的典型做法。这种"二元对立"式思维，把它们的区别绝对化，以为"传统的"就一定是"落后的"，"现代的"就一定是"先进的"，必须用后者去取代、去扫荡前者。从本文所讨论的养老问题来看，中国古代的养老文化、养老制度、养老体系，不仅在几千年历史上发挥了重要作用，对于解决现代养老问题也具有启发意义。

以上所谈的只是传统养老文化对于社区养老的基础性作用，其实传统养老文化对于机构养老和其他养老形式都具有重要作用。目前全国各地，不论城乡，都创造了像河北肥乡县那样的互助式养老的模式。相信经过一个阶段的经验积累和总结，一定会形成基于传统、适合现代的中国特色养老文化。

**参考文献**

陈直：《甘肃武威磨咀子汉墓出土王杖十简通考》，《考古》1961年第3期。

崔永东：《〈王杖十简〉与〈王杖诏书令册〉法律思想研究——兼及"不道"罪考辨》，《法学研究》1999年第2期。

丁建定：《唐代社会保障：思想、实践及其评价》，《中国人民大学学报》2014年第1期。

甘肃省文物工作队、甘肃博物馆编：《汉简研究文集》，甘肃人民出版社1984年版。

李文玲：《汉代孝伦理的法律化》，《江淮论坛》2003年第6期。

刘奉先：《汉简所记敬老制度研究》，《西南政法大学学报》2003年第11期。

汪受宽、金良年撰：《孝经·大学·中庸译注》，上海古籍出版社2012年版。

杨天宇撰：《礼记译注》，上海古籍出版社2004年版。

张文：《宋朝社会保障的成就与历史地位》，《中国人民大学学报》

2014年第1期。

臧知非：《"王杖诏书"与汉代养老制度》，《史林》2002年第2期。

张践：《儒家孝道观的形成与演变》，《中国哲学史》2000年第3期。

郑功成：《中国社会保障演进的历史逻辑》，《中国人民大学学报》2014年第1期。

郑茜、袁军宝：《中国老龄化加剧 传统观念面临现代养老困境》，新华网，2011年8月29日。

周留建：《论先秦时期敬老养老思想的发展》，《江苏经贸职业技术学院学报》2013年第4期。

# "社会学中国化"是中国社会学的灵魂

## ——在"新时代创新社会发展之路 ——改革开放40年中国乡村振兴与城乡一体化 暨费孝通乡村发展思想研讨会"上的发言

（2018年12月16日）

大家好！参加这个会心情很激动，因为社会学伴随着改革开放的发展，40年来取得了很大的成绩。特别是吴江——费老的家乡，是费老两次出发的地方，所以来这里自己在心灵上也是一次洗礼。

费老以及吴文藻先生等老一代的社会学家，在20世纪二三十年代就提出了社会学中国化。费老在吴江的研究，就是社会学中国化的一个样板。我们社会学界，大家对社会学中国化可以有不同的看法。但是不论看法多么不同，有一点是必须肯定的，那就是：社会学中国化是老一代学者开创的社会学的优秀传统，我们这一代人必须继承和发扬这个传统。大家对这个传统具体怎么发扬、怎么继承可以讨论，但是无论如何不能认为"社会学本土化是个伪命题"。因为那样看的话，就把我们老一代学者为中国社会学建立并坚持了八九十年的优秀传统给否定了。不仅如此，为什么可以提"社会学美国化"，就不能提"中国化"？讲"化"，意味着要从本国的实际出发，研究真问题，为社会学贡献新范式、新视野，或者开辟新的研究领域，也有助于丰富世界社会学的宝库，推动社会学这门学科的发展，何"伪"之有？

第一个方面，费老一生矢志不渝地坚持"社会学中国化"，晚年在这方面更是给了我们很多的指示和教诲，其中他提出文化自觉，这是大家都非常清楚的。费老在讲到文化自觉的时候就指出，我们中国社会学将来可能的优势是什么呢？西方学术在"物"的研究方面远远地超过了我们，但是中国的学术对于人、人的心理和心态的研究有深厚的积累，这是我们的长处。费老高度重视这个东西，认为社会学如果缺了对于人、人心和心态的研究，就不可能成为一门"成熟的'学'"[①]，"真正在这方面获得一些突破，那将是社会学发展的一个重要的跃进。"[②] 费老正是在讲到这个问题的时候，特别讲中国过去不是没有自己的社会学。拉德克利夫·布朗在20世纪30年代来中国讲学的时候就讲过"社会学的老祖应当是中国的荀子"[③]。费老一再地讲，他很想好好研究研究荀子，但年纪大了，留给下一代学者吧。

遵循费老的遗训，这些年我带了几十位同仁研究荀子的"群学"，建立了群学的概念体系，现在正在建立群学的命题体系。我对我们课题组的人讲，我们不要去争论群学是不是社会学，当前的任务是我们无论如何要把中国学术真正的优势展示出来，把群学丰富的内容展示出来。我相信，社会学界大多数人，只要看到群学这些命题，它确实有很强的解释力，确实和中华民族的昌盛、绵延有很密切的关系，我想这个争论就可以迎刃而解了。

第二个方面，是费老晚年总结出自己一生的"思考路线"。2003年11月6日，即他93岁高龄的时候，在致江苏省举行的《小城镇　大问题》发表20周年纪念会的书面发言《我的思路框架》中，他说："我把自己多年来的一条基本思考路线打通了，理出了一个框架，就是'江村经济—行行重行行—文化自觉—天下大同'，其中包括了大家比较熟悉的一条具体路线，即'江村—小城镇—中小城市—以大中城市为中心的经济区域'。"[④]

这条"思考路线"不仅仅是研究范围和视野的逐步扩大，它实质上是一条"从实求知"的路线，实践"社会学中国化"的路线，从中国自己的土壤里生长出中国社会学的路线。具体地说，就是从江村走到小城镇、走到县域、走到区域发展。我看到刘豪兴教授提交给本次会议的论文就是讲费孝通区域发展思想。按照费老的这个遗训，我这几年组织了关于苏南、

---

[①] 费孝通：《试谈扩展社会学的传统界限》，《北京大学学报》（社会科学版）2003年第3期。
[②] 《费孝通文集》第十六卷，群言出版社2004年版，第173页。
[③] 费孝通：《从实求知录》，北京大学出版社1998年版，第348、232页。
[④] 费孝通：《我的思路框架》，《费孝通文集》第十六卷，群言出版社2004年版，第193页。

胶东和闽南的区域社会发展比较研究。等我们的这项研究完成了，也很想到吴江来开这样一次讨论会，请大家批评，也是向费老的汇报。

这样，我们把历史文化的维度与现实实践的维度结合起来，也就是把纵向维度与横向维度结合起来，就可以很清楚地看到，社会学中国化，不仅是老一代学者开辟的一个唯一正确的方向，而且是我们中国社会学的灵魂。如果可以把"灵魂"定义为历史文化的精髓，也是现实实践的真谛，那么很显然，离开历史文化的一维和本土实践的一维，只从西方社会学的议题、应用和范式的角度，缺乏中国精神的思想基础是难以理解"社会学中国化"的。所以作为后辈，到了费老的家乡，到了费老"两次出发"的起点，应该体会和反思这八九十年来老先生们创造的优秀学术传统，继续发扬光大，我们再出发！

这是我的汇报，也是一点感想。谢谢！

# 上要对得起祖宗　下要对得起子孙

——2019年1月26日在《中国社会学史》第二、第三、第四、第五卷提纲讨论会上的讲话摘要

这次会议是《中国社会学史》第二、第三、第四、第五卷提纲的第三次讨论会。这次讨论会主要讨论第三卷：群学民间化。其实这个课题在国家社科基金项目批准之前就已经开始做了。大概第一次提纲讨论会，是在去年的6月，去年的12月也搞了一次提纲讨论会。越讨论提纲，就越感到这个课题的艰巨性。

艰巨性主要在于三点。第一点，我们这个讨论是要整理出从荀子以来的群学思想脉络。而这个方面，社会学以往的研究是相当薄弱的。过去的中国社会学史，都是从清末民初西方社会学传入中国开始写的。这样一来，中国社会学迄今只有110年的历史，若是从荀子开始写，就已经有2300年的历史了。这项工作是首创，我们的任务很艰巨。

第二点，我们名为群学史，但不是按照通常的历史学的写法，不是按照年代、朝代、人物去写。而是要把它写成命题演进史，就是把它落实到命题上面，写命题的演变过程。我们的群学研究，要把握"四群"（合群、能群、善群、乐群）这条主线，有主线贯穿始终。这也是首创。

第三点，要把这2300年的群学命题演进史概括成几个形态。战国末期的荀子群学是元典形态；秦汉时期，群学实现制度化，呈现出制度化形态；唐宋时期，是民间化形态，就是这次会议主要讨论的问题。明清时期主要是心性化形态。清末以后就开始转型了，是群学转型形态。

可以说这三点，每一点都是原创性的，非常艰巨。要把这些搞出一个提纲来，虽然经过那么长时间的讨论，但是感觉到任务还是非常艰巨。所以我脑子里边有一个非常明确的想法，一定要请高人。我们请了中国社

科学院世界宗教研究所佛教研究的领军人物，学部委员魏道儒先生；考古所的学部委员冯时先生，他到台北讲学三个月，所以上次没有到会；中国社会科学院哲学所李存山研究员，他是儒学研究大家、全国孔子研究会副会长；北京大学社会学系原主任谢立中教授，社会学界的都很熟悉了；中国人民大学的刘少杰教授，因为他现在在三亚，所以这次会议参加不了；我院历史研究所文化史研究室主任孙晓教授，还有中国传媒大学的社会学系主任冯波教授、山西省社会科学院政治和法律研究所原所长楚刃研究员。我请了他们几位担任学术顾问，请他们来指导提纲拟订。当然，书稿写出来以后还要请他们把关。今天我们很荣幸地请到了历史所研究隋唐史的杨宝玉研究员（她也是学术顾问），还有研究唐宋史的纪雪娟先生，请她们来给我们讲隋唐和宋代民间社会的发育。还请来宗教所的刘志先生，他是专门研究道教的，道教是中国的本土宗教，和群学的关系也非常密切。

　　长期以来，社会学界一直是说中国没有"社会"这个概念，只有"社"有"会"，"社"和"会"什么时候连在一起的呢？是从日本那里翻译过来的，已经是清末民初的事情了。有些人就由此得出一个错误的推论：中国的社会不发达，连"社会"这个词都没有怎么可能发达？再推论一下，就得出了群学算不上社会学的结论。这种根本经不起推敲的错误观点在社会学界弥漫得很厉害。刚才杨宝玉先生所讲的我们的隋唐五代时期社邑非常发达，几乎涵盖当时所有的社会成员，遍及社会生活的方方面面，而且好多还是契约化的。我们甚至可以比较一下欧洲在那个年代是什么情况，我们中华文明中华民族繁茂的社会是有其道理的。所以我们做这项研究，我以前也经常说过，要"上对得起祖宗，下对得起子孙"，我们中国的学术，中国的文明如此之发达，群学思想如此之丰富，到了我们手上千万不要搞得很贫乏，那就是误人子弟，就是"犯罪"了。

　　刚才杨先生讲的，我们群学的好多命题都可以从这些最原始的资料中找出来。敦煌文书里所讲的"人生在世，须凭朋友立身"，这就是一个很好的合群命题嘛。所以，第三卷的命题，我们不仅要从正式文献中找，还要从民间资料中找，像契约文书、社条、规约之类，它们就是最初的根据，很有深入挖掘的价值。刚才杨先生所讲到的，可以说是我们以往社会学研究的空白。对这些方面多下些功夫，也是我们应尽的责任。我们从原始文献中发现命题，不要局限于大家都知道的精英人物，像韩愈、柳宗元那些名人，既然是讲群学民间化就要更多地从民间来找民间化命题，例如颜之推之外的那些家训、乡约、族规、社条、笔记、话本、碑铭等，把这些人、把这些书、这些资料挖掘出来、利用起来。

魏道儒先生主编的《世界佛教通史》十四卷十五册，功力是非常深厚的。刚才从佛教研究的角度给我们这个群学研究提出了非常好的建议，也给了我们很大的鼓励。就社会学而言，本来西方社会学的宗教社会学是很强的一个分支，我们认识的几位德国的社会学家，他们专门研究宗教社会学。咱们中国社会学恢复重建以来时间还不长，在宗教社会学方面研究还不多。从中国传统来看，佛教传入以后，和群学有个相互影响的过程，非常复杂。佛教可能也是吸收了一些群学的东西，群学更吸收了一些佛教的东西。如社会组织方面，在佛教团体有自己的组织，在佛教以外，社会方面也从佛教借鉴了一些组织形式。这对民间社会的形成，发挥了很大的作用。佛教里到底有哪些命题可以看作群学的命题？甭管具体是怎么影响的，反正相互影响是存在的。总之，要把佛教对社会建构的关系给梳理出来，通过四群的命题，把这个给勾连起来。这是第三卷很重要的一个任务。当然佛教对第四卷心性化也有很大的影响。

这套《中国社会学史》要写六卷本，提纲是非常非常重要的。第一卷主要涉及先秦部分，那个提纲还比较好把握，越往后越觉得复杂，真的很头大。我请到各领域各学科的专家，群学的思想基础实际上是各领域各学科相互影响的、相互吸收的，我们要把写作提纲搞得丰富一些。

还是重复我那句话，作为中华民族的子孙，我们面对如此灿烂的中华文明，就是要有敬畏感，不做则已，要做就不要做那种粗制滥造的东西，要做就要做到"上要对得起祖宗，下要对得起子孙"，这是一个很严肃的任务。既然要承担这个课题，我们特别聘请9位学术顾问，这也是前所未见的。在写《中国社会学：起源与绵延》那本书的时候，整个课题组24个人，现在咱们写这个《中国社会学史》六卷本，课题组已经扩大到60多人了，很多都是主动要求参加的，这是一个可喜的现象。既然如此，就要把大家的智慧充分发挥出来，争这一口气！提纲讨论是第一步，非常关键。提纲搞不好，后边可能就写歪了，所以这段时间课题组开会比较多一些，大家能来就尽可能来参会。

今天上午，杨宝玉先生讲了中国唐宋时期民间社会的形成情况。然后，魏道儒和冯时先生、谢立中教授、李存山教授都提出了非常重要的意见。我们这项研究，我多次讲过，我们课题组内部要有一个非常好的机制，即把外部的争论内部化。刚才，谢立中教授讲了非常有代表性的意见——社会学的学者会怎么看我们的这些书。这个问题，我们课题组几年来也讨论了很多次。在开展课题研究之前我已经考虑过这类问题，我们是经过审慎思考的，是有坚定信念的。但是我自己内心的想法压了 20 年。为什么呢？我们面对的这个课题极其艰巨，社会学界 110 年来一直认为社会学完全是西方传到中国来的，中国原来没有社会学。我们现在写一部从荀子开始写起的中国社会学史，我很清楚，现在中国的社会学界不理解甚至反对的人不少。那么我们怎么办？如果我们在现有的情况下，把精力用于和别人争论，那是不明智的。再怎么争论，都难以达成共识。为什么100 多年以来我们都接受了中国没有社会学、社会学只是个"舶来品"这种"定论"？为什么 100 多年来，没有对所谓"中国本无社会学"之说正式展开争论？要开展这场争论是要具备相应条件的，条件不具备就不要急于去争论。

什么是开展争论的必备条件呢？就是要把群学的内容讲清楚。否则，就连群学是什么都不知道，怎么可能承认中国本有社会学？所以，我们的首要任务是集中一切精力，把群学的丰富内容展现出来。我们在《中国社会学：起源与绵延》一书中梳理出了群学的概念体系，再写《中国社会学史》梳理出群学的命题体系。这样就把群学的丰富内容完整地展示出来，让学术界的人们看看，我们说群学是中国古典社会学，是有充分根据的。西方社会学有其自身的特色和价值，中国社会学也有自身的特色和价值。到那个时候，真理不辩自明，相关的问题便不用争论了。我们只有把这项工作做起来，我们才能和清末民初严复、康有为、梁启超、章太炎、蔡元培等先贤复兴群学的工作相接续。严复当时翻译西方社会学，为什么把它翻译成群学？严复认为，西方社会学和中国的群学是"暗合"的；梁启超也认为，荀子是中国社会学的巨擘；蔡元培写了《荀卿论》和《群学说》。我们的群学概念体系和命题体系拿出来，就可以证明称荀子是中国社会学的巨擘是根据确凿、理由充分的。英国的拉德克利夫·布朗教授早

## Ⅳ 中国社会学的学科自信

在 20 世纪的 30 年代在中国讲学时就说,早在战国时期荀子已经开创了社会学这门学科。可见,我们这项工作可以接续上康、梁、严、章、蔡以及拉德克利夫·布朗,证明他们的卓越见解。我们的工作在学术史上是有来由的,是有清晰脉络的。我们的任务也很明确,就是要继承先贤的遗志,证明群学就是中国古典社会学。

20 世纪初,"社会学"这个词传入中国不久,很快就把"群学"这个名称压了下去。我认为,这和中国当时的文化心态有极大的关系。中国的传统文化在当时被认为是亡国灭种的祸根,西方的学科和文化被奉为圭臬,中国的传统学术被弃如敝屣。所以才会出现未经任何辩论,"社会学"这个名称就取代了群学这种无可奈何的结果。现在时代不同了,我们要有充分的信心,把这项工作做起来,其直接的效果,就是接续上清末民初的先哲面对西方社会学的时候作出的基本判断——中国本有社会学,不过是特点和名称有别而已,证明他们的卓见。所以,我们把群学的丰富内容展示出来以后,我相信,只要是有自尊心有理性的学者,一定会承认群学就是中国古典社会学。

在严复之前,群学就是中国的古典社会学。严复之后,中国的社会学就不仅仅是群学了,更多的是西方舶来的社会学,而这成了主导的部分。其实还有一部分,就是吴文藻、费孝通他们在社会学中国化的口号下形成的社区学派,既不完全是西方社会学,也不完全是中国的群学,那是中国的学派后来形成的社会学。还有一个更重要的部分,就是马克思主义社会学传入中国以后与群学紧密结合,形成的以人民为中心、以人民群众为主体、以群众路线为党的生命线的党的指导理论,在党的指导理论指引下,中国人民奋起斗争,在民族复兴的伟大实践中,创造性地形成了一系列的概念、命题和理论,其中有很多应该属于社会学。

所以,现在中国社会学这个词,显然不等同于群学,当然是包括群学。我们做的这项工作,把群学这个脉络搞清楚以后,我们就能真正做到费孝通先生一生所坚持和一再强调的,我们要在中国的土壤中生长出中国的社会学。我们当然要努力学习和借鉴西方社会学,但不应该在西方社会学的背后拾人牙慧。这关涉到了中国社会学的命运,所以现在我们的任务非常艰巨。

我们要踏踏实实地研究,从文本中、原始资料中找到我们中国社会学的命题。现在我们的提纲分三步走。第一步还是要首先明确思路。确定思路和大的框架、明确人物著作和分工以后，我们才能转入事业的第二阶段，就是各个子课题的每一位成员去阅读相关书目，研究相关的人物，去发现相关的命题，对每一个命题确定写作的要点和要求。第三阶段，我们还要再召开全体会议，把这些提纲放在一起讨论，集思广益。

我现在具体讲对第三卷提纲的看法，供大家讨论。这个提纲我认为有些过细过碎，把民间化搞得太复杂了。不能就民间化单独考虑民间化，还应该把它放在《中国社会学史》全书整个脉络中来考虑，考虑这一卷在全书中的位置、它要解决什么样的问题。因此，有些过于复杂的过细的考虑，我觉得不必要，而且很可能劳而无功。如果分的过细，也势必有一些命题会重复，这一点，在提纲上，我认为是要重新考虑的。

所以，我提一个建议，是不是可以不用这么复杂。第一部分写一个前言。然后第一章就写群学民间化的社会基础，第一节的引言，就是从群学制度化到群学民间化，先和第二卷接上。群学民间化是在群学制度化的基础上形成的。然后，讲群学民间化发生的社会条件，比如礼制下移、官学下移、民间教育发达。教育是群学民间化非常重要的基石。精英群学和民间群学之间是通过精英的流动得以实现的，群学随着教育的下沉而深入民间。我建议，把杨宝玉先生提出的隋唐民间社会的发育、纪雪娟先生提出的宋代民间社会的发展，这些都作为群学民间化的社会条件来加以论述。第一章讲社会基础，第二章讲群学民间化的思想基础，那群学民间化的思想基础是什么呢，可以从儒释道多方面进行阐释。比如讲传统儒学中兴和民间化之间的关系。

儒学中兴，一般讲是在宋代。因为唐代基本上是儒释道三家并行。在思想理论上，佛家占有优势；在政治上，道教在佛教前面；但在政治建构上，从汉代以来，儒家一直占据主流地位。宋代新儒学的兴起，理学在思想理论和社会影响上是占据主流地位的。真正称得上是中兴，是在宋明理学。是讲"中兴"还是"振兴"，这里需要斟酌。第二、第三节，可以分别讲道教和群学民间化之间的关系，佛教中国化和群学民间化之间的关系。

下面第四节，是需要讨论的。比如要不要讲唐诗宋词元曲民间小说故事中的群学思想，这也是群学民间化的一个思想来源。总而言之，第二章是群学民间化的思想基础。

第三章,群学民间化的特征和标志。有了社会基础和思想基础,群学民间化就该形成了。形成需要有个标志。群学民间化的最主要的标志,我认为就是群学从精英的言论和制度化的表述,变成了民间化的家训、族规、乡约、民俗这一类的形式。这就是群学民间化形成的最主要标志。一门学问,能够深入民间,成为日常生活中的行为规范,只有群学可以做到。这是西方社会学难以比拟的。

第四章,讲群学民间化的历史过程。把各个朝代的过程放在这一章综述一下即可。把群学民间化的历史过程概略地描述出来。

第五章,讲群学民间化的代表人物和主要著作。有些古代学者的一些著作,也可以算是社会学著作。要点出各个时期的一些代表人物和代表著作,每一阶段都要有。

前面这五章,总体来讲是总论。从几个方面来论述群学民间化。后面这四章,就是每一卷必有的内容。

第六章,合群命题的民间化;第七章,能群命题的民间化;第八章,善群命题的民间化;第九章,乐群命题的民间化。

以此类推,第二卷,就是合群命题的制度化、能群命题的制度化、善群命题的制度化、乐群命题的制度化。每一卷都有这四章。这四卷连起来以后,它就自然地有了逻辑关系了。所以,命题体系这四章是每一卷最主要的内容。每一卷的这四章合起来都有一百多个命题。第三卷这四章的这些命题构成了群学民间化的命题体系;第二卷这四章,构成了群学制度化的命题体系;第四卷这四章构成了群学心性化的命题体系;第五卷这四章构成了群学转型的命题体系。

讲了合群、能群、善群、乐群各个层次的民间化,还要讲一下群学民间化的社会历史意义。群学民间化,到底对中国社会起到什么样的作用?对于群学本身,具有什么样的价值?也就是说,中国社会之所以如此的繁盛有序,有它的一种内在的运行和调节机制,这与群学有很大的关系,群学就是解释中国社会的密码和基因。

最后一章,就是要总结概括出群学民间化的形态。在总结全卷要点的基础上承前启后。群学民间化这个阶段,哪些命题是原来的命题改变了,哪些命题是新提出来的?改变是怎么改变的?使民间化这个阶段,一方面成为第二卷制度化阶段的延续和深入,另一方面,又成为下一阶段心性化的基础和条件。各个命题体系形态互为基础,环环相扣。所以每一卷最后,都要讲清楚和后面那一卷的关系,让全套书都有紧密的逻辑联系。大家讨论讨论,把这个章节结构,更好地调整一下。

(任凤荣根据录音整理)

# 中国社会学话语体系建设的历史路径[*]

学科话语体系建设具有普遍性的规律，中国社会学话语体系建设还具有特殊的背景和意涵。这两者交织到中国学术漫长的历史脉络中，就成为一个非常艰巨而复杂的课题。从根本上说，中国社会学话语体系建设是一个学科史问题。

## 一 一个学科的话语体系是历史积累的结果

如果说一个学科的创立可能由一位或几位学者所完成的话，那么，一个学科的话语体系却是历史积累的结果。即使可能指出一位代表人物，话语体系本身却一定是先前学术创造的历史积累，所谓集大成的产物。

关于这个问题，可以从宋代大思想家张载的名言中获得一种理解。即大家所熟知的"为天地立心，为生民立命，为往圣继绝学，为万世开太平"。张载此话本来是讲知识分子使命的，但其中包含的关系很值得我们品味。我认为，这四句话虽然都是讲的旨趣和要求，但也各有侧重。"为天地立心""为生民立命""为万世开太平"是目的也是结果，而"为往圣继绝学"却主要是途径或手段。也就是说，只有"为往圣继绝学"才可能"为天地立心""为生民立命""为万世开太平"。所以，"为往圣继绝学"，虽然和其他三者同样重要，但又是其他三者得以实现

---

[*] 本文系国家社科基金重大项目"中国社会学的起源、演进与复兴"（批准号：18ZDA162）阶段性成果之一，原为笔者 2019 年 6 月 1 日在北京工业大学举办的"新时代社会建设与社会学学科发展"学术讨论会上的主旨演讲，根据录音整理稿由笔者补充修改而成。本文原载《北京工业大学学报》（社会科学版）2019 年第 5 期。

的途径和前提。

那么，从学科来说，所谓"为往圣继绝学"也就是学术积累。学术积累包括学术话语的积累、凝练和传承。而这个积累、凝练和传承其实就是我们现在所说的思想史。由此不难理解，为什么我们总是说"史、论、法"是一个学科的基石。一个学科怎么才能立得起来呢？靠的其实就是历史、理论、方法。在"史、论、法"里面"史"又是理论和方法的基础，所以学科史既是学科的基石，也是话语体系的基础。由此可知，我们应该通过思想史或者学科史来弄清楚一个学科是从哪里来的、应该往哪里去。

那么一个学科从哪里来，是如何标识出来的呢？是以它的概念和命题的出处、来历标识出来的。这些概念和命题怎么形成的；怎么演变的；怎么延续下来的；也就是我们社会思想史要考察的问题。学科从哪里来到哪里去的问题，也就成为一个学科话语体系的源流问题。

这就不难理解为什么当西方社会学传入中国之时，康有为、梁启超、严复、谭嗣同、章太炎等会不约而同地想到中国也有类似的学问。他们有这个自觉的意识，叫学科自觉也好，文化自觉也好，他们见到西方社会学传入了，首先考虑的就是我们中国有没有类似的学问呀？他们思考的结果，就追溯到战国末期荀子创立的群学。因为中华文明有五千年的历史，中国社会有极为丰富的演变史，中国关于社会的概念和命题应该早有积累。不可能在19世纪中叶孔德提出社会学之前一无所有，中国事实上存在着一个本土的群学话语体系。

从康有为、梁启超、严复、谭嗣同、章太炎以及刘师培等先辈开始，直到潘光旦、费孝通、卫惠林、丁克全等，事实上许多先贤都在追寻社会学的本土起源，直接或间接地肯定了荀子群学既为中国古已有之的社会学。前面几位先辈大家比较熟悉，不再一一介绍。刘师培曾经担任北京大学教授，他做出的一个重要贡献，就是论证了即使按照西方近代划分学科的标准，战国时期中国也至少有16个学科，其中中国社会学位列第四。台湾地区学者卫惠林在其所著《社会学》一书里明确指出荀子是中国第一位社会学家。丁克全是东北师范大学教授，也是首任吉林省社会学会会长。他1940年在日本帝国大学留学的时候，就发表过一次演讲，认为社会学不只西方有，中国也有。①

1999年陆学艺先生牵头成立中国社会学会中国社会思想史专业委员会，他任理事长，我和王处辉教授是副理事长。我在该专业委员会成立大会的发言中实际上提出的就是中国社会思想史和社会学学科史到底是什么关系的问题。陆学艺先生2013年去世以后，我担任该专业委员会荣誉理事长。在山东大学召开的年会上我又提出了这个问题，并进一步地表述为中国社会学的源流问题。可见至今整整20年来关于中国社会学的源流问题，一直是我苦苦思索的一个问题。

这个问题里面的一个重要症结，就是划分学科的标准。社会学这个学科是不是只有西方有？对这个问题的回答取决于是不是只能以西方划分学科的标准为圭臬（且不说其实西方未必有统一的、明确的学科标准）。在我看来，学科在中西方之间不是一个谁有谁无的问题，而是一个存在形式不同的问题。中国古代有学科，但是它的特点和西方不同。大体上说，西方学术是学科之中有学派，社会学里面分了好多学派；中国学术是学派之中有学科，像孔子有六艺，可视为六个"学科"。后来墨子学生有近千之多，相对于当时中国的人口规模，相当可观了。墨家学派分了很多学科，用现在的话来说文史理工全有。墨子懂建筑，兵器制作也达到相当高的水平。他能够带着300多学生去制止一场战争，使得发动战争的强大的楚国不敢攻打较弱的宋国，他的力量该有多大！可见，他的学科分化是很细、很发达的。中国社会科学院世界宗教研究所首任所长后来担任国家图书馆馆长的任继愈先生，曾经从《墨经》及《经说》里整理出了墨家的光学、力学、数学等多个学科。墨家在世界上最早发现了光影、成像、反射等光学原理并且做了实验；墨家在世界上最早发现了引力，创造了引力学，比17世纪的牛顿早2000年发明了所谓"牛顿第二定律"；墨子的数学至少与古希腊时期的数学可有一比，在很多方面在当时世界上如果不是绝无仅有的也至少是领先的；墨子的逻辑学也是相当发达的。此外，墨子及其后学"对于声学、机械、土木等方面也具有不可磨灭的贡献。比如具有起重作用的桔槔，发射巨箭的连弩车，投掷武器和炭火的转射机，监听敌人动

---

① 兹不一一加注，请参见景天魁等《中国社会学：起源与绵延》，社会科学文献出版社2017年版。

静的罾听，都是当时的重要发明"①。至于荀子，在当时最高学府稷下学宫"三为祭酒"（学术领袖），学宫集儒、墨、道、法、名、兵、农、阴阳、纵横、小说等十多种学派，大师云集，各驰其说，互相辩论，盛况空前。"稷下先生"收徒授业，每人就"赀养千种，徒百人"（《战国策.齐策》）；孟子则"从者数百人"（《孟子·滕文公下》）。套用现在的说法，既有"本科"教育，又有"研究生"教育，焉能不分学科？可见，在春秋战国时代我们中国不但有学科，而且学科已经比较发达，可谓"五花八门"了。

那么，为什么只有西方的学科算是学科，中国的就不被承认？为什么西方的学科之中分学派就是正确的？中国的学派之中分学科就是不能成立的？直到现在也找不到理由能够证明这一点，事实上无法证明学派之中分学科就不是学科。

中西两大学术各有独立的起源，各有各的合理性。在春秋战国时期与西方的古希腊时期不可能有什么学术交流，交流沟通那都是多少年以后的事情了。它们都是按照自己的起源和脉络发展起来的，自有它本身的逻辑，有它本身的合理性。且不说西方文明中断了几个世纪，而中华文明一直是绵延发展的。即便如此，我们并不自诩优越，而是认为不同文明之间无所谓孰优孰劣、谁对谁错的问题，应该相互尊重。用现代的话说就是应该互学互鉴。

我在读到费孝通先生1995—2003年关于社会学学科建设的反思性文章之后深受启发。特别是费先生多次提到20世纪30年代英国的拉德克利夫·布朗教授在燕京大学讲学时的重要论断，就是中国早在战国末期已由荀子创立了社会学。费先生表示很想好好研究荀子。

从2014年开始，我发表一系列的文章，探讨中国社会学的源流问题，并带领研究团队出版了《中国社会学：起源与绵延》一书。该书只是初步梳理出群学的概念体系，初步证明了群学就是中国古典社会学。我们正在进行的中国社会学史研究，致力于梳理出群学的命题体系，再进一步研究群学自创立以来已有2200多年的演进史。特别是不再仅仅作为思想史，而是作为学科史，梳理出群学的演进逻辑，这是非常艰巨的任务。

---

① 任继愈：《墨子与墨家》，商务印书馆1998年版，第164页。

## 二 历史积累的时间越长，话语体系越丰富、越成熟

我们即将完成的《中国社会学史》第一卷梳理出100多个群学命题，形成了中国社会学话语体系的第一个版本。这个版本是群学的元典形态。它的形成，是先秦中华文明第一个高峰的结晶，是春秋战国社会剧变的反映，是中国历史上第一批崛起的士阶层的智慧体现，是世界历史上罕有的百家争鸣的产物。荀子不仅是战国末期儒家的最优秀代表，也是稷下学宫的学术领袖，荀子的丰富人生阅历和超群的综合才能，使他成为先秦学术的集大成者，他作为群学创立者是历史的选择。《荀子》一书创建的群学元典，放射着照耀千古的思想光芒，为中国社会学话语体系建设奠立了历久弥坚的历史基础。

秦汉时期，天下大定，中国社会迎来基本制度重建的难得机遇。这一时期建立的大量制度，诸如"大一统"、中央集权制、郡县制、司法制度、监察制度、人才选拔制度以及屯垦制度等，能够超越封建主义、资本主义和社会主义等社会形态和意识形态，一直延续和影响到今天，成为"中国基本社会制度"。群学参与到秦汉时期社会制度重构、运行和发展的全过程，不仅为制度建设做出了巨大贡献，其自身也从先秦的精英型理论命题形态转化为制度化命题形态，从单纯的知识形态转化为实践化形态。从而实现了群学形成后的第一次形态演进——制度化。在这一制度化过程中，群学命题体系得到了丰富与完善，我们又从中梳理和筛选出100多个命题，构成了群学制度化命题体系。

隋唐宋时期，礼制下移，为民间社会发育创造了良好的契机。唐代社会空前开放，多元文化丰富多彩；宋代商品经济发达，民间社会加速发育。于是，合群、能群、善群、乐群的概念和命题随之深入民间，沉到基层社会结构，化作社会风俗、规范和习惯，活生生地体现到人们的日常生活之中，塑造着丰富多元的民间社会，反映到家训、乡约、族规、蒙书乃至民间话本等通俗读物之中，创造了不胜枚举的鲜活多彩的群学民间化命题。我们也从中选取了100多个，构建了群学民间化命题体系。

元明清时期，禅化儒学的"心性论"与道教内丹学、佛教"佛性说"高度融合。继宋代以后，心性问题成为主导性话题。在这一时期，与人们以为自宋代尊孟黜荀以来群学似乎销声匿迹正相反，合群、能群、善群、乐群的概念和命题内化于心，创造了既小我又大我、既有我又无我的既虚又实的内在精神世界。群学由此潜入人的心灵，进入内在化阶段。群学内在化，是指将合群、能群、善群、乐群最终归结于修身，将修身诉诸诚意正心，将诚意正心当作解决一切社会问题的不二法门的倾向。我们从横跨儒道释，纵贯朝野上下、无别雅俗的浩瀚文献中，选取了100多个命题，构建了群学内在化的命题体系。

清末民国，为解亡国灭种之危难，康有为、梁启超、章太炎等曾力倡群学复兴。但随着西方社会学的强势传入，群学迅速被取代。在美国基督教传教士来华兴办的社会学系里，群学完全失去了位置。但在几乎同时传入的马克思主义唯物史观中，其基本原理尤其是群众观点和群众路线却与群学找到了深层契合点。随之在中国展开的"全盘西化"与"中国化"之争、社会性质论战等，也都促使群学或被动或主动地发生转型。如此一来，这一时期的社会学话语体系——不仅包括群学的、西方社会学的，也包括唯物史观以及马克思主义"中国化"的相关概念和命题、社会学"中国化"的成果，还有在中国人民的伟大斗争实践中、在古今贯通、中西会通中产生的新概念、新命题。我们以兼容并包的方式，权且从中选取了100多个命题，构建了群学转型的命题体系。

在群学诞生以来2200多年的历史长河中形成的命题数不胜数，我们选取的数百近千个命题以及以此构成的5个命题体系，只是群学命题演进史上几个关键节点的标志，它们充其量只是群学命题体系的表征，远不能反映群学命题体系的全部丰富内容。如此丰厚的话语体系积累，是世界文明史上绝无仅有的伟大宝库，是祖先留给我们的取之不尽的丰富资源。世人羡慕不已，我们更要倍加珍惜！

这个话语体系建设的追本溯源，就中国学术史而言可能具有某种特殊性，但是却也体现了话语体系建设本身带有普遍规律性的途径。西方18、19世纪现代学科的分化和发展，也是14世纪到16世纪文艺复兴的结果。这也是另一种形式的追本溯源。不过西方是中断以后的重新接续，我们只是本来延续之后的重温。"重续"是艰难的，必须冲破教会的禁锢和封杀，不免付出生命的代价；"重温"本来应该是较为容易的，温故而知新，何乐而不为？不料面对中西古今之争，由于缺乏文化自觉，更遑论学科自信，使得"重温"过程坎坷，群学命途多舛。严格地说，"重续"是"复兴"，"重温"未必是"复兴"。但是，我们今天所说的"群学复兴"，其含义也确实不仅是"重温"荀子群学，也不仅是重提康梁的群学复兴，真正的含义是争取中国社会学与西方社会学之间平等对话的话语权。因为这是实现中西会通的前提，也是中国社会学实现振兴（崛起）的前提。正是在这个意义上，我们把"中国社会学的振兴（崛起）"看作"群学复兴"。

"重续"也好，"重温"也好，共同之处在于继承与创新的统一。文艺复兴是继承与创新的两面一体，继承立于创新，创新来自继承。中国社会学的崛起亦即群学复兴同样必须是继承与创新的统一。这可能也是学科话语体系建设的一个普遍规律。

## 三 经过长期历史过程磨砺和选择的概念和命题，其生命力一定是更强的

即使群学概念体系、命题体系在历史上确实是丰富的，但那毕竟是"古旧"的东西，到了今天还有什么生命力？我们今天正在飞快奔向现代化，生活节奏很快，新的词语层出不穷，网络语言花样翻新，为什么还要眷顾那些"老古董"呢？

历史上形成的概念和命题并不都是古董，经过几千年的大浪淘沙，留存下来的概念和命题显示出强大的生命力，成为现代学术话语中最基础、最闪光的部分。诸如修身、诚意、正心、家国、天下、和合、包容等，都是一些非常有价值的概念；和而不同、四海一家、亲仁善邻、协和万邦、天人合一、民为邦本、尚贤使能、惠民利民、革故鼎新、与时俱进、天下为公、天下大同等，也都是一些非常有价值的命题。

这些概念和命题是早在我们中国最早的书《尚书》、最早的诗歌总集

《诗经》以及《易经》等先秦时期的经典中已经被创造出来了。历经了两三千年甚至更长的历史了，能够延续下来，直到现在仍然活在我们的治国理政中、社会生活中、日常语言中，熠熠生辉，无可替代，成为我们经常使用的概念和命题，可见它们的生命力有多么的强大！它们实际上已经融入我们民族的血液和骨髓中，成为中华文明的基因，塑造了我们民族的品格和精神。

试想，我们现在提出一个概念，很可能提出来就无人问津，等于灭亡了。能够顶多传个几年、十几年，那就了不起了。能够传承两三千年的概念和命题，我相信它绝对可以在今后、在中国历史的发展中继续传承下去，会构成我们中华民族优秀文明中那些最稳固、最基础的存在。

在许多农村的习俗中，上千年的古树被当作"树神"，那是膜拜和祈福的对象。概念和命题是人类智慧结出的绚丽花朵，其中能够传承上千年甚至几千年的，即使不称为"概念神""命题神"，难道不值得我们读书人珍惜、继承、敬重吗？因为没有它们，我们的祖先乃至我们后人就没有办法说话，没有办法思考。回到开头所说的"为往圣继绝学"，并不是治思想史的学者的偏好，其实就是读书人的天职。

一个概念、一个理论乃至一个学派，或者由于其本身的缺陷，或者由于历史条件的改变，其在历史上的存活期都是有限的。"文化大革命""轰轰烈烈"十年，极"左"的名词、概念和口号不知创造了多少，现在都烟消云散了。即使在历史上称为"奇迹"的伟大成就，例如乡镇企业曾经在中国工业体系中"三分天下有其一"，当时创造的"亦工亦农""一家两制"等概念现在也逐渐被遗忘了。我们这么多年研究农民工，也创造了大量概念和命题，很快也将随着农民工的消失而淡出和消匿。不能说这些概念和命题没有意义，而是说学术话语的历史淘汰率极高。能够上升到学科层次的概念和命题，本来就是经受过历史淘汰率苛刻筛选的幸运者。只要它的研究对象和研究领域还在，这个学科就一直存在下去。只是在学科尺度上存活的概念和命题一定是历史积累的结晶。因其是历史积累的结晶，它才可能与学科同在。从这里复又印证了我们第一节的论题。

我们现在强调创新、创新再创新，尽管历史积累的概念和命题仍然具有生命力，但我们今天的实践极为丰富，何不立足现实实践创造现代的概念和命题，而非要坚持走话语体系建设的历史路径呢？这就又提出历史路径与现实路径的关系问题了。

中国社会学话语体系建设的现实路径和历史路径不是对立的，也不能刻意地绝对分开。这个问题很复杂，恐怕需要另文专门探讨。在这里，我们可以回过头来稍微谈谈本文开头提到的"从哪里来"与"往哪里去"的关系问题。大家知道，中国学术本来是连续的统一过程，如果不是西方社会学强势传入以后，群学被排斥甚至面临存续危机，就不会发生"从哪里来"的问题。"往哪里去"的问题本来也应该在与西方社会学的对话、交流与会通中自然得到解答。但是，实际的历史过程却远非如此。现在讨论中国社会学话语体系建设，必须回答的问题是：是否只能在西方社会学的话语体系基础上建设。如按"舶来品说"（中国本无社会学，中国社会学只是西方社会学在中国的传播和运用），就只能如此，别无他途；然而，如按"群学复兴说"（中国本有社会学，群学就是中国古典社会学，应经由古今贯通、中西会通建设中国社会学话语体系），则存在本土路径。本土路径并非排斥西方社会学，而是希望在与之平等对话和会通中，既实现群学的历史性转型，也实现社会学的本土化。在此基础上，立足现实实践，回答新问题，创造新概念、新命题。可见，所谓"历史路径"和"现实路径"本来不是绝对分开的，而是连续的；目标也不是对立的，而是走向统一的。由此可知，真正的分歧不在历史路径与现实路径的关系，而在"舶来品说"与"群学复兴说"之争。正因为如此，本文开头就断言，从根本上说，中国社会学话语体系建设是一个学科史问题。

## 四 结语

以上提出的三个论点——一个学科的话语体系是历史积累的结果；历史积累的时间越长，话语体系越丰富、越成熟；经过长期历史过程磨砺和选择的概念和命题，其生命力一定是更强的。这三条即使称不上是学科话语体系建设的规律，也应该肯定是有历史根据的判断。由此可以得出以下两个推论。

推论1：在不同的、独立的文明史、学术史中，应该并且可能建设不同的、独立的社会学话语体系。不同的话语体系之间可以平等对话、互学互鉴，但中国社会学不应视西方社会学的概念和命题体系为圭臬，在自己的话语体系建设中也不必以西方社会学的概念和命题体系作为唯一基础。

推论2：在悠久的、连续的文明史、学术史中，应该沿着历史积累（概念和命题）的路径建设自成一体的社会学话语体系。就是说，中国社会学的话语体系不能仅仅在现实的基础上建立，也应在历史基础上建立。话语体系的现实基础是其历史基础的延续。

由以上两个推论可以得出一个结论：在有五千年文明史，有庞大复杂的中国社会，有丰富且连续的社会思想史的中国，应该并且可能建立与五千年的中华文明体系相称的、与庞大而复杂的中国社会相称的、与丰富且连续的社会思想史相称的中国社会学话语体系。

**参考文献**

白钢主编：《中国政治制度通史》（修订版），社会科学文献出版社2011年版。

白奚：《稷下学研究：中国古代的思想自由与百家争鸣》，生活·读书·新知三联书店1998年版。

方勇、李波译注：《荀子》，中华书局2011年版。

费孝通：《从实求知录》，北京大学出版社1998年版。

《费孝通全集》第十五—十七卷，内蒙古人民出版社2009年版。

黄克武编：《中国近代思想家文库·严复卷》，中国人民大学出版社2014年版。

景天魁等：《中国社会学：起源与绵延》，社会科学文献出版社2017年版。

李安宅：《〈仪礼〉与〈礼记〉之社会学的研究》，上海人民出版社2005年版。

梁启超：《论中国学术思想变迁之大势》，上海世纪出版集团2006

年版。

——：《说群一：群理一》，《饮冰室合集》文集第 2 册，中华书局 2015 年版。

瞿同祖：《中国封建社会》，商务印书馆 2015 年版。

任继愈：《墨子与墨家》，商务印书馆 1998 年版。

汪受宽、金良年译注：《孝经·大学·中庸》，上海古籍出版社 2012 年版。

杨天宇撰：《礼记译注》，上海古籍出版社 2004 年版。

张岂之主编：《中国思想学说史》，广西师范大学出版社 2007 年版。

# 关于中国社会学学科体系建设的建议

——2019年10月27日在"社会学话语体系、学术体系、学科体系建设会议"上的发言

讨论社会学的学科体系建设,有一个回避不了的问题,就是古今中西关系问题。这个问题是历史遗留下来的,却是我们今天躲不开的。因为讨论学科体系,目的就是建设中国特色、中国风格、中国气派的社会学。中国特色、中国风格、中国气派已然存在于何处?在中国传统学术里,在中华文化的历史积淀里。所以我说中国社会学的崛起,不仅要有现实基础,还要有历史基础。这其实是自西方社会学传入以来,中国社会学120年来的演进过程留给我们的一个深刻教训:中国社会学的发展,有中西关系这一维,也有古今关系这一维。离开古今关系这个基础,单纯地解决中西关系,就只能是接受和运用西方社会学,不管主观意愿如何,都难免走向西方化,难以搞出什么中国特色、中国风格、中国气派的社会学。在西方学术话语的主导下,难以争得中国自己的学术话语权,甚至就连所谓"接轨"也难以实现。因为"接轨"的前提是自己手里要有一个"轨",才能去和人家的"轨"相"接"。那么,我们手里是否有一个可以与西方社会学去"对接"的"轨"呢?严复告诉我们是有的,那就是荀子群学。所以他把斯宾塞的《社会学研究》翻译成《群学肄言》。康有为、梁启超、章太炎、刘师培等甚至认为群学是振兴中华的法宝。可惜当时国运衰颓,文化自信顿失,达到今人难以想象的程度,传统学术是被讨伐的对象,鲁迅、陈独秀甚至连汉字都要消灭,声称"汉字不灭,民族必亡",何况群学?谁还胆敢拿2000多年前的荀子群学去与西方社会学相比附呢?可见,所谓"接轨"、会通,主要不是方法问题,而是一个历史问题、国运问题、

## Ⅳ 中国社会学的学科自信

文化自信问题。

现在，我们强调要增强文化自信，要建设中国社会学的学科体系，中国本来有没有社会学的问题，就必须讨论了。英国的拉德克利夫·布朗教授20世纪30年代就说社会学的老祖是荀子，我们作为中国学术的传人，总不能连研究也不研究、连讨论也不讨论，就稀里糊涂地予以否认，继续说"中国本无社会学"吧！所以，我提以下3点建议。

1. 鼓励和支持关于包括中国社会学源流问题在内的学科体系问题的大讨论。我在去年（2018）的北京社会学界春节团拜会上就发出过这个呼吁。这几年，《社会学研究》等杂志也发表了几篇文章，关于"社会学中国化"也有一点争论，但普遍关注度不够，看来大家对这种争论都相当谨慎。在我看来，这场争论不是要争谁对谁错，这个不重要，重要的是这是我们这代人的历史责任。我们不能让这个120年来，未经讨论就承认"中国本无社会学"的旧案无休止地搁置下去，继续贻误后代学人。

2. 不急于下结论。中国社会学的源流问题，已经存在了120年，不可能在短时间内得到解决，要宽容各种见解，展开理性的讨论。我非常感谢国家社科基金的评审专家们将我们申请的"中国社会学的起源、演进与复兴"列为重大项目。我主编的《中国社会学史》第一卷即将出版，后面还有五卷也将陆续出版。大家可以拿它与原来的从西方社会学传入写起的《中国社会学史》相比较，做更为具体的研讨，更有针对性的争论。

3. 加强人才培养。在座的很多都是各高校和研究单位的掌门人，希望大家多培养一些中国社会学史方面的人才，这也不是出于个人的学术偏好，而是中国社会学学科体系建设的迫切需要。中国哲学的历史经验值得借鉴。西方原来一直不承认中国有哲学，20世纪二三十年代，胡适、冯友兰先后推出《中国哲学史》以后，这个分支学科迅猛发展，很快涌现了张岱年等一批又一批、陈来等一代又一代的中国哲学史专家，许多都获得了很高的国际声誉，使得中国哲学史足可与西方哲学史并驾齐驱。未来的中国社会学史，也会出现一大批研究荀子、董仲舒、王符、颜之推、柳宗元、王夫之、顾炎武、康有为、梁启超等人物，以及《礼记》《春秋繁露》《颜氏家训》《南赣乡约》《读通鉴论》《日知录》《大同书》《新民说》等著作的专家。到那时，中国社会学学科建设必将呈现蔚为壮观的新生面。

# 中国社会学的学科自信[*]

## ——概念的提出、含义与实质

中国社会学欲要实现崛起,就必须建构自己的学科体系、学术体系、话语体系,为此,就必须解决学科自信问题。而学科自信既是一个紧迫的现实问题,更是120年来未能解决的历史问题,原因复杂,牵涉甚广。本文简略谈谈学科自信概念的提出、含义和实质,希望得到学界同仁的指正。

## 一 "学科自信"概念的提出

1997年,费孝通先生在北京大学第二届社会文化人类学高级研讨班的讲话中首次提出"文化自觉"的概念,讲话录音整理稿以"反思·对话·文化自觉"为题收录在1998年6月出版的《从实求知录》一书中。1999年春节,我到费老家拜年,先生把这本刚出版不久的书题赠给我。在这本反思社会学恢复重建18年历程、回答建设什么样的中国社会学这个重大问题的著作中,费老为什么要提出"文化自觉"?为什么正是在提出"文化自觉"的时候,费老一再地提到拉德克利夫·布朗教授早在20世纪30年代在燕京大学讲学时的重要论断——"中国在战国时代已由荀子开创了(社会学)这门学科"[①]?费老的话对我好似醍醐灌顶。我毕业于北京大学哲学系,过去都是说荀子是位哲学家,这在我脑子里已是很深的成见。就

---

[*] 本文原载《哈尔滨工业大学学报》(社会科学版)2020年第3期。
① 费孝通:《从实求知录》,北京大学出版社1998年版,第244页。

荀子而言，他当然可以既是一位哲学家，也是"第一位社会学家"①，但布朗说荀子是"社会学的老祖"②，并未见到他的论证。我在哲学与社会学两个学科先后从事过多年的专业研究，对哲学与社会学的界限有切身体会。转入社会学研究领域以后，也完全是按照西方社会学的学科界定，来理解社会学这个学科的。那么，能够证明荀子群学是社会学吗？我陷入苦苦思索之中。

这个问题我一直萦绕于心。也是在 1999 年，在南开大学成立中国社会学会中国社会思想史专业委员会，陆学艺担任理事长，我和王处辉担任副理事长。我在发言中讲的就是中国社会思想史与社会学学科之间的关系。我对学界有的人讲中国社会思想史只是社会学这个学科的"史前史"深表质疑，但我当时对这个问题也没有讲清楚。

2009 年 7 月 20 日，郑杭生先生在中国社会学学术年会上，首次提出"理论自觉"概念。2011 年，郑先生提出要立足于中国的传统和实践建设"神州气派、本土风格、中国特质、华夏品位"的中国社会学，要"破除边陲思维"，开展与西方社会学的平等对话。③ 在 2013 年的中国社会学学术年会上，郑先生进一步提出，社会学研究对中西关系要"再评判"，对古今关系要"再认识"，对理实关系要"再提炼"，称此为"理论自觉"的"基本功"。④ 郑先生的话也令我深深思索，到底什么是"华夏品位"的社会学呢。联想到费老的话，我感到既有必要、经过长期研究也有底气向"中国本无社会学"这一流行了 120 年的旧说正式提出挑战了。

2014 年，先后在南开大学和华中科技大学召开总结反思社会学恢复重建历程的讨论会，我在这两次会议上都应邀作了主旨发言，提出了中国社会学不可回避的根本问题是中西古今问题⑤。2015 年，我又把这个问题称为"中国社会学的源流问题"，论证了荀子群学就是中国社会学之源。⑥ 从 2014 年开始我就组织课题组写作《中国社会学：起源与绵延》一书，该

---

① 卫惠林：《社会学》，正中书局 1980 年版，第 17 页。
② 费孝通：《从实求知录》，北京大学出版社 1998 年版，第 347 页。
③ 郑杭生：《学术话语权与中国社会学发展》，《中国社会科学》2011 年第 2 期。
④ 见洪大用、黄家亮《理论自觉与社会运行学派的发展》，《社会学研究》2015 年第 5 期。
⑤ 景天魁：《中国社会学不可回避的根本问题——从"社会学的春天"谈起》，《学术界》2014 年第 9 期。
⑥ 景天魁：《中国社会学源流辨》，《中国社会科学评价》2015 年第 2 期。

书于2017年出版，第一次梳理出群学概念体系，由以证明群学就是中国古典社会学。2018年我们申请到国家社科基金重大项目"中国社会学的起源、演进与复兴"，目的是进一步梳理群学命题体系及其命题演进史，从而第一次从战国末期开始书写中国社会学迄今2300年的历史。令我深受鼓舞的是，这项研究得到了学界同仁的积极支持，课题组成员由原来的28人增加到50多人，来自中国社会科学院5个研究所、北京和全国的十多所高校和科研机构。

经过足足20年的思索和研究，到2019年5月29日，我在接受中国社会科学院学部主席团组织的专访时，谈的题目就正式确定为"重建学科自信"。2019年9月7日，中国社会科学院社会政法学部和社会学研究所召开了"学科自信：走进世界的中国社会学"讨论会，这是第一次全国性的专门以"学科自信"为主题的讨论会，是对费孝通提出"文化自觉"、郑杭生提出"理论自觉"的积极而郑重的响应。

以上叙述的20多年的思路历程表明，"学科自信"概念是在费孝通、郑杭生两位先生的启发下，将他们讲的"文化""理论"进一步聚焦到了"学科"上，将"自觉"进一步地锁定到"自信"上，认定对于中国社会学而言，"学科自信"是提高"文化自觉"的必然要求，是增强"理论自觉"的中心议题；有了"学科自信"，"文化自觉"和"理论自觉"就可以落到实处。由此强调要建设中国社会学的学科体系、学术体系、话语体系，关键就在于解决学科自信问题。

## 二 学科自信的五方面含义

在笔者看来，中国社会学"学科自信"的含义包含：学科起源和历史、学科性质和道路，以及学科使命等五个方面。

### （一）明确中国社会学的起源：确认中国社会学有自己的"元典"——荀子群学

西方社会学家是非常重视学科起源问题的。尽管早在涂尔干就实际上认为学科名称并不是学科创立的根本标志，他根据孟德斯鸠提出了社会学

#### Ⅳ 中国社会学的学科自信

的基本原则、对社会生活进行了分类这两个标准,认定孟德斯鸠尽管并未提出"社会学"之名却可以看作社会学的创始人。① 但是,现在流行的西方社会学教科书,还是愿意以提出学科名称作为学科创立的标志,异口同声地肯定提出了"社会学"之名的孔德创立了社会学。何以如此?因为他们把学科创立看作一个注册问题,"注册"是要有名字的,不论实际内容如何,这是西方式形式化思维的表现。而对于一个学科尤其是对于不仅具有科学性还具有人文性的社会学这个学科而言,"祖述"亦即"起源",确实是学科发明权问题,这是话语权的根本。对此,西方社会学家是有强烈的自觉意识的。

然而,至今未见有一个人能够摆出哪怕是一条理由,证明在不同的、各自独立的学术传统中,以社会为研究对象的学科("社会学")只能有一个起源。因为这等于要求古人必须遵从现代的注册制度。而在学科起源问题上,我们坚信悠悠五千年灿烂的中华文明不可能在学科上一片空白,全世界最庞大繁盛、复杂而有序的中国社会完全能够诞生属于自己的社会学。战国末期,中华学术达到了历史上的第一个高峰,中国社会发生了长达500年的空前剧变,形成了极富活力和创造性的士阶层,出现了像稷下学宫那样的人才荟萃的高等学府,展开了世界学术史上无与伦比的百家争鸣。而荀子作为儒学的集大成者,兼容综合了墨、道、法、名、阴阳等"百家"之长,作为学术争鸣的公认领袖,具备了得天独厚的创立群学这一中国古典社会学的主客观条件。群学作为合群、能群、善群、乐群之学,与西方社会学在学科内容上"暗合"(严复语),在学科结构上"正同"(梁启超语)。如此灿烂的群学"元典",足以与诞生晚得多的孔德、斯宾塞所代表的西方社会学相媲美,这给了我们增强学科自信渊源深厚的底气。

#### (二)认清中国社会学的历史:中国社会学有独立的绵延不断的学科史

中华文明是世界上唯一绵延不绝的文明,中国学术有自己独立的演进史。群学创立至今的2300年来,经历了经济和社会制度的深刻变化,经

---

① 孟德斯鸠认为社会生活有不以人的意志为转移的客观法则。社会法则把握的是社会生活的普遍性和必然性。由此,他对社会生活做出了总体性思考。涂尔干据此将孟德斯鸠看作社会学的创始人,尽管孟德斯鸠没有提出社会学的名称。

受了儒道释从对话到融合的漫长过程,面对了西方科学尤其是社会学的巨大冲击,蒙受了所谓"荀学衰微""乡愿"之说等种种误解,更不用说对传统学术一次又一次的批判和讨伐,其自身也发生了被迫和主动的转型。但是,群学仍然始终如一地紧随时代步伐,贴近社会生活,关心民众疾苦,发出正义呼声。群学本身也经历了从秦汉时期的制度化到隋唐宋时期的民间化,再到元明清时期的内向化,以及清末民国时期的深刻转型,在这个漫长而连续的演进过程中,群学形成了极为丰富的概念体系和命题体系,为打开中国社会历史发展奥秘提供了钥匙,为我们今天建立中国社会学话语体系奠定了历史基础。如果说到学术发展规律,最重要的就是积累律。群学如此悠远绵长的学科史,是祖先留给我们的无价珍宝,据此,我们就有了否定"中国本无社会学"之说、挑战欧洲中心主义并重新书写中国社会学史的巨大无比的勇气。

### (三)明确学科性质:中国社会学应是坚持科学性与人文性相统一的学科

社会学是一个"多种范式"的学科,这是它的特点,也是一大优点。事实上,社会学既有"实证"的,也有"理解"的,又有"解释"的,人们还称马克思的社会学是"辩证"的,以及结构的、结构化的、解构的等等。因此,我既反对将任何"社会思想"、任何"学术"都称为"社会学",致力于明确区别"社会思想"与"社会学",也确实不赞成"将'社会学'一词中'学'字含义仅仅限定在西方实证科学的意涵上"。[①] 这是因为社会既然是复杂的、多面向、多层次的研究对象,社会学就应该展开多视角、多范式、多样化的综合研究,实际的学科发展情况也是这样。因此,对社会学的学科性质不宜做单一化的限定,那对社会学这样的学科只能是有害无益的自我窄化。

费孝通对社会学学科性质有一个重要论断,就是认为它既有科学性,又有人文性。而西方社会学基于占主导地位的二元对立思维定式,基本上是将科学性与人文性相分立的。然而,如果要在中外社会学史上寻找科学

---

[①] 谢立中:《"群学"的归属:"社会思想"还是"社会学"》,《中国社会科学报》2019年12月18日。

## Ⅳ 中国社会学的学科自信

性与人文性相统一的典范,荀子群学当之无愧是最早的范本。哈佛大学本杰明·史华兹教授认为,不论是说"科学的人文主义",还是"人文的科学主义",① 荀子没有把科学性和人文性割裂开来,而是坚持二者相统一。我们并不否认主体与客体分立、行动和结构分裂、理性与非理性对立对于细分的研究具有积极意义,但是,分析的另一面就是综合,个体归根结底不能孤立于整体;社会不论多么"客观",它都是有意志、有价值取向的人们的行动及其结果;"分析的时代"总要走向"综合的时代"。尤其是对社会学这一坚持从整体性上综合地把握研究对象的学科来说,实现科学性与人文性的统一是永恒的主题,在社会学发展的未来阶段就更是如此。我们有荀子群学这样的范本,有几千年的优秀传统,就可以极大地鼓舞我们实现科学性与人文性相统一的一往无前的志气。

**(四) 选择正确道路:现代中国社会学不应是西方社会学在中国的传播和应用,而应走古今贯通、中西会通的综合创新之路**

世界几大文明本无高低贵贱之分,学科发展在一定意义上可有先后之别。在中外学术史上,中华学术长期雄踞领先位置。正如梁启超所言,在上古和中古,"我中华学术第一也"。② 我们不以"第一"自居,但也不能自我矮化、自我贬抑,不能甘落人后。平等对话、取长补短、包容互鉴,是不同学术之间的相待之道。不能因为我们在一个短时间内落后了,整个学术传统就都一无是处了;不能因为要虚心学习西方,中国学术传统就只能抛到脑后,或者以为尊重中国学术传统就是"自傲"。西方社会学传入以来120多年的历史证明,中西会通必须以古今贯通为前提和基础,否则就只能是"西方化"。中国社会学史绝对不是西方社会学在中国的传播和应用史,我们的学科发展应该走古今贯通、中西会通的综合创新之路。梁启超满怀期望地相信:"安见此伟大国民,不能恢复乃祖乃宗所处最高尚最荣誉之位置,而更执牛耳于全世界之学术思想界者!""生此国,为此民,享此学术思想之恩泽,则歌之舞之,发挥之光大之,继长而增高之,

---

① [美]本杰明·史华兹:《古代中国的思想世界》,程钢译,江苏人民出版社2008年版,第405页、421页。
② 梁启超:《论中国学术思想变迁之大势》,上海世纪出版集团2006年版,第13页。

吾辈之责也。"① 身为中国学术的传人，应该有这样的学术创新的锐气。

**（五）承担历史使命：现代中国社会学应是能够回答 21 世纪乃至其后时代的重大课题，平等参与创造"人类道义新秩序"（费孝通语）的社会学**

当今世界处于新的剧烈变动期，这是百年未有之大变局。人类的命运取决于选择什么样的发展道路。1993 年费孝通先生在《略谈中国社会学》一文中说，21 世纪"……这个世界还要经过一个战国时期，全世界的战国时期"。"我们社会学要在第三个秩序的建立上有所作为。这第三个秩序，即道义的秩序，是要形成这样一种局面：人同人相处，能彼此安心，安全，遂生，乐业，大家对自己的一生感到满意，对于别人也能乐于相处。我们必须要造就这样一个天下，这个天下要看在 21 世纪里造得出来还是造不出来了。我们的任务就是要以这个作为主要的轴心问题进行研究。"②在这场关乎人类未来命运的新的百家争鸣中，中国社会学应该发出强劲的声音，贡献中国智慧，提出中国方案。反映 14 亿人意志的中国学术应该有这样敢于担当的豪气。

综上所述，中国社会学学科起源上的底气，学科历史上的勇气，学科性质上的志气，学科道路上的锐气，学科使命上的豪气，共同构成了增强中国社会学学科自信的正气。

## 三 学科自信的实质

"学科自信"的五个方面含义归结起来，其实质就是解决建设什么样的中国社会学、怎样建设中国社会学的问题。这与费孝通提出"文化自觉"、郑杭生提出"理论自觉"的宗旨是一脉相承的。显然，如果把中国社会学看作西方社会学在中国的传播和应用，那就根本用不着提出"学科自信"的问题，只要"信"西方社会学就足够了。可见，对于"中国社会

---

① 梁启超：《论中国学术思想变迁之大势》，上海世纪出版集团 2006 年版，第 2 页。
② 费孝通：《从实求知录》，北京大学出版社 1998 年版，第 230 页。

## Ⅳ 中国社会学的学科自信

学学科自信"的实质,还需要做一些辨识。

### (一) 学科自信不仅是一个认知问题,也是一个心态问题

树立"学科自信",必须破除西方社会学在学科起源上的唯一性、话语权的独占性。为此必须解决的认知问题,主要是辨识"学术"与"学科"的异同,"社会思想"与"社会学"的区别。我从来不认为任何"社会思想"、任何"学术"都可以被称为"社会学"。学科者,分科之学也。可以被称为"学科"的主要条件是:其一,它是专门针对某一确定对象的,或者专门关于某一方法的。前者如"昆虫学""电学""原子物理学"等;后者如"微分学""积分学"等。其二,它是成体系的知识,是自成一体的。如果只是个别的、零散的知识,就称不上"学科"。具有专门性和体系性的"学术"才可以被称为"学科"。群学当然是专门研究"群"的,而中国古代的"群"就相当于清末民初从日本转译过来并沿用至今的"社会";群学既形成了概念体系,也形成了命题体系,当然就不仅具有专门性,而且具有体系性。① 梁启超明确指出群学与西方社会学"分类正同"。就是说从学科("分类"即分科)意义上二者是同一个学科。1905年刘师培(曾任北京大学教授)论证了即使采用西方近现代划分学科的标准,也可以从战国末期("周末")诸子之学中至少划分出16个学科,"中国社会学"位列第四。② 这个可能是在中国文献中第一次出现的概念,很显然,其含义不是"社会学在中国"(Sociology in China),而是"中国的社会学"(Chinese Sociology)。为了明确区分,我们将之称为"中国古典社会学"或"中国本土社会学"。

但是,梁、刘等之洞见在清末民初不仅未受重视,反而被湮没了。中国本来是否就有可以被称为"社会学"的学问,"群学"是否就是中国古典社会学,竟然未做任何讨论就被"中国本无社会学"之说取代了。这一学术旧案的造成,显然靠的不是理性的力量,而是在甲午惨败后,国运衰颓、自信丧失之时,由心态痼疾而累积起来的偏见。自此以后,社会学只

---

① 参见景天魁《中国社会学:起源与绵延》,社会科学文献出版社2017年版;《论群学复兴——从严复"心结"说起》,《社会学研究》2018年第5期。
② 刘师培著,李妙根编,朱维铮校:《刘师培辛亥前文选》,上海文艺出版(集团)有限公司中西书局2012年版,第189页。

能是舶来品,就成为无须论证的成说。既已认定社会学是舶来品,那么,群学并没有"高卢雄鸡"的声调,不过是中国的"土鸡",即便有"一唱天下白"的本领,尽管也是"鸡",可就是不能称作"鸡"。这或许就是群学不能算是社会学的"理由"!

我们反对将"西方社会学"等同于"社会学",用占得"公认理论"地位的"社会学"掩盖和消解"中国社会学"。这个等式的根本性错误,是不承认中国古代本有"社会学",不承认群学就是中国古典社会学;而承认"西方社会学"具有唯一的独占的垄断权。究其根源则是早已被学术界否定了的"欧洲中心主义"。将"西方社会学"等同于"社会学",用"社会学"掩盖和消解"中国社会学",必然的推论,就只能是承认"中国社会学"不过是"西方社会学"在中国的推广和运用,那就完全谈不上什么"中国社会学的话语权",根本不可能建设具有中国特色、中国风格、中国气派的社会学。

我们认为中国社会学的话语体系、学术体系、学科体系,只有在古今贯通、中西会通的基础上才能建立起来。我们的祖先创造了群学这一既体现中华文明精髓、又与西方社会学"暗合"和"正同"的伟大精神财富,如果我们不予承认、不予继承,对得起列祖列宗吗?群学的概念体系和命题体系包含着解释中国社会之所以繁盛兴旺的密码,包含着理解中华文明之所以绵延不绝的基因,如此宝贵的历史资源,如果我们不珍惜、不利用,能是发展中国社会学的正确路径吗?如果说西方社会学在清末民初传入中国以及以后的很长时期内,中国陷入民族危难,中国人在世人面前抬不起头来,在缺乏文化自信、学术自信的情况下,无奈跟着在中国的教会学校首先创办社会学系的西方基督教传教士以及"全盘西化"的鼓噪者,牙牙学语地讲什么"中国本无社会学",社会学只是"舶来品",虽然是违背历史事实的,但无知者不为过,也还可以宽恕的话,那么,到了今天,经过中国几代志士仁人的顽强奋斗,中华民族比以往任何时候都更接近实现伟大复兴,我们再不研究群学,不梳理中国古典社会学的历史,如何尽到自己的职分,如何向后人交代?

历史证明,心态问题不解决,认知问题也就难以解决。中国社会学不要自我矮化。这不是自傲,而是学科发展阶段的要求。中国社会学已经走过了恢复重建阶段,不能耽于模仿,而要努力形成学科特性即中国特色、中国风格、中国气派。这就必须与西方社会学平等对话,才能取长补短、共同发展。

在新的发展阶段,增强"学科自信"就是不能认为只要是西方的,就是正宗的,而中国的就不够格,中国社会思想史只能算是社会学的"史前史";不能盲目认为中国社会学并没有自己的本土起源,无"史"可言,所谓"中国社会学史"就是"西方社会学在中国的传播史"。同时,不能再认为只有西方的,才是真学问,只要是中国的,就不能登临大雅之堂;研究前者就是大学问,礼敬有加,研究后者就低人一等,鲜有问津。增强"学科自信"就是要坚持中西之学各有自己的起源、各有自己的历史,各有独立的价值,应该相互尊重、互学互鉴。

增强"学科自信"就是不能把某一国内的社会学的"规范",当作整个社会学学科的"规范";不能把某一国内社会学论文通行的写法,当作全部社会学写法的样本。更不能把这种"规范"和"样本"当作评判水平高低、质量优劣的"标准"。在学术上可以成为标准的,虽然可以列出一些形式性的条文,但是归根结底,只能看对社会现象和过程是否具有解释力,对社会价值和意义的理解是否具有说服力,对社会发展和社会建设是否具有正向的影响力。总之,就是中国自古以来所遵循的"经世致用"。

相信在文化自信、学术自信日益增强的今天,随着中华民族越来越接近实现伟大复兴,中国人不可能相信悠悠五千年灿烂的中华文明竟然在学科上一片空白;全世界最庞大繁盛、复杂而有序的中国社会却诞生不了属于自己的社会学。

## (二) 学科自信不仅是一个心态问题,也是一个现实任务

学科自信不只是自卑或自傲的问题,而是一个历史责任——英国的拉德克利夫·布朗早就承认"社会学的老祖是中国的荀子",美国哈佛大学的本杰明·史华兹早就说过荀子是"最具有社会学色彩的",我们作为中国学术的传人,总不应该连研究也不研究,连讨论也不讨论,连荀子群学到底有些什么内容都不关心、不了解,非要跟在对中国学术一无所知的西方基督教传教士后面,继续相信"中国本无社会学"吧?

我们的现实任务,第一是开展"大讨论"。"社会学是舶来品""中国社会学史是西方社会学在中国的传播史、应用史"一类的说法,在中国已

经流行了 120 年。习惯成自然，现在要纠正它，肯定不能奢望一蹴而就。但也不能对这种说法不加辨识，不辨明是非，继续将其当作不易之论任其流传。

我从来没有"将'社会学'一词中'学'的含义""泛指一切'学术''学问'"，不赞成"将'学'笼统地、泛泛地界定为'学术''学问'"。而是赞成展开关于"群学"性质的大讨论。

其实，提出"群学"是"社会思想"还是"社会学"这一追问本身，就是二元对立思维模式的表现。诚然，"社会思想"与"社会学"是有区别的，但这一区别不是"非此即彼"的。在"社会思想"中，所包含的那个具有确定对象并且成体系的知识体系（"群学"）就是"社会学"。说"群学"只是"社会思想"不是"社会学"，实质上是说，凡是不像"西方社会学"的，怎么看，它都不是"社会学"，都只能算是"社会思想"。这一认识，显然是以承认只有西方社会学是"社会学"，具有起源上的"唯一性"、话语权的独占性为前提的。可是，这样的理论预设站得住脚吗？显然，既然我们想要建立中国特色、中国风格、中国气派的社会学学科体系、学术体系、话语体系，那就不能把自己的"理论预设"隐藏起来，当作不言自明、无须论证的逻辑基础，而是要摆出来，开展心平气和的讨论，有理由拿出理由，有道理讲明道理，这是不可回避的也是很有意义的学术讨论。那个无须论证就必须接受"中国本无社会学"之说的历史条件已经消失了，现在应该开展理性对话、认真讨论了。

第二是展开"大梳理"。创立于战国末期的群学与 19 世纪中期孔德的西方社会学在表现形式上不同，是再正常不过的了。而它具有与西方社会学不同的至今长达 2300 年的演进史，当然也是再正常不过的了。如果我们对中国社会学的漫长历史了解不多，那就应该向费孝通先生学习，赶紧"补课"。我们课题组只是梳理了群学概念史和命题演进史，将来还要研究断代史，如汉代群学史、唐代群学史乃至一个朝代、一个时期、一个地方的群学史，作为一个侧面的家训史、族规史、乡约史、礼仪史、风俗史、生活史、县治史、制度史、会社史、交往史、睦邻史……再进一步，就是一个一个人物、一本一本著作、一个一个概念、一个一个命题的专题研究。这将拓展中国社会学史的广阔研究领域，涌现一批又一批杰出的学科史专家；必将造成中国社会学史蔚为壮观的宏大局面，使之成为群星灿烂的社会学分支学科。

第三是进行"大探索"。西方社会学在理性化一途占得了先机,在非理性研究方面也有不少成果,但是,在理性与非理性的统一、科学性与人文性的统一上,因其固有而擅长的二元对立思维模式却陷入困境。费孝通先生在20多年前就指出,西方思维主导的19—20世纪,人类建立了利害上的联系却缺少道义上的认同。而"我们中国历代思想家思考的中心一直没有离开过人群中的道义关系。如果目前的世界新秩序正好缺乏这个要件,我们中国世代累积的经验宝库里是否正保留着一些对症的药方呢"。"找到这问题的答案也许正是我们中国社会学者值得认真思考并去追求的目标。"[1]

这个目标落实到社会学理论研究本身,就与解决科学性与人文性的统一相关联了。我们既然确认群学是科学性与人文性相统一的典范,那么,就可以推断,实现中西会通的途径就应该是探索群学与西方社会学在概念和命题层次上的融通。尽管这在目前还是一个假设,但应该是一个值得探索的方向。我们从2014年开始,梳理了群学概念体系和命题体系,论证了群学就是中国古典社会学;我们以命题演进史的方式重新书写中国社会学史。这就使得实现中西会通不再是一个理念、一个愿望,而是一项可以具体着手的实实在在的工作。当然,这只是为艰巨而长期的探索过程做了必要的准备,即使是迈出了第一步,也不过是千里之行的一小跬步。这一浩大工程的完成,就寄厚望于年轻一代了。

第四是要有"大担当"。当今中国乃至世界进入"百年未有之大变局",势必展开新的百家争鸣。中国社会学要发出自己的最强音。这就要对社会发展和人类命运有大担当。在经济学界,已经有中国社会科学院以蔡昉学部委员为代表的一批经济学家在探讨"中国经济发展的世界意义"[2],实际上是在基于中国经济发展创建中国自己的经济理论。这与20年前甚至10年前还热衷于讨论西方经济理论对中国的意义相比,"风水"已经转过来了。这一转变在社会学界已经展开。陆学艺先生生前完成的最后一部著作《社会建设论》,就是结合中国当代社会发展所重新构建的

---

[1] 费孝通:《从实求知录》,北京大学出版社1998年版,第244页。
[2] 蔡昉:《中国经济发展的世界意义》,中国社会科学出版社2019年版。

"社会建设理论",而"社会建设"完全是中国特色的概念。[①] 在 2020 年 1 月 18 日中国社会科学院社会学研究所庆祝建所 40 周年大会上,美国杜克大学林南教授在演讲中也基于 1978 年以来的中国发展,重新构建"社会大转型"理论。哈尔滨工业大学王雅林教授沿着他几十年来领衔的"生活方式"研究,将"生活"概念引入社会学概念体系,构建"生活本体论"的基本理论。还在 2006 年,笔者应邀到英国剑桥大学三一学院作了题为"理解中国发展"的演讲,其中就提出了与剑桥大学老校友达尔文的进化论不同的"超越进化"概念,重新定义并阐述了与剑桥大学现校友吉登斯的"时空延伸"概念相左的"时空压缩"概念[②],也算是一个理论上的尝试。2019 年 10 月 27 日,在中国社会科学院社会学研究所主办的"全面建成小康社会后中国社会建设与社会学发展高端研讨会"上,中国人民大学刘少杰教授、中山大学蔡禾教授等都对加强基础理论创新提出了卓越见解。上述例证表明,中国社会学研究已经进入"大担当"——回答中国和世界重大理论和实践问题的新阶段。

"大讨论""大梳理""大探索""大担当",接连说这 4 个"大",对于至少有 5000 年文明史的 14 亿中国人而言,其实并不"大",并不过分,而是应该承担的使命和任务。我相信新一代的社会学人,一定会有"舍我其谁"的气概。现在提"学科自信"可能还会引起质疑,而对新一代中国社会学人来说,"学科自信"就是常态——既是正常心态,也是日常工作状态。

**参考文献**

费孝通:《从实求知录》,北京大学出版社 1998 年版。

——:《试谈扩展社会学的传统界限》,《从马林诺斯基到费孝通:另类的功能主义》,社会科学文献出版社 2010 年版。

景天魁:《中国社会学源流辨》,《中国社会科学评价》2015 年第 2 期。

——:《论群学复兴——从严复"心结"说起》,《社会学研究》2018

---

[①] 陆学艺:《社会建设论》,社会科学文献出版社 2012 年版。
[②] 景天魁:《底线公平:和谐社会的基础》,北京师范大学出版社 2009 年版,第 1—18 页。

年第 5 期。

——:《论群学元典——探寻中国社会学话语体系的第一个版本》,《探索与争鸣》2019 年第 6 期。

景天魁等:《中国社会学:起源与绵延》,社会科学文献出版社 2017 年版。

梁启超:《论中国学术思想变迁之大势》,上海世纪出版集团 2006 年版。

刘少杰:《中国社会学的发端与扩展》,中国人民大学出版社 2007 年版。

[美] 本杰明·史华兹:《古代中国的思想世界》,程钢译,江苏人民出版社 2008 年版。

严复:《原强(修订稿)》,《严复集》(第一册),中华书局 1986 年版。

郑杭生:《学术话语权与中国社会学发展》,《中国社会科学》2011 年第 2 期。

# 增强学科自信　承担历史重任

——2020年7月10日致《中国社会学史》课题组年轻同道的信（摘要）

我们自2014年正式开始写作《中国社会学：起源与绵延》，估计《中国社会学史》六卷本要到2024年才能完成。这十年是我带着你们做的，但这对于中国社会学史这个分支学科而言，只是开了个头，仅为"序幕"，今后长期的、大量的研究任务需要你们继续完成。我强烈地希望你们继承我开创的事业，在今后几十年中国社会学史学科发展的关键时期，积极而专心地、义无反顾地、百折不挠地坚持推进这项事业，将中国社会学史学科建设成为一个硕果累累、具有重要学术地位的古老而新兴的学科。同时，这也是扎扎实实地建构中国的社会学理论的一条可行的道路。

为此，在当前参与中国社会学史写作的同时，就要考虑这个学科今后怎样建设和发展、今天怎样为今后做好各个方面准备的问题。我提出几点建议，请你们深入思考，做好规划。

## 一　做好充分准备，迎接关于群学的讨论和辩论

我们这项研究，论证了群学就是中国古典社会学，梳理出了群学概念体系和命题体系。这就推翻了100多年来关于中国本来没有社会学、社会学只是"舶来品"的"定论"。到目前为止，还没有人站出来与我们公开辩论，不等于今后不会爆发大讨论。我预计，一场大辩论是必将发生的。而到那时，我已垂垂老矣，出场辩论就靠你们了。为此，就必须对我们的

## Ⅳ  中国社会学的学科自信

基本观点坚信不疑，而且要有理有据。这就要求你们对我和我们课题组以往的论证要真正理解深透：从社会历史条件、思想文化基础论证群学为什么在战国末期能够由荀子创立；群学概念体系和命题体系为什么能够证明群学不只是一个概念、一个"思想"，而称得上是一个学科；中西之"学"有什么区别，为什么说这些区别只能证明群学具有自己的特色，不能构成否定群学是社会学的理由；诸如此类的重要问题，我的一些论文、《中国社会学：起源与绵延》、《中国社会学史》都有专门论述。请你们真正弄通，做到坚定不移。如有疑问，我们现在还可以内部争论。只有练好"内功"，自己坚定，将来在大辩论中才能说服别人。

辩论的焦点，很可能就是群学到底是"社会思想"还是"社会学"？如果坚持1838年孔德提出的社会学具有唯一性，其他的不管内容如何，都只能算是"社会思想"，那就是彻底的"西方中心论"。世界文明是多元的，中西学术各有自己独立的起源和发展脉络，"唯一性论"是站不住脚的。为什么古希腊的亚里士多德可以创立"政治学"等学科，荀子就一定不能创立作为中国社会学的群学？另外，"社会思想"与"社会学"虽然有区别，但是截然区分开来也是说不通的。西方社会学中也有"社会思想"，我们读布迪厄、吉登斯等人的有些被称为"社会理论"的书，其中有些部分的"哲学味"也够浓的；哈贝马斯既被称为"哲学家"也被算作"社会学家"。至于马克思，根本不承认"社会学"，却成了"社会学经典大师"之一。这说明"社会学"与"社会思想"既相区别，也相包容。那为什么对于中国学术就必须绝对区别开？社会学就只能是"舶来品"，中国古代的就只能算"社会思想"，群学就不能算作"社会学"？

问题的严重性在于，如果按照这个逻辑，中国古代不仅不能有"社会学"，还不能有哲学、逻辑学、数学、经济学等几乎所有学科，我们五千年中华文化只能在学科上一片空白。因为在以往占主导地位的理论看来，这些"学科"都诞生在欧洲，都是清末民初从日本转译过来的。这样说来，我们只有陷入历史虚无主义，别无他途。这岂不荒谬至极！

可见，我们要想真正充分论证清楚这个问题，必须在中西文明史、中西学术史上下足工夫。而且，不仅要有理性的论据，还必须有对中华文化的坚定自信。这样，面对激烈辩论，才敢于站出来，才能战而胜之。

## 二 做好规划，展开延伸与拓展性研究

不仅需要论证、需要捍卫，还需要开展延伸和拓展性研究。只有研究深化了，学科壮大了，辩论才更有力量。

既然我们将中国社会学史的"开端"由清末民初上溯到了战国末期，这期间2000多年的历史内容极为丰富，需要研究的问题极多。这就好比要到大海中寻宝，必须规划好方向、航线，做好充分的准备。你们每个人可以由自己的博士学位论文再做拓展性研究，当然也可以选择自己感兴趣的新领域。但一定要有长期规划，一旦确定，就要长期坚持，不能蜻蜓点水，浅尝辄止。必须达到该领域专家水平（如家训研究专家、乡约研究专家等）以后才能转换研究主题和领域。

## 三 对中国社会学的崛起要有高度自觉

我国在20世纪八九十年代，北京大学、清华大学毕业的优秀学生基本上都去美国留学了。那时候，国人对美国向往、崇拜得不得了。这几年，特别是经历了这次新冠肺炎疫情，国人的认知不同了：美国的感染率、死亡率都是世界第一，占全世界的1/4—1/3；总数约相当于中国的40倍，如按人口比例算，那就达到上百倍，而且美国的数据还在直线上升。这就促使我们思考：美国有那么"自由""民主"吗；黑人抗议活动还在持续，美国有那么"公正""平等"吗。再过十年、二十年，你们这个年龄段的人在学术上就要挑大梁了，那时，中国的GDP超过美国了，一些高科技领域在世界领先了，你们面对的国人心态就会大为不同，中美心态对比就可能翻转了。到那时，如果你们还像现在这样天天讲美国社会学，把它视为圭臬，视为典范，视为最高水平，学生能买账吗？学生们会更喜欢听中国经验、中国理论、中国社会学，因为这些更觉亲切，更有温度，也更有说服力，不会隔着两张皮。我们提出的中国社会学史观点和框架，现在一些人出于"思维惯性"不愿意接受或者接受不了，这没有关系。即使

### Ⅳ 中国社会学的学科自信

现在听到一些逆耳之言，也不必在意。大家想想看，英国的李约瑟说中国古代科学技术在 18 世纪以前一直领先世界，这可以相信、能够接受；如果有个中国人这样说，倒有许多中国人会说这是"自傲"。中国人自己倒是愿意相信中国那么灿烂的古代文明竟然在"学科"上一片空白！现在，很多欧洲人都否定欧洲中心论了，许多中国人却在继续坚持；像拉德克利夫·布朗这样的英国大学者都相信中国荀子是"社会学的老祖"，许多中国人却不敢相信。这不是缺乏学科自信又是什么？这种情况是必须改变也一定能够改变的。

我坚信不出十年、二十年，学术界的情势、心态、潮流就会发生逆转。你们要抓住这十年、二十年时间，锤炼自己，做好充分准备。当大逆转到来时，你们正好可以挑大梁了，那时学术舞台的主角就是你们了，正好可以大展宏图了。

你们多数在高校工作，要积极争取开设中国社会学史课程，大力培养一代一代有学术自信的新人。让中国社会学史专业也像中国哲学史、中国文学史成为哲学系、文学系中的强势专业那样，成为社会学的强势专业。到那时，中国社会学就会依靠中华五千年文明这一雄厚基础，以崭新面貌出现在世界学术殿堂！

总之，不出十年、二十年，你们将登上现在想象不到的大舞台，历史将要求你们承担现在难以预料的艰巨任务。你们如何表现，取决于从现在起能否做好充分的准备。我写这封信的目的，就是提醒你们对此要有高度的自觉。

# 开创中国社会学百花齐放新局面*

(2020年9月13日)

  魏礼群院长领导北师大学术团队，致力于"构建中国特色社会主义社会学"，是有胆有识的创新之举。既符合时代需要，又符合社会学"多重""综合""开放"的品格。社会学本来就是"多重范式"的学科，这是一大学科优势。社会学具有综合性，这是其一大特征。在开放的中国、开放的世界，社会学增强开放性是必然趋势。"多重"就不是"单一"；"综合"必以承认多样、多元为前提；开放就要突破狭隘的学术视野，封闭的学科边界，不以某一国家的"规范"为唯一标准或"正规"，不以必须与之"接轨"为导向。社会学的发展历史证明，单一化倾向、一国学术的强势扩张，不利于社会学的健康发展。马克思批判孔德的实证主义，甚至不接受"社会学"这个名称，他却成为社会学经典大师之一；涂尔干不赞成马克思，却对社会学做出了重要贡献；韦伯既反对马克思，也不赞成涂尔干，而创立了"理解的社会学"。三位经典大师并没有把社会学封闭起来，此后又出现了如结构主义社会学、现象学社会学等多种多样的社会学。社会学因多元而发展，因包容而繁荣。没有听说德国社会学号召与法国社会学"接轨"，也没有听说英国社会学要求与法德社会学"接轨"。中国社会学的近现代史也没有证明"接轨"是社会学发展的坦途。交流互鉴才是学术发展的规律，以平等对话为原则的"会通"，才是学科发展的正道。

  北师大学术团队提出"构建中国特色社会主义社会学"，体现了中国社会学应有的学术担当。相信植根于中华民族伟大复兴的丰富实践，总结

---

  * 2020年9月13日北京师范大学召开"发展中国特色社会主义社会学研讨会暨《中国社会治理通论》发布会"，此文是景天魁的书面发言稿（由曾在北京师范大学做博士后研究的苑仲达博士代读）。

## Ⅳ 中国社会学的学科自信

中国特色社会主义的成功经验,勇于探索,大胆创新,定能为社会学增添绚丽的智慧之花,推动中国社会学发展,共同开创百花齐放新局面。这对于创建中国社会学的学科体系、学术体系、话语体系,必将具有不可估量的意义。

新的百家争鸣,是世纪之交费孝通先生的预言。他说,21世纪将进入"新的战国时代",将围绕"创建人类道义新秩序",展开"世界范围的大众对话"。[1] 中国在战国时代第一次百家争鸣中,创造了中华学术的高峰。正是在这个被梁启超赞为"全盛中之全盛"的"极盛时代",[2] 荀子创立了作为中国古典社会学的群学。在"新的战国时代",随着中华民族实现伟大复兴,中国社会学必将呈现百花齐放的新局面,在世界性百家争鸣中,发出东方文明的最强音。

---

[1] 费孝通:《略谈中国社会学》,《费孝通全集》第十四卷,内蒙古人民出版社2009年版,第242页。

[2] 梁启超:《世纪文库·论中国学术思想变迁之大势》,世纪出版集团、上海古籍出版社2006年版,第17、26页。

# 积极参与21世纪百家争鸣

## ——2021年1月9日在《当代中国社会学》写作组视频会议上的讲话摘要

我强调过,我们写作《中国社会学》,不是像通常那样写本书,而是要回答建设什么样的中国社会学、如何建设中国社会学的问题。回答这个问题,必须明了它的时代背景和真实需要。这个背景就是我们即将实现中华民族伟大复兴。实现中华民族伟大复兴,要靠经济崛起,但光靠经济不行;要靠科技创新,但光靠科技也不行。不仅要靠硬实力,还要靠软实力。中央提出哲学社会科学话语权问题,意义重大。学术话语权含义广泛,从当前国际斗争情况来看,至少以下几点非常具有挑战性,也非常紧迫。

1. 必须创造出一套比西方的自由、民主理论更具解释力、更加令人信服的理论。2020年暴发的新冠肺炎疫情,大大加剧了"百年未有之大变局"的演进,其提出的问题具有根本性。中国仅用了不到4个月时间率先控制住疫情,而后迅速启动经济,成为是年全世界唯一实现正增长的主要经济体;而美国和欧洲疫情泛滥,2020年春季以来愈演愈烈,美国日增病例数超过20万,英国日增也达5万之多,医疗体系濒临崩溃。美国更引发两党恶斗、社会撕裂、种族冲突、矛盾加剧。

这种局面,全是新冠肺炎疫情所致吗?不见得,恐怕有深刻的政治、经济、社会、文化种种原因,疫情不过是一个引爆点。我们这项研究所关涉的只是思想文化方面。关心这个方面的,不光是我们。拜登再过十几天就入主白宫了。他声称上台后,要以意识形态画线,联合盟友对抗中国。他们的意识形态是什么?简单说就是西方自由民主观。他们诬称我们抗疫成功限制了个人自由,而他们为了个人自由,不带口罩,不怕妨害他人，不顾社会利益，为了个人自由死掉的人比以往任何一次都多。他们由此进一步干涉中国内政，通过什么新疆、西藏、香港"法案"，对台湾也搞了许多名堂。这一套西方自由民主观，已经风行了几百年。在理论上有关研究著作可谓汗牛充栋。也有不少著作宣布了西方自由民主观的衰落，但它仍然是反华势力手中最具迷惑力的旗帜。我们能不能创造出超越西方自由民主观的更有说服力的新理论？我们的合群、能群、善群、乐群的群学能够对此作出什么贡献，其中包含了哪些可用于构造新理论的基本要素？

2. 我们已经接近实现民族复兴，到这个时候，只是声明永远不称霸，难以说服人，必须让世界明白我们到底要建设一个什么样的世界。目前，我们只是在环境治理、防止核扩散等少数议题上与西方国家有共同语言，我们的减贫成就也容易得到大多数世界人民的赞同。但是，在有关政党制度、国家制度、意识形态领域许多问题上，还需要找到相互理解的沟通语言，在国家治理、社会建设等许多问题上，也需要拿出一套令人信服的政策主张。费孝通先生讲，21世纪要建立人类道义新秩序，习近平总书记讲要建设人类命运共同体，我们的群学能够有何大的作为？

3. 我们是在研究中国社会学史，但不是为历史而历史；我们是在研究群学，但不是就群学论群学；我们是要与西方社会学对话，但不是为对话而对话。我们是要创造一种理论，是要建设一个话语体系，来参与世界性百家争鸣。

创造这样的理论，建设中国社会学话语体系，我们感到很困难，怎么办？要请教老祖宗们，从中华文明史、群学史中汲取智慧、获得启迪。这样，我们就要写第三章"古今贯通"。我们还要请教西方社会学，与之对话、交流，所以要写第四章"中西会通"。[①]

要从这样的高度，认识第三章、第四章的写作和意义。

第三章，讲"古今贯通"，"通"向哪里？就要通向上面所说的这些问题。当然，我说的问题并不齐全，大家都容易理解，用不着多说。这一章的关键，就是把群学中那些有助于回答这些问题的概念和命题找出来，也是不求齐全，以能够说明问题为目的。那些能够回答上述问题的概念和命

---

① 这里指的是《中国社会学史》第六卷（中国社会学崛起）的两章。

题，就是最闪光的东西，要突出地写。要证明群学不是老古董，里边有许多宝贝，可以对我们今天提供许多启发。

具体点说，今天的人们也要修身，不但要各美其美，还要美人之美，才能美美与共，达到荀子讲的"群居和一"。进一步讲，就是要建立适合21世纪的个人自由、个人权利观念，那是有边界、有条件的，为此就要"劝学"，要教化，个人要社会化，就要有修养。

其他三章，我就不一一地说了，各个组已经讨论过了，再完善一下就可以了。

第四章，中西会通，往哪里通？也是要通到回答前面的问题上。这一章的关键是证明中西社会学在许多概念和命题上都是一致的，正因为有一致性，我们才可以说群学就是社会学，是中国古典社会学。把中西社会学之间这些基本一致的概念和命题找出来，也是不求全，这是最主要的一个层次。第二个层次，就是有许多概念和命题既有一致性，也有差别性，这也很正常。例如，我们的"社会组织"概念与西方就有所不同。我们的民生概念、民生保障，与西方的社会保障、社会福利概念有同也有不同，这并不妨碍相互沟通、相互理解。第三个层次是有些概念和命题中国有，西方没有，或者相反，这只是各自的特点，不构成否认群学是社会学的理由。

写好这两章，挑战性很大。事实上从清末民初西方社会学传入120年以来，这两个问题并没有真正得到解决，甚至被湮没了，今天可资借鉴的资料很少。挑战性与创新性、原创性成正比。我们要敢于探索，特别要鼓励年轻人主动站出来，勇于承担。不要标准太高，不要求全责备，有胜于无。没有一个原创性的成果是完美无缺的。重要的是我们的探索之旅、创新之旅开启了，相信假以时日，坚持不懈，定能一步步走向成功。

# 后　　记

　　关于出版这本书的初衷亦即我开展中国社会学溯源研究的目的，在本书前言中已经交代过，在有些文章和讲话中也提到了，这里不再重复。这件事情，在1999年到2014年的15年间，是我自己在闷头思考，越想越觉得应该干、必须干。但是2014年我已经71岁了，到今年，都78岁了，如果按照中国传统农历的说法，已近耄耋之年了，做如此艰巨的研究、如此浩大的工程，心有余而力不足。幸得学界同人、旧友新朋、年轻同道以及我的学生们的鼎力相助、积极参与，这项研究才得以扎扎实实、稳步而顺利地向前推进。我们2017年出版的《中国社会学：起源与绵延》，写了3年，没有课题经费，大家"自带干粮"，参加会议、购买收集资料以及其他研究开支，都是自己克服困难。到2018年，我才在朋友的建议下申请到国家社科基金重大项目"中国社会学的起源、演进与复兴"，但是此后课题组成员已经陆陆续续增加到60多人，到现在完成了《中国社会学史》第一、二、三卷，又继续展开了第四、五、六卷和《当代中国社会学》的写作，课题组成员增加到了近百人。课题经费扣除管理费之后，绝大部分要用于交通住宿费、会议费等公共支出，平均到个人寥寥无几。即便如此，许多课题组成员还是主动要求参与，不要报酬，甚至不要稿费。有些成员并非思想史专业出身，但也硬着头皮，刻苦钻研，几年下来，有了明显长进。课题组每次开会大家畅所欲言、相互争论、坦诚批评、集思广益，不仅做到了我提出的"将外部争论内部化"，而且大家合作得非常愉快、非常融洽、非常开心！之所以如此，源于大家对于这项研究的重要意义的高度认同，对于"中国本有社会学"的坚定信念，对于探求和建设中国社会学话语体系、学术体系、学科体系的强烈愿望，以及继承和弘扬中

# 后　记

国优秀学术传统即"为往圣继绝学"的历史责任感。

正是课题组全体成员的这种学术精神、大家创造的这种干事创业的学术氛围感染了我、激励了我，才使得"老骥伏枥志在千里""不待扬鞭自奋蹄"，才有了收集在本书的这些文字。因此，在本书付梓之际，我必须对他们一一表示衷心感谢！课题组成员有作者也有统稿、审稿人，有副主编也有学术顾问，有的人每一卷都参加，有的人只参加某一卷，这里就不作区分了，也不分先后次序，敬列如下。

冯时，博士，中国社会科学院学部委员、考古研究所研究员。

魏道儒，博士，中国社会科学院学部委员、世界宗教研究所研究员，中国社会科学院佛教研究中心主任。

李存山，中国社会科学院哲学研究所研究员，中华孔子学会副会长、国际儒学联合会理事兼学术研究委员会主任。

王处辉，博士，南开大学社会学系教授，中国社会学会中国社会思想史专业委员会理事长。

刘少杰，博士，中国人民大学社会学系教授、社会学理论与方法研究中心主任，安徽大学社会学系讲席教授。

谢立中，博士，北京大学教授，社会学系原主任。

田毅鹏，博士，吉林大学哲学与社会学院院长、教授。

孙晓，博士，中国社会科学院历史研究所研究员、文化研究室主任。

楚刃，山西省社会科学院研究员，政治法律研究所原所长。

林聚任，博士，山东大学社会学系主任、教授。

赵晓阳，博士，中国社会科学院近代史研究所研究员。

冯波，博士，中国传媒大学教授、社会学系主任。

张茂泽，博士，西北大学中国思想文化研究所教授。

高和荣，博士，厦门大学社会科学研究处处长，厦门大学南强重点岗位教授。

毕天云，博士，云南师范大学学术委员会副主任，哲学与政法学院院长、教授。

杨善民，博士，山东大学哲学与社会发展学院/现代传播研究所所长、首席研究员。

# 后　记

邓万春，博士，武汉理工大学法学与人文社会学院教授。

何健，博士，西南大学国家治理研究院副院长，副教授。

郝彩虹，博士，中华女子学院社会工作学院副教授。

杨宝玉，博士，中国社会科学院历史研究所文化史研究室研究员。

赵一红，博士，中国社会科学院社会科学院执行副院长、教授。

李炜，博士，中国社会科学院社会学研究所社会发展研究室原主任、研究员。

邹宇春，博士，中国社会科学院社会学研究所社会发展研究室主任、研究员。

王俊秀，博士，中国社会科学院社会学研究所社会心理学研究室主任、研究员。

陈为雷，博士，鲁东大学法学院社会学系主任、副教授。

宋国恺，博士，北京工业大学文法学部教授，《北京工业大学学报》编辑部主任。

杨建海，博士，北京工商大学经济学院副教授。

杨树美，博士，云南师范大学马克思主义学院副院长、教授。

张曙晖，博士，云南师范大学哲学与政法学院教授。

周梁云，硕士，云南师范大学哲学与政法学院副院长、教授。

柳小琴，厦门大学台湾研究院博士研究生。

赵春雷，博士，曲阜师范大学政治与公共管理学院副教授。

顾金土，博士，河海大学公共管理学院社会学系主任、教授。

徐磊，博士，贵州民族大学民族学与社会学学院副教授。

徐珺玉，博士，云南师范大学哲学与政法学院讲师。

蒋梓莹，博士，西南大学文化与社会发展学院讲师。

王宇峰，厦门大学公共事务学院博士研究生。

王瑞新，厦门大学公共事务学院博士研究生。

吕庆春，博士，云南大学民族政治研究院教授。

吕福龙，博士，山西农业大学公共管理学院讲师。

刘梦阳，博士，中华女子学院社会工作学院讲师。

朱圣明，博士，厦门大学人文学院副教授。

# 后　　记

邹珺，博士，国家卫生健康委卫生发展研究中心研究员。

陈吉彪，曲阜师范大学政治与公共管理学院硕士研究生。

陈纪昌，博士，山西大同大学政法学院副教授。

陈保香，西南大学国家治理研究院硕士研究生。

庞慧，博士，陕西师范大学历史文化学院副教授。

苑仲达，博士，中国社会科学院中国社会科学杂志社学术编辑。

宗新华，博士，河南师范大学政治与公共管理学院讲师，管理学教研室主任。

张凤矞，西南大学国家治理研究院硕士研究生。

张娜，厦门大学公共事务学院博士研究生。

张爱敏，博士，福建师范大学公共管理学院讲师。

赵春燕，博士，北京石油化工学院人文学院人力资源与公共管理系副主任、副教授。

徐其龙，博士，广西师范大学政治与公共管理学院讲师。

谢培熙，博士，山东女子学院社会与法学院讲师。

蔡静，博士，大连海洋大学马克思主义学院教授，科技处副处长。

马迎凤，山东大学政治学与公共管理学院博士研究生。

王越，中国社会科学院大学社会学院博士研究生。

尹恩生，山东大学哲学与社会发展学院硕士研究生。

卢啸，山东大学哲学与社会发展学院硕士研究生。

齐昊，中国社会科学院大学博士研究生。

何莹，博士，中国社会科学院社会学研究所博士后。

李凤，博士，山东大学哲学与社会发展学院/现代传播研究所副研究员。

范丛，山东大学哲学与社会发展学院博士研究生。

宣朝庆，博士，南开大学周恩来政府管理学院社会学系主任、教授，中国社会学会中国社会思想史专业委员会秘书长。

柯文广，山东建筑大学社会学系讲师。

夏当英，博士，安徽大学社会与政治学院副教授。

唐约垒，山东大学哲学与社会发展学院/现代传播研究所副研究员。

# 后　　记

景乔雯，中国社会科学院大学博士研究生。
魏厚宾，博士，中国社会科学院社会学研究所博士后。
刘志，博士，中国社会科学院世界宗教研究所副研究员。
杨嘉莹，博士，北京市委党校讲师。
孙晶，中国社会科学院科研局处长。
鞠春彦，博士，北京工业大学社会学院副教授。
王向贤，博士，山东大学社会学系教授。
牛喜霞，博士，山东理工大学社会学系主任、教授。
王建民，博士，中央财经大学社会学系主任、教授。
张荣，博士，济南大学社会学系主任、教授。
王皓，西南大学国家治理学院硕士研究生。
袁方，博士，中国政法大学副教授。
格明福，博士，西南大学国家治理学院副教授。
夏世哲，博士，广东律师事务所律师。
肖尊军，中国人民大学社会学系博士研究生。
谢彭，中国人民大学社会学系博士研究生。
林傲笀，中国人民大学社会学系博士研究生。
伍绍聪，中国人民大学社会学系博士研究生。
张帅，中国人民大学社会学系博士研究生。
马颖，中国人民大学社会学系博士研究生。
聂石重，中国人民大学社会学系博士研究生。
贺灵敏，中国人民大学社会学系博士研究生。
周孟珂，中国人民大学社会学系博士研究生。
王喆亮，中国人民大学社会学系博士研究生。
安真真，中国人民大学社会学系博士研究生。
付堉琪，中国人民大学社会学系博士研究生。
周骥腾，中国人民大学社会学系博士研究生。
刘佩，博士，安康师范学院讲师。

我的老伴任凤荣曾是报社编辑，帮助做了大量文字工作。因我患严重眼疾，2016年以来凡是我出差和外出开会，她都要陪伴，很是辛苦。

# 后　　记

　　因为《中国社会学史》第四、五、六卷以及《当代中国社会学》还在写作过程中，现有成员可能有遗漏，还会有新人加入，容当以后再予补齐。

　　中国社会学会原副会长、吉林大学原副校长邴正教授，中国人民大学人口与社会学院院长冯仕政教授，对《中国社会学史》各卷的写作和出版给予了热情鼓励和帮助；中国社会科学出版社赵剑英社长、魏长宝总编辑一直给予大力支持；责任编辑姜阿平认真负责、尽心尽力，与课题组精诚合作，谨对他们一并表示衷心感谢！

景天魁<br>
2021 年 8 月 15 日